DEATH PENALTY AND THE VICTIMS

「被害者問題」から
みた死刑

菊田幸一［監訳］

日本評論社

United Nations Human Rights Office of the High Commissioner
Editor: Ivan Šimonović

DEATH PENALTY AND THE VICTIMS

© 2016 United Nations

Worldwide rights reserved. This book or any portion thereof may not be reproduced without the express written permission of the author(s), editor, or the publisher, except as permitted by law.

The findings, interpretations and conclusions expressed herein are those of the author(s) and do not necessarily reflect the views of the United Nations.

The designations employed and the presentation of the material in this publication do not imply the expression of any opinion whatsoever on the part of the Secretariat of the United Nations concerning the legal status of any country, territory, city or area, or of its authorities, or concerning the delimitation of its frontiers or boundaries.

Editor: Ivan Šimonović

Design and layout: dammsavage inc.

Cover image:
The cover features an adaptation of a photograph of a man who is granted mercy by the victim's family, sparing him from imminent execution. ©EPA/Arash Khamooshi

Pictures from
The Omega Suites by Lucinda Devlin, Bochum 2000

Electronic version of this publication is available at:
www.ohchr.org/EN/NewYork/Pages/Resources.aspx

Sales no.: E.16.XIV.2
ISBN: 978-92-1-154217-2
eISBN: 978-92-1-058395-4

序文

　死刑をめぐる議論の中心には、常に、被害者があるべきである。本書は、犯罪被害者の遺族、誤って有罪を宣告された人々、死刑を科された親を持つ子どもたち、裁判官、弁護士、刑事施設の職員、その他死刑執行の監視を任務とする人を含む、実に幅広い人々の視点を提供する。彼らの証言は、死刑がもつ残忍さとそれがもたらすトラウマを、悲痛なほど明らかにしている。

　私はこれまで、力強く継続的に死刑の廃止を訴え、国連加盟国に対して死刑の執行をやめるよう求めてきた。死刑が犯罪を抑止しないことを示す調査を行った専門家たちと出会い、また加害者が処刑されても癒しの助けとはならないと悟った犯罪被害者遺族の人々とも対話を行った。

　生命に対する権利は、あらゆる人権の基盤である。生命のはく奪とは、取り返しのつかないものであり、かつ、すべての人間は尊厳と価値を有するという根本的な考えに反するものである。私は、全世界の指導者、立法者、そして司法を担う人々に対し、直ちに死刑の執行を止めるよう求める。21世紀において、死刑の占めるべき場所は存在しないのである。

潘基文
国際連合事務総長

目次

序文　iii

パン・ギムン　潘基文

序論　被害者とは誰か？　1

イワン・シモノビッチ　Ivan Šimonović

第1章　殺人被害者の家族たち

1.1　錯綜する被害者家族たちの地位

・被害者学の視点からみた死刑反対論……………………………… 12

マーク・グルーエンヒュイセン　Marc Groenhuijsen

マイケル・オコンネル　Michael O'connell

・"死刑は被害者のため"なのか ………………………………… 32

田鎖麻衣子

1.2　被害者家族の視点

・被害者の声を聞く………………………………………………… 40

ミケル・ブラナム　Mickell Branham

・死刑と生命に対する権利………………………………………… 50

ミレヤ・ガルシア・ラミレス　Mireya García Ramírez

1.3　被害者家族と終結

・クロージャーの罠からの回避…………………………………… 56

ジョディー・L・マデイラ　Jody L. Madeira

・死刑は被害者たちに終結をもたらすか？…………………… 65

デイビッド・T・ジョンソン　David T. Johnson

第2章　被害者としての有罪判決？

2.1　不当な有罪判決

・死刑存置国における誤判の被害者……………………………………… 76

　　　　　　　　　キャロリン・ホイル　Carolyn Hoyle

・死刑制度の影響の下で…………………………………………………… 95

　　　　　　　　ブランドン・L・ギャレット　Brandon L. Garrett

2.2　差別と精神障害

・差別と死刑………………………………………………………………… 103

　　　　　　　ロス・クラインステューバー　Ross Kleinstuber

・死刑、精神疾患、知的障害

　──処刑に直面する精神疾患を有する個人への保護の不足……………… 120

　　　　　　　　サンドラ・バブコック　Sandra Babcock

2.3　国際法違反のその他の死刑事例

・恣意の不可避性──死刑法における虐待というもう一つの側面 ……… 132

　　　　　　　　ソール・レールフロイント　Saul Lehrfreund

　　　　　　　　ロジャー・フッド　Roger Hood

・国際法違反の死刑事例──アムネスティ・インターナショナルの懸念 …… 145

　　　　　　　　サリル・シェティ　Salil Shetty

・死刑──拷問か虐待か ……………………………………………………… 155

　　　　　　　　ジエンス・モドビッグ　Jens Modvig

第3章　被害者としての"隠された"第三者

3.1　死刑囚の家族たち

・隠された被害者──死刑に直面した人たちの家族 ····················· 166
スーザン・F・シャープ　Susan F. Sharp

・死刑囚監房にいるかまたは執行された親を持つ
子どもに対する死刑制度の影響 ····························· 180
フランシス・スービ　Francis Ssuubi

・沈黙の終焉、恥の終焉 ····································· 194
スザンナ・シェファー　Susannah Sheffer

・カリブ地域における死刑がその家族に及ぼす影響 ················· 201
フローレンス・シーマンガル　Florence Seemungal
リジー・シール　Lizzie Seal
リンジー・ブラック　Lynsey Black

・'死刑囚家族'への社会心理学的取組み ························· 216
サンドラ・ジョイ　Sandra Joy

3.2　死刑の訴訟手続と執行の参加者

・死刑とその執行過程に関与する専門家への影響 ·················· 237
リジー・シール　Lizzie Seal
フローレンス・シーマンガル　Florence Seemungal
リンジー・ブラック　Lynsey Black

・仕事としての死刑執行
──死刑囚監房と死刑囚棟で働く公務員にとっての死刑執行の付随的帰結··· 249
ロバート・ジョンソン　Robert Johnson

目次　vii

・そのときも苦しく、今でも苦しい……………………………… 267

　　　　　　　　　ロン・マッカンドリュー　Ron McAndrew

・依頼者の命のために闘う

　　――有罪判決への不服申立てに携わる弁護人に対して死刑が及ぼす影響 …… 272

　　　　　　　　　スザンナ・シェファー　Susannah Sheffer

3.3　被害者としての社会

・死刑――われわれの未来を奪うこと ……………………………… 282

　　　　　　　　　ジェームズ・R・アッカー　James R. Acker

・公衆衛生問題としての死刑………………………………………… 293

　　　　　　　　　ウォルター・C・ロング　Walter C. Long

あとがき　316

　　　　　　　　　ゼイド・ラアド・アル・フセイン　Zeid Ra'ad Al Hussein

謝辞　321

　　　　　　　　　イワン・シモノビッチ　Ivan Šimonović

監訳者あとがき　323

翻訳者一覧　325

序論　　1

序論

被害者とはだれか？

　表紙の写真（訳注：本書では本扉裏）は実に恐ろしい。恐怖に慄き目隠しをされた男性は、まさに死刑を執行されようとしている。彼の眼をみることはできないが、その顔は明らかに恐怖と動揺を示している。一群の人々が彼の首に縄をかけている……いや、それとも……？

　いや、そうではない。彼らは縄を外しているところなのだ。この象徴的な表現により、被害者の遺族は、有罪とされた殺人者に対して慈悲を与え、死刑執行を中止しようとしているのである。しかし彼は、自らの命が瀬戸際で救われたということをまだ知らず、明らかに動揺している。

　犯罪加害者の命を救い、あるいはその刑に影響を与えるという被害者やその遺族の権利は、さまざまな文化において根付いている[1]。したがって、死刑について議論する際、被害者の視点が大いに関連性を有することは自明である。人権という観点からは、被害者の見解は常に中心におかれるべきだ。しかし、次の段階へと進み、こう自問するとき、事態はより難しくなる：その視点を考慮されるべき被害者とはだれなのか？

　犯罪被害者の遺族もまた、被害者として考慮されるべきだという点については、広く一致をみるところである。遺族は犯罪によって感情面、心理面での苦痛を被るのみならず、社会的、経済的にも被害を受ける[2]。実践的な観点からは、被害者の家族その他の人は――たとえば、賠償を受け、あるいは、裁判で量刑が議論される際に意見を聴取される資格を与えられるには――、被害者本人にどのくらい近い立場にある必要があるのか、ということが問題となり得る。

　しかしながら、ここで焦点をあてるのはこうした問題ではない。われわれがもっとも関心を抱いているのは、死刑に対する被害者の態度はどのようなものであり、そして、死刑は被害者にどのような影響を及ぼしているのか？ということである。被害者は死刑を望んでいるのか、死刑を科すこと――あるいは科さないこと――、さらには犯罪加害者を現実に処刑すること――あるいは処刑しないこと――が、どのように被害者に影響するのか？　殺人事

2　被害者とはだれか？

件のうち相当の割合は親族によって犯されるという事実は、こうした選択に
圧力を加えるものであるし、遺族らの間に分断を引き起こす可能性もある。
死刑は「終結」をもたらすのか、それとも終結を妨げるのか？　癒しの過程
にはどう影響するのか？　応報的司法や修復的司法といった各アプローチに、
どう適合するのか？　加害者との和解は可能なのか、仮にそうであるとして、
どのような条件の下であれば可能なのか？　現代の司法制度が最優先とする
のは、被害者の利益なのか、それとも他の利益なのか？　これらに関連する
問題は、本書第 1 章で議論されている。

　被害者という概念を、犯罪の直接の被害者に近い一定の範囲の人々を超え
て拡大適用することに異論を唱える人もいるであろうということは、十分に
承知している。第 2 章では、死刑を科された人のうち、少なくともある一定
の人々を被害者とみなす方向での重要な議論を取り上げている。換言すれば、
犯罪被害者の遺族のみならず、潜在的な"加害者"にも人権があり、その人
権が侵害されれば、彼らもまた被害者とみなされ得るのである[3]。

　もっとも顕著な例は誤って有罪とされた人々、すなわち、犯してもいない
罪で死刑を科され、場合によっては処刑されてしまった、無実の人々であ
る[4]。仮に拘禁刑を科されたのであれば、無罪を示す証拠が獲得された後に
釈放され、補償を受けられる可能性もある。しかし、もしも処刑されてしま
えば、過ちのない状態に戻すことは不可能であり、その損害は取り返しよう
がない。彼らは、誤判の被害者であるばかりでなく、刑罰の一形態としての
死刑が持つ、回復不可能性の被害者でもあるとみなすことができる。

　有罪とされた人々をして被害者であると主張せしめる根拠はほかにもある。
広範な実証研究により、死刑の不平等な適用と恣意性が明らかにされている。
死刑は、人種・宗教・国籍その他における少数者、移住労働者、貧困層の
人々、知的ないし精神的に障害をもった人々のように、マイノリティや社会
の周縁に追いやられた人々に対して、不均衡に大きく作用している。仮に、
肌の色のせいで、あるいは、しかるべき弁護を受ける経済的余裕がないため
に、死刑を受ける確率が高まる人がいるとするならば、こうした人々もまた、
被害者とみなし得るのではないだろうか？

　さらに、有罪とされ、あるいは処刑された人々の中には、一定の理由によ
り、国際法によって死刑の適用からの特別な保護を与えられる人々がいる。
人権法は犯行時に未成年であった人に死刑を科すことを禁じているし[5]、ま
た、妊娠している女性、幼い子を持つ母、精神的・知的な障害を持つ人々の

処刑を禁じている。よって、こうした人々に死刑を適用することは、明らか
に彼らを被害者とすることになるのだ。

　しかし、国際人権基準は、一定の範疇の人々のみを死刑から保護するわけ
ではない。死刑の適用を"もっとも重大な犯罪"に制限する。権限ある機関
は"もっとも重大な犯罪"の解釈を、故意による殺人に限定している[6]。背
教、神への冒とく、合意に基づく同性成人間の性行為、国防に対する犯罪、
テロリズム、薬物関連犯罪、その他どんな犯罪であれ、故意による殺人を含
まない犯罪に死刑を科すことは、これらの罪で有罪とされた人々を死刑の被
害者とすることになる[7]。

　また、法の適正な手続に関する問題もある。どのような刑事手続であれ、
適正手続の尊重は被告人の権利を保護するために不可欠のものである[8]——
死刑事件においては、その結果が回復不可能であるがゆえに、より一層強く
あてはまる。適正手続の違反は、さまざまな形をとる。一定の範疇の犯罪に
対しては必ず死刑を適用すること（必要的死刑）は、その一つである。これ
は、罪を個別的に判断し、個々の事件・犯罪者に特別な事情に合った制裁を
加えることを認めないものであって、潜在的な減軽事情を無視するものであ
る[9]。有能な弁護人を付されなかった人々、自ら理解できる言語（必要であ
れば通訳人を通じて）による手続を受けられなかった人々、自己に有利な関
連証拠を提出することができなかった人々は、いずれも被害者とみなされ得
るかもしれない。同様のことは、刑に対して上訴することや減刑を求めるこ
とができなかった人々にもあてはまる。死刑判決や死刑執行に至る裁判所の
手続において自らの人権を侵害された人は、だれであれ、被害者とみなされ
得るのである。

　執行がなされてしまえば回復は不可能であるため、死刑には、他の刑罰の
場合よりも厳格な保障措置が要求される。そのため、多くの死刑存置国では、
死刑事件には追加的な保障措置を導入している。防御のために準備し、証拠
を提出し、専門家による意見を獲得し、上訴し、あるいは減刑や赦免を求め
るための追加的な機会をもつことは、必然的に時間を必要とする。死刑の執
行が先に延びることは論理的な帰結である。より確実であろうとすれば、そ
れだけ時間もかかる。

　死刑囚監房に置かれ続け、高度の警備が施された環境の下、しかも通常は
独房において、希望と絶望の繰り返しを経験することによって、延々と続く
心理的なプレッシャーと周期的な動揺、恐怖、苦痛——死刑囚自身が呼ぶと

4 被害者とはだれか？

ころの“人間圧力がま”状態——が引き起こされ、それは“死刑囚監房症候群”を招来する。死刑を必然的かつ不可避的に残虐な、非人道的な、あるいは品位を傷つける刑罰であり、国際人権法に反するとみなすに至る学者が、ますます増えている[10]。同様の方向でのさらなる議論は、“頻繁ではないが、定期的に”起きる、死刑執行の失敗事例からも生じている。どのような死刑執行方法であれ、拷問や被執行者の苦痛を引き起こすという過ちを起こし得ない——そして過ちを起こすことがなかった——方法など、存在しないのである[11]。

　そして最後になるが、死刑は第三者にも影響を与える。本書では第3章においてこうした事例を取り扱う。死刑以外の刑罰で有罪とされた人々の家族が受ける精神的影響と比べて、死刑判決を受けた人の家族、とくに死刑囚の子どもおよび死刑囚を直接世話してきた人々は、より頻繁に、より強く精神面での影響を受けることが、調査の結果、証拠によって次々と示されてきている。こうした人々は被害者ではないか？　私はそう信じる。

　小さな子どもには、なぜ、親が死ななくてはならないのかを理解することはできないし、ティーンエイジャーの子どもは、そうした事態に対処することができない。死刑を科された息子や娘を持つ親は、わが子に起きたことに対して、しばしば、自分自身を責める。弁護人もまた、依頼者である被告人のおかれた社会状況そして家族状況の中に減軽事情を見出そうとすることで、そうした親への非難に荷担し得る。犯罪加害者の家族に対する社会的圧力のため、しばしば家族は、死刑を科された本人を遠ざけるか、あるいは“身内ゆえに同罪”とされ社会的に孤立するか、いずれかの選択を迫られる。どちらであっても心理的に大きな苦痛となる。不幸にして、愛する家族を失う経験を二度もした人々——一度は殺人事件の結果、もう一度は死刑執行の結果として——は、死刑執行の日が不可避的にやってくるということを知る恐怖が、苦しみにさらなる追い打ちをかけると指摘する[12]。また、社会的には認知されることのない悲しみに対処することが、いかに難しいかを指摘する人々もいる。

　だが、死刑による強烈な影響を受けるのは、死刑囚の身内だけではない。死刑執行に至る法的手続に関わる人々——検察官であれ、弁護人であれ、裁判官であれ——は、自らの役割と行動についてプレッシャーを感じ、遅かれ早かれ、心理的な影響に苦しむことになるかもしれない。“自分は正しいことをしたのだろうか？”、“もっとうまくやることができたのではないか？”、

"他人の生死を決めるなど、いったい自分は何者なのか？"といった問いは、しばしば、彼らの残りの人生においてつきまとうこととなり、ときには、彼らを完全に破壊してしまう。

　死刑が執行されるまでの間、死刑囚と多くの時間をともに過ごした人々、たとえば刑務所長、医師や教誨師などの精神的困難は、とくに、こうした人々が死刑執行にも立ち会い、あるいは執行に携わる場合には、さらにひどいものとなり得る。自ら望んでその場にいるわけではなくとも、自分がこれまで関わりをもってきた人間の悲惨な運命に一定の役割を果たすということに、ある感情を抱き得る。その場に立ち会うことは、同情の一つの形かもしれないし、同時に、自らに罰を科しているのかもしれない。

　われわれは、死刑がさまざまな点で、多くの被害者を作り出していると結論づけざるを得ない。もちろん彼らは、同じ行為の被害者ではないが、それでもなお、死刑を含む犯罪と刑罰の連環がもたらす被害者なのだ。

　被害者の家族は、犯罪行為の被害者である。

　有罪とされた人は、仮に司法制度によってその人権が侵害された場合、すなわち、誤判、不平等で差別的な法の執行、適正手続を尊重せず"もっとも重大な犯罪"の基準を充たさない犯罪に対して死刑を科し、あるいは死刑から保護される範疇の人々（未成年者、精神的あるいは知的障害のある人々、妊娠した女性、幼い子どもの母親）に対して死刑を科すことによって国際法に違反する場合には、被害者とみなされ得る。

　第三者は、犯された罪に対する司法の応答としての死刑の"隠れた被害者"である。彼らは、事実あるいは法律に関する過ちによって被害者となるわけではない。刑罰の一形態としての死刑は、死刑を科された人の家族（とくに子ども、および、直接世話をしてきた人々）、そして刑事手続や死刑執行の手続に関わる第三者の精神面での健康や幸福に、とてつもなく大きく影響する。

　上述の被害者たちは、さまざまな点で明らかに異なっている。ではなぜ、彼らを一緒に論じるのか？　それは、こうした包括的なアプローチによらなければ、死刑を伴う刑事司法による応答と、それがもたらす全体的な影響について、深く考えることはできないからだ。さまざまな範疇の被害者たちの間にある違いを認めることにより、死刑を維持すべきか否かを決定する際には、彼らの多様な視点が考慮されねばならない、ということが明らかになる。

　そして今、最後の困難がある。死刑は、単に刑事政策あるいは人権の問題

6 被害者とはだれか？

であるにとどまらず、根本的に重要な政治問題なのである。死刑は、"社会契約"の性格を明らかにし、個人と国家との間の核心的な関係性を反映するものである。死刑の存在は、その国が信奉するもの、国家の主権、国民の生命を奪う権利をも含む国家の幅広い特権と、一致するものである。国民の生命に対する権利は、国家の殺す権利と対峙する。どちらがより強く、そしてどちらが勝るのか？

　死刑を執行するという国家の権利が勝るということは、幅広い社会的・政治的背景の原因であると同時に結果でもある。そしてこれが多くのジレンマを引き起こす。時と場合により、必要とみなせば、国民を殺害する権利を持つのだという国家は、自衛の範囲を超えた戦争に国民を駆り出す傾向が強い、あるいは、国家の安全への脅威を口実とした過剰な実力行使や拷問を行う傾向にある、ということはないだろうか？　さらに、国民を殺す権利を持つ国は、危険な国家だろうか？　死刑存置国の国民は、死刑が、自分たちの人権に負の影響を与える広範な社会的政治的文脈の重要な構成要素であるという意味において、死刑のある種の被害者とみなされ得る、ということまで言うことができるだろうか？[13]

　犯した罪の重さと刑罰との均衡を考えれば、何らかの恐ろしい罪を犯した犯人は、死に値するのかもしれない。しかし、われわれに、彼らを殺す資格があるのだろうか？　私の考えでは、いかなるものであれ殺人は誤りである。国家による制裁としての殺人もまた誤りであり、そして非常に大きな危険性を孕んでいる[14]。国家によって支持される殺人は、常に、冷淡で、計算され、周到に用意されたものである。野蛮な行為に対する野蛮な反応は、暴力の連鎖を継続させ、暴力的な文化の永続に寄与する。国家による命の軽視は、国民に対して負の影響を与える。仮に国家による殺人が許されるのであれば、それは、人を殺すことは常に誤りとは限らない——すなわち、だれが、いつ、どんな理由で殺人の権利を有するのかということは、単に社会内における力と利益の配分の問題にすぎない——というメッセージを送ることになる。私の見解では、国家による反応は、はじめに報復ありきということではなく、野蛮な行為を非難し暴力の連鎖を断ち切り、犯人を更生させることに焦点をあてるべきである。加害者は、死に値するかもしれない。しかし、われわれは彼を殺すべきではない。もっとうまく対処できるからだ。彼が殺人者であるという事実によって、われわれもまた殺人者となるべきではない。刑罰とは、命を肯定するものであって、命を終わらせるものであるべきではない。

では、何をもって死刑に代えるべきか？　仮釈放のない終身刑は、犯人の命を奪うことなく、特別予防（彼または彼女が再び殺人をすることはできないであろう）の目的と応報（二度と再び自由の身にはならない）には高度に資するものではあるが、希望を殺す。犯人自身の希望だけではなく、だれもが——精神的に健康であるならば——更生し、社会に完全に再統合される二度目のチャンスを与えられる可能性がある、という社会の希望も殺すのだ。ある意味において、仮釈放のない終身刑は"姿を変えた死刑"であり、これもまた残虐とみなされる可能性がある[15]。犯罪の残虐性に対し、別の形の残虐性では応えないことにより、社会は、その不完全さを認め、かつ、社会的な条件——被害を受け、苦難に遭い、困窮し、差別される人生を送ってきたという——が、当該個人に対して潜在的に負の影響を与え、それが犯罪の一因となった可能性をも、認めるのである。

　被害者の視点は、これを全体としてみたとき、死刑に反対する強力な主張を提示する。こと死刑に関して、被害者にかなう者はほぼだれもいない。

　被害者の遺族は、最後は失意の底にあるのが通常である。仮に、遺族が死刑に反対したとしても、犯人に死刑が科されれば、暴力の連鎖は断ち切られるどころか継続する。遺族が復讐を望んでいる場合であっても、望む結果を得られる人はごくわずかであり、それも大抵は何年も経ってからである。一方、来るべき死刑の執行を待つことは、心の区切りを妨げる。ほとんどの死刑存置国では、有罪とされた者の多くが死刑を科されることなく、あるいは、死刑を科された後も多くが執行されることなく、復讐を求める遺族を苦しめている。遺族は何度も何度も自問する：どうして、わが子の命が失われても死刑には値せず、他のだれかの場合には死刑なのか？　私が証言すると強く主張すべきだったのか、あるいは、もっとうまく証言すべきったのか？　裁判所が、私の妻は死刑を支持していないと思わなければ、違う結果になったのだろうか？　裁判所が死刑を科した場合ですら、現実の死刑執行は、仮になされるとしても、遠い先のことかもしれない。たとえばアメリカ合衆国では、死刑執行に先立って死刑囚監房に置かれる期間は16年である。死刑執行が延期されれば、ちょうど死刑囚およびその家族と同様に、復讐を求める遺族もまた希望と失意のサイクルに振り回される。一方が命を望むとき、もう一方は死を望んでいる。復讐を求める多くの被害者にとって、死刑の可能性が留保されることは、喉の渇いた人に塩水が入ったグラスを渡すようなものだ。

有罪とされた人々がさまざまな形で人権侵害の被害者となる場合は、あまりにも多い。事実誤認、取扱いの不平等、そして差別と無縁な司法制度など存在しない。むしろ逆に、有罪とされた人々の多くはさらなる人権侵害に苦しむのであり、なかでも法の適正な手続が尊重されないことはしばしばある。彼らが弱く、社会の周縁へと追いやられているほど、悪影響を受ける可能性が高い。ときには、公判中に酒に酔い、眠り、あるいは重要な上訴期限を忘れてしまうような弁護人の弁護を受けることもある。親玉は司法制度の手の届かない場所にいるのに、薬物の運び屋として処刑される者がいる。

第三者は、有罪とされた者の家族であれ、司法手続や執行の過程に携わる人であれ、他の刑罰と比べて法外に大きな影響を死刑から被る。これは感覚的なものではなく、多くの研究が、死刑は、彼らの精神面での健康状態に、非常に大きな負の影響を与えることを明確に示している。

南アメリカで唯一の死刑存置国の、ある裁判官が、私にこう語ったことがある。ある男性被告人に初めて死刑を言い渡した後、一刻も早く部屋に駆け戻って嘔吐したいと思った。本書で目にするように、死刑執行に携わったある男性は、夜中、ベッドの脇に執行された人物が現れ、じっと彼を見つめるという。

では、死刑を維持することで利益を得ているのはだれなのか？　通常、世論は死刑に賛成である——死刑について知らないほど、より一層死刑を支持する。したがって、政治家にとっては、その潮流に抗わないことが実に好都合ということになる。それは“票のために殺す”ことを意味するのだといえば、やや酷にすぎるかもしれないが、しかし、これは明らかに、人権課題を前に押し出すというリーダーシップの欠如を示すものである。また、犯罪に対して厳しい態度をとっていると思われたい人にとっても好都合である。死刑を維持して犯罪に厳しくすることは、司法制度を改善し、より効果的なものにする（そのほうが、死刑とは異なり、確実に犯罪の抑止になる）ことよりも、ずっと簡単なのだ。

より抽象的なレベルでは、死刑とは、国民の人権を制約する強力な国家を支持するという、ある種の世界観の一部である。死刑は権力の象徴であり、死刑の執行は、歴史的には、国家の主権および政府の権威の不可侵性を示すものであった[16]。死刑は、他の人権侵害、たとえば過度の実力行使、拷問および他の残虐な、非人道的なまたは品位を傷つける取扱い、差別といったものと近い関係にある。したがって、死刑に対する闘いは、現代におけるも

っとも重要な市民的権利のための闘争であると、私は強く信じている。私は、死刑を執行する国家と、過度の実力や拷問、非人道的および品位を傷つける取扱いを行う国家との間には、強力な相関関係があると確信している。しかし、国家だけではない。死刑を支持する人は、過度の実力行使や拷問、非人道的および品位を傷つける取扱い、そしてその他の人権侵害に対して、より寛容な傾向がある。しかし、この点は別の本のテーマであるかもしれない。

　本書に表されたような死刑に関する被害者の視点に対するアプローチは、骨の折れる議論を惹き起こすであろうことを、私は十分に承知している。これは歓迎すべき困難かもしれない。異なる観点からの継続的で真剣な議論こそ、まさにわれわれが必要とするものかもしれない。死刑について証拠に基づく議論を行うことと、死刑から遠ざかることとの間には、強い、実証的に示された正の相関関係が存在するのである。

　では、議論をしよう！

イワン・シモノビッチ　Ivan Šimonović
国連人権担当事務次長捕

1）　たとえば、シャリーア法のもとでは復讐の原理——qisas——により、殺人の被害者遺族に復讐の権利を認めているが、遺族は加害者を赦し、賠償として diyat と呼ばれる金銭を受け取るという選択肢も持つ。

2）　この点は、国連・犯罪及び権力濫用の被害者の正義のための基本原則に関する宣言にも反映されている（国連総会決議40/34、1985年11月29日採択。http://www.un.org/documents/ga/res/40/a40r034.htm より閲覧可能）。

3）　これは、被害者の範疇を、犯罪の被害者に限った概念から、人権侵害の被害者を含む概念へと拡大することで、明らかに、より広いアプローチを含意するものである。

4）　死刑事件における誤判は稀ではなく、洗練され、資金の手当もよくなされ、何段階にもわたる保護的措置を提供しているような制度を含め、あらゆる司法制度において起こり得る。最近の調査によれば、米国で1973年から2004年までの間に死刑を科されたすべての人のうち、4％以上が無実であった可能性があることが示されている。以下を参照。Samuel R. Gross, Barbara O'Brien, Chen Hu and Edward H. Kennedy, Rate of False Convictions of Criminal Defendants Who are Sentenced to Death（2013）, Proceedings of the National Academy of Sciences, April 28, 2014, vol. 111 no. 20, pp. 7230-7235.

5）　しかしながら、15カ国は犯行時18歳未満の者に死刑を適用していると報告されている。

6）　生命権に関する「市民的及び政治的権利に関する国際規約」（自由権規約）第6条2項は、死刑存置国において死刑を科し得る対象を、もっぱら"もっとも重大な犯罪"に留めている。規約人権委員会は、国別審査の総括所見において、一貫して"もっとも重

10   被害者とはだれか？

大な犯罪"を故意による殺人であると解釈してきた。また委員会は現在、同様の見解を明らかにする規約第6条に関する一般的意見を準備している（一般的意見36草案、CCPR/C/GC/R.36）。超法規的、即決、恣意的処刑に関する特別報告者も同様の見解に立つ。

7） 33の国ないし地域が、故意による殺害とは無関係な薬物犯罪に対して死刑を規定している。アムネスティ・インターナショナルは、2015年に記録をとったすべての死刑執行のうち、42%は薬物関連犯罪のみで執行されたと推定している。

8） 自由権規約の第14条は公判における権利保障について列挙する。

9） 規約人権委員会の見解では、仮に規約第14条を尊重することなく、裁判の結果、死刑判決が下されたならば、それは生命に対する権利の侵害となる。規約人権委員会による一般的意見32（2007年）パラグラフ59（CCPR/C/GC/32）、及び、死刑に直面する者の保護を保障するセーフガード（国連経済社会理事会決議1984/50（1984年5月25日、以下より入手可能：http://www.ohchr.org/EN/ProfessionalInterest/Pages/DeathPenalty.aspx).

10） 拷問に関する特別報告者は、現在、用いられている死刑執行方法のうち、どんな場合であれ、拷問及び他の残虐な、非人道的な又は品位を傷つける取扱いの禁止に抵触しない執行方法があることを断定的に示す証拠はないという見解を明らかにした。さらに、たとえ慣習法の形成はその途上にあるとしても、死刑が実際に適用される状況とは、そのほとんどが死刑を拷問に等しくするものである。そこまで苛酷ではない状況においても、なお、残虐な、非人道的な、品位を傷つける取扱いに値する。拷問及び他の残虐な、非人道的な又は品位を傷つける取扱い又は刑罰に関する特別報告者の中間報告書（A/67/279、2012年8月9日）を参照。

11） 最近の研究では、アメリカ合衆国において死刑執行に問題のあった事例の比率は、3%を超えると推定されている。以下を参照：Austin Sarat, Gruesome Spectacles: Botched executions and America's Death Penalty, Stanford University Press, 2014.

12） たとえば、2005年に行われた"No Silence, No Shame"プロジェクトの立ち上げを記念する会議でのCelia McWeeの発言を参照。

13） 死刑に対する倫理的な異議申立ての結果、多くの企業が、刑務所当局による自社製品薬物の致死薬注射目的での購入ができないようにした。これは、国連の「ビジネスと人権に関する指導原則（Guiding Principles on Business and Human Rights）が重視されたことの現れであり、かつ、社会の死刑に対する自己防衛の一形態であることを願いたい。

14） 法王フランシスコが第6回死刑廃止世界大会で述べたように、"汝殺すなかれ"とは、無実の人にも、罪を犯した人にも適用される絶対的な価値を有するものである。

15） 同様の理由により、ヨーロッパ人権裁判所は、仮釈放のない終身刑をヨーロッパ人権条約違反とみなしている。

16） Michel Foucault, Discipline and Punish: The Birth of the Prison, New York, Vintage Books, 1979（邦訳：ミシェル・フーコー著、田村俶訳『監獄の誕生──監視と処罰』）参照。

第1章

殺人被害者の家族たち

DEATH PENALTY AND THE VICTIMS

1.1 錯綜する被害者家族たちの地位
1.2 被害者家族の視点
1.3 被害者家族と終結

1.1 錯綜する被害者家族たちの地位

被害者学の視点からみた死刑反対論

マーク・グルーエンヒュイセン　Marc Groenhuijsen[1]
マイケル・オコンネル　Michael O'connell[2]

　死刑は、討論の主題として異論の多いものである。もっとも重大な犯罪は極刑をもって処罰されることが必要だとして、死刑は自分たちの文化にとって不可欠な要素であると感じる人もいるが、国家がその国民の命を意図的に奪うことは、どのような事情があれ決して正当化され得ないと確信する人もいる。ここでの議論は、複雑化を避けるため、殺人が行われた場合に限定することとする。殺人とは、死刑を科されやすい典型的な行為である。このような行為の基礎にある原理が、"ユス・タリオニス"（ius talionis）、今日の言葉では"目には目を"に相当するものである。だが、ことはそれほど単純ではないと納得するには、2、3の例があれば十分である。殺人はさまざまな方法や形態で行われ得るものだが、それによって私たちは死刑という考え方から遠ざかることもあり得るし、むしろ近づくこともある。

　究極の場面であるホロコーストを挙げることから始めさせてほしい。アドルフ・ヒトラーが自殺せず、連合軍に身柄を確保されたと想像してみよう。彼は法廷において審理を受け、死刑判決を受けたであろうか？　われわれはそうは思わない。もっともあり得るのは、その場で銃殺されたという可能性だ。今日、こうした行為をわれわれは"即決処刑"と呼ぶ[3]。あるいは、1944年、何人かの将校がヒトラーの殺害を企てたという筋書きを考えてみよう。成功したならば、多くの人々の命が救われたことだろう。後年、彼らは英雄として賞賛されたに違いない。しかし、その当時のことを考えてみよう。彼らは裁かれ、有罪とされ、死刑を科せられるべきだったのであろうか、あるいは科せられたであろうか？

　もっと一般的な規模のケースに話を戻そう。トーマス・ロレンス（"アラビアのロレンス"として広く知られている）は、第1次世界大戦中の軍事遠征において、激怒したムーア人のハメドが、別の部族に属するセーラムを殺害するのを目撃した。"血の争い"というアラブの慣習に通じていたロレンスは、"部族による大虐殺"を避けるためにはハメドを殺さねばならないと

悟り、実際にそうしたのだ。ロレンスは、暴力が果てしなく続くことを阻止したわけだが、自ら殺害行為を認めて説明もしている以上、殺人で有罪とされ、処刑されるべきだったのであろうか？

オーストラリア人女性のスーザン・フォールズは夫を殺害したが、20年以上にもわたり夫から暴力で虐待され、苦しみ続けた末の殺害だったと主張した。正当防衛は成立しない事案であると仮定して、彼女が死刑に値すると本気で主張する人は、おそらくほとんどいないであろう。

もちろん、これらのケースの中には、比較的扱いやすいものもあれば、そうでないものもある。しかし、いずれも"汝殺すなかれ"という基本的な原則に異議を差し挟むものであり、この種の事件に対する応報的な応答の限界について問題を投げかける。この原則を適用することは、ある状況では明白に思われるかもしれないが、他の状況では不明確にもみえる。こうした点に留意すれば、賛否の議論を特定し、分析することなしに、（本稿が提起するように）被害者学の観点から死刑について評価することは、賢明ではないといえる。他の方法によることは、真実を理性的に考察することなく、容易に過ちを犯し、被害者をレトリックへと落とし込む可能性がある。

死刑に関する議論は、多くの倫理的、宗教的な信条に縛られている。世界中どこでも、死刑を支持する多くの人がいる一方で、頑強にこれに反対する人々も多数いる。あなたが、自分や自分の愛する家族に加えられた害悪に対しては、たとえ犯人の命を奪ってでも復讐する権利がある、と子どもの頃から教えられてきたと想定してみよう。逆に、少なくとも犯人を殺害するという程度にまで復讐を求めることは誤っているのだ、と社会的に教育されてきたとしよう。一方の基準は死刑を許容するが、他方は認めない。双方が同時に正しいということはあり得ない。両者の間でどう判断すればよいのか？そしてだれが、どちらの正義が正しいと判断すべきなのか？

世界被害者学協会（World Society of Victimology, WSV）の会員は、いくつかの重要なケースに関して困難に直面した。過去10年間、WSV の執行委員会（WSV EC）は、死刑廃止のための運動を支持すべきかどうかという問題と向き合ってきた。ごく最近、WSV が、他の刑事司法に関する国際的な諸団体から死刑廃止の国際的運動に加わるよう要請を受けたことにより、この問題は顕著なものとなった。2010年、WSV EC は、数名のメンバーに、被害学の視点から、死刑に対する賛成および反対の議論についてディスカッション・ペーパーを用意する任務を課した。2013年、これらのメンバーは

公表可能な文書の形には依らずに、研究結果の要約を提出した[4]。WSV EC は上記の参加要請についての投票を行い、WSV が死刑に反対する立場をとり、運動に参加することを、賛成多数（反対票はなし）で採択した。

　WSV EC は、犯罪被害者のために正義をもたらすという目的で人を殺害することは、おそらくは人間の生命に対する権利を侵害するものであり、生命の尊厳を肯定することにはならない、と判断した。死刑はあまりにも頻繁に不正義という結果に陥り、残虐なまでに皮肉な形で犠牲者を生み出す。その上、多くの被害者（殺人の被害者遺族を含む）を侮辱するものであることが明らかとなり、痛みや苦悶を和らげるかわりに、さらなる痛みと苦悶をもたらし得る。これは、真理に基づいた見解であり、経験により得られた証拠とサービス提供者から得た知識によって裏打ちされたものである。にもかかわらず、WSV 会員がどの程度こうした立場を支持しているのかは定かではない。全会員による投票は行われておらず、いわゆる被害者支援の人々の間で意識調査が行われたこともない。したがって、この原則的立場が意味するところは明らかではない。WSV は、会員を何人か失ったかもしれない。あるいは、この方針を称賛する新しい会員によっては歓迎されたかもしれない。死刑が行われている国々の会員は、自国の政府を侮蔑しているとみなされたであろうか？　多くの人にとって答えは不明である。

　では、WSV EC はいかにして決定に至ったのか？　WSV EC が行った議論や考慮した見解とはどのようなものだったのか？　本稿では、死刑に対する賛否の議論を包括的に取り上げることはできない。そこで、より広く知られている議論について、被害者学の視点から焦点を絞り込み、指摘することとする。

　だが、その前に、そもそも「被害者学とは何か」という問題がある。被害者学に関する章を設けているテキストでもっとも初期に著されたうちの1冊において、スティーブン・シェーファーはこう記している。"初期の犯罪学者たちは、被害者と犯罪との関係の重要性、あるいは相互作用の性質について何ら明確な説明をしてこなかった。それゆえ、被害者学のダイナミックな可能性を発展させることはなかった[5]。" しかしながら、1940年代に2人の犯罪学者が、被害者は、自らの死にどの程度寄与ないし関与しているかについて疑問を抱いた。他にもこうした問題を取り上げる学者はいたが、1960年代半ばになるまで犯罪被害者の苦境が重要視されることはなく、犯罪学と"並行した"学問としての被害者学が出現するには、さらに10年かかった[6]。

WSV は被害者学を "犯罪による被害の程度・性質・原因、関係する人々への影響、および社会とりわけ警察、刑事司法制度およびボランティアで働く人々と職業的な援助提供者による反応についての科学" と定義している[7]。被害者学を、より広く定義づける見解もある。自然現象、たとえば自然災害の犠牲者をも含める定義や、たとえば権力の濫用により人権を侵害された被害者で、その濫用が犯罪には問われないような場合をも含める定義もある[8]。自殺のように、自らを被害者化することを含める見解もある。しかしながら、すべてに共通するのは、学問的取組みの中心にあるべきは被害者である、という考え方である[9]。死刑に関する議論は、被害者学を刑罰に関する短い射程で捉える立場、そして、より広範な人権という射程で捉える立場のいずれからも取り組み得るものであり、他方、異論はあるものの、自己被害者化の概念が有用となる場合は稀である。

視点はどうあれすべての見解が、人の違法な殺害という問題に対しどのように応答することが、文明化社会においては適切であるのか、という問題と対峙している。国家が制裁として加える刑罰としての殺害よりも、より良い解決方法があってしかるべきだ、という点ではすべてが一致している。"被害者運動" の中には反対の見解も存在するが、本稿において後述する指標を考慮し、被害者学をよりよく判断すれば、どのような犯罪に対してであれ、死刑はそうした判断と相いれないのである。これを前提として、過去数十年の間、国際紛争や、自国民（の一部）を抑圧する政府による残虐行為を含め、被害者が大規模に生み出される事態が、ますます注目されるようになってきたということに留意しなければならない。被害者学者は、こうした特定のタイプの犯罪や権力濫用が、死刑の適用を求める新たな動きへと容易につながり得ることを認識してきた。しかしながら、国連がこうした状況に対処するため国際刑事裁判所を設立した際、ローマ規程および関連する法律文書に、敢えて死刑を含めなかったということは、重要である。国連は、まさに最悪の被害事例において、死刑ではない別の方法により、被害者の正当な利益に対処する道を見出したのである[10]。

WSV は、すべての被害者は人として、個人としての尊厳をもって取り扱われ、対人関係においては敬意をもって取り扱われるという基本的権利を有する、と考える[11]。国連の犯罪及び権力濫用の被害者の正義のための基本原則に関する宣言（1985年）を含む国際法に従い、被害者はその他の基本的権利、すなわち情報にアクセスする権利や、自身に影響を及ぼす重要な意思

16   被害者学の視点からみた死刑反対論

決定に参加する権利、医療面、心理面、経済面および実際面における援助へのアクセスを含む諸権利をも有している。WSV は、犯罪が生じる場合には、別の人間——被疑者・被告人・加害者などと呼ばれるものの、やはり、公正な裁判を受ける権利や残虐で異常な刑罰に服さない権利を含め、基本的な権利を有する人間——が関与していることを認識している。このような洞察の意味を、少しの間よく考えてみることは重要である。WSV は常に、社会一般、とくに刑事司法制度における被害者の"解放"を推進してきた。しかしながら、WSV は、このように被害者の正当な権利を擁護しつつも、反加害者の態度をとったことは一度もない。それは、WSV の見解が、刑事司法の改革はゼロサム・ゲームではない、という確信に根差しているということによる[12]。被害者にとって有益な権利をつけ加えることは、必ずしも加害者の権利を制約することにはならない。換言すれば、被害者の権利は決して、加害者の公正な裁判を受ける権利や残虐で異常な刑罰を受けない権利を脅かすものではないのである。

　国家は、被害者の権利そして被害をもたらす者の権利の双方の擁護において中心的な役割を果たす。刑事法（法の支配といった基盤となる原理を含む）は、国家がこの役割を果たすのを助ける。法は、他の機能とともに、被害をもたらす可能性のある人々に対する抑止力として機能することが予定されている。また、刑罰をもって威嚇し、これを科し、執行する権限を国家に与える。さらに、ダバー[13]が立証済みの犯罪による被害という文脈で説明したように、被害者は、たとえば自己の身体の安全への侵害に対して賠償措置を受ける権利を有する。逆に、一見奇妙に思われるかもしれないが、被害を与えた側は、たとえば刑罰を受けることについて弁明する権利を有する。刑事法とその手続を通じて、国家は権利と権利の衝突を解決する過程を提供するとともに、権利の保護をも行う。しかしながら、法と手続が、被害者の権利の保障にも加害者の権利の保障にもなっていない国が、あまりにも多く存在する。こうした国々では、刑事司法制度は"品位を傷つける儀式[14]"ないしは"恥辱の儀式[15]"にもなり得る。死刑を科すことは、こうした品位の剥奪や恥辱の最たる例である。

　10年以上前、3人の著者——ハワード・ゼア、ダイアン・ロバートソン、レイチェル・キング[16]——が、米国における殺人被害者遺族の視点から、死刑に対する賛否について議論を展開した。ゼアは殺人事件を含む暴力犯罪被害者遺族の言葉や写真を用い、終結ではなく癒しに向かっての、苦痛に満

ち、いつまでも続く道のりを明らかにした。ゼアは、被害者遺族が、罪の告発、被害者の免責、そして責任の所在を明らかにすることを含む、“公平性の回復”を欲していると結論づけた。彼の見解によれば、被害者にとっての正義に必要なこれらの要素は、修復的司法には固有のものであるが、応報的司法においてはそうではない。ロバートソン[17]は、暴力犯罪に対処するには厳しい刑罰が必要であると主張しつつ、“獄に閉じ込めて鍵を捨て去る”あるいは“電気椅子にかける”よりも、“効果的な刑罰”があってしかるべきだとも述べた。キング[18]は、“暴力の醜さと直に”向き合い、そして暴力に処刑を加えるよりも“赦し”を選択した人々の多くは、自らを解放し“われわれのすさんだ世界にわずかな平和をもたらしている”のではないかと述べている。これらの論者により徹底的になされた議論（彼らは、数十人の被害者にインタビューを行った）は、本稿の以降の構成の背景をなしている。

　1960年代、市民的及び政治的権利に関する国際規約の起草者たちは、国際法における死刑廃止に向けた動きを開始した[19]。以来、国際法は進化を続け、一般的には死刑を禁じ、死刑の使用をもっとも凶悪な犯罪に限定している[20]。また国際法は、公正な裁判を受ける権利と適正手続をも規定する。不公正な裁判や適正手続の不遵守により、無実の人が誤って有罪とされることとなりかねない。仮にその結果、死刑が執行されれば、その過ちは重大であり、悲劇的なことに取り返しがつかない[21]。法的な予防措置にもかかわらず、WSVはゼイド・ラアド・アル・フセイン国連人権高等弁務官による以下の見解に留意する。“世界中のどこであれ、その堅固さゆえに無実の人の命が奪われることはないと保証できるような司法制度は存在しないのであり、たとえ良く機能している法制度であっても、のちに無実であることが判明した人々に死刑を科してきたことを示す証拠が、恐ろしいほど大量にある。”無実の命が奪われる危険へと作用する誤った訴追や司法判断の事例が、あまりにも多く報告されている。理論的には、死刑を科す場合において、不測の事態と過ちは必然であるとすら断言し得るのだ[22]。

　抑止力が死刑を正当化すると主張する人々には、おそらく、死刑が抑止になるということを証明する責任があるだろう。死刑支持者の中には、死刑の犯罪防止という性質を指摘する人がいる。死刑による威嚇と、一定の場合には実際に処刑を行うことで、毎年1件の殺人を抑止する可能性があるということが、もっとも重大な犯罪に対する合法的な罰としての死刑の維持を正当化する十分な根拠とされる。しかしながら、この議論にはもう一つの側面が

ある。実際、論理的にも、また実証的にも、まったく正反対の方向が示されているように思われる。潜在的な加害者を死刑で威嚇するということは、彼らに失うものが何もないことを意味する。彼らは、逮捕を免れるためには、たとえさらに重大な犯罪を重ねることになろうとも、できることは何でもなし得るし、また、するであろう。その意味では、究極の制裁は逆効果となり得る——この問題については、後ほど再度取り上げる。さらに、死刑を執行することは、殺人にふさわしい報復であるとみなされているが、はたしてそうであろうか？ 応報とは、結局のところ、刑罰の目的のうちの一つにすぎない。更生、公共の安全、そしてそれが現実的な場合には回復といった点からは、犯罪に対する矯正としての刑罰は、先を見据えたものでもあるべきだ。たとえ多数の人々からみて死刑がふさわしいとしても、それは死刑の正当化には不十分である。ホスパーズ[23]が主張するように、死刑は一定の良いことをもたらすか、あるいは"一定の悪"を防ぐものでなければならないのだ。

　また、死刑は終局をもたらすともいわれるが、はたしてそうであろうか？たしかに、処刑された殺人者には、二度と殺人を犯すことはできない。しかし、死刑により人の命を計画的に奪うということは、殺人者が殺された場合、彼あるいは彼女の犯した罪は帳消しになるという、誤った前提の上に成り立っている。死刑によって満足を得られると信じていた被害者が、実際にはそうではなかったと悟る場合もある。時が経ち、多くの被害者は、加害者が死んでしまったということに不快な感情を覚える[24]。たとえば彼らは、亡くなった被害者について抱いている重要な疑問、亡くなったときの状況やその説明などに対して、答えを得る機会を奪われてしまうのだ。

　歴史を通じて、被害を与えた人間には残虐かつ異常な刑罰が科されてきたが、こうした刑罰が潜在的な加害者を思いとどまらせるという主張が決定的なものでないことは、明らかである。同様に、死刑が（存在による威嚇であれ処刑であれ）殺人その他の暴力犯罪を減少させるということを支持する、信頼に足る調査は存在しない。これまで述べてきたとおり、まったく逆である可能性が大いにある。

　犯罪学および心理学の研究によれば、加害者は通常、合理的な行動をとらず、将来殺人を犯す可能性がある人物のうち、死刑による威嚇を考慮する者はほとんどいない[25]。先に言及したスーザン・フォールズの事例が示すように、殺害を行う人の中には、おそらく怒りや非常に大きな精神的ストレスのもと、衝動的に行動する人がいる。激情にかられて殺害に及ぶ人もいる。

死刑執行の可能性について考えるだけの精神的な能力を持たない人もいる。たとえ死刑による威嚇が考慮される場合でも、自分が逮捕されるだろうとは思わない人もいる[26]。

　殺人を犯そうとする人が、仮釈放の可能性の有無にかかわらず、終身刑よりも死刑の方を恐れることを示す強力な証拠はない。数十年にわたる諸研究により、死刑には終身刑を上回る抑止力がないことが明らかになっている[27]。とくに米国では、殺人者に対する死刑執行を行わない州の方が、死刑執行を行う州よりも、一般的に殺人事件の発生率が低い[28]。同様のことは、国際的に、死刑執行を行わない国々と、行う国々とを比較した場合にもあてはまる。たとえば、死刑廃止から約30年後、カナダでは殺人事件が44％減少した[29]。さらに、死刑は、殺人を犯そうとする人々への抑止となるのではなく、むしろ暴力犯罪を惹起するという証拠も存在する[30]。検挙を免れようとすることが強い要因になることについてはすでに言及した。ここで、われわれは次のように付け加えることができる。すなわち、死刑が、失うものが何もないゆえに、恐れることはもはや何もないといった一定の犯罪者を事実上生み出してさえいるということがあり得るのだ。同様に、ある殺人被害者の父親が述べたように、"暴力には暴力をもって応えると人々に教えることは、さらなる暴力を生むだけだ"。それゆえ、WSV は、殺人者を殺害することは、社会全体に対して一貫性を欠くメッセージを送ることになると考える。さらに、死刑は被害の発生を防ぐよりも、被害に遭う危険性を増大させる可能性がある。

　殺人者の命を重んじることは、被害者の命を軽んじることだと主張する人々がいる。これは誤解を招くものだ。実際、死刑に関する議論を、殺人者の命を被害者の命よりも重んじることだと設定すること自体が、道徳的に誤っている。すべての命は尊重されなければならない。すべての人間は、生命に対する権利を有する。殺人者を殺すことによって、命の価値を教えることはできない。被害者も殺人者もともに、尊厳をもち（個人の属性）、尊重され（対人関係における態度）、価値のある（対人関係における資格）人間なのである[31]。

　死刑を科す過程や、殺人者を処刑すること——仮に処刑が行われるとして——は、被害者の個性や彼、彼女らの権利に関わるものではない。殺人は、社会における正義の均衡を崩す。しかし、"合法的な殺人"により暴力に屈服することは、社会における均衡を回復するものでもなければ、被害者遺族

に、殺害が行われる前の状態の回復をもたらすものでもない。さらに、コレッタ・キングが述べたように、"人間の命を奪う行為において、正義が促進されることは決してない。"とりわけ、殺人者の命を奪うことは、たとえばアメリカ合衆国では殺人で有罪とされた人々のうち、ほんの一握りしか処刑されないという事実に照らせば、不当な刑罰である。これら不幸な加害者の典型的なケースとは、彼らが最悪の犯罪者だったわけではなく、単に自らを防御する経済力がもっとも乏しかったにすぎない、というものだ[32]。

　人種に関しては、黒人が殺害された場合より、白人が殺害された場合のほうが、格段に死刑判決となりやすいことが、米国の諸研究によって繰り返し明らかにされている。死刑は、白人の命を黒人の命よりも重んじるようにみえることから、人種間の不和をもたらす[33]。意識的であれ無意識のものであれ、差別が刑事司法制度に浸透している。これはさまざまな形での人種間格差をもたらし、被害者遺族が、自身にとっても社会にとっても重要な真実へと到達する際に、大きな妨げとなる[34]。加害者の中には精神（人格）障害のある人もいる。彼らを死刑をもって罰するのは不公正であり、こうした人々は拘禁された上で精神科治療を提供されるべきである。こうした差別も、遺族によっては心かき乱されるものである。

　国際法と国内法、そして刑事司法制度は、殺人者の命をも含め、生命に対する尊重を示す法の支配と原理の上に成り立たねばならない。法および制度は、"仕返し"のような封建的概念を形成したり、復讐の願望を抱かせたりするものであってはならない。マーティン・ルーサー・キングの言葉を言い換えると、行動は法によって規制され得るのであり、こうした法は心までは変えないかもしれないが、法は心無い人々を規制すべきなのだ。1995年に米国で起きたオクラホマシティ連邦政府ビル爆破事件の被害者遺族である父親は、死刑は"復讐にすぎない、そして復讐こそが【私の娘を】殺したのだ……復讐とは、強く自然な感情だ。だが、われわれの司法制度において、復讐の居場所はないのだ[35]。"したがって WSV は、多くの被害者遺族が、死刑を支持するのではなく、死刑の使用を非難していることに留意する。彼らの愛する家族を殺害した人間を処刑することは、多くの場合、彼らを侮辱するものであり、さらなる苦痛をもたらすにすぎない。

　被害者遺族からの聞取りによって、死刑に至る法的手続はしばしば、愛する者の死による痛みと苦しみを何年にもわたって遺族に追体験させるという、心の傷をもたらす経験となり得ることが確認されている[36]。マンク裁判官

は、ある殺人者に刑を言い渡す際、死刑の裁判と上訴は、"犯罪による痛みを何度も蒸し返し"何年も続き得るものだと述べた。"それは、被害者に不利益を課す非道な方法だ"と[37]。長引く法廷闘争と、その結果としての非道は、何世代にもわたって続き得る。死刑に反対する、ある殺人被害者の両親が会議の聴衆に対し的確に述べたように、"私たちの遺された2人の子どもたちには、何年にもわたる上訴によって必然的に、被告人が彼らから奪ったものを延々と苦痛とともに思い出させられながら成長してほしくはないのです[38]。"

また、訴訟は、自分が処刑されるのかどうかという決定を待つ殺人犯にも影響する。不確実性、刑事施設という環境、そして社会復帰に向けたプログラムの欠如は、死刑囚監房に置かれた者に、深刻な精神面での問題と肉体的苦痛をもたらし得る。これは望ましいことではない。刑罰とは、それ自体、加害者の自由に対する意図的な制約を含むが、これは"良い結果(…悪い結果の防止を含む)をもたらすために"行われるべきものである[39]。殺人被害者の父であるマイルズ・ケンプによれば、"苦痛を味わうために刑務所に行くべきではない[40]。"たとえ殺人者であっても、被収容者の福祉は、刑事施設における構造的な虐待を議論する際、常に不可欠な要素なのである。

被害者遺族の痛みと非常な悲しみが、彼らをこれほどまで感情的、精神的な苦痛へと追いやった犯罪の加害者を処刑することによっては、癒されないことは明白である。癒しを約束することは、誤った期待を育む。他の遺族であれば、自分の癒しや復讐のために死刑執行を推進するのに、と、あからさまに傷つけられる被害者遺族もいる[41]。死刑廃止論者のロン・カールソンは、妹が殺害された後、死刑廃止の立場から、死刑を廃止するための活動を非常に精力的に継続した。死刑廃止を公然と支持する被害者遺族の中には、このような道徳的な勇気ある行動に対して、敬意や尊厳ではなく、嘲笑や侮辱をもって他の殺人被害者遺族から迎えられる人もいる。こうして加害者、そして刑事司法制度による被害に続いて、第三の被害がもたらされる。すなわち、他の殺人被害者遺族によって。この第三の被害は非礼で、気持ちをくじき、人間性を否定するものともなり得る。

米国で弟を殺害されたクリスティン・フレーリックは、うつに苦しみ、その他の精神的問題にも直面した[42]。被害をもたらすさまざまな困難を"生き延びる"葛藤の中で、加害者の説明責任と被害者の癒しを最優先とする修復的司法を見出した。修復的司法のプログラムは、殺人被害者遺族を含む被

害者に、加害者との対面の機会を提供する可能性を含んでいる。対面では、法を犯したことではなく、実際に生じた損害に焦点をあてる[43]。国家が加害者に対して正義を行うのではなく、被害者、加害者その他事件により影響を受けた人々（たとえば地域社会）が、合理的に現実的な範囲において正当な結果を定める作業に携わる。

WSV は、修復的司法に関するさまざまな議論に参加してきた。WSV は、修復的司法は被害者の権利に関する条約の草案に記されている、という立場をとっている。草案第9条は、"修復的司法" と題し、以下のように規定する。

（1）締約国は、適切な場合には、被害者の利益を最優先として代表しようと努める修復的司法の制度を確立し、ないしその質を高めるよう努力するものとする。国家は、加害者が犯罪に対する自己の責任を認める必要性と、犯罪が被害者に有害な影響を与えたことを真摯な謝罪という形で承認することを強調するものとする。

（2）締約国は、被害者が国内法の下で修復的司法の場を選択し、あるいは選択しない機会を持つように確保するものとし、仮に被害者がそうした場の選択を決定する場合には、こうした仕組みは、被害者の尊厳、思いやり、この条約【草案】に規定された類似の権利およびサービスと調和したものでなければならない。

率直なところ、修復的司法の場が成功するためのこうした条件は、現実には、殺人事件の多くを——仮に大多数ではないとしても——除外することになるだろう。そして、仮に一定の形の調停が実現できたとしても、刑事施設の中で、犯罪が行われてから長い時間が経った後に行われるのが通常であろう。だが、仮にそうだとしても、遺族への入念な配慮が行われれば、刑事司法制度による伝統的なアプローチを修正する有用な仕組みとなり得るのである。

たとえば仮釈放のない終身刑のように、他にも現実味のある選択肢はあるといわれる[44]。WSV EC が仮釈放のない終身刑について議論したことはないが、ガルカウェとオコンネルは、仮釈放のない終身刑の支持者は、殺人者が死刑から逃れようとして何度も上訴を繰り返す場合に、感情的・心理的な傷が何度も傷口を開かされるのに対して、仮釈放のない終身刑はそのようなことなく刑罰が下される、と主張していると指摘する[45]。

実際には、殺人事件の場合にはどのような救済策も不十分なものである。

被害者遺族が望む（真の満足をもたらす）こととは、愛する家族が生き返ることだ[46]。死刑には、死者を蘇らせることはできない。逆に、死刑は他の刑罰以上の苦痛を遺族にもたらす[47]。死刑は、殺人者の命を奪うことにより被害者の命や一般の人々の命が守られるという、悲劇的な幻想の上に成り立っている[48]。

　米国の場合、死刑事件は、州によって20年間も続く可能性がある。処刑されるまで何年も待たせることは、被収容者自身のみならず、しばしば見落とされるが、彼らの家族にとっても残虐である。殺人者の家族や友人は、彼らの愛する者が犯した罪のため、間接的に罰せられる。シャープは、これらの人々が直面する困難に光をあてる[49]。シャープは、無視、スティグマ、恥辱、社会的孤立を指摘する。彼女は、被害者の家族に提供される援助と、殺人罪に問われた人の家族に対する援助とを対比し、後者への援助が欠如していることを明らかにする。またシャープは、上訴の過程が殺人者の家族に与える影響に関し、被害者遺族との類似性に迫る[50]。その上、殺人者の家族は、彼らの愛する家族を処刑しろと騒ぎ立てる人々に対応しなければならないほか、決められた時刻に愛する者が処刑されるのを、被害者遺族やひろく一般の人たちが目撃するという事態にも対処しなければならない。

　同様に、アメリカ合衆国での経験は、代替刑と比べると、死刑を科すことは社会にとって安上がりだという考えが、幻想であることを示している。死刑は、法的救済として費用のかかるものである[51]。

　死刑事件が州と連邦の裁判所の間を行ったり来たりする上訴の過程には、費用がかかる。その費用は、死刑囚を残りの生涯、ずっと拘禁しておくのに必要な経費よりも大きくなり得る[52]。たとえば、ブランビラは、ある米国の州で408人に死刑を科す費用は、仮釈放のない終身刑にかかる費用よりも、推定で8億1600万ドル高いと報告している[53]。死刑が廃止され代替刑が実施されれば、節減できた費用は殺人被害者遺族へのグリーフ・カウンセリングなどの被害者支援に振り向けることができる。2007年に息子を殺害されたヴィクトリア・カウアードは適切にも次のように述べている。

　　私たちがほんとうに被害者遺族を助けようとするのであれば――私たち皆が――もっと視野を広くする必要があります。広い視野とは、死刑は全体の1％にも満たない事件にしか科されず、にもかかわらず死刑は、犯罪予防や被害者支援にあてられるはずの莫大なお金を吸い上げてしまう、ということです。悲しみにくれる娘たちが、兄の死に対処するため

の専門的な援助を受けるのに、この莫大なお金のほんの一部があればどんなにいいことか[54]。

　加えて、WSVは、殺人者に仮釈放のない終身刑を科すことで、受刑者は事実上刑務所の中で死亡することになるのであり、これもまた残虐となり得ることをも認識している。死刑と同様、仮釈放のない終身刑は受刑者から以下の機会を奪う：
・だれかを殺害したことに対する責任をとること
・自分の犯罪の被害者遺族それぞれの立場に身を置いて考えること
・それぞれの被害者遺族にどんな思いがよぎるのかを知ること
・自分が一つの家族を破壊したと認めること
・真の後悔の念を示し、自らが行った害悪についてわかっていると示すこと
・自分が犯した罪の爪痕とともに生きていくこと

　したがって、われわれは、仮釈放のない終身刑を採用することに対しては警戒している。最近、ほかでもない法王フランシスコは、極めて明確に仮釈放のない終身刑への反対の言葉を述べた。彼は、最近、終身刑がバチカンの刑法から削除されたことを詳しく語り、こうつけ加えた。"終身刑は、死刑がその姿を偽ったものにすぎない[55]"。同様に、ヨーロッパ人権裁判所は、仮釈放のない終身刑はヨーロッパ人権条約違反であると判断してきた。一連の画期的な判決において、同裁判所は、すべての受刑者は、最終的には刑務所から釈放され得るという現実的な見通しのもと、一定のしかるべき時期に、権限ある裁判所により、科された刑について再審査を受ける権利を有すると判断した。
　上述の指標は、多くの被害者のニーズと期待にも合致する[56]。検察が死刑やその他の峻厳な刑罰に焦点をあてることは、復讐心を醸成し、慈悲への願いを失わせる、とまで示唆する被害者遺族もいる[57]。殺人により刑罰を科された人は無実かもしれない、と不安に思う被害者もいる。仮に無実なら、死刑が執行されれば償いのしようがない。それは、取返しがつかないことなのである。暴力的な刑罰を追求することは、死刑に伴う暴力の連鎖の一要素となるのである[58]。
　死刑に異議を述べるのは殺人被害者遺族だけではない。ほとんどの国にお

いて、多くの人々が死刑を容認していないように見受けられる。こうした気運と呼応し、国連加盟国の大半が死刑を廃止し、必ずしも国内法上は死刑を廃止していない場合でも、多くの国が実務的には死刑を廃止している。この究極の刑罰を頻繁に使用し続けている国家もいくつか存在する：中国、イラン、イラク、サウジアラビア、アメリカである。その結果、2012年に国連総会は、"すべての国家に死刑の廃止を目指し死刑執行の停止を確立すること"との要請を改めて表明した[59]。また同決議は、"死刑を廃止した国は再び死刑を導入することのないよう"求め、かつ、"これに関する自国の経験を共有するよう奨励する"としている[60]。

　さらに、国によっては、死刑の適切さをめぐって人種的・文化的な対立があるということも懸念される。たとえば、アメリカのある研究では、南部のある州において、アフリカ系アメリカ人の3分の2が死刑に反対であるのに対し、白人の3分の2は死刑を支持していることが示された[61]。これよりもずっと以前に行われた全国規模の研究では、アメリカ人の約44%が仮釈放のない終身刑を支持するのに対し、41%が死刑を支持し、15%が態度を決めかねていた[62]。世界中どこでも、世論とは明らかに複雑なもので、常にさまざまな意見を生み出している。調査結果の多様さは、方法論と手段に加えて、調査時の支配的状況にも拠っている。刑罰としての死刑、あるいは、死刑がどのように行われているか、といった点についての人々の知識不足を明らかにした調査もいくつかある。また、特定の国において、年を経るごとに死刑への支持が減少していくという調査結果の変化は、政治的および宗教的なリーダーシップの影響を示している。たとえば国連の報告書「死刑から離れる：東南アジアからの教訓（Moving Away from the Death Penalty: Lessons in South-East Asia）」は、政治的リーダーシップの重要性を示すべく、フィリピンとモンゴルにおける死刑廃止に向けた態度変化を取り上げている[63]。またこの報告書は、これらの国における改革がアジア地域に与えた重要な影響についても指摘する。

　WSV の代表団は、2014年に法王フランシスコが教会法の下での刑罰としての死刑を廃止した際、宗教的リーダーシップの必要性を目の当たりにした[64]。そうすることで、法王は先任者の先を行く大きな一歩を踏み出した（聖ヨハネ・パウロ二世は、回勅「いのちの福音」（Evangelium Vitae）において、また「カトリック教会のカテキズム」（Catechism of the Catholic Church, n2267）において死刑を非難した）。法王は聴衆にこう語った。たと

えどれほど重大な犯罪であろうと、人を殺すことは"生命の不可侵性"を侵すものである、と。法王は何度も死刑に対する非難を繰り返してきたが、その中でも2016年、第6回死刑廃止世界大会においてはこう述べた。"死刑は被害者に正義をもたらすものではなく、かえって復讐を助長する。'汝殺すなかれ'との戒めは絶対的なものであり、無実の人にも罪を犯した人にもあてはまる。"また法王は、死刑を"人間の尊厳"に反するものとみなし、すべての人々に死刑ではなく神の"慈悲深い正義"を求めるよう促した。法王の言葉が特異というわけではない。いくつもの世界の偉大な宗教が、殺すなかれという規範を共有している。結果として、多くの人々が、死刑は自らの信条に反するという理由で、死刑に反対している。こうした信条の共通性に鑑み、WSVは"すべての人々は、他者の身体と生命を損なわない義務を負う"と考える[65]。

　さて、われわれの結論である。死刑とは常に、非常に議論の分かれる問題であった。世界中のさまざまな組織と同様、WSVは1979年の設立以来、死刑の問題に取り組んできた。しかし、この問題が鮮明になったのは過去10年の間である。WSV執行委員会は、死刑は、あまりにも多くの場合に弱い立場の人々に対して、恣意的に、ときには不公正に科される、不完全で、残虐かつ非人道的な刑罰であると結論づけた。

　死刑は人権を侵害する。死刑は残虐であり、ほぼ間違いなく人類に対する野蛮な刑罰である。世界のある領域においては、死刑は人間が持つ性質のうち、最悪の行為の一つである。死刑は、世界の偉大な諸宗教の教義と教理に反する。

　仮に、死刑によって将来の犯罪を大規模に防止することができるのであれば、あるいは若干、正当化される余地があるかもしれない。しかし、それは事実ではない。その正反対こそが真実である可能性が高いのだ。死刑を行っている国々における殺人事件の統計によっても、死刑を強いることによって犯罪を抑止するとか、犯罪を減少させる効果があるということは、何ら証明されていない。また本稿では、人々を処刑するほうが拘禁するよりも安上がりだという考えの正体を暴露した。そのような事実はない。

　本稿が明らかにしたように、被害者学者および被害者自身が死刑に反対する理由は数多くある。死刑を用いるべきかという問いは、究極的には、道徳的なものだということは明らかである。この点に留意した上で、われわれは、死刑に浸ることに正当化の余地はないと結論づける。重要なのは、こうして

死刑廃止を支持することは、殺人その他の暴力犯罪を容認することを意味するものではない、ということだ。われわれは、死刑が凶悪な罪を犯した者に対して及ぼす結果のみを理由として死刑に反対するのではない。そうした犯罪によって影響を被った人々に対して死刑がなすこと、あるいはなさないことのゆえに、さらには、私たちが共有するこの世界のあらゆる社会の人々に対して死刑がなすことのゆえに、死刑に反対するのだ。

1） オランダ・ティルブルフ大学教授（刑事法および被害者学）、World Society for Victimology 代表。

2） サウスオーストラリア州被害者の権利コミッショナー、World Society for Victimology 事務局長。

3） 以下を参照。Lippman, M. 1989. "Government sponsored summary and arbitrary executions." *Florida International Law Journal*. p. 401以下（see Westlaw）. Alston, Philip. 2006. *Report by the Special Rapporteur on civil and political rights, including the question of disapperances and summary executions*. E/ CN.4/2006/53（UN））.

4） Garkawe, S. & O'Connell, M. 2013. *The death penalty: Report of the Standards and Norms Committee*. World Society of Victimology（未公刊）.

5） Schafer, S. 1976. *Introduction to criminology*. Reston, VA: Prentice Hall. p.143.

6） Mendelsohn, 1937, 1956； see also von Hentig 1940, 1941.も参照。

7） van Dijk, J. 1997. "Victimology." In J.J.M. van Dijk, R.G.H. van Kaam & J. Wemmers, eds., *Caring for Crime Victims: Selected Proceedings of the Ninth International Symposium on Victimology —Amsterdam, August 25-29*. Monsey, NY: Criminal Justice Press. p. 4. 次も参照。O'Connell, M. 2008. "Victimology: A study in social science in waiting." *International Review of Victimology* 15(2): pp. 91-104.

8） 方法論の持つ意義については以下を参照。Groenhuijsen, Marc. 2009. "Does victimology have a theoretical leg to stand on? Victimology as an academic discipline in its own right?" In Frans Willem Winkel, Paul Friday, Gerd Kirchhoff & Rianne Letschert, eds., *Victimization in a multi-disciplinary key: recent advances in victimology*. Nijmegen: Wolf Legal Publishers.

9） O'Connell, M. 2008. "Victimology: A study in social science in waiting." *International Review of Victimology* 15(2): pp. 91-104.

10） Groenhuijsen, Marc & Pemberton, Antony. 2011. "Genocide, Crimes against Humanity and War Crimes. A Victimological Perspective on International Criminal Justice." In Rianne Letschert, Roelof Haveman, Anne-Marie de Brouwer & Antony Pemberton, eds., *Victimological Approaches to International Crimes: Africa, Intersentia*. Cambridge/Antwerp/Portland.

11） Dubber, M.D. 2002. *Victims in the war on crime: The use and abuse of victims' rights*. New York: New York University Press. p. 156.

12） Groenhuijsen, Marc. 2009. "Does victimology have a theoretical leg to stand on?

28 被害者学の視点からみた死刑反対論

Victimology as an academic discipline in its own right?" In Frans Willem Winkel, Paul Friday, Gerd Kirchhoff & Rianne Letschert, eds., *Victimization in a multi-disciplinary key: recent advances in victimology.* Nijmegen: Wolf Legal Publishers. 以下も参照。Groenhuijsen, Marc. 2014. "The development of international policy in relation to victims of crime." *International Review of Victimology* 20(1):p. 31-48.

13) Dubber, M.D. 2002. *Victims in the war on crime: The use and abuse of victims' rights.* New York: New York University Press. p. 156.

14) Garkinkel, H. 1956. "Conditions of successful degradation ceremonies." *American Journal of Sociology,* p. 420.

15) Dubber, M.D. 2002. *Victims in the war on crime: The use and abuse of victims' rights.* New York: New York University Press. p. 157.

16) Zehr. H. 2001. *Transcending: Reflections of crime victims.* Intercourse, PA: Good Books. 次も参照。Robertson, D. 2002. *Tears from heaven; voices from hell? The pros and cons of the death penalty as seen through the eyes of the victims of violent crime and death row inmates throughout America.* San Jose: Writers Club Press, and King, R. 2003. *Don't kill in our names: Families of murder victims speak out against the death penalty.* New Jersey: Rutgers University Press.

17) Robertson, D. 2002. *Tears from heaven; voices from hell? The pros and cons of the death penalty as seen through the eyes of the victims of violent crime and death row inmates throughout America.* San Jose: Writers Club Press. p. xi.

18) King, R. 2003. *Don't kill in our names: Families of murder victims speak out against the death penalty.* New Jersey: Rutgers University Press. p. 5.

19) 市民的および政治的権利に関する国際規約第6条参照。

20) 死刑の使用に対するモラトリアムに関する2007年、2008年、2010年および2012年の国連総会決議を参照。

21) Death Penalty Project. 2014. *The inevitability of error.* London: *The Death Penalty Project.* 以下のサイトで入手可能。http://www.deathpenaltyproject.org/wp-content/uploads/2014/07/The-inevitability-of-error-English.pdf.（2016年8月25日閲覧）。

22) Black, Charles. 1974. *Capital Punishment: the Inevitability of Caprice and Mistake.* New York: W.W. Norton & Company Inc.

23) Hospers, J. 1961. *Human conduct: An introduction to the problems of ethics.* New York: Harcourt, Brace & World. p. 451

24) Zehr. H. 2001. *Transcending: Reflections of crime victims.* Intercourse, PA: Good Books. 以下も参照。Robertson, D. 2002. *Tears from heaven; voices from hell―The pros and cons of the death penalty as seen through the eyes of the victims of violent crime and death row inmates throughout America.* San Jose: Writers Club Press, および King, R. 2003. *Don't kill in our names: Families of murder victims speak out against the death penalty.* New Jersey: Rutgers University Press.

25) Radelet, M.L. & Lacock, T.L. 2009. "Do executions lower homicide rates? The views of leading criminologists." *Journal of Criminal Law & Criminology* 99(2): 489-508. 以下も参照。Radelet, M. & Akers R. 1996. "Deterrence and the death penalty: the views of the experts." *Journal of Criminal Law & Criminology* 87(1): 1-16.

26) Radelet, M.L. & Lacock, T.L. 2009. "Do executions lower homicide rates? The views of

leading criminologists." *Journal of Criminal Law & Criminology* 99 (2): 489–508.

27) Radelet, M.L. & Lacock, T.L. 2009. "Do executions lower homicide rates? The views of leading criminologists." *Journal of Criminal Law & Criminology* 99 (2): 489–508. 以下も参照。Lamperti, J. *Does Capital Punishment Deter Murder? A brief look at the evidence.*

28) Robertson 2008, p. 11.

29) Amnesty International（Australia）. 2016. *Death penalty.* Amnesty International. 以下より入手可能。https://www.amnesty.org/en/what-we-do/death-penalty/.（2016年8月25日閲覧）。

30) Rosenberg, P.H. 2002. "The Death Penalty Increases the Violent Crime Rate." In M. E Williams, ed., *Opposing Viewpoints: The Death Penalty.* San Diego: Greenhaven Press.

31) Dubber, M.D. 2002. *Victims in the war on crime: The use and abuse of victims' rights.* New York: New York University Press. p. 156.

32) たとえば以下を参照。Death Penalty Information Center. 2013. *The 2% death penalty: How a Minority of Counties Produce Most Death Cases at Enormous Costs to All.* USA: Death Penalty Information Center. 以下より入手可能。http://www.deathpenaltyinfo.org/twopercent.（2016年8月25日閲覧）。

33) Black, Charles. 1974. *Capital Punishment: the Inevitability of Caprice and Mistake.* New York: W.W. Norton & Company Inc.

34) Zehr. H. 2001. *Transcending: Reflections of crime victims.* Intercourse, PA: Good Books: Intercourse.

35) Zehr. H. 2001. *Transcending: Reflections of crime victims.* Intercourse, PA: Good Books: Intercourse. p. 62.

36) King, R. 2003. *Don't kill in our names: Families of murder victims speak out against the death penalty.* New Jersey: Rutgers University Press. 以下も参照。Zehr. H. 2001. *Transcending: Reflections of crime victims. Intercourse,* PA: Good Books.

37) McCaffrey, R., "Inmate Given Life Without Parole In 2006 Slaying of Roxbury Guard," *Washington Post,* January 29 2008.

38) Flatow, N. 2015. *Why These Victims' Parents Don't Want The Death Penalty For The Boston Bomber.* Think Progress, April 17. 以下より入手可能。http://thinkprogress.org/justice/2015/04/17/3648237/victims-parents-dont-want-death-penalty-boston-bomber/（2016年8月25日閲覧）。

39) Hospers, J. 1961. *Human conduct: An introduction to the problems of ethics.* New York: Harcourt, Brace & World. p. 454.

40) Zehr. H. 2001. *Transcending: Reflections of crime victims.* Intercourse, PA: Good Books. p. 89.

41) Murder Victims' Families for Reconciliation. 2016. 以下より入手可能。http://www.mvfr.org/.（2016年8月25日閲覧）。

42) Froehlich, K, "Honest debate needed on the death penalty," *The Middletown Press,* 2010. 以下より入手可能。http://www.middletownpress.com/article/MI/20100430/NEWS/304309988.（accessed 1 September 2016）. 以下も参照。Froehlich, K. *Senate Bill 40 to Repeal Delaware's Death Penalty.* Testimony, 25 March 2015. 以下より入手可能。https://www.aclu-de.org/wp-content/uploads/2015/04/Kristin-Froehlich-.pdf.（2016年9月1日閲覧）。

30　被害者学の視点からみた死刑反対論

43）　たとえば、以下を参照。Death Penalty Focus. 2016. *Death Penalty Can Prolong Suffering for Victims' Families*. San Diego: Death Penalty Focus. 以下より入手可能。http://deathpenalty.org/（2016年8月25日閲覧）。

44）　たとえば、以下を参照。Maryland Commission on Capital Punishment. 2008. 以下より入手可能。http://www.mdcase.org/node/114.（2016年8月25日閲覧）。

45）　Garkawe, S. & O'Connell, M. 2013. *The death penalty: Report of the Standards and Norms Committee*. World Society of Victimology.（未公刊）。

46）　たとえば、以下を参照。Brucker in Zehr. H. 2001. *Transcending: Reflections of crime victims*. Intercourse, PA: Good Books. p. 77.

47）　Dieter, R.C. 1993. *Sentencing for Life: Americans Embrace Alternatives to the Death Penalty*. Death Penalty Information Center. 以下より入手可能。http://www.deathpenaltyinfo.org/sentencing-life-americans-embrace-alternatives-death-penalty.（2016年8月25日閲覧）。

48）　Flatow, N. 2015. *Why These Victims' Parents Don't Want The Death Penalty For The Boston Bomber*. Think Progress, April 17. 以下より入手可能。http://thinkprogress.org/justice/2015/04/17/3648237/victims-parents-dont-want-death-penalty-boston-bomber/.（2016年8月25日閲覧）。

49）　Sharp, S. 2005. *Hidden Victims: The Effects of the Death Penalty on Families of the Accused*. New Brunswick, NJ: Rutgers University Press.

50）　Ibid.

51）　Lamperti, J. *Does Capital Punishment Deter Murder? A brief look at the evidence*. 以下も参照。Costanzo, M. & White, L. 1994. "An overview of the death penalty and capital trials: history, current status, legal procedures, and cost." *Journal of Social Issues* 50(2): 1-18.

52）　Rankin, B., "Georgia executions rise, while death sentences plummet," *Atlanta Journal-Constitution*, June 18, 2016.

53）　Brambila, N, "Executing justice: Pennsylvania's death penalty system costs $816 million," *The Reading Eagle*, June 17, 2016.

54）　Equal Justice USA. 2016. *A Failure for Victims' Families: In their own words: Stories of a broken system*. Equal Justice USA. 以下より入手可能。http://ejusa.org/learn/victims-voices/（2016年8月25日閲覧）。

55）　WSV et.al. 2014, NO 2014 version only 2015, p.22

56）　たとえば以下を参照。Mokricky, Silvosky, and Welch in Zehr. H. 2001. *Transcending: Reflections of crime victims*. Intercourse, PA: Good Books.

57）　Associated Press, "Slain Colorado prison guard's dad fights to testify," *The Denver Post*, February 12, 2014. Available from http://www.denverpost.com/2014/02/12/slain-colo-prison-guardsdad-fights-to-testify/（2016年8月25日閲覧）。

58）　Vaughn, C. 2006. *Living with the death penalty: The Aftermath of Killing and Execution in the United States*. USA: Xlibris Corporation.

59）　2007、2008、2010年の国連総会決議参照。

60）　2012年国連総会決議。*Moratorium on the use of the death penalty*. Resolution A/RES/67/176. 以下より入手可能。http://www.un.org/en/ga/search/view_doc.asp?symbol=A/RES/67/176.（2016年8月25日閲覧）。

61) Cope, C., "Most South Carolinian blacks say Dylann Roof should get life without parole," *The Herald*, June 12, 2016.

62) Dieter, R.C. 1993. *Sentencing for Life: Americans Embrace Alternatives to the Death Penalty*. Death Penalty Information Center. 以下より入手可能。http://www.deathpenal tyinfo. org/sentencing-life-americans-embrace-alternatives-death-penalty. (2016年8月25日閲覧)。

63) OHCHR. 2014. *Move away from the death penalty: Lessons learned in south-east Asia*. Canberra: Office of the High Commissioner for Human Rights, Regional Office for Southeast Asia.

64) WSV et al. 2015. *For a real human justice*. Pope Francis & Association Internationale de Droit Penal, *Societe Internationale de Criminologie*, Societe *Internationale de la De*fense Sociale, International Penal and Penitentiary Foundation, World Society of Victimology, Asociacio*n latinoamericana de Dcho*. Penal y criminologia.

65) 詩篇82：4のように。

"死刑は被害者のため" なのか

田鎖麻衣子[1]

　多くの国々と同様、日本においてもしばしば、死刑は被害者のために——より正確には、殺害された被害者の遺族のために——維持されるべきだといわれ、また広く信じられている。たとえば、2014年11月に日本の内閣府が行った、死刑を含む法制度に関する世論調査[2]では、死刑の存置を容認する回答者のうち半数以上（53.4%）が、死刑を廃止すれば、被害を受けた人やその家族の気持ちがおさまらない、と答えた。

　こうした主張の前提には、死刑が何らかの形で、被害者の'ためになる'との考え方がある。しかし、被害者の多様性と、一人ひとりの被害者が受ける大きな痛みを認識したならば、死刑が被害者のためになる、ということに疑問を抱くようになるだろう。

　死刑と被害者について人々が語るとき、被害者とはしばしば、ステレオタイプ化されて描かれる。すなわち、被害者遺族は、加害者に対する深い憎しみを抱き、加害者に対して死を望む、と。しかしながら、現実にはさまざまな被害者がいて、被害者一人ひとりが異なっている。被害者が皆同じであるかのように表現することは誤りである。ちょうど、死刑事件の加害者を皆、"顔のない、画一的な集団として取り扱い、機械的に死刑の対象[3]" として扱うことが間違いであるように。

死刑は滅多に科されない

　多くの人は、殺人者は死に値すると信じているが、圧倒的多数の殺人事件において、加害者には死刑が科されない。日本の刑法は "人を殺した者は、死刑または無期もしくは5年以上の懲役に処する" と規定する[4]。よって、日本では、殺人で有罪とされた場合、死刑以外に幅広い刑の選択肢がある。毎年、殺人で起訴された何百人もの被告人が、懲役刑（無期懲役あるいは5年以上30年以下の有期懲役）を科されるのに対し、死刑を科されるのは、ほんの一握り——2005年から2014年は年間2件から14件[5]——である。同様に

第1章　殺人被害者の家族たち　　33

アメリカ合衆国では、謀殺および過失による場合を除く故殺[6]に対する有罪判決のうち、死刑に至るのはわずか2％である[7]。

このように死刑が滅多に科されないため、死刑を求めて活動する被害者遺族もいる。娘を金銭目的で残虐に殺害された磯谷富美子は、3人の加害者全員に対する死刑を求めて33万筆もの署名を集めた。これに応え、検察官は3人の被告人すべてに死刑を求刑した。地方裁判所が死刑を科したのはそのうち2名だった。殺害された被害者が1名の場合、2名以上の被告人に死刑が科されることは異例である。しかし、加害者全員に死刑を求めて懸命に活動してきた磯谷は、この結果に落胆した。しかも、2人の被告人のうち1人が控訴し、高等裁判所で死刑が無期懲役に減刑される[8]と、彼女はさらに心をかき乱された（もう1人は上訴せず死刑を受け入れた）[9]。

愛する家族を残虐に殺害された人にとって、殺人は明らかに、究極の重い犯罪だ。だが、加害者が死刑より軽い刑に処せられると、それは、その犯罪が極刑には値しないということを暗に意味する[10]。多くの遺族にとって、これはまったく受け入れ難いことだ。こうした遺族一人ひとりの感情を尊重しようとするのであれば、殺人で有罪とされた被告人に対しては、死刑がほぼ自動的に科された古い時代のシステムを、復活させる必要がある。

長い時間をかけ、相当数の死刑存置国は、死刑を科し得る犯罪の数を減少させてきた。その典型的な手法は、殺人をいくつかのカテゴリーに分類し、一定の類型の殺人に対してのみ、死刑を科し得るようにすることである。無実の人が有罪とされることを防ぎ、かつ、"死刑に値する人"に対してだけ極刑が科されるようにするためには、死刑の科刑に慎重なアプローチをとることが不可避である。実際、死刑を支持する人々は、死刑の存置を正当化しようとする際、慎重さという点に依拠することが多い[11]。日本やアメリカにおいては、死刑の射程を拡げることは、不当であるばかりでなく非現実的なのである。

つまり、人々が、死刑は被害者遺族の悲しみを緩和させるのに役立つと信じているにもかかわらず、死刑が科されることは稀であり、そのため、圧倒的多数の遺族にとっては何の役割をも果たさない。むしろ、死刑が、存在するにもかかわらずほとんど適用されないことにより、遺族の不満を募らせる場合が存在するのである。

被害者・加害者の双方を家族に持つ遺族

　まぎれもなく被害者でありながら、被害者の範疇からしばしば除外される多くの人々がいることにも、留意する必要がある。

　殺人事件は、家族間で生じることが多い。日本の犯罪白書の統計によれば、殺人事件の約半数で、加害者は被害者と親族関係にある。2014年には、殺人被害者の48.3％が加害者の親族であり、その割合は2013年では53.5％にも上った[12]。こうした割合が、アメリカやカナダといった国々と比べて特徴的に高いのは事実だが、この両国においても、親族間の殺人事件は相当数を占める[13]。こうした事案では、遺族は被害者とみなされない。

　2011年、日本の法務省は、家庭内の重大事件に関する研究報告を公表した。報告書によると、加害者への宥恕を示した家族の割合が、加害者への厳罰を希望する家族の割合を大きく上回り、殺人事件では、66.6％が加害者を宥恕するとしたのに対し、厳罰を希望した家族は25％であった[14]。家族の態度は、被害者と加害者との関係、あるいは犯罪によって受けた影響等によって異なるが、被害者・加害者双方の親族であるがゆえに、必ずしも加害者への死刑を望まない人たちが相当数いることは、間違いない。

　もっとも、家庭内で犯した殺人に対しても、死刑は科され得る[15]。そうした事例の一つに、大山寛人の父・清隆のケースがある。清隆は、自分の妻（寛人の母）と養父を殺害した。寛人は、被害者遺族として苦しみに耐えねばならないにもかかわらず、犯罪者の息子として差別されたという。父に対する憎しみは募り、自ら殺したいとまで思った。しかし、死刑が科された後、拘置所に父を訪ねた寛人は、面会と手紙のやりとりを通じて、考えを変えていった。高等裁判所の審理では父のために証言台に立ち、生きて罪を償い続けてほしいと証言した。しかし、死刑判決は高等裁判所、さらに最高裁判所で維持された。現在、父は拘置所で死刑の執行を待っている。寛人は、加害者に対して死刑を望まない被害者遺族もいるということを、人々に知ってもらいたい、と強調する[16]。

　したがって、被害者のために死刑を維持すべきだと主張する場合、加害者の家族でもある被害者は無視されていることに注意しなければならない[17]。こうした人々が自らの苦痛に満ちた体験を声に出すことはほとんどないが、彼らも被害者である。犯罪により深く傷つけられながら、言葉にできないほ

第1章　殺人被害者の家族たち　35

どの苦しみにほとんど関心を払われることがない、被害者なのである。

被害者感情の変化

　大山寛人のケースにみられるように、被害者の感情は変わり得る。加害者の親族ではない被害者の中にも、気持ちに変化が生じ、加害者が絞首刑となることを望まない人がいることも事実である。

　1983年、原田正治の弟は、交通事故を装った保険金殺人事件の犠牲となった。犯人は弟が勤めていた会社の社長だった長谷川敏彦を含む3人の男たちだった。長谷川はほかにも2人を殺害していた。原田は、長谷川の裁判で証言し、極刑を求めた[18]。長谷川は、共犯者の1名と共に死刑判決を受けたが、判決が出る前から、原田に手紙を書くようになった。手紙には謝罪と後悔の言葉が綴られていたが、原田は読むこともなく捨てていた。ところが事件から約10年後、原田は、拘置所に長谷川を訪ね、「なんで、うちの弟でなければならなかったんだ」を問いただそうと決意した。こうして原田は、初めて直接、長谷川から謝罪の言葉を聞き、その謝罪を本物だと感じた。長谷川との面会は、ある種の「癒し」をもたらした。あるとき、原田は、長谷川の逮捕後に彼の息子が自死したことについて、長谷川を責めた。原田にとって、長谷川は怒りをぶつけることのできる唯一の相手でもあった[19]。

　しかし、長谷川の死刑が最高裁で確定してから数カ月後、拘置所は、原田が長谷川と面会することを禁じた。死刑執行が近づくなか、原田はついに、高村正彦法務大臣（当時）に、長谷川の死刑を執行しないように求める要請書を提出した。法相はこれに注意を払うことなく、2001年12月27日、長谷川は絞首刑を執行された。

　原田は、決して長谷川を許してはいないと明言する。ほかの多くの被害者と同様に、彼の生活は事件によって完全に破壊された。原田は、事件によって"崖の下に突き落とされた"が、加害者の死刑執行によっても、崖の下から救い出されることはなかったという。長谷川が絞首刑となっても、気持ちがやわらぐことはなかった。原田は、死刑制度とは、崖の下に落とされた被害者に有意義な援助の手を差し伸べることのないまま、加害者をも同じように崖の下に突き落とすものだと表現する[20]。数年後、原田は Ocean（オーシャン）という、被害者と加害者の出会いを促進する団体を立ち上げた[21]。そして、被害者遺族と加害者とが出会う可能性を奪い去る死刑という制度に、

疑問を投げかけている。

原田のケースは、しばしば"例外的"だといわれる。だが、私には、加害者に死刑が下されることを求めて13年近くも闘い続けた別の遺族の言葉が思い出される。本村洋の妻と幼い娘は18歳の少年に殺害された[22]。少年は当初、無期懲役刑を宣告されたが、最高裁がこれを破棄し、事件を高等裁判所に差し戻した。高裁では改めて死刑が科された。この死刑を確定させる判決を最高裁が下したとき、本村は、死刑判決は自分が求めてきたものであり、満足はしているが喜ばしいとは思わない、この結論を厳粛な気持ちで受け止めたい、と述べた[23]。また、自分が死刑の推進者だとみられることに戸惑いを感じてきたとして、"時間は最良の相談相手。冷静に事件を見つめられるようになった"とし、被害者である妻と娘に加害者も加えた"3人の命を無駄にしないよう死刑のような判決が出る事件がない社会を実現するにはどうすべきか、考えるきっかけになれば"と訴えた。また、自身が再婚したことも明らかにし、"弱い私を支えてくれる素晴らしい人と出会えた。前を向いて笑って生きていくことも大切だと思っています"と述べたという[24]。

一人ひとりの被害者が異なっている一方で、被害者らが共有する経験もある。凶悪犯罪により愛する者を失った遺族として、彼らは深く傷つき、日常生活は完全に破壊される。にもかかわらず、彼らは生きていかねばならない。自分自身の人生を送らなければならない。大きすぎる悲しみとダメージから回復するためには、誰かの支えが何としても必要である。

磯谷富美子は、娘を殺害して死刑判決を受けた加害者の処刑から半年後、約300名の聴衆を前に講演した。判決には納得がいかないと重ねて表明する一方で、彼女は、周囲の人の言葉や態度に傷ついた経験を振り返り、被害者遺族に対する事件直後からの支援の重要性を語った[25]。間違いなく、彼女もまた崖の下に突き落とされ、十分な支援を受けられず置き去りにされた経験をしていたのである。事件に対する刑事手続が進む間、彼女は死刑を求める運動に精力を注いだ。メディアは、署名運動への彼女の献身的な取組みを盛んに報道し、社会の関心も加害者への刑罰に集中した。だが、娘を奪われた母がどれほど痛切に支えを欲していたのかに、社会が思いをめぐらせることはなかった。

死刑の要求は、支えを求める被害者の痛切なニーズをあいまいにし、その結果、遺族の回復は二の次にされてしまう。

話を原田と本村のケースに戻そう。彼らは、長い年月を要したものの、そ

れぞれに人生を再建するため、前に向かって一歩を踏み出すことができたといえよう。だがその結果、彼らは称賛されるのではなく、批判に直面した。原田は、死刑に懸念を表明したことで"本当の被害者"ではないと非難され、本村は再婚を批判された。

端的にいえば、死刑という刑罰を強調するアプローチは、被害者の回復と、彼らに対する支援の重要性を脇に追いやり、場合によっては否定すらしてしまう場合がある。

すでに論じたように、被害者遺族の圧倒的多数は、死刑を科すプロセスに関与することがない。周縁へと追いやられ、自らの経験を公には語らない被害者も数多くいる。平和な生活を取り戻す努力の過程で、こうした物言わぬ被害者も、気持ちの変化を経験することがあるかもしれない。だが、彼らの誰一人として、同じ道をたどることはない。

確かなことは、一人ひとりの被害者を本当に尊重したいと思うのなら、死刑を存置するための正当化として被害者を引き合いに出すことは——少なくとも、詳細な説明や明確化をすることなしには——、不可能だということである。

したがって私は、こう結論づける。"死刑は被害者のため"と主張することはできない。

———————

1）　監獄人権センター事務局長。筆者はデイビッド・T・ジョンソン教授による有用なコメントに感謝する。

2）　この調査の包括的な分析として、佐藤舞＆ポール・ベーコン「世論という神話　日本は何故、死刑を存置するのか」がある（以下より入手可能：http://www.deathpenalty project.org/wp-content/uploads/2015/08/The-Public-Opinion-Myth-Japanese1.pdf ）。

3）　*Woodson v. North Carolina*, 428 U.S. 280.

4）　刑法第199条。

5）　司法統計年報による。

6）　日本においては、過失による場合を除く故殺、すなわち"極度の憤激により、故意に、かつ法的な正当事由なしに、他人の死を惹き起こす行為"に分類される犯罪も、殺人罪とされる。

7）　以下を参照。Sean Rosenmerkel, Matthew Durose and Donald Farole, Jr., Ph.D, U.S. Department of Justice. 2009 (rev. 2010). "Felony Sentences in State Courts, 2006-Statistical Tables." *Bureau of Justice Statistics*. Available from http://www.bjs.gov/con tent/pub/pdf/fssc06st.pdf.（2016年5月13日閲覧）。

8）　無期懲役刑は最高裁でも維持された。しかし、刑の確定から3年後、元被告人は別の

殺人事件で起訴され、死刑を宣告された。この被告人は高等裁判所に控訴し、2016年5月現在、事件は同裁判所に係属中である。

9） 日本では、国連の国際人権（自由権）規約委員会および拷問禁止委員会からの度重なる勧告にもかかわらず、死刑判決に対する上訴は必要的とされていない。

10） この点に関し、スコット・トゥローは「ひとたびわれわれが被害者の幸せを中心的関心事にし、死刑執行が彼らにとって最大の慰めになるとみなすならば、ある家族にはこの救済を認め、他には認めないといった原則をとることはできないはずである。個々の遺族の視点からすれば、喪失感、怒り、そして殺人犯の処刑をみることから個々の遺族が得る慰めは、愛するものがベルトウェイ・スナイパー事件で非業の死を遂げようと、酒店強盗のさなかに衝動的に発砲された銃弾で殺されようと、同じである。被害者第1主義では、殺人犯を区分するために意味ある基盤を認める余地が存在しない。」スコット・トゥロー著、指宿信・岩川直子訳「極刑　死刑をめぐる一法律家の思索」（岩波書店）66頁。

11） たとえば、日本政府は「死刑の選択の判断は、1983年7月8日の最高裁判所判決において示された判断を踏まえて、極めて厳格かつ慎重に行われており、その結果、刑事責任が著しく重大な、故意に被害者を殺害する行為を伴う凶悪犯罪を犯した者に対してのみ死刑が科されている」と主張する（自由権規約第40条(b)に基づく第6回報告に関する自由権規約委員会の最終見解（CCPR/C/JPN/CO/6）に対する日本政府コメント、2015年7月25日）。こうした議論に加えて、裁判員裁判における量刑裁量を制限しようとする近年の司法判断を考慮すれば、死刑の射程が劇的に拡大される可能性は極めて低い。2013年から2014年にかけて、裁判員裁判で言い渡された3件の死刑判決が東京高等裁判所で覆され、無期懲役刑に減刑された。これらの高裁の判断は2015年2月、いずれも最高裁によって維持された。

12） 平成27年版犯罪白書による。

13） *Homicide Trends in the United States*, 1980-2008（http://www.bjs.gov/content/pub/pdf/htus8008.pdf.）（2016年5月12日閲覧）によれば、アメリカでは、被害者・加害者間の関係がわかっている殺人事件のうち、22％の被害者は配偶者その他の親族によって殺害されていた。カナダでは、2000年から2009年の間に起きた解決済みの殺人事件のうち34.9％は親族間で起きていた。*Family Violence in Canada: A Statistical Profile*, 以下より入手可能 http://www.statcan.gc.ca/pub/85-224-x/85-224-x2010000-eng.htm.（2016年5月12日閲覧）。

14） 法務総合研究所研究部報告45「家庭内の重大犯罪に関する研究」（2012年3月）。この研究では東京地方検察庁において処理された事件のうち、1975〜1978年、1989〜1992年、2005〜2008年の期間に第1審判決が言い渡された家庭内殺人事件（未遂・予備を含む）181件を調査し、うち、72人の家族（被害者本人以外）の加害者に対する感情を調査している。

15） 中でも、一方の親がもう一方の親を殺害した事案の子どもたちについては、クエーカー国連事務所（The Quaker United Nations Office）が、以下に掲げるものを含めて優れた報告書を公表している。オリバー・ロバートソン、レイチェル・ブレット著「死刑囚の子どもたちの未来に向けて」以下より入手可能 http://www.quno.org/sites/default/files/resources/Lightening%20the%20Load-Web-JP.pdf（2016年8月24日閲覧）。

16） Daisuke Sato, "Son wants killer dad to atone, not hang," *The Japan Times*, February 21, 2013.

第1章　殺人被害者の家族たち　　39

17)　さらに、これらの人々は法律上も差別される場合がある。日本における例として、犯罪被害者等給付金の支給等による犯罪被害者等の支援に関する法律は、犯罪被害者と加害者との間に親族関係があるときは、給付金の全部または一部を支給しないことができると規定する（第6条1号）。

18)　日本では、有罪・無罪を決める手続と量刑を決める手続とが分かれておらず、被害者および遺族は、被告人に対する刑につき意見を述べることも禁じられていない。

19)　ミケル・ブラナムとリチャード・バーが述べたように、"被害者側は、加害者にしか答えられない疑問を持っている。被害者側は、コミュニティ全体だけでなく、とくに加害者、その弁護人に話を聞いて貰いたいと考えている。加害者こそが、被害者がその痛みを語りたい相手なのである"。Branham, Mickell and Burr, Richard. 2008. "Understanding Defense-Initiated Victim Outreach and Why It Is Essential in Defending a Capital Client." *Hofstra Law Review* 36(3), Article 14, 以下より入手可能。http://scholarlycommons.law.hofstra.edu/hlr/vol36/iss3/14.（2016年8月24日閲覧）。

20)　磯村健太郎「償いとは何か」朝日新聞2015年7月9日。

21)　Ocean は Murder Victims Families for Human Rights（人権を求める殺人被害者遺族の会、MVFHR）の参加団体である。

22)　日本では、20歳未満の者を少年と扱う。

23)　Minoru Matsutani, "Double-killer as minor will face gallows," The Japan Times, February 21, 2012.

24)　毎日新聞2010年2月20日。

25)　毎日新聞2015年11月29日（地方版・岡山）。

1.2 被害者家族の視点

被害者の声を聞く

ミケル・ブラナム　Mickell Branham[1]

　　「悪事は、報復という悪事によって埋め合わせることはできない。人命を犠牲にしてまで正義が実現することはない。倫理道徳は合法化された殺人によって擁護されたりはしない。」——コレッタ・スコット・キング（Correta Scott King）[2]

　アメリカで、死刑に途方もない金銭的コストがかかるということはよく知られており、財政的負担という根拠だけでも極刑廃止を補強する十分な証拠になる[3]。むしろこれらの財源は、暴力的犯罪を減少させ、予防し、解決しようとする努力とともに、被害者に対して埋合わせや賠償を提供しようとする努力に向けられるべきであろう。しかし、死刑に執着する社会には、明確に数字が示す以外にも、計量することが非常に困難な大きなコストがかかっているのである。すなわち、暴力の永続化と、死刑を急激に増加させることによる品位の喪失である。

　人命を尊重する社会は、故意に人間を殺害しない。死刑執行は公的殺人という暴力的なショーであり、社会問題を解決するために殺人を是認するものである。それは一般市民、とりわけ子どもたちに向けられた最悪の選択である。えてして世界中の政府が、そのような殺人が社会の人々にもたらす偽りの利益を賞賛することで、死を求める激しい怒りを正当化しようとしてきた。死刑の利益は錯覚だが、虐殺と、それによって生じるコミュニティの規範の破壊は現実である[4]。

　ここ20年、重大事犯の被告人が、殺人事件の被害者家族（遺族）たちとの対話に道を開くようになり、コミュニティも特別な教訓を得るようになってきている。アメリカ合衆国において、死刑事件の被告人たちが、事件の被害者や遺族たちと定期的にコミュニケーションを図ることはほとんどなく、そうしないのがずっと伝統であった。その伝統が、1995年のオクラホマシティ連邦政府ビル爆破事件を契機に変貌をみせ始めた。それは、コミュニティへの修復的司法の原理の導入を促進し、長年の懸案であった刑事弁護の慣行に

進展をもたらしたのである[5]。

　以後、被害者[6]たちの声を聞き、被害者たちに学ぶことにより、われわれのコミュニティは情報化が進み、裁判のプロセスの中でいかにすれば被害者たちの希望がかなえられるかということについて理解が広がってきた。被害者たちは、深い悲しみのさなかにあっても、まさにパブリック・フォーラムの場に駆り出される。愛する人を深刻な暴力の中に失うことは、その人がその人生のバランスと意味を回復するために直面する苦闘を、非常に複雑なものにしてしまうのである。

　1996年に発生した殺人事件で兄弟を失ったダン・リービー（Dan Levey）は、強く訴える。

　　　殺人は、あらゆる神聖なルールを破壊し、公正さを失わせます。以前の状態に戻せるだけの埋合わせはあり得ません。恐怖と怒りを引き起こし、私たちのルールではなくその独自のルールでたたかうよう、われわれを駆り立てるのです。殺人は、この上なく愛情と慈悲に溢れた人をさえも、命の尊重と内に潜む暴力性とをわける境界の淵に追いやってしまいます。殺人の余波は、われわれを地獄に真っ逆さまに突き落とします。われわれは、人間の皮を被った邪悪と、じっと見つめ合ったまま立ち尽くし、そしてわれわれもまた邪悪の顔で見つめることで、眼前にあるものを明らかにするのです。殺人の余波は、熟れきった感情と精神の格闘にほかなりません[7]。

　この格闘は死刑に賛成するのか反対するのかと遺族たちに圧力をかける鈍感で押しつけがましいメディアの報道によって、しばしば複雑化する。リービー氏はこうも言う。「死刑のスポットライトが遺族たちにあたるとき、彼らには、死刑廃止論者・死刑賛成論者いずれからも嘲笑を受けるリスクがあるのです。遺族たちにとっては、まさに八方ふさがりの状況なのです[8]」

　いうまでもなく、被害者たちは、死刑についていかなる立場にあろうが、ともに活動するあらゆる人々から、慎重かつ敬意をもって公平に扱われるべきである。死刑事件の訴追によって引き起こされる政治的圧力は、法廷における2次被害の危険性を高め、被害者を悼むプロセスをひどく混乱させてしまう可能性がある。「被害者たちを引きずり出し、裁判ゲームに巻き込むのだ……その結果、被害者たちは、（精神的にも、感情的にも、財政的にも、法的にも）さまざまな答えを探そうとする第三者から、敵対する相互のプロ

セスにおける不可欠な部分へと変容させられてしまう……勝利のためには、癒しと理解など二の次となる[9]。」法制度を熟知した者であれば、だれでもこう証言するであろう。「故意に外傷後の諸症状を引き起こす機序を考案しようとするならば、法廷の右に出るものはない[10]。」と。

　被害者たちの経験とニーズは非常にさまざまであるが、彼らのニーズに共通しているのは、その安全、情報、妥当性の確認、正当性の証明、そして話を聞いてもらうことである。被害者たちの話にじっくり耳を傾けると、暴力犯罪による被害を効果的かつ有意義に解決するシステムや方法を創出することが、緊急の課題であるということがはっきりわかる。多くの被害者たちや遺族たちのニーズは、死刑の判決を勝ち取ってもどうなるものでもないし、死刑が科されることによって傷つけられるのである。

　クリフォード・オサリバン・ジュニア（Clifford O'Sullivan Jr.）は、1993年に発生した殺人事件で彼の母親であるケリー・オサリバンが殺害されたとき、まだ4歳であった。そして、わずか6歳であったにもかかわらず、母親を死に追いやった男に死刑を宣告するための証言をすべく、カリフォルニア州検事によって証言台に立たされた。「その悪い男がママにしたのと同じことが、その男にも起こって欲しい。僕が言いたいのはそれだけです。ママは、世界一すばらしいお母さんでした。だから、僕の家族にとって本当に悲しいことです。」その数年後、クリフォードの周囲の人々は、死刑の評決を賞賛し、これはクリフォードの勝利であると彼に伝えた。しかし、クリフォードが学んだことは、そうではなかった。「癒されたりなどしません[11]。」2014年1月、テネシー州ナッシュビルの『コントリビューター（*The Contributor*)』誌の中で、彼はそう説明した。「かつて私の名のもとに、熱心に石を投げようとしていた人たちへの祝福を、私は撤回します。それは私自身の行動の結果でもありますが、個人的経験によって傷つき、他人が傷つくところを目の当たりにして、いまや私の信仰は愛の法のみにおいて存在するのです。」クリフォードは、彼の旅路の中で、母親を死に追いやった男と面と向かって会うことも必要だと思うようになったのである。

　被告人らと対話の機会を持ちたいという被害者側の要望は増加傾向にあり、このニーズを認識する上で個々の経歴はさまざまである。クリフォードは、母親を殺害した人間とカリフォルニア州の死刑囚監房で面会を果たすずっと以前に、テネシー州の死刑囚監房在監者と一緒にボランティア活動を開始した。リンダ・ホワイト（Linda White）は、1986年に娘のキャシーを殺害さ

れたが、テキサス州の二つの刑務所において教鞭をとるようになった。彼女の人生は、以前とはまったく違うものになってしまったという。彼女はやがて、娘の殺害に関与した男の一人と、被害者・加害者間対話の機会を得て、それを「とっても解放された気持ちになる経験」と呼んだ。

愛する人の人生の最期の瞬間を、彼らの死にざまを、真っ向から受け止めることはとても難しい。いつの世ももっとも困難な問題である。最期の瞬間にその人と会うことで、ある程度の安らぎを得、その表情とともに、メッセージや、どういう人生を送り、何を後に残したかったかという遺産を残してもらえたかのようであった。ここ19年間にわたる筆者の研究は、まさしく彼女が受け取るに値する記念品なのだと、気づかされたのである[12]。

リンダは、彼女の研究と彼女自身の経験から、受刑者は、一般公衆が彼らを思うのと同じように、自らを無価値の人間だと思いがちだということを知るようになった。そして、彼らを人間として捉え、人間として扱おうとする努力が、とても大きなインパクトを持ち得るということに気づいたのである。

合衆国のほとんどの州で、被害者・加害者間対話や調停プログラムが採用されている。しかし、被害者の要望はますます増加しているにもかかわらず、深刻な暴力事案における被害者のこういったプログラムへのアクセスは限定されてきたし、連邦裁判所の管轄事案においては例がない。過酷な暴力事案において加害者側と被害者の家族たちが顔をあわせるには、綿密な計画と準備が必要であり、訓練を受けた専門家のみが助力できるものであるべきである。しかし、被害者たちにとっての対話や調停の援助は、無視できないものであり、これらのプログラムをより広く利用可能にするための方策が探求される必要がある[13]。

被害者の権利に関する運動は1970年代より急速に合衆国で広がり、刑事被告人の裁判に参加する犯罪被害者や遺族たちの権利を拡充するよう連邦および州の立法を促した。しかし被害者の権利という領域においては、異常な状況がない限り、ほとんどの事案で認知と関心はつかみどころのないままである。被害者たちが訴追者たちのニーズと矛盾し相反するニーズをはっきりと示すとき、刑事司法からの疎外を感じることになるのである。

2002年の矯正職員の殺害に関するコロラド州対エドワード・モンツァー（*Colorado v. Edward Montour*）の事例では、被害者エリック・オートビー（Eric Autobee）の両親が、モンツァーの原審判決が覆された後改めて死刑を求刑する検察の決定に反対した。検察がこの家族の意思を無視することを

44 　被害者の声を聞く

選択してもなお、ボブ・オートビー（Bob Autobee）は死刑を取り下げるよう検察に迫ったが、陪審員の候補者たちが入廷する際には、法廷外へと連れ出されてしまった。検察は、刑を宣告する間、召喚すべき証人のリストから被害者家族を除外することで対応した。同様の状況で被害者たちの多くは静かに検察の決定に委ねるが、このときの経験はボブ・オートビーの行動力に拍車をかけた。被告人の弁護人は、弁護側証人としてオートビー夫妻に証言させることを許可するよう裁判所に求め、検察の異議を受けることになった。

　オートビー夫妻の述べる論拠は、裁判記録においてきわめて明瞭に表現されている。一部抜粋する。

　エリックは、矯正職員として被収容者たちの非人間性を日々目の当たりにしていたにもかかわらず、彼らのことを軽蔑するようなことはなく、むしろその人間としての尊厳を認めていた。その犯罪は、オートビー家にとって、最愛の息子を失ったというだけではなく、息子を失った後の家族のありようについても影響を与えた。エリックの死後、彼がいつも育んできた温かい家族の情は、凍てついた復讐と暴力の冷たい感情に転化してしまったのである。夫妻は、もともとは厳罰を求める検事の奮闘を強く支持していた。しかし、やがて彼らは、エリックは自身のためにも家族のためにも、むしろこのようなことは望んでいないということに気がついたのだ。エリックは、彼の名のもとにだれかが殺されるようなことは望んでいないし、残された家族が憎悪の暗闇の中で生きてゆくことも望んでいないはずだと。命を愛し、命を救い、無慈悲の中に慈悲を送り届けようとしたエリックの生きざまから、夫妻はそう悟ったのである[14]。

　被害者たちは、死刑の賛否にかかわらず、刑罰に関する意見を証言することは認められていないが、極刑に反対する場合は司法手続への参加を禁止されるべきではない。被害者たちに権利を認めた顕著な例が、2006年のザカリアス・ムサウイ（Zacarias Moussaoui）の裁判での量刑手続段階にあった。9・11によって愛する家族を失った人たちが、被告人の利益のために証言をしたのである。連邦検事たちは、被告の抗弁中はいかなる被害者家族も証言を許されるべきではないと、強く異議を述べた。

　メディアが「気高く寛大」と評したように、9・11の家族たちは一人ひとり証言台に立ち、陪審員やコミュニティに彼らの価値観を示すべく、愛する家族の話や、哀れみや寛容や平和の構築についての話を繰り広げた。息子のマイケルを世界貿易センタービルの北棟で失ったドナルド・ベイン

（Donald Bane）は証言した。「こうした所業に手を染めた人々との理解の架け橋が必要だと思いました。」彼はそのコミュニティで、キリスト教信者とイスラム教信者の会合の開催を始めた。息子のジョシュを失ったマリリン・ローゼンタール（Marilyn Rosenthal）は、愛国心から証言することを望んだ。「だれしも……この出来事から、何かしらの成果やポジティブなものを見出したいと願っています。私にとってそれは、すべてを明らかにするということなのです。」アンソニー・アベルサノ（Anthony Aversano）は、9・11で父親を失って以降の、怒りとの格闘の日々について陪審に語った。「私は思いました。復讐を望む道を歩けば……人生をすべて費やしてしまう。不安や恐怖に屈しようものなら……人生を放棄するようなものです。心を開くことなどできず、恐怖と怒りと復讐心を持ち続けてしまうのです[15]。」

　死刑を追求する検察に同意しない家族が、報道に訴えた例もある。ボストンマラソン爆破事件の連邦地方裁判所判決について、遺族のビル・リチャードとデニス・リチャード（Bill and Denise Richards）は、検察に死刑の取下げを嘆願する記事を『ボストン・グローブ（*Boston Globe*）』紙に掲載した。

　　事件の非人道性・残虐性は十分承知しています。私たちも実際にその場にいて生き残ったのですから。被告人は8歳の息子を殺害し、7歳の娘に障害を負わせ、私たちの魂を奪ったのです。政府が死刑を求めるのも理由のあることだと把握しています。しかし、死刑を求める裁判のために何年もの時間を費やせば、私たちの人生でもっとも辛い日を再び経験することが続くことになります。私たちの望みは、残った2人の子どもたちが、被告人に奪われてしまったものの、いつまでも辛い思い出にとらわれることなく成長していくことですが、裁判が続けば、間違いなくその望みはかなえられなくなります[16]。

　この嘆願にもかかわらず、合衆国地方検事は死刑の評決を求め続けた。

　2015年、サウスカロライナ州チャールストンで、聖書学習の最中に殺害された教区民の家族が、愛する家族を殺害した若者と直接対話するために予備審問に出席した。フェリシア・サンダーズ（Felicia Sanders）は語りかけた。「水曜夜の聖書学習においでなさい。両手を広げて歓迎します。あなたは、私にとってかけがえのない人たちの命を奪いました。私の全身全霊は傷つき、そして、もう元には戻れないでしょう。ティワンザ・サンダース（Tywan-za Sanders）は私の息子であり、私のヒーローでした。ティワンザは私のヒ

ーローだったのです……神様どうかあなたにご慈悲を。」また、ワンダ・シモンズ（Wanda Simmons）は彼に言った。「私の祖母をはじめ被害者たちは、憎悪のために亡くなりましたが、これこそが証拠です。あなたの魂の救済のためにみなさんが嘆願していることこそが、彼らが愛のうちに生きてきたことを、彼らの遺志が愛のうちに生きていくことを、証明しているのです。憎悪が勝利することはありません。そして、憎悪が勝利することがないということを確証してくれた裁判所に感謝します[17]。」

　オバマ大統領は、クレメンタ・C・ピンクニー牧師（Reverend Clementa C. Pinckney）の告別式で追悼を述べ、牧師の業績と、9名の信仰者の惨劇の後にサウスカロライナの人々が教会で示した信仰を讃えるよう、国民に呼びかけた。2015年の春、合衆国司法省がこの事件について死刑を検討する意向を表明したことについて、タネヒシ・コーテス（Ta-Nehisi Coates）は述べた。「アイディアの枯渇した社会にとって、刑事司法の鉄槌は望ましいツールである。すなわち、ルーフ被告は、『なさざる神』への人身御供となったも同然なのだ[18]。」

　われわれの文化では、復讐の追求は、それが被害者たちにもコミュニティにも負のインパクトを及ぼすという証拠が増えてもなお、「正義」の規範として一般に承認されている[19]。ニュージャージー州死刑検討委員会（the New Jersey Death Penalty Study Commission）の報告では、「終わることなく死刑を訴えることは、被害者たちを傷つけ、資源を消耗させ、誤った正義感を作り出す。重大事犯について死刑に代えて仮釈放のない終身刑を設けることが、その期間の長さにかかわらず、真の刑罰になるであろう。加害者を無能力にすることが、結果として被害者家族にとって終りの状態を与えるのである[20]」とされる。

　多くの被害者たちが、常軌を逸した喪失感や苦痛を経験した後でさえ、すべてを投げ出して個々の人生固有の潜在的価値を放棄することを拒否する。これは弱さではなく、本来的に、彼らが巻き込まれた陰惨な殺人行為に対する強い拒絶と非難として存在しているものである。これは、われわれみなが共有する古来の叡智である。われわれのつながりの輪において、犯罪は輪のほころびや不安定さの兆候を意味する。われわれはそれを元通りに回復させようとする。われわれはみな相互につながっている以上、犯罪によって影響を受けたすべての人々、すなわち、被害者たちや彼らを傷つけた者たちやコミュニティが携わり、コミュニティと義務のある加害者に対してあらゆる

人々のニーズを呼びかけることによってのみ、回復は達成され得るのである[21]。

　犯罪は、他者との関わりなく発生するものではない。他者に危害を加える者が、かつては暴力の被害者であったということも多い。トラウマが治癒していなければ、被害を受けた者が攻撃者自身へと転化していくように、その影響が波及効果を生むことになる[22]。トラウマが社会共通の問題である人種・貧困・制度の過誤・依存症・虐待・怠慢・精神病・知的障害によって悪化すると、本来であれば防止することができていたはずの暴力犯罪に至る壊滅的状態を生み出すのである。

　バド・ウェルチ（Bud Welch）は、オクラホマシティ連邦政府ビル爆破事件で23歳になる娘のジュリーを殺害され、その苦しい胸の内を明かしている。

　　当初、私はこの上ない苦痛の中にいました。犯人たちが電気椅子で処刑されるのを、この目で見ることだけが望みでした。私は1日に3箱ものタバコを吸い、大酒に浸りました。肉体的にも精神的にも病んでいました。1995年の4月19日にすべてが止まってしまったのです。いま振り返れば、一時的な精神障害の状態にあったといえます。

　　私は爆破事件の現場を訪れ、「サバイバルツリー」の真下に立ちました。すると、ジュリーの生前の言葉が私の心に響きわたりました。アイオワ州をドライブ中、ラジオからテキサス州で死刑執行があったとのニュースが流れ、それを聞いたジュリーは、「お父さん、彼らのしていることは、子どもたちに憎しみを植えつけるだけだわ。」と言ったのです。そのときはあまり深くそのことを意識しませんでしたが、彼女を失ってからは考えるようになりました。

　　死刑が彼女を取り戻してくれるわけではなく、復讐や憎悪にすぎないということに気づいたのです。ジュリー他167名もの命が失われた原因は、それとまったく同じ理由、すなわち復讐と憎悪でした。それは連邦政府に向けられた、マクベイとニコルスの憎悪でした。彼らが、独自の理由で自身を勝手に正当化しなければ、決してあのような行為に及ぶことはなかったはずです。それはまさに、私たちが囚人を処刑するときに、私たち独自の理由で正しいことをしていると考えるのと同じなのです[23]。

　市民に死刑を科す制度は、犯罪の攻撃を受けた個々のまさしく人間として

のストーリーを、そしてしばしば被害者たち自身の声を見落としている。被
害者と加害者たちには複雑かつ強力なストーリーがあり、どれだけのことを
共有できるかということを私たちに教えてくれる。彼らのストーリーと私た
ちの共通点の中に、われわれは暴力の適切な処理に関わる情報を見出す。刑
事司法制度にある対立性は、この複雑な機序を深く理解することには適して
いない。しかし、暴力犯罪問題の効果的で長期的な解決のために必要なのは、
まさにそれなのである。われわれは、異常なまでに野蛮な議論の真っ只中に
いる。恐怖と不安は、分裂と「他者」を非人間化する風潮を助長する。われ
われが共有する人間性を思い出し取り戻すには、勇気ある積極的な指導力が
必要である。被害者たちが、目の前に続く道を示してくれているのである。

1) ミケル・ブラナムは、緩和と修復のプロセスを専門とする弁護士である。彼女はワシ
ントンDC に居住している。本稿の論説は、著者個人のものであり、必ずしも連邦弁護
人局（the Federal Defender Office）の主張を反映したものではない。

2) ワシントンDC の全米死刑廃止連盟（the National Coalition to Abolish the Death
Penalty）に向けられたコレッタ・スコット・キング（Coretta Scott King）のスピーチ、
1981年9月26日。

3) 死刑情報センター（Death Penalty Information Center）ホームページ、2016年5月12
日 https://deathpenaltyinfo.org/ （2016年8月24日閲覧）。

4) https://www.aclu.org/other/case-against-death-penalty （2016年8月24日閲覧）5頁、
2016年6月1日。

5) Mickell Branham & Richard Burr. 2008. "Understanding Defense-Initiated Victim
Outreach and Why It Is Essential in Defending a Capital Client." *Hofstra Law Review*.

6) 本稿での「被害者（victim）」という用語は、殺人事件の被害者たちの遺族を含む。遺
族は被害者本人と同様に、自らを被害者と考え、そう呼ぶことも多い。

7) Levey, Dan. 2006. "Feelings from the Heart." *In Wounds That Do Not Bind: Victim-
Based Perspectives on the Death Penalty*. Durham, NC: Carolina Academic Press. p. 36.

8) 前出46頁。

9) Loge, Peter. 2006. "The Process of Healing and the Trial as Product: Incompatibility,
Courts, and Murder Victim Family Members." *In Wounds That Do Not Bind: Victim-
Based Perspective on the Death Penalty*. Durham, NC: Carolina Academic Press. p. 421.

10) Herman, Judith. 1992. *Trauma and Recovery: The Aftermath of Violence-from domestic
abuse to political terror*. New York: Harper Collins. p. 72.

11) 「6歳のとき、母親を殺害した犯人の死を後押しした。いま彼はそのことをよく憶え
ていない」テネシアン（*The Tennessean*）、2015年5月15日。

12) White, Linda. 2006, "A Tiger by the Tail." *In Wounds That Do Not Bind. Durham*, NC:
Carolina Academic Press. p. 67.

13) Rossi, Rachel. 2008. "Meet Me on Death Row: Post-Sentence Victim-Offender

Mediation in Capital Cases." *Pepperdine Dispute Resolution Law Journal* 9(1)：185–210.

14）Cohen, Andrew. 2014. "When Victims Speak Up in Court-In Defense of the Criminals," Available from http: //www. theatlantic. com/national/archive/2014/01/when-victims-speak-upin-court-in-defense-of-the-criminals/283345/（2016年 8 月24日閲覧）。

15）"Families of 9/11 Victims Testify for Moussaoui Defense," *Reuters*, April 19, 2006.

16）"To End the Anguish, Drop the Death Penalty," *The Boston Globe*, April 16, 2015.

17）"The Powerful Words of Forgiveness Delivered to Dylan Roof by Victims' Relatives," *The Washington Post*, June 19, 2015.

18）Ta-Nehisi Coates. 2016. "Killing Dylan Roof." *The Atlantic* available from http://www. theatlantic. com/politics/archive/2016/05/dylann-roof-death-penalty/484274/.（2016 年 8 月24日閲覧）。

19）Marilyn Armour & Mark Unbreit. 2012. "Assessing the Impact of the Ultimate Penal Sanction on Homicide Survivors: A Two State Comparison." *Marquette Law Review* 96 (1)：1-123を参照。

20）ニュージャージー州死刑委員会（New Jersey Death Penalty Commission）、2007年を参照。死刑検討委員会報告書（*Death Penalty Study Commission Report*）61頁。

21）詳細な議論は、Howard Zehr. 1990. *Changing Lenses: A New Focus for Crime and Justice*. Scottdale PA: Herald Press を参照。

22）一般的には、Yoder, Carolyn. 2005. *The Little Book of Trauma Healing: When Violence Strikes and Community Security is Threatened. Intercourse*, PA: Good Books を参照。

23）Welch, Bud. 2001. "I Was Stuck on April 19, 1995." *In Transcending: Reflections of Crime Victims, Portraits and Interviews* by Howard Zehr. Intercourse PA: GoodBooks.

死刑と生命に対する権利

ミレヤ・ガルシア・ラミレス　Mireya García Ramírez[1]

　私は、ヴィンセント・イスラエル・ガルシア・ラミレス（Vicente Israel García Ramírez）の姉妹である。彼は19歳の若さで拘留され、1977年以降行方不明となった。私は、拘留者失踪者家族協会（the Association of Families of the Detained and Disappeared）の会員であり、会長である。当協会は、キリスト教会（Christian churches）から多大な支援と保護を受けてチリの独裁政権下で発足し、社会の承認と温かい関心を得て、真実と正義を追求する運動を活発に行っている。

　人々の生命に対する権利と尊厳に対する進行中かつ組織的な侵害、あらゆる政治的・社会的・文化的な共同体の機関と組織の禁止、司法組織とメディアの寛容性・容認性、国家情報本部（the National Intelligence Directorate, DINA）や国家情報センター（the National Information Centre, CNI）などの国家財政による犯罪グループの創設、公私限らず国中のあらゆる場所の拘留・拷問・死亡・失踪に関わる施設としての利用——これらは、反政府主義者を抹殺する口実として、安全保障政策や「国内の敵」の存在を利用する国家を支える諸要素に挙げられる。

　チリの国は広大な監獄と化した。人権を侵害した者に対し刑罰が科せられるのは事例のわずか10％以下であるという事実があるにもかかわらず、それでも司法に希望を抱いていた多数の家族や制度や国民の魂を傷つける、新たなトラウマ的ともいえる弾圧政策に社会は曝されたのである。

　弾圧による家族のトラウマ、拘留され失踪した人の最終的な行き先の不明、正義の欠如という3要素により、人々の強制的な失踪は進行中の拷問となる。クーデターから43年後の今、その影響は当時の被害者親族の第2世代、第3世代に及び、傷つけているのである。

　このような政治的弾圧下のチリでは、航空法・外出禁止法・内戦状態法などの発動や、軍事法廷での略式手続や無防備な一般市民に対する権力の濫用によって、死刑は反政府主義者に対し適用される。

　チリでは、「死刑」の用語は、軍事法廷における宣告刑として用いられて

きた。しかし政治犯は、囚人の移送の際や、外出禁止令発動中に身分証明書を携帯していなかった場合や、大規模攻撃中の村や都市部の橋梁上といった、さまざまな場所や環境で殺害され処刑されてきた。少なくとも2,298名もの人が殺害されたことが確認されている。その家族には死因を記載した死亡証明書が交付されたが、たいていは銃撃による内出血とされている。約1,250名の拘留者・失踪者が、さまざまな残忍な方法で死に追いやられ、処刑されたのである。

その方法の一つが致死的拷問であり、この残酷な所業を苦痛に満ちた死刑方法として用いられていたのである。こういった事例では、刑の宣告も銃撃も必要としない。この極度に不可逆的で回復不能の刑罰を執行するためには、筆舌に尽くしがたい苦痛を与えれば十分なのである。

9名の妊婦の場合は、拷問が胎児の生命まで奪った。死刑はもっとも極端な拷問の形であり、拷問はもっとも極端な死刑の形である。両者の目的は同一であり、苦痛と死をもたらすために併用されるのである。

遺体は深い暗渠や海や廃鉱に打ち捨てられたり、砂漠や共同墓地の墓標のない墓や近郊の荒れ地に埋められた。

われわれには、訴えることができる民主的制度もなかった。司法機関と独裁政治が共謀していたにもかかわらず、われわれは拘留者・失踪者を生還させ、政治犯の生命と尊厳を侵害する犯罪を処罰することで、政府がその権限と主要機能を有するにふさわしい態度をとらねばならぬということを主張してきた。

およそ12,000に及ぶ訴えが裁判所に提出された。あまり成果のないささいな調査や「アンパロ（amparo、訳注：メキシコの人身保護条例)」政策の実行といったわずかな例外はあったが、行政長官が、調査を行い、司法の責任を確定し、違反者を処罰すべきということを認めるまでに30年以上が経過した。1976年より現存する恩赦令（the Legislative Decree on Amnesty）は適用を中止し、特別監獄で刑罰が科せられるようになった。法的議論は、国家の責任と世界的博愛主義に基づく法の尊重、とりわけ人道に対する大規模犯罪の悲観性に焦点をあて、それはいまなお続いている。

われわれの要求の一つは、人権侵害事犯の加害者が、その犯した罪にふさわしい刑罰を受け、その刑期は満期上限で科されるべきであるということである。人道に対する犯罪は恩赦や公訴時効の適用を受けるべきではないからである。

刑務所への収監は、卑劣な行為の再犯を防止する一つの手立てであり、加害者に対する公正かつ不可欠な矯正手段になると考えられる。われわれの家族のあらゆる権利は、極端な残虐性をもって侵害された。死刑は長きにわたり家族や社会が被ってきた回復不能の害悪を考慮して、選択肢の一つとなってきた。しかし、人権を擁護する組織にとっては選択肢たり得なかった。基本的に、人の生命に対する権利と尊厳のためのわれわれの格闘は、たとえ弾圧の発動に関わった残酷な犯罪者であったとしても、その生命を奪うこととは過去も矛盾してきたし、現在でも矛盾している。おそらく、死刑適用に反対することがよく理解できるという感覚により、かつて処刑され拘留され失踪したわれわれの親族に適用されていたものと同じ刑罰を、われわれは主張することができなかったのであろう。

人権の擁護者にとっては、たとえそれが、死刑こそ公平な刑罰であり、われわれの直感として殺人者には同じだけの罰が科されるべきであるという思考へと、感情的に傾倒しかねないようなケースであったとしても、死刑は容認できないものである。われわれの対立的な態度はさまざまな価値観に基づいており、ヒューマニズムと権利への貢献であり、法令の正しい利用なのである。

人命を尊重するための全世界的な格闘に参加し、死刑に反対する文化を構築しようとする者にとって、正義を理解し運営するという二つの道は両立し得ない。

民主主義体制への移行の過渡期であった2001年、チリ政府は126年間適用されてきた死刑を廃止する法律を制定し、非政治的犯罪については、少なくとも40年以上の終身刑をもって代替した。このことは国民行事において公表され、万人の生命についての完全な公約を示すため、われわれも出席した。それは疑いなく歴史的な1日であり、死刑反対という選択が、死刑賛成という選択を打ち負かした日であった。

生命に対する権利とその保障は、人間の基本的人権である。生命なくして存在はなく、それゆえ人間固有のあらゆる人権の活動は存在し得ない。ヨハネ・パウロ2世は『いのちの福音（*Evangelium Vitae*）』の回勅において、死刑の廃止は人間の尊厳に従い、刑事司法制度との関連でいままで以上に考慮されなければならないと述べている。われわれはこの見解に賛同する。

独裁政権下のチリのように生命に対する権利を尊重しない社会には、日々社会に影響を及ぼす犯罪性に関する問題をそれ自体では解決する用をなさな

い法律を転換する倫理的義務があった。ここでこそ、恥ずべき行為の原因となる社会的・心理学的・経済的外面性を可能な限り漸減させ、安全性、防止策、犯罪に適合した時宜を得た正義、刑罰を増大させるための努力がなされなければならないのである。

　多くの国が死刑を廃止してきた。しかし人権が侵害され結果として死がもたらされるならば、死刑の運用は永続する。国によってはいまだに法律上有効に施行されている死刑とまさしく同様の、不可逆的かつ回復不能な効果をもたらす違法な殺人がいま現実のものとして存在することを考えると、このことは決して小さな問題ではない。

　拘留され残虐で非人道的で品位を欠くような扱いを受けている人々については、アムネスティ・インターナショナル（Amnesty International）による報告をはじめ、膨大な報告がなされている。彼らは、拷問による自白のあと死刑を宣告されている。このようなケースは、有罪判決を受けた当人およびその家族にとって、絶対的な人権侵害であり非人道的である。

　この問題についてはさまざまな意見の相違があるが、チリのように軍事司法制度のある国々で依然として存続する死刑は、内戦状態に対する非常事態宣言が、死刑を合法化するだけの十分な理由となると考えられる場合には、危険な関心の的となる。

　マイケル・ナッシュ（Michael Nash）という軍隊入隊者の殺害と失踪について触れておきたい。彼は、航空法のもと誤って訴追されたイキケ（Iquique、訳注：チリ北部の都市）の政治犯集団の砲撃を拒否した。彼は逮捕されて国の北部にあるピサガ（Pisagua）の強制収容所に連行され、そこから行方がわからなくなった。このケースは、強制的な兵役（徴兵）に服していた若者が殺人を拒否して殺害されたものであり、決して珍しい話ではない。非常事態宣言が不公正で暴力的な行為を承認し合法化するという、奇異かつ残酷な好例である。

　死刑は世界人権宣言（the Universal Declaration of Human rights）の基本原理の重大な違反である。同宣言第3条は「すべて人は、生命、自由および身体の安全に対する権利を有する」とし、市民的および政治的権利に関する国際規約（the International Covenant on Civil and Political Rights）第6条は「すべての人間は、生命に対する固有の権利を有する」としている。しかし、依然として死刑は適用されている。多くはないが国によってはやりたい放題である。

54　死刑と生命に対する権利

　幸い、生命に対する権利の不可侵性についての意識は高まりつつあり、ソーシャルネットワーク上で判決について情報を拡散する即席のマスメディアの貢献や、新聞の役割や、地域相互・国相互のつながりによって、これらの事実は広く知れわたり非難されている。

　グローバリゼーションに何らかの明確な効果があるとするならば、それはまさに情報の入手と拡散の可能性と、政府や国家機関や市民社会レベルでの到達の可能性である。

　全世界の死刑廃止と、執行停止を確立する国際文書の批准は、人権に関わるチリの国家政策の一部であり、いうまでもなく独裁政権の犠牲となった組織や親族の願いである。われわれは、すべての人間の生命・安全・尊厳のための闘いの方針を立ててきた。

　われわれの格闘は将来を見据えたものでもあり、まさしく死という結果や深刻な物質的・精神的・社会的後遺症をもたらす人権侵害の再発を防止しようとするものである。人権の擁護者にとって、生活保障と強制失踪防止条約（the Convention on Forced Disappearance of Persons、訳注：正式には International Convention for the Protection of All Persons from Enforced Disappearance）の応諾と順守の目的とするところは、グローバルで効果的かつ慎重な死刑廃止である。人類は死刑廃止を成功させていない。いまだに世界各地で死刑は適用されているのである。

　刑事的・政治的・宗教的その他の理由で死刑を適用することは、効果や残虐性に区別がない。別の手段が使われても、人を殺害するときは、国家や権力を持ったグループが実行する暴力の程度にかかわらず、それは生命に対する権利と調和する行為ではない。生存権なくして、他のいかなる人権も達成され得ないのである。死刑は抑止や矯正といったいかなる明確な効果も有さないものであり、他者の生命に対する権力と支配の例証である。さらに、完全な死刑廃止を補強する重要な論拠となるべきさらなる悪化要因がある。すなわち、過誤が発生する明確な可能性と、生命が剥奪された場合の回復の不可能性である。

　例としてカーク・ブラッズワース（Kirk Bloodsworth）の事例を挙げよう。彼は23歳のときに、メリーランド州で9歳の女児をレイプして殺害したとして逮捕・起訴された。彼はガス室での死刑を宣告された。8年後、彼はDNA鑑定により潔白が証明されたのである。

　独裁政権下で行われた数百もの政治的殺人において、その罪状は、国家安

全保障（the National Security Doctrine）のもとで自国内の敵とみなされた人々の存在を殺害し殲滅するためにねつ造された不合理な誤謬に基づくものであり、スクール・オブ・ジ・アメリカズ（the School of the Americas、訳注：合衆国ジョージア州コロンバスのフォートベニングにあるアメリカ陸軍センター。1946年の設立以来、6万人以上の、主に南米からの兵に対し、反政府活動に対抗する戦闘技術の訓練を行った。卒業生が、南米で拷問、殺人、政治的弾圧に関与したことが知られている。2001年に公式に学校の名称を変更した）において悲しい話題として学習されたトピックである。

死刑は、世論に支持されているか否かにかかわらず、人権侵害である。歴史上支持を得てきた人権侵害は数多いが、いまや嫌悪をもって受け止められている。

死刑は、生命に対する権利という基本的人権の侵害であり、その適用方法を問わず、残虐で非人道的かつ不可逆的な刑罰の究極例なのである。

死刑廃止は、今日われわれに与えられた課題である。人権を擁護する組織や市民社会が手を携えての、世界の民主国家の公約と信念が不可欠となる。死刑とその執行の廃止により、人生の価値は唯一かけがえのないものとして増大していくであろう。

1）　筆者はチリの拘留者失踪者家族協会（the Chilean Association of Relatives of Detained and Disappeared Persons）の前副会長である。

1.3 被害者家族と終結

クロージャーの罠からの回避

ジョディー・L・マデイラ　Jody L. Madeira[1]

　被害者たちは、30年にわたって、死刑に関して、複雑な立場に置かれてきた。愛する家族を失った被害者遺族にとって、「クロージャー（犯人の終結）」こそが深い傷から癒えるために役立つと言われてきたため、しばしば困難な問題が生じた。1991年、すでに一定に確立されていた被害者の権利運動は、ペイン対テネシー州事件（*Payne vs. Tennessee*）の連邦最高裁において、被害者遺族は、刑事手続の中の単に遺族の証言として扱われるのではなく、尊重され、重要視されるべきであると判断されたことをきっかけにさらに強化された。これによって、殺人の被害者遺族は、愛する家族が殺害されたことによって自分たちの生活にどのような変化があったかを詳細に述べることができるようになり、遺族に同情する陪審員が被告人に対し死刑を容易に宣告できるようになったのである。

　一方で、死刑賛成者も、このような制度が遺族を救う道となると述べた。これにより、1990年代から始まった、大衆化し政治問題化した「クロージャー」要求は、家族の証言と家族による暗黙あるいは明確な死刑への嘆願にさらに重きを与えた。もっとも、この「クロージャー」に対して強く反発する遺族もあり、死刑が執行されたとしても被害者の命が戻るわけではない、州政府は被害者や遺族の名前で死刑の執行を許すべきでなく、「クロージャー」は神話であって、遺族を救う道にならないと反論された。

　ただ、多くの遺族は、心の傷と向き合いながら刑事手続のような制度化された手続の対応を迫られており、「クロージャー」こそが、被害者を亡くした遺族が悲しみから癒えるためのプロセスだと主張した。刑罰としての死刑に反対する意見として、監禁方法と執行方法が死刑囚の尊厳を傷つけると批判されるが、加えて、「クロージャー」を政治問題化することは、遺族の尊厳を傷つけ、さらに苦しめるということもまた真実である。

　テキサス州、オクラホマ州、オハイオ州など、死刑を存置する多くの州では、遺族は死刑の執行に立ち会うことが許されている。死刑執行室には、政府関係者、記者、そして遺族（おそらく死刑囚の家族も含まれる）が、死刑

囚が息を引き取る瞬間を見守る。州検事総長は、刑事手続の状況を報告し、死刑執行の立会のための準備を行う「被害者支援弁護士」を用意することができる。また、ほとんど利用されていないが、政府は、死刑の執行の様子を見ることができる別室を用意することもある。

　今日、被害者と「クロージャー」を唱える人は、アメリカの主要なメディア、政治、文化、社会で結束し、死刑をさらに正当化しようとしている。こうした団体（人たち）は、遺族のトラウマを誇張するやり方で、しばしば殺人を取り上げ議論し記録し、そのことによって、彼らが主張する終結の必要性を高めると同時に、愛する者を殺害した者の処刑を正当化するのである。検察官、メディア等は、遺族が被害者が生きた証や被害者への説明のために、そして彼らの人生におけるこの出来事を終結させるために愛する家族を殺害した犯人の死刑が執行されることを待ちわびていると断言する。したがって、終結がどうあるべきかということの一般的な理解は、被害者家族が期待していることを明らかにすることである——すなわち、医療介入としての犯人の処刑を支持することである。

　しかし、犯人が処刑されて欲しいという期待は裏切られることが多く、たとえ遺族が法廷で意見を述べることができるようになった今日でも、刑事手続は、被告人が有罪か無罪かが焦点であり、刑事手続は冷淡で感情がないと考えているかもしれない被害者や遺族が焦点ではない。さらに、死刑事件の手続自体は、死刑の執行や「クロージャー」は切り離されて考えられており、不服申立てが長期に渡り、しばしば10年以上も死刑の執行を遅らせたり、控訴審において死刑判決が破棄される可能性も高く、また、いざ執行となっても、薬物注射はすばやく効き、痛みもないため、あっという間に終わってしまうのである。全国的に見ると、控訴審で一審の死刑判決の3分の2が破棄され、そのうち、80パーセント以上がより軽い刑の宣告を受け、割合でいえば、326人のうち死刑の執行がされるのは1人だけである[2]。白人を殺害したり、被告人が少数民族の出身である場合には死刑判決を受ける割合は高い[3]。実際には、死刑事件の手続において、「クロージャー」は、癒しを与えるものではなく、遺族をさらに苦しめさせるのである。

　死刑求刑事件における遺族への理解と役割を考察し直すと、「クロージャー」を切り離して考える必要があり、実際にこの観念に気がついているかどうか、そしてどのように感じているかを批判的に検証する必要がある。このような目的のためには、オクラホマ連邦ビル爆破事件のような特別な事件の

58　クロージャーの罠からの回避

ケーススタディが、遺族がどのようにクロージャーの期待と折り合いをつけるのかを評価するのに役立つコンテクストを提供してくれる。オクラホマシティー事件は、州が処刑によって緩和を提案しているクロージャーの必要性に、いかに社会諸機関が悪影響を及ぼすか、そして「クロージャー」の概念がどのように崩壊していくかの双方を効果的に示していたものである。さらに「クロージャー」要求は、死刑が生み出すもう一つの被害者家族のカテゴリーを除外している。それは、何年もの控訴期間と愛する人の命を奪ってしまうかもしれない処刑に耐えなければならない死刑囚の家族のことである。

　私は、猛暑の2004年の7月、オクラホマシティー事件の遺族や被害者に対し、犯人であるティモシー・マクヴェイ（Timothy McVeigh）の公判と死刑の執行がどのように影響を与えたかについてインタビューを行った[4]。1995年4月19日、マクヴェイは、自分が設計して、共犯者であるテリー・ニコルスズ（Terry Nichols）とともに製造した爆弾を載せたトラックを、オクラホマシティーにあるアルフレッド・P・ムラー連邦政府ビル（Alfred P. Murrah Federal Building）に突っ込ませ、168名の命を奪い680名以上の人にけがを負わせた。爆風は半径16ブロック内の324の建物にも被害を与え、6億5200万ドルと推定される損害を与えた。1997年にマクヴェイが連邦地裁で死刑判決を受けた一方で、共犯者のニコルズは、連邦地裁と州地裁の双方で仮釈放なしの終身刑判決を受けていた。マクヴェイは2001年6月11日、インディアナ州のテレホート（Terre Haute）で死刑が執行され、その際242人が執行に立ち会ったが、うち10名が執行室において、残りの232名はライブ中継で立会いをした。

　いつも思っていることだが、私が一年のうちで、もっとも暑い数カ月に行った、このホットな（議論を呼ぶ）問題に関する調査は、皮肉にも、かつて私が受けた情報の中でも、もっともクールな（冷めた）ものであった。「許すということは、あなたが自分自身にあげる贈り物である」ということである。この実用的な答えを述べたのは、オクラホマシティー事件で娘のジュリー（Julie）を失った父親のバド・ヴェルチ（Bud Welch）である。私は、事件があった最初の何週間かマクヴェイを殺したいとさえ思っていたということをバドが話すのを彼の自宅の居間で聞いていた。しかし、マクヴェイのことを考えていかに自分の力を浪費してきたか、この憎むべき犯人に対して、自分の肉体的・精神的・感情的な力をどれほど使ってきたのかに気づく瞬間があった、とバドは言及した。バドは、自分の幸福は、自分の人生と感情の

コントロールを取り戻し、以前の価値観に戻すために、マクヴェイを考えないようにすることだということに気づいた。これによって、数年後、マクヴェイの父親や姉妹との面会が実現されるだけでなく、死刑廃止論者として娘を祈念することを決心し、世界的に名前が知られるようになったのである。

　許すことが重要であるというバド・ヴェルチの見解は、遺族の一つの意見にすぎない。遺族・被害者の多くがマクヴェイの執行を求めていたが、その理由はさまざまであった。ある人たちは、死刑が現行法上、一番厳しい刑であり、168名が犠牲となった、このオクラホマシティー事件で適用されなければ、他に適用される事件はあるのかというものであった。それ以外の意見では、説明責任の手続をすべて満たすには、死刑の執行が必要であるというものであった。異常なほどにメディアで報道されたことにより、多くの人がマクヴェイの死刑を望んだ。家族や遺族は死刑に先立つ数カ月間、この注目度には、とくに不快感を抱いていた。それは、エド・ブラッドリ（Ed Bradley）が死刑囚監房で行ったマクヴェイの「60分」（*60 Minutes*）というインタビュー放送であったり、彼の公認自叙伝『アメリカン・テロリスト』（*An American Terrorist*）の出版（監注：執筆者は、Lou Michael と Dan Herbeck）であったり、司法長官のジョン・アシュクロフト（John Ashcroft）がオクラホマシティーに、インディアナ州テレホートからの非公開放送によって立会人が彼の処刑を見ることを認めた後のすさまじいマスコミ報道などである。対照的に、死刑に反対していたのは少数派だったが、マクヴェイへの執行をまったく望んでいなかった。

　理由のいかんを問わずマクヴェイの処刑を望んでいたにもかかわらず、私がインタビューしたほとんどの人たちには共通した一つの重要なことがあった。それは、自分の意志であれ不本意であれ、爆破事件後かなり早くに、彼らは自分たちの生活の「新たな標準」（今までとは違った日常の生活）の中に身を引いていったということである。彼らは、退院し、仕事に戻り、家事を始め、ときには、亡くなった人や傷を負った人たちのための国立の記念碑を建てようとしている被害者グループに入ったりもするのである。「クロージャー」が存在するとしても、すべての人に当てはまるのは、立ち直るきっかけはマクヴェイの執行以外にあるということである。多くの人は、忙しい元の生活や、治療、家族、仕事などの他のことに戻っていったので、マクヴェイの執行のみに注目している人はほとんどいなかった。

　裁判手続や報道が執拗に死刑の執行を報じたため、マクヴェイの執行に注

目する人が少なかったということに驚いた。ラウンドザクロック・ケーブル
ニュース（Round-the-clock cable news）、マクヴェイ自身のマスコミの注目
への好み、被害者影響宣誓供述の数日間で終わる長い裁判のどれもが、マク
ヴェイと彼の犯罪へのこだわりを助長した。かくして、マクヴェイの処刑に
心を奪われることのなかった大部分の被害者家族や遺族は、マクヴェイとそ
の行いを認めたりすることのないよう意識することが必要であった。この目
を背けるという決心は、必ずしも赦すということではなく、けっしてマクヴ
ェイと彼の殺人行為を忘れるということでもない。むしろ、そういった執着
が遺族やその家族、友人の幸せを脅かすことを警告している、遺族の直観に
留意することを意味していた。

　幸いなことに、大多数の立会人は、処刑が行われればそれで癒しが得られ
るとは思っていなかったことである。マクヴェイに対する死刑が執行される
2001年6月11日の朝、242人（10人が執行室で、その他の232人がオクラホマ
シティーで）が、マクヴェイの執行を見届けた。立ち会った人の多くは、死
刑の執行は、あまりに簡単で、早く、痛みもないため、あっけないことだと
感じた。マクヴェイの死刑執行が「クロージャー」であると考える人はほと
んどいなかった。むしろ、その期待は、マクヴェイの死刑の執行に立ち会っ
たことによって、かえってストレスやトラウマになった。

　何年か経った今、私はかつて被害者家族や遺族の家の居間やキッチンで過
ごした時間をよく思い返すことがある。そこで私は、彼らが、いずれにせよ
事件の関係グループに関与して、裁判に出席したり処刑の立会いに参加した
りするのをどうやって決めたかを話すのを聞いていた。裁判やマスコミで彼
が注目されていることにどう対応するか、あるいは約束されたクロージャー
は見せかけだったということを考えないようにすることは、彼らにとって非
常に苦しいことだったに違いない。もし、死刑の執行が本当に遺族にとって
「クロージャー」となるのであれば、「死刑の終結」は、魅力的な概念であり、
死刑執行の立会いを認めないことは残酷のように思える。しかしながら、遺
族はクロージャーに関する一般の人の意見にはいつもきまって拒絶反応をし
めす。マクヴェイの執行に関心があった人はそれ以外の理由があり、たとえ
ば刑事手続の終了に立ち会ったという意味にしかすぎない。したがって、州
が最高刑として死刑を維持するのであれば、他のわかりやすい理由から死刑
の存在意義を導かなければならない。

　2013年、メマリリン・ピーターソン・アーマー（Marilyn Peterson

Armour）とマーク・ウンブライト（Mark Umbreit）は、究極の刑（死刑）が遺族の癒しに影響を及ぼすかどうかを遺族に直接質問した体系的な調査を初めて出版した[5]。その本によれば、死刑は、おそらく一般的な遺族の感情の一番強い表現であることが指摘されている[6]。死刑を多く適用するテキサス州と、死刑が廃止され、仮釈放のない終身刑があるミネソタ州のそれぞれの遺族を比較して、アーマーとウンブライトは、ミネソタ州の遺族の方がテキサス州の遺族に比べ、体力的、心理的、行動的に健康であることに気づいた。さらに被害者家族は仮釈放のない終身刑が、もっとも厳しい刑罰であることに満足しており、また死刑を選んだ人たちでさえ、十分な刑としてそれを受け入れていることに気づいた。

　さらに、アーマーとウンブライトは、被害者家族や遺族にとって、死刑ではなく仮釈放のない終身刑の方がよい、他の理由を挙げた。それは、しばしば10年以上も刑の執行が延期される控訴手続の長さに関係しているからである。テキサス州の半分以上の被害者家族は程度の差は相当あるが、上訴手続を気にかけており、また精神遅滞や潔白、あるいは専門的な事柄が見出されて判決が覆されるかもしれないということを危惧していた。彼らは、刑事手続の長さと受け取る訴訟手続の情報が少ないことに不満であった。実のところ、ミネソタ州の被害者家族の30パーセントは、犯人との実際的あるいは精神的な関係を持たなかった——それは、意識的に決断して、犯人のことを考えない、犯人の名前に注意を向けない、犯人とは関係がないことを発言することなどであるが——このことは、テキサス州の被害者家族では５パーセントきり当てはまらない。

　オクラホマシティー事件において、マクヴェイは、自ら上訴することを止め、死刑が確定した後４年たらず後で執行されるのであるが、この裁判から処刑の間の４年という期間は、州レベルの期間としては極めて短い。しかし、このような（短い）年数であっても、被害者家族や遺族は大きな被害を被ったのである。というのも、とくにこの期間によるマクヴェイへの注目度が非常に高かったためである。マクヴェイに対し仮釈放のない終身刑が科されていたならば、すぐに刑が確定するだけでなく、マクヴェイを取り上げるメディアは劇的に減ったであろう。マクヴェイの共犯者であるテリー・ニコルズ（Terry Nichols）は、連邦地裁でもオクラホマ州地裁でも仮釈放のない複数終身刑を言い渡され、現在はコロラド州のフローレンスにある、「ＡＤＸ・フローレンス」（ADX Florence）スーパーマックスと呼ばれる連邦の刑務所

に収容され、メディアには取り上げられなくなった。一部の遺族や被害者は、連邦地裁で8人の連邦職員殺害の罪で死刑とならなかったことに対し、オクラホマ州で再び裁判を行うよう不服申立てを行った。その後、オクラホマ州で審理が行われたが、ニコルズは、再度、仮釈放のない終身刑を言い渡されたことにより、遺族や被害者は頼るものもなく、やがてその状態になれていった。ニコルズの裁判の結果から言えることは、マクヴェイが仮釈放のない終身刑を受けたとして、これに失望した人たちは、この不測の事態を受け入れざるを得なかったであろうということ、言い換えれば、犯人がどのような判決を受けようと、必要なことは自分たち自身の終結に向かって努力をするということである。

　たしかに、オクラホマシティー事件は、犠牲者の数や、ティモシー・マクヴェイほど注目された犯人はいないという事実を含み、多くの点で——そのほとんどは彼自身がそうしたものであるが——特殊な事件である。しかし、この事件は、なぜ期待していた「クロージャー」が失敗するのか、恐ろしい犯罪そのものによってだけでなく、犯罪後に起こることによっても家族が傷つく可能性を示している。被害者家族や遺族が、彼らの人生において4年の間マクヴェイの存在を不本意なものであると感じていたならば、その他の犯罪被害者は、10年以上もの間、上訴やメディアを通して犯人と関わりを持つことに、どのようにして耐えられるのだろうか。もし「クロージャー」が刑事手続や死刑執行の中で一番の方法であるというならば、未解決事件や犯人が見つかっていない事件は一体どうなるというのであろうか。

　幸いなことに、そして事実を述べると、ある被害者家族の人たちは、こういったことが起こり得ることに気づき、死刑に伴う2次被害やさらなるトラウマの高い可能性を避けようと、仮釈放のない終身刑を求めたのである。1998年、ワイオミング州のララミーにおいて、暴行され死亡したマシュー・シェパード（Matthew Shepard）の両親は、控訴手続を通して2人の犯罪者と関わりをもつ必要がないよう、息子を殺害した犯人に対し、死刑ではなく、仮釈放のない終身刑を求めた。さらに、何が「クロージャー」となるかという一般論に対し、2次被害を受ける制度自体に対して闘った遺族もいた。2012年7月20日、オーロラにある映画館において、ジェームス・ホームズ（James Holmes、訳注：「コロラド州オーロラの映画館で銃を乱射し、12人を殺害した」）に銃殺され、息子のアレックス（Alex）を失ったトムとカレンのテブス夫妻（Tom and Caren Teves）によって設立された「ノー・ノー

トライエティ（No Notriety）」は、メディアが被害者、生存者、救助隊員に焦点を当てて、被害を強調するために繰り返し利用される犯人の氏名や写真を無料で利用することを禁止し、2次被害に歯止めをきかせる活動を行った。『ピープル』（*People magazine*）のような大衆誌、「ジャーナリスト協会」のフロリダ支部（the Florida chapter of Society of Professional Journalist）の個々のジャーナリストは、こういった「ノー・ノトリティー」の活動に賛同した。そのような努力は実のところ、被害者の権利運動の最前線を示していると言える。そこでは、犯罪の責任問題に関係があると見なされること、自分たちのニーズや関心事を声に出して言うこと、刑事手続に参加すること、などの闘いに勝利した被害者家族の人たちが、今や、実際に終結を得るために、こうした制度や慣例を改革しようとしている。

　愛する家族を殺した者の死を見守ることが苦しみの解放になるという誤った希望を与えることを避けるために、終結の要求で長引かされた期待から被害者家族を切り離すことによる終結の政治問題化を取り除くこと、そのためには前に進むということが、絶対に必要である。終結の政治問題化の結果（帰結、結論）として、もっとも危険なことは、終結があるという神話（虚構）を長引かせることにあるのではなく、一般的な終結要求がもつ結論を強化したり引き延ばすことにある。それは、被害者家族が終結があると信じ始めた場合に、終結がなんらかの方法で起こることを期待して、間違った形の終結を追求し始めることである。

　このことに犯人の処刑が含まれていたとすると、その方法は間違い以上の結果になる。致命的なことになるかもしれないのである。被害者家族が、死刑を選ぶという理由は、オクラホマシティーの爆破事件のような極刑に値するような事件や、それほどの一般的注目をあびない他の殺人であろうとなかろうと、説明責任を達成すること、もっとも厳しい処罰を求めること、犯人の姿を一般の人の視界から消すこと（一般の人が犯人に注目しないようにすること）であるが、これらすべては、仮釈放のない終身刑のような他の刑を科すことでより迅速に達成することが可能である。こういった刑であれば、説明責任の過程を迅速に終わらせる。というのは、その場合は長い控訴手続は行われず、刑が控訴審で覆るということもほとんどなく、犯人の処刑に伴って、最後に注目度が高まるということもなく、その姿が素早く消えていくため、迅速に最終段階に至るからである。

1） ジョディー・L・マデイラは、大学教授であり、アメリカ・インディアナ州にあるインディアナ大学ブルーミントン校マウラー・ロースクールの特別研究員である。
2） Richard C. Dieter. 2011. Struck by Lightning: The Continuing Arbitrariness of the Death Penalty Thirty-Five Years After Its Re-instatement in 1976. Death Penalty Information Center、Washington D.C.
3） 前出
4） J. Madeira. 2012. Killing McVeigh: The Death Penalty and the Myth of Closure. New York: New York University Press.
5） M. Armour and M. S. Umbreit. 2012. "Impact of the ultimate penal sanction on the healing of family survivors of homicide victims: A two state comparison." Marquette Law Review 96(1): 1-123.
6） Ibid.

死刑は被害者たちに終結をもたらすか？

デイビッド・T・ジョンソン　David T. Johnson[1]

「死刑を、他に適当な呼び方がないので、少なくとも真実という高潔さ
を与えるものという名前で呼ぶことにしよう。そして死刑が本来なんの
ためにあるのかを認識しよう。それは復讐のため」アルベール・カミュ
『ギロチンについての考察』（Albert Camus, *Reflection on the
Guillotine.*)[2]
「特定の犠牲者にとって有用なものは、必ずしも正しいものではなく、
また正しいものが癒しとはならないかもしれない、という意味で、正義
は癒しの一形態ではない」。
ウエンディ・カミナー『すべてが激怒』（Wendy Kaminer, *It's All the
Rage.*)[3]

クロージャーの増加と復讐の再発

　なぜ約40もの国が死刑を存置し定期的に処刑を続けているのかについては、
国や文化によって答えは異なってくるが、近年では多くの社会で、被害者が
死刑を必要としており、国家は被害者の望みを満たさなければならいという
答えに対していくつかの違った説明を出し始めている。1996年、ビル・クリ
ントン米国大統領（US President Bill Clinton）は演説で、「被害者は、刑事
司法プロセスの中心にいるべきであり、蚊帳の外に置かれるべきではな
い。」[4]と述べた。被害者が死刑裁判の中心にいるべきであるという見解は少
なくとも次の二つの根拠に基づいている。一つは、人が殺された時はいつで
も法律が役に立っていないということ、もう一つは、法律は、この恐ろしい
出来事に対応する場合は、被害者の利益とならなければならない、というこ
とである。死刑を維持している多くの国では、そのもとは懲罰にあり、国家
による懲罰は「形を変えた被害者の復讐」と呼ばれていた[5]。
　罰するという要望の中で、「被害者の復讐への渇望が、おそらくほとんど
議論はされないが、もっとも大きな影響力であろう」[6]。しかし、復讐への

支持は時間と場所とともに変化する。ある社会では、復讐は、人の本性がそれを望むほど、法がそれを取り除かなければならないといった類の野蛮な正義であると信じている[7]。この種の考え方は、1972年のファーマン対ジョージア州事件（*Furman vs. Georgia*）における連邦最高裁の判決で広く行きわたるようになった。そこでは、当時実施されていた死刑が憲法違反であるとの判決が5対4で下され、9人の判事の判決理由が分かれたのであるが、ほとんどの判事は、「報復は処罰の根拠としては適当ではない」[8]と非難している。しかし他の社会においては、文化的慣習が、その動機として被害者が報復を望むことを受け入れがたいという場合であっても、被害者のための応報は合法的な死刑の理由であるいう前提から死刑を継続している[9]。この観点から見ると、遺族の希望がかなえられず、彼らが法を犯してでもその報復という非理性的な感情を満たそうとする場合には、法は被害者の報復を望む強い気持ちを満足させる以外に選択肢はない[10]。この観点から言うと、復讐に対して批判的な人たちは、人類の歴史において報復に対する強い欲求が、いかに正義の目的を果たしてきたかについては、「黙示録的に不適切な情報」を与えられている[11]。さらに、この観点から言うと、「不法行為に対して、それに正確に釣り合う罰を追求するという長い間かけてきた計画を放棄した場合」[12]、社会は大きなものを失うことになる。

　1972年の最高裁のファーマン判決で死刑から報復を遠ざけるという努力がピークに達したとするならば、1980年代末にはアメリカの死刑に復讐のためという現象が戻ってきた[13]。その時、最高裁は、死刑宣告は個別的取扱い、信頼性、「個人的責任の報復的要素」を統合した「道理に基づいた倫理的選択」でなければならないと判決した[14]。「終結（クロージャー）」（closure）という言葉は同年にアメリカのマスコミ報道で初めて現れた[15]。1989年以前に、アメリカの活字媒体では死刑関連の記事でこの用語は使用されていない。2001年までには、この用語は500回以上使われ、さらにテレビではその何百倍も使われた。その後、クロージャーという概念は、アメリカの法的手続の場では公的には認められていないが、死刑に関する私的な議論においては、主要なミーム（memes、文化の伝達や複製の基本単位。『広辞苑』第6版より引用）の一つとなっている。アメリカの死刑や他国の死刑制度の議論において、しばしばこの「クロージャー」が引き合いに出されるということは、殺人被害者の遺族は、加害者が生きている限り、その名前を日常的に耳にするという事実を反映している。このことが、多くの遺族をして死刑裁判

第1章　殺人被害者の家族たち　　67

を処刑によって終わらせる必要があると語らせる動機となっている。そうすれば彼らは悲しみの最終局面を迎えることができるからである[16]。

クロージャーの神話

　しかし、いろいろな意味でクロージャーは神話である[17]。それは現代の死刑の考え方、言ってみれば絶対的な決着ではない。なぜなら、殺人被害者の遺族は決して彼らの喪失を乗り越えたり終わらせることはないからである。それは、なにか悪い出来事が最終的に終わるという感覚ではない。なぜなら、被害者の苦しみは決して終わらないからである。それはけっして存在しているという状態ではない。むしろ、終結は「記憶作業」の一過程と考えるのが一番いい。それによって被害者は殺人について、そして、いかにしてそれに対処し、適応して、癒やしを得たかの意味深い物語を作り上げるのである[18]。この意味で、終結の追求は、被害者が生きている限り続く過程であり、終結の神話は、被害者が、本物のように見える最終決着という「誤った癒し」の中に自身の身を置いてはいけないという警告である[19]。ジュリアン・バーンズ（Julian Barnes）は次のように述べている[20]。

　　　あなたは解放されるかもしれない。それは真実だ。1年後か5年後になるかもしれない。しかし、それは、小高い草原を通って光の中を突き抜け、ガタガタと素早くチャンネル（Channel）（訳注：その下を英仏海峡トンネルが通っている海域のことをチャンネルという。このトンネルのことはイギリスではチャンネル・トンネル（Channel Tunnel）という）へと下る列車がトンネルから出てくるのとは違って、油まみれの海から出てくるカモメのように、（あなたは、その苦しみの状態から）出てくるのです。あなたは、死ぬまで、タールまみれで羽毛に覆われた状態で過ごすのです。

　異なる文化における死刑の「クロージャー」の優勢な状態は、言語の変化が一般の人の死刑に対する心構えに影響する可能性を表している。死刑が被害者のために行われる場合は、しばしば三つの結果をともなう[21]。第一に、クロージャーは、市民が承認することができる肯定的な雰囲気で人を処刑するという本質的に恐ろしい過程をもたらす。というのは、市民にとっては、「私は復讐がしたい」というより「私は被害者を支持している」と言うほう

が心理上楽であるからである。第二は、クロージャーが死刑の主要な目的であるならば、市民は処刑が、政府による、あるいは政府のための必要以上の権力の行使であるかどうかを気にする必要がないからである。なぜなら、クロージャーの枠組みは、国家を社会の支配者ではなく、奉仕者の状態にすることで、死刑を政府の管理外に置くことにするからである。第三に、ある社会では、クロージャーという言葉は、処刑を社会で管理する歴史に、死刑を結びつけているからである。アメリカ合衆国では終結は、リンチと自警団という血に染まった伝統と結びついてきた[22]。日本では、終結という言葉は、良心の呵責と償いという、何世紀もの間顕著であったレトリックと関連づけることができる[23]。中国では、被害者に報いるという必要性が、死刑の訴訟手続でのお決まりの要件で、それが1980年代から始まる死刑判決と処刑の大幅な増加に結びついている[24]。これらの諸国では、終結（クロージャー）および同義の言葉は、被害者のためということの重要性を主張し、死刑という言葉の響きを穏やかなものにして、その他の理由（正当化）（抑止力、報復、道徳的な釣り合いなど）が誤りであると言われ、信頼できないものとされ、無効とされた制度への支持を強めるのである。要するに、今の死刑廃止の時代に、終結は重要な政治的機能を演じる神話なのである[25]。デイヴィド・ガーランド（David Garland）が合衆国における死刑について述べたことは同様に他の諸国においても妥当するものである。

　　死刑は、改良された状態に特定成分に割り当てつつ、尊重の表象として機能するために作られた。そして、被害者の身内が、犯罪者を殺したことは名誉なことだという示唆を拒否し、同様に死刑はかれらに終結をもたらすという軽薄な意見に異議を唱えたとしても、こういった考え方は政治的な常識となり、今や死刑の論理的根拠として機能しているのである[26]。

「被害者に奉仕する」ことが被害者にとって仇になること

　死刑批判者の多くは、被害者のための処刑への強い欲求を、報復と復讐の感情に根差したものとみなしている。しかしこのことは、微妙に的からはずれているようである[27]。スコット・トゥロー（Scott Turow）は、自身が死刑存続論者から不可知論的廃止論者へ転向した報告書で述べているように、殺人被害の遺族が求めている正義は、どちらも犯罪者が彼の被害者よりも安

らかな状態で最期を迎えることは許されないという前提に基づいてはいるが、むしろ、元の状態への回帰という考え（賠償、復旧、回復）が心に深く埋め込まれている正義である。殺人被害の遺族にとって、殺人者が今もなお、生きている中で小さな楽しみを多く経験できるようになって、その生活を遺族よりもいいものにしているという、「結局のところ彼らがもたらす苦痛に対しては、受け入れがたく腹立たしいものである」[28]。しかし、この回帰というような望みの道徳的力を否定することが不可能である場合、それを実現するためには三つの問題がある。

　第一には、ある死刑支持者たちは、被害者の憤りに自分を重ねることで、彼らの「後ろに隠れる」。それというのも、そのほうが、彼ら自身の報復感情をより穏やかに表現できるからである[29]。アメリカ合衆国や日本のような国々では、この背後に隠れるということは、遺族が自分たちの指向と同じ場合には彼らのために尽くすと主張するが、そうでない場合は遺族の考えは無視するというようなことが検察官たちの間ではとくに目立っている。検察官はまた、死刑裁判での法律上の要件が、処刑前の訴訟を長引かせる結果になるということを遺族に知らせることを怠ることで、彼らのために尽力するということができていない。アメリカ合衆国のように「超適正手続（super due process）」が必要とされる場合、あるいは、日本のように控訴手続に時間がかかる場合、どんな意味でも最終的状態になるまでは、数年あるいは数十年かかることが予想される[30]。このことは、処刑の執行にあたり、慎重を期すためには拙速は避けるべきであるということである。

　第二には、死刑の決定はあまりにも重大なので、それが主に遺族のため、あるいは遺族によってなされてはならない。トゥローが述べているように、「民主主義のもとでは、どんな少数者も、たとえ、その人の悲劇がわれわれの心（の汚れ）を洗い流したとしても、われわれすべてを代弁する権利はない」[31]。遺族をして死刑手続を管理することを可能にするということは、真珠湾あるいは広島の生存者に、爆撃の跡地にどんな記念碑を建てたらいいのかを決定する権利を与える以上の意味はない。「民主主義制度下で刑罰の管理を構築することにおける市民の選択が果たす適切な役割」[32]についての問題に答えることは難しい。被害者であったり遺族であったりする市民の指向がしばしば関連性のあるものであったり、時には重要なものであるとはいえ、一方では、それを切り札として、他の合法的な実際の法体系上の判断に勝ることは許されるべきではない。

第三に、そしてもっとも重要なことは、死刑を介して被害者に尽くすという願望は、実際のところは、被害者に害をなしているのである。というのは、死刑のあり方が、その人たちの事例は死刑とは判断されない被害者や遺族の間に憤りを生み出すからである。死刑を存置し、定期的に処刑を執行し続けている二つの先進国、アメリカ合衆国と日本では、検察官はすべての殺人の事例の中でほんのわずかな場合だけに死刑の求刑をするように努めている。ここ数年、100〜200件の殺人に対して約1件の死刑宣告である[33]。多くの遺族や第三者である市民にとっては宣告の厳しさが、亡くなった被害者がどれほど重要な人であったかを測る基準となっている。この文脈でいうと、死刑の宣告は、亡くなった人への「尊重の証」としてみなされる[34]。しかし、慎重に死刑の執行をするということは、将来処刑がほぼ行われなくなるということで、死刑の可能性のある事例で死刑が追求されなくなると、多くの殺人被害者は尊重されていないという考えを助長することになる。この考えを避けるためには、検察官は、セイラム魔女裁判（Salem Witch Trials）（訳注：1692年1月、現在のマサチューセッツ州セイラム村でサムエル・パリスの娘と姪が病気になり、村の医者であるウイリアム・グリッグス（William Griggs）が呼ばれたが、治らなかった。彼が下した、魔法をかけられているという診断の結果、魔女裁判が行われ、19人の男女が首つりの刑に処された）や、あるいは、江戸時代以降みたことのない割合まで死刑の宣告を達成しようとする努力を始めなければならないであろう。どんな熱心な死刑支持者でも、未来がこういった時代に戻ることは望まないだろう。

未来

死刑が、被害者のため、そして彼らが終結を達成するのを支援するという問題として仕組まれている場合——あたかも今日のケースがしばしばそうであるように——一つの結果は、他の理由では正当化することがますます難しくなってきている合法的な制裁である。

「被害者のため」というレトリックがアメリカ合衆国と日本で増加しているということが、両国における死刑数の増加——日本では2000年以降[35]、アメリカ合衆国ではさらにその10年前から[36]——と一致していることは偶然ではない。被害者のニーズに合わせるという問題として死刑を仕組むことは、また公の行為を私的にすることであり、それによって、そうでなければ

第1章　殺人被害者の家族たち　　71

受け入れるであろう精査と批判を覆い隠してしまうのである。死刑は、基本的に何のためにあるのか。それは復讐のため[37]。そしてそれがなんであろうと、報復は、自身の正しさを強く主張する激しい感情であり、原則に基づいた正当化の理由ではない[38]。それゆえ、とくにそれを募らせる人にとっては危険な感情である。孔子が25世紀も前に警告したと言われているように、「復讐の旅に出かける前に、墓穴を二つ掘っておけ」。

　1980年代後半以降、死刑を廃止する国の数の増加は顕著である[39]。この死刑廃止の急増に対する主な説明としては、死刑を、普遍的な人間の生存権と残虐で非人道的、品位を傷つける処罰を受けない権利を否定するものとして認識する、新たな「人権の力」が浮上してきたことがある[40]。終結およびそれと同根の「被害者のために」は、死刑を仕組む相補的な方法である[41]。そして、それは死刑を廃止しつつあった戦後のヨーロッパではほとんど主要な問題ではなかった。現在も死刑を存置している諸国における死刑の今後は、競合する枠組み間での継続的な論戦によって方向づけられるだろう。死刑は、主に被害者に役立つプログラムだろうか。それとも、死刑は根本的に人権の問題だろうか。

---

1 ）　ハワイ大学の社会学教授。

2 ）　Camus, Albert. 1960. *Resistance, Rebellion, and Death: Essays*. New York: Vintage International. p. 197.

3 ）　Kaminer, Wendy. 1995. *It's All the Rage: Crime and Culture*. New York: Perseus Books. p. 84.

4 　Madeira, Jody Lynee. 2012. *Killing McVeigh: The Death Penalty and the Myth of Closure*. New York and London: New York University Press. p. 138.から引用。

5 ）　Holmes, Oliver Wendell. 1909. *The Common Law*. Boston: Little, Brown.

6 ）　Connolly, William E. 1995. *The Ethos of Pluralization*. Minneapolis, MN: University of Minnesota Press. p. 12.

7 ）　Bacon, Francis. 1625. "Of Revenge." In Francis Bacon, *Essays, Civil and Moral. Whitefish*, MT: Kessinger Publishing, LLC（reprinted in 2010）. pp. 1-10.

8 ）　Blecker, Robert. 2013. *The Death of Punishment: Searching for Justice Among the Worst of the Worst*. New York: Palgrave Macmillan. p. 15.

9 ）　Jacoby, Susan.1983. *Wild Justice: The Evolution of Revenge*. New York: Harper & Row. p. 2.

10）　Holmes, Oliver Wendell. 1909. *The Common Law*. Boston: Little, Brown. p. 45.

11）　Miller, William Ian. 2006. *Eye for an Eye*. New York: Cambridge University Press. p. 206.

12) West, Robin. 2006. "Advance Praise for Eye for an Eye." In William Ian Miller, *Eye for an Eye*. New York: Cambridge University Press. back cover.

13) Sarat, Austin. 2001. *When the State Kills: Capital Punishment and the American Condition*. Princeton and Oxford: Princeton University Press. p. 33.

14) *Penry v. Lynaugh*, 1989, as explained in Bowers, William J., Benjamin D. Fleury-Steiner, and Michael E. Antonio. 2003. "The Capital Sentencing Decision: Guided Discretion, Reasoned Moral Judgment, or Legal Fiction." In James R. Acker, Robert M. Bohm, and Charles S. Lanier, eds., *America's Experiment with Capital Punishment: Reflections on the Past, Present, and Future of the Ultimate Penal Sanction*. Durham, NC: Carolina Academic Press. pp. 413–467, p. 415.

15) Zimring, Franklin E. 2003. *The Contradictions of American Capital Punishment*. New York: Oxford University Press, p. 60.

16) アメリカ合衆国、アジア、中東など死刑制度における終結の高まりと復讐の再発は、1989年にロジャー・フッドが国連犯罪防止管理委員会（United Nations Committee on Crime Prevention and Control）に提出した報告でも確認される。それは1989年に初版がThe Death Penalty: A Worldwide Perspective. New York: Oxford University Press.として刊行された。この好著の初版および1996年の第2版と2002年の第3版には「被害者」の項目の索引がないが、キャロライン・ホイル（Carolyn Hoyle）との共著の2008年の第4版、2015年の第5版には「被害者」の事項を含んだ多くの索引項目が載せられた（2008年版では18行、2015年版では26行）。以下も参照。
Turow, Scott. 2003. *Ultimate Punishment: A Lawyer's Reflections on Dealing with the Death Penalty*. New York: Farrar, Straus and Giroux. p. 51.

17) Madeira, Jody Lynee. 2012. *Killing McVeigh: The Death Penalty and the Myth of Closure*. New York and London: New York University Press.

18) Madeira, Jody Lynee. 2012. *Killing McVeigh: The Death Penalty and the Myth of Closure*. New York and London: New York University Press. p.xxv.

19) Madeira, Jody Lynee. 2012. *Killing McVeigh: The Death Penalty and the Myth of Closure*. New York and London: New York University Press. p. 274.

20) Barnes, Julian. 1990 (reissue). *Flaubert's Parrot*. New York: Vintage. p. 161.

21) Zimring, Franklin E. 2003. *The Contradictions of American Capital Punishment*. New York: Oxford University Press. p. 62.

22) Zimring, Franklin E. 2003. *The Contradictions of American Capital Punishment*. New York: Oxford University Press. p. 89.

23) Botsman, Daniel V. 2005. *Punishment and Power in the Making of Modern Japan*. Princeton and Oxford: Princeton University Press.

24) Fu, Hualing. 2016. "Between Deference and Defiance: Courts and Penal Populism in Chinese Capital Cases." In Bin Liang and Hong Lu, eds., *The Death Penalty in China: Policy, Practice, and Reform*. New York: Columbia University Press. pp. 274–299, p. 283.

25) Zimring, Franklin E. 2003. *The Contradictions of American Capital Punishment*. New York: Oxford University Press. p. 61.

26) Garland, David. 2010. *Peculiar Institution: America's Death Penalty in an Age of Abolition*. Cambridge, MA: The Belknap Press of Harvard University Press. p. 293.

27) Turow, Scott. 2003. *Ultimate Punishment: A Lawyer's Reflections on Dealing with the*

Death Penalty. New York: Farrar, Straus and Giroux. p. 53.

28） 前出。

29） Turow, Scott., 2003. *Ultimate Punishment: A Lawyer's Reflections on Dealing with the Death Penalty*. New York: Farrar, Straus and Giroux. p. 55.

30） 前出。

31） Turow, Scott., 2003. *Ultimate Punishment: A Lawyer's Reflections on Dealing with the Death Penalty*. New York: Farrar, Straus and Giroux. p. 56.

32） Zimring, Franklin E., Gordon Hawkins, and Sam Kamin., 2001. *Punishment and Democracy: Three Strikes and You're Out in California*. New York: Oxford University Press.

33） Johnson, David T. 2011. "American Capital Punishment in Comparative Perspective" (a review essay on David Garland's *Peculiar Institution: America's Death Penalty in an Age of Abolition*). *Law & Social Inquiry* 36(4): 1033-1061. p. 1052.

34） Simon, Jonathan, and Christina Spaulding. 1999. "Tokens of Our Esteem: Aggravating Factors in the Era of Deregulated Death Penalties." In Austin Sarat, ed., *The Killing State: Capital Punishment in Law, Politics, and Culture*. New York: Oxford University Press. pp. 81-113.

35） Johnson, David T., and Franklin E. Zimring. 2009. *The Next Frontier: National Development, Political Change, and the Death Penalty in Asia*. New York: Oxford University Press. p. 69.

36） Zimring, Franklin E. 2003. The Contradictions of American Capital Punishment. New York: Oxford University Press. p. 51.

37） Camus, Albert. 1960. *Resistance, Rebellion, and Death: Essays*. New York: Vintage International. p. 197.

38） Aladjem, Terry K. 2008. *The Culture of Vengeance and the Fate of American Justice*. New York: Cambridge University Press.

39） Hood, Roger, and Carolyn Hoyle. 2015. *The Death Penalty: A Worldwide Perspective* (5th ed.). New York: Oxford University Press.

40） Hood, Roger, and Carolyn Hoyle. 2009. "Abolishing the Death Penalty Worldwide: The Impact of a 'New Dynamic'." In Michael Tonry, ed., *Crime and Justice*. Chicago: University of Chicago Press, Vol. 38, No. 1, pp. 1-63. Available from https://www.upf.edu/mastercriminologia/_pdf/13_14/Lectura_30_octubre_-_Hood_and_Hoyle_2009.pdf. (accessed 24 August 2016).

41） Hammel, Andrew. 2010. *Ending the Death Penalty: The European Experience in Global Perspective*. New York: Palgrave Macmillan.

第2章

被害者としての
有罪判決?

DEATH PENALTY AND THE VICTIMS

2.1　不当な有罪判決
2.2　差別と精神障害
2.3　国際法違反のその他の死刑事例

2.1 不当な有罪判決

死刑存置国における誤判の被害者

キャロリン・ホイル　Carolyn Hoyle[1]

序説

　30年以上前の1985年、国際連合（国連）は、「犯罪による被害者と権力濫用による被害者に関する司法の基本原則宣言」を公表し、それは、世界に大きな影響を与えた。故意または過失による刑事手続の誤った運用によって引き起こされる誤判は、まさに、その宣言にいう「権力の乱用」に該当する。なぜなら、多くの誤判は、間違いなく、国家権力の乱用によって起こるものだからである。しかしながら、宣言は、この範疇の被害者には何ら言及していない。実際のところ、あらゆる点で、誤判の被害者は、なかなか、まとまった支持ないし支援を得ることができず、また概して、政治家や政策決定者の中にも支持ないし支援者を得るに至っていない。どのような国や地域でも、誤判の被害者は公的な支援をほとんど受けることはなく、犯罪被害者のように、厳密な学究的検証の対象にもなっていない。このことは、誤った裁判を受けたすべての人々にとって不幸なことであるが、死刑判決によって拘束され、また、誤判に引き続いて死刑が執行されてしまった人々にとっては、とりわけ悲劇的である。

　誤判によってもたらされる害悪について、国家は関心がなかったり、あるいは責任をとろうしないが、このような国家の態度は、誤判による外見的あるいは物理的被害がないという理由で正当化されるものではない。被害者の肉体的被害は外見上簡単に明らかとなるが、誤判の被害者についての研究は、結論として、彼らも犯罪被害者と同じような形態と程度の心理的被害を被っているということを明らかにしており、当然のことながら、死刑判決の誤判の場合は、状況はよりいっそう悪化する。誤判の被害者は、「しばしば、長期間にわたる人格の変化、外傷後のストレスや他の心理的異常、汚名や悲しみ、損失に対処することの困難さに向き合わなければならない[2]」。実際、誤判の被害者の経験は、拷問の被害者のそれにたとえられてきた[3]。拘禁は収容施設のきびしい環境や規則に過度に適応してしまうという状況を創り出

す。このような状況に対処するため、被収容者は性格や行動に変化を起こしたり、なかには、暴力的になったり、あるいは、孤独になったり、引きこもったり、うつ状態になったりする者がいる。「誤判による拘束は、これらの典型的な拘禁反応をより悪化させるものであり、このようなことは、ようやく、理解され始めたにすぎない[4]」。すなわち暴力が、「劣悪な刑務所環境の中で生きながらえるため、日常生活の中で」大きな地位を占めるようになり、ほとんどの者は拘禁中に自殺を考えるのである[5]。

　拘禁の結果として生じる心的外傷後ストレス症候群（PTSD）は、重大犯罪の被害者の経験に類似しているが、誤って有罪とされてしまった人々の被害は、直接国によって加えられたものである（という点で犯罪被害者のそれとは異なる）。加害者は（犯罪者ではなく）国家であり、それゆえ、国家は損害賠償のみならず（これさえも国はほとんど実行しないが）、まず、これらの誤判による害悪を防止するよう努めなければならない。この論文は、死刑存置国において、誤判を防ぐための現実的な対策を探るとともに、死刑を存置している、すべての国、とりわけ、充実した刑事司法制度を有する国でさえ、これらの防止策は失敗することがあり、あるいは実際に失敗し、無実の男女が誤って有罪とされているということを証拠に基づいて明らかにしようとするものである。

国際的な誤判防止策

　無罪あるいは事後的な雪冤がなされているか否かは、手続的防止策の効果についての主要な試金石となる。刑事司法関係者あるいは目撃者が過ちを犯し、私利に駆られた人が意図的に虚偽を述べる場合がある。したがって、公正で信頼できる刑事司法制度は、人間の誤りがちなこと、欺き、制度的な欠陥から、被疑者や被告人を守るため、刑事司法手続の中に、現実に利用できる、強力な手続的予防手段を用意しておかなければならないのである。

　ほとんどの誤判に関する研究はアメリカ合衆国のデータを利用してきたが、その研究成果はアメリカ合衆国という管轄地域を越えて、広い範囲に応用できると考える合理的な理由がある。すなわち、その研究により、誤判の原因としては、目撃者の誤り、虚偽自白、偽証、法科学上の誤り、一方的な思い込み、検察官の職権乱用、不適切弁護等、一連の、アメリカ以外のどこにでも起こり得る原因を確認しているからである[6]。研究が示唆しているところ

では、死刑事件における雪冤は、捜査が急がれる事件、警察が容疑者は「犯罪性癖」を持っていると考える事件、そして、世間の注目を浴びる重大事件の場合により多く起こるということである[7]。過誤は捜査段階でより起こりやすく、またこれらの過誤は雪だるまのように大きくなり、これにより、過誤を是正する可能性はますます低くなる。もちろん、警察や検察官の過誤、誤った科学証拠に対する主な防御策は、充実した弁護活動である。しかし合衆国においてさえ、充実した弁護が保障されているというにはほど遠い。なぜなら、ある研究が示唆しているとおり、23年の間で、不適切弁護が死刑事件における誤判の最大の原因となっているからである[8]。

　ジョン・グッド（Jon Gould）とその同僚は、1980年から2012年の間に被告人が重大な暴力犯罪で起訴された事件のうち、再審で無罪となった260件、無罪判決あるいは冤罪であったという理由から公訴棄却となった200件（「ニアミス」）の合計460件についての革新的な研究を行った。これによれば、無実の被告人が起訴された場合、釈放となるよりもむしろ誤って有罪とされることが多いのはなぜかについては、10の要素を考慮することにより理解が容易になる[9]。

　　すなわち、①被告人の年齢、②前科前歴、③州の処罰傾向、④検察官が被告人に有利な証拠を隠すこと（*Brady* violation、訳注：Brady 事件で連邦最高裁が、弁護側が要求した被告人に有利な証拠を検察官が隠蔽することは適正手続に違反するとしたことから、この判例に基づくルールが Brady rule、これに違反することが Brady violation 等と呼ばれるようになった）、⑤法科学の過誤、⑥脆弱な弁護活動、⑦脆弱な検察官活動、⑧家族の弁護側証人、⑨無意識の見誤り、⑩目撃者以外による虚言である。

　これらの要素は、過ちは存在するはずではないという「一方的な思い込み」により、さらに悪化させられ、これにより刑事司法制度が過ちを質すことがますます困難となる[10]。

　真犯人のみが有罪となり、最高刑にふさわしい者のみが最高刑を言い渡されるためには、当初の犯罪の通告から上訴の最終段階に至るまで、厳格でかつ強力な防御策が適正に機能するということが必要であることは明白である。適正手続という予防手段が、有罪確定の前も後も、あるべき状態で機能すれば、無実の者が誤って有罪とされたり、死刑を言い渡されることはないであろう。それゆえ、国際法に照らし、死刑存置国においては、あるべき予防手

第2章　被害者としての有罪判決？　79

段は何か、それらは効果的か否かを検討することが重要である。

　1976年に発効し、わずかの例外を除いて国連のほとんどの加盟国に批准された「市民的及び政治的権利に関する国際規約」（ICCPR　1966）第14条は、刑事的制裁は、無罪の推定、適正に構成された裁判所において訴追に対して弁明できる公正な機会、質の高い弁護等が保障された適正手続の保護の下にある個人に対してのみ科せられると規定している。死刑に関していえば、死刑執行は取り返しのつかない結果を生ずるものであるから、適正手続による保護はさらにいっそう重要であり、もし、適正手続の保障なしに死刑を使用すれば、それは、「何人も恣意的に生命を奪われない」と規定する ICCPR 第6条1項に違反する。

　死刑に直面している人々に関して国際的基準は、とくに何を要求しているかを明確にするため、経済社会理事会（ECOSOC）は、1984年に、そのような人々の権利を保障するための予防手段を公表した。人権法の下では、すべての死刑存置国はこれらの予防手段を実践するよう要求されているのである。

　予防手段 No.4は、無実の人が死刑となる危険性を回避することを目的とし、被告人の有罪評決が「事実について代わりの説明の余地を残さないような」（「」は筆者）明確で説得力のある証拠に基づく場合にのみ言い渡すことができると規定している。予防手段 No.5は、最終判断について述べたものであるが、そこでは、有罪の正当性は上訴や恩赦の段階に至るまで問題とされるべきこと、死刑が言い渡される可能性のある罪で嫌疑を受け、または、その罪で訴追された者は、すべての手続段階で適正な法的援助が保障されるべきことを明確にしている。1989年に ECOSCO は、この予防手段を強化した。すなわち、特別な予防手段が供給されなければならないことを強調し、「防御の準備のための必要な時間と施設の使用が許容されるべきであり、それは手続のすべての段階における適切な弁護人の援助を含まなければならず、また死刑事件以外の事件で与えられる予防手段を上回らなければならない」としたのである（「」は筆者）。さらに、1996年、予防手段は強化された。すなわち、死刑存置国は、ICCPR 第14条に含まれる、すべての公正な審理の保障が実践されることを保障するための予防手段を強化すること[11]を目的とした、さまざまな基本的な原則や最低準則を常に念頭に置くべきことを再確認させられたのである。

　それ以降、国連の公式文書は、これらのメッセージを繰り返し述べており、

ヨーロッパ人権裁判所（たとえば、クルド民族のトルコからの独立を求める PKK の政治指導者、オカランの事件（Öcalan v Turkey)[12]や米州人権裁判所（たとえば、ガテマラのラミレス事件（*Ramirez v Guatemala*)[13]によっても、類似した声明がなされている。そして、2007年、人権委員会は ICCPR14条に関する一般的注釈（general comment）を採択し、ICCPR 第14条が尊重されていない裁判において死刑判決を科すことは、生命に対する権利の侵害であること明確にした。それゆえ、どこであれ、どのような理由であれ、公正な審理に対する尊重を保障できないのであれば、そのような管轄地域（国または地域）においては、死刑の執行は停止されなければならないのである。

　死刑存置国が、定期的に、国連からのアンケートで前記 No.4と５の予防手段を遵守しているかどうかを問われた時、ほとんどの国は遵守していると答えていることは驚くべきことではない。というのは、どのような国であれ、あからさまに、無実の可能性のある人を死刑に処しているとは認めないであろうからである。しかしながら、５年ごとに国連事務総長から発表される報告のうち、2010年の第５報告は「無実の人々に対して、いまだに死刑が言い渡されているということは、議論の余地なく明らかなようである[14]」と明確に結論づけている。

　実際のところ、死刑存置管轄地域の保障は、いくつかの国では額面どおりに受け止めることはできない。というのは、国連や、アムネスティ・インターナショナルや Penal Reform International 等の人権団体からのさまざまな権威ある報告から明らかなとおり、手続法の目指す姿と現実の刑事司法の運用との間には大きなギャップがあり、このことは、とくに、ほとんどのアジア諸国において顕著だからである。もちろん、国連の報告要求に応じたことのない国々や、北朝鮮やベトナムのように死刑の運用が国家機密とされている国々においてはさらにそのような傾向が強い。

　死刑に対する正当な反対意見に関心を示さない国々に対する最も説得力のある議論の一つは、誤判や誤執行を完全に防ぐことができる予防手段を考え出すことは不可能であるということである。2015年のアムネスティ・インターナショナルの年度報告が明らかにしたところによれば、バングラデシュ（４）、中国（２）、ヨルダン（１）、ナイジェリア（32）、スーダン（４）、タンザニア（59）、アメリカ合衆国（７）、ベトナム（７）、ジンバブエ（１）等、2014年に上記９カ国において、死刑確定者が雪冤された件数は112件に

上る。もちろん、誤判の可能性がありながら事後的救済の得られなかった死刑確定者がほとんどであり、その多くは、低い人権基準しかない国々における死刑確定者である。「中国や日本、ベトナム、アメリカ合衆国等、死刑が伝統的に強く支持されている国等を含む幾つかの国では」[15]、無実という理由で死刑確定者が釈放される事例が発生すると、刑事司法が誤りやすいということや無実の人について死刑を執行してしまう危険性があるという議論が活発となる。

　西側諸国は、たとえば、ベトナムにおいて冤罪が起こっても驚くことはないかもしれないが、当然のことながら、アメリカでさえ市民を誤判から守ることができず、無辜〔むこ〕の者を死刑にしてしまうのではないかという懸念は存在する。合衆国は、死刑についての法体系を発展させ、「死刑事件はそれ以外の事件とは異なる」それゆえ「スーパー・デュー・プロセス」が要求されるということを認めるに至った[16]。起訴の決定から上訴、恩赦、特赦等の段階に至るまで、死刑事件の被告人は終身刑や他の死刑より軽い判決に直面する被告人とは異なる体験をするのである。世界でもっとも発展した民主的な死刑存置国における、これらの高められた予防手段にもかかわらず、物事は意図されたとおりにいかない可能性があるし、現に、意図されたとおりにはいっていない。アメリカのスーパー・デュー・プロセスによっても、無実の人々に、死刑の宣告をしたり死刑を執行したりすることを防ぐことはできない。ましてや、日本のような特別な予防手段を備えていない先進国、北朝鮮のような人権が保障されていない国々において、被疑者や被告人にとって、事態が好転するという見込みは乏しいことは明らかである。そこで、日本等について検討する前に、アメリカの誤判の足跡を検討していくこととする。

アメリカにおける誤判

　合衆国の誤判についての専門家ブランドン・ギャレット（Brandon Garrett）は最近、「もし、最高裁の判事の過半数が最終的に死刑は憲法違反であると宣言するということになれば、ヘンリー・リー・マッカラム（Henry Lee MaCollum）は、違憲判断の重要な根拠となるであろう」と書いた[17]。アメリカでは、死刑存置州において、数十年にわたり埋もれていたDNA鑑定によりますます多くの死刑確定者が雪冤され自由の身となっているが、マ

ッカラムもその1人である（訳注: 1983年に発生した、11歳の少女に対する殺人とレイプにより死刑判決を言い渡されたが、2014年にDNA鑑定により無罪となり、釈放された）。アメリカでは過去25年の間に、1,600人以上の誤って有罪とされた人が自由の身となったが、そのうちの156名以上は死刑確定者であった[18]。マッカラムは、彼より前に雪冤された人々と同じように、若く、かつ精神遅滞でもあったため、自分を防御する力が弱く、取調官の影響を受け易く、その結果、自分の犯していない重大犯罪について自白してしまった。手続的な予防手段が有罪を阻止すべきであったが、そうはならなかった。そのような雪冤事例により、警察官、検察官、専門家証人、時には陪審員までが何らかの責任を負うべき、刑事手続の欠陥が明らかとなるのである[19]。

　もちろん、これは目新しいものではない。2009年にトーマスとミークス・グリフィン（Thomas and Meeks Griffin）の2人の兄弟は、彼らが殺人により処刑されてからほぼ100年後にサウスカロライナ州により恩赦となった[20]。そして、2015年12月、サウスカロライナ州の裁判官は14歳の黒人の少年ジョージ・スティニー（George Stinney Jr）についての有罪判決を無効としたが、彼の審理にはさまざまな過誤、人種差別、不適切弁護等が顕著に存在したが、それにもかかわらず彼は、そのような審理の後、1944年にサウスカロライナ州で処刑されてしまっていたのである。ほとんどの事件でそうであるように、スティニーだけがこの事件の犠牲者ではなかった。黒人差別が根強く残っている南部に住んでいた彼の家族は彼の有罪と処刑に続く社会の反響を恐れて、故郷を逃れた[21]。多くのそのような事件と同じように、誤判によるトラウマは、被告人以外の人々にも同じように降りかかり、さらなる「被害者」を創り出すのである。

　最近まで、被告人が雪冤されるということは極めて例外的な出来事であり、雪冤という事実は、むしろ、刑事司法制度がその過ちを是正することができるということを再確認させるものであると考えられていた。しかし最近は、これらの「希有な出来事」が実は極めてありふれた出来事であるという考えに変わってきている[22]。合衆国の死刑判決の中における「是正可能であり、是正されるべきであった重大な過ち」の全体像は、2000年にジェームス・リーブマン（James Liebman）教授とその共同研究者によって明らかにされた。彼らの研究によれば、1973年から1995年の間のあらゆる死刑判決やその上訴審判決を検証した結果、州と連邦の上訴手続の最終の第3段階まで進んだ事

件のうち（平均して、9年かかる手続である）、68％の事件において、当初の死刑判決を覆すに足りる過誤が発見されたということである。これらの過誤のうちでもっともありふれた原因は、極めて無能な弁護人、警察官や検察官の過誤、陪審員に対する誤った説示であり、これらで76％を占めた。さらに、死刑判決が覆された事件のうち82％は、引き続く再審では死刑判決は言い渡されておらず、7％は死刑事件については無罪が言い渡されている。もともとの審理の過誤が是正された場合でも、死刑判決に値すると判断された例は、もともと死刑が言い渡された事件のうちの11％しかないのである[23]。このデータのみからみても、前記の期間、合衆国での多くの事件において、これまで議論されたチェック・アンド・バランス（予防手段）は機能しなかったことが明らかとなるのである。グロス（Gross）教授とその共同研究者は、1989年から2003年の間の合衆国におけるすべての雪冤事件を調査した結果、死刑からの雪冤は、死刑以外の殺人事件からの雪冤に比べて25倍以上多く、すべての拘束された重罪被告人に比べて100倍以上多いことを明らかにした[24]。

　これらの指摘に対する穏便な反応は、おそらく、人々が予測しているとおりである。すなわち、それは単に、無実の人に対して死刑執行がなされないようにするためにアメリカの上訴手続がいかに徹底しているかを証明しているというものである[25]。有罪が覆された人々の多くは事実誤認で無実となったというよりも、むしろ法的技術的な誤りのために無実となったのだといわれてきた。また死刑の実用的な効果、すなわち報復と犯罪抑止力の方が、無実の人を死刑にするかもしれないという些細なリスクを上回るともいわれてきた[26]。しかし、1973年から2004年12月の間に死刑を言い渡されたすべての被告人7,482人についての、最近のグロス（Gross）らの研究は、約4.1％は事実誤認による無罪であったことを示唆し、こう述べている。「事実誤認率が4％を上回るとすれば、1977年以降死刑が執行された1,320人の内の何人かは無実であったことはほぼ間違いない[27]」。

　重要な事実は、多くの事件で無実が明らかとなったのは、州の再審査手続が徹底していたからではなく、偶然の幸運、他の犯罪者の自白、正式な刑事司法制度外の救済運動に携わる人々の熱心な努力[28]、今や広く普及したDNA鑑定等によるものであるということである[29]。

　14人の死刑を言い渡された人々を含む、2007年初めまでにDNA鑑定により無罪となった200人すべての人々についての、ブランドン・ギャレット

（Brandon Garret）の包括的な研究は、結論として、上訴審には有罪を支える主要な証拠が信頼性や信用性に欠けるということを見破る能力はないことを明らかにしている。14の死刑事件では、証拠は「驚くほど薄弱」であった[30]。虚偽自白についてのもっとも顕著な事例はアール・ワシントン（Earl Washington、訳注: ワシントンは、精神遅滞であったが、1983年にバージニア州で起こった殺人と強姦事件によって死刑判決を受け、18年間無実の罪で拘禁された後、2001年自由の身となった）の事件であり、DNA 鑑定により、殺人事件と何の関係もないことが明らかにされたのは、彼の死刑執行予定日の 9 日前であった。しかし、彼は（虚偽）自白していたため、DNA が他の人と一致するとして釈放されたのは、その 7 年後であった[31]。リーブマン（Liebman）が言うように、DNA 鑑定は、突然に、そして完全に、以下のことを明らかにする。すなわち、われわれやわれわれの制度は、本来的に欠陥があり、信頼できず、信用に価しないものであり、しかも、しばしばそれに気付くことができないため、是正しようにも是正することができず、われわれはそこから逃れようにも逃れることはできないということを[32]。

　この10年間、カリフォルニア、フロリダ、イリノイ、ルイジアナ、オクラホマ、ペンシルベニアそしてテキサス等の州は、誤判の原因や救済について調査するための刑事司法改革委員会を立ち上げてきた。ほとんどの州では、委員会の活動により、目撃証人や科学証拠に関する改革がなされ、蔓延していた虚偽自白は減少した（30人の委員からなるノースカロライナ誤判調査委員会が、実効性と改革のための全国的な模範と考えられている[33]）。にもかかわらず、最近のアメリカ法曹協会の報告は、テキサス、ケンタッキー、ミズーリ州等における死刑制度は、無実の人が死刑を言い渡されたり執行されたりすることを防ぐための適切な措置が欠けていることを根拠を示して明らかにしている[34]。時間のかかる重層的な上訴制度を有するアメリカのような国で無実の人がいまだに執行され、とくに、ヘレラ対コリンズ（*Herrera v Collins*）事件[35]の決定で、最高裁が事実上、無実の人に対する死刑執行は違憲の可能性があるとまで確認した国で、無実の人に対して死刑が執行されているというのは奇妙に思われるかもしれない。しかし、無実になるためには「きわめて高い証明度が要求される」ため、再審査で有罪が覆ることは「きわめて稀」なのである[36]。

　2015年において、死刑判決や執行が著しく減少したことからすると、合衆

国では、これから数年の間に、死刑はますます避けられるようになり、無実の人が死刑となる危険性は減少していく（死刑の代わりに、仮釈放なしの終身刑となる危険性は減少しないが）と思われる。しかし、イラン、サウジアラビア、北朝鮮等の死刑を多用する国々において死刑が廃止される見込みは極めて少なく、そのような国では適正手続もまったく確立されていない。

死刑存置社会における誤判の証拠

　ベリーズ、中国、日本、マラウィ、マレーシア、パキスタン、パプアニューギニア、フィリピン、トリニダード・トバコ等の国で、最近の10年の間に誤判があったことが明らかとなった。そのうちのもっとも有名な事件は、袴田巌氏の事件である。彼は子ども 2 人とその両親を殺害したという理由で死刑判決を受け、有罪判決は確定したが、独房の死刑舎房で47年を過ごした後、2014年 3 月、釈放された。日本で死刑確定者の内で釈放された人は 5 人しかおらず、彼は、釈放された 5 番目の死刑確定者となった。袴田氏は、弁護士の立ち会いのない、20日にわたる拷問も含む厳しい取調べの後に自白。それから数十年後、新しい DNA 鑑定や検察官の証拠ねつ造の発覚の後、年老いて病弱な袴田氏は釈放されたが、謝罪や責任を認める公式声明はなかった[37]。ロンドンを本拠地とする Death Penalty Project は最近、独房で28年から33年を過ごした、 4 人の日本人の死刑確定後の雪冤者について報告している。袴田氏や他の世界中の誤って有罪とされた人々と同じように、免田、財田川、松山、島田事件の雪冤者は、虚偽自白を引き出した長い残酷な取調べの後、すべていったんは有罪となったのである[38]。

　台湾の馬英九（ば・えいきゅう Ma Ying-jeou）前総統は2011年、まるで芝居に出てくるような動作で、 5 歳の少女に対する強姦と殺人で1997年に死刑が執行された兵士 Chian Kuo-ching の母親に謝罪した。大統領は、他の人（真犯人）が自白し、冤罪であることが明らかとなった後、Chian を恩赦とし、母親に賠償を申し出た。この他にも、拷問により引き出された虚偽自白に依拠した裁判により死刑となった後、雪冤された事例が続き、台湾政府は、雪冤者と廃止を訴える活動家に賠償を支払うこととなった[39]。それにもかかわらず、これらの冤罪事件が発覚した2011年以降も、台湾では30以上の執行がなされている。

　起訴が拷問により強制的に引き出された自白に依拠している場合、証拠の

86   死刑存置国における誤判の被害者

信用性はもっとも疑わしいといえるであろう。この数年の間に、アフガニスタン、アルジェリア、バーレーン、ベラルーシ、中国、イラン、イラク、北朝鮮、パレスチナ自治政府、サウジアラビア、台湾、イエメンにおいて、このようなことが起こっているという報告がある[40]。アムネスティ・インターナショナルによれば、強制された自白に基づきテロや他の犯罪で死刑が言い渡された90の事例を引用しているが、そのうちの14例では2013年に死刑が執行されてしまったとされている[41]。

　中国においては、さらに悪名高い誤判は、被告人によれば拷問と表現される、裁判前の処遇に引き続いて起こった。聶樹斌（Nie Shubin）は、ある地方の女性に対する強姦と殺人の罪で1995年に誤って処刑されてしまったが、後に、別の人が真犯人として名乗り出た。似たような事例では、She Xianglin と Teng Xianglin は、彼らの妻たちを殺害したとして有罪となった。数年後に彼らの妻たちが現れ、無実が明らかとなったが、時すでに遅く、Teng Xianglin はその時すでに処刑されてしまっていた[42]。Zhao Zuohai は拷問され、仲間の小作農民を殺害したと強制的に自白させられた。彼の死刑判決は懲役29年の刑に減軽されたが、11年服役した後、彼の「被害者」は元気で生きて村に帰ってきた。Zhuohai にとって不幸なことに、彼の妻は彼の元を去り、他の男と結婚し、子どもたちも養子に出されてしまっていた。彼は、服役中、激しく殴打された後、この「犯罪」を９回も自白したと主張していた[43]。

　中国では、「被疑者から情報を引き出すためのさまざまな形態の拷問や非人道的処遇が使用され」、このことにより、「拷問によって引き出された虚偽自白に基づいて無実の者が有罪とされてしまう危険性が高められている」[44]。時宜を得たタイミングで犯罪を解決しなければならないという圧力、犯罪解決のノルマ等が、「拷問が自白を引き出すのにもっとも有効な手段であるという警察の信念」[45]と相まって、さらに、警察による拷問の使用を拡大させている[46]。このような事態は、資格のある弁護士の数が制限され無能な弁護人が横行していること、ほんらい、あってはならないことではあるが、最近の改革によって導入された手続的予防策の抜け穴を利用して得られた証拠や違法に収集された証拠が裁判で広く採用されていること等により、さらに、悪化させられている。中国最高人民法廷による死刑判決の再審査は初歩的なままで、透明性に欠け、誤判を発見したり是正したりすることは、ますます困難になっている。実際、中国最高人民法廷の副裁判長は、さまざまな事件

での DNA 鑑定の失敗や違法収集証拠の採用に言及している[47]。2013年の人権委員会に対する報告は、キューバ、日本、イラク、サウジアラビア、アフガニスタン、バングラデシュ、ガンビア、セントキッツ・ネイビス連邦（セントクリストファー・ネイビス連邦）、そして北朝鮮における死刑の運用において、公正な裁判を受ける権利が保障されていないことを指摘している[48]。2015年の事務総長報告は、キューバ、エチオピア、イラン、イラク、日本、ウガンダ、そしてアメリカ合衆国における適正手続違反を証拠を挙げて明らかにしている[49]。アムネスティ・インターナショナルは、とりわけ、アフガニスタン、バーレーン、バングラデシュ、中国、エジプト、イラン、イラク、北朝鮮、パキスタン、サウジアラビア、そしてスリランカにおける裁判手続が懸念されることを指摘した上、2014年に死刑が言い渡され執行された国の「過半数」において、公正な裁判についての国際的な基準に合致しない手続の下で死刑が言い渡されているとし、これに加え、以下のことを指摘している。

> いくつかの国々では、判決は、拷問や他の非人道的な処遇によって引き出された可能性のある自白に基づいていること、イランでは、これらの自白の内の幾つかが裁判開始前にテレビで放映され、これにより被告人の無罪推定の権利までもが侵害されている[50]。

　また、内戦の続くいくつかの国々では、ICCPR の第 6 条、第14条で保障された適切な法的予防策なしに、「欠席判決」により死刑が言い渡されていることも懸念されている。このようなことは、2014年、アルジェリア、ヨルダン、レバノン、リビア、そしてパレスチナ自治政府で起こった。同じように懸念されていることは、最近エジプトで行われている、集団訴訟による大集団の人々に対する刑の言渡しである。これらのケースで特徴的なことは、そこでは、時宜を得た介護上へのアクセスや無罪推定に対する尊重が欠如している裁判手続の下で、欠席判決により死刑が言い渡されているのである。

　ベトナムでは、中国のように、死刑が国家機密であるが、アムネスティ・インターナショナルは、誤判や誤執行の危険性が極めて高く、その裁判手続は国際的な基準にはほど遠いと報告している。たとえば、2014年、最高裁判所は、Nguyen Thanh Chan に、2004年に起こった殺人事件について、2013年10月に他の人が自白したため無罪を言い渡し、また、有罪に対する疑問があるという理由で、執行予定日の 1 日前に Ho Duy Hai に対する死刑執行の

延期を命じた[51]。

　いくつかの国では、無罪推定の原則は遵守されていないことが明らかとなっている。国際人権連盟（FIDH）は、イランにおける多くの裁判では、「裁判官は取調官、検察官、裁判官のすべての役割を同時に務めている。裁判官は被告人は有罪と宣告されるまでは無罪が推定されるとは考えていない。指導的な原則は無罪推定とは逆であるようにみえる」と報告している[52]。実際、2013年5月、新しいイスラム刑法が議会を通過したが、これは *moharebh*（世俗的腐敗）、窃盗、不貞や男色の訴追（第121条）に関しては無罪推定の原則を認めていない[53]。この他にも、国連人権委員会は、ベラルーシで行われているような、被告人が手錠をかけられ、鉄の籠に入れられた状態で出廷すること、政府職員が有罪宣告の前に「犯罪者」という言葉を使用することは、公正な裁判を受ける権利に対する明白な侵害であると結論づけている[54]。

　公正な裁判を行うためには、被告人や弁護人が防御活動のための十分な時間と便宜が与えられることが必要となる。これに反し、バングラデシュやパキスタンのような国では、時には法令や軍法という形で、裁判手続や事後審査手続の促進を目的とする立法がなされ、これにより、十分な防御を準備することが困難となっている。2013年、バングラデシュの裁判所は、2009年の反乱の際になされた犯罪について、846人の被告人が関わる審理の後、そのうちの152人に死刑を言い渡したが、その審理の間、弁護人選任権は、ほぼあるいは、まったく保障されていなかった[55]。

　国連人権委員会は、適切な法律援助による、効果的な弁護人の選任が保障される絶対的な権利の重要性を繰り返し強調しているが、人権団体によるさまざまな報告は、アフガニスタン、イラン、日本、ナイジェリア、サウジアラビア、南スーダン等では効果的な（質の高い）弁護が保障されていないことを明らかにしている。しかし、比較的豊かな民主主義国であるにもかかわらず、インドでも事態は同じように悲惨である。インド国内の400人の死刑確定者に対する面接に基づく、国立デリー法科大学による最近の調査によれば、もっとも多くの死刑判決確定者は社会の低下層民、不可触民、少数民族の出身である。彼らは読み書きできず、貧しく、権利や救済方法についての知識を得る機会がほとんど、あるいはまったくなく、実質的な弁護士へのアクセスもない。ほとんどの人々は警察における自白に基づいて有罪とされているが、彼らのうちの80％は拷問されたと述べている[56]。

誤判は、犯罪、とくにテロ犯罪に対する集中的な取り締まりの過程でよりいっそう起こりやすい。熱心すぎる警察官は、世間が結果を待ち望む中で、証拠を誤解、さらにはねつ造したり、拷問や他の違法な方法で自白を引き出す傾向がよりいっそう大きくなる可能性がある。貧弱な法的弁護や性急に有罪判決を言い渡そうとする裁判所により事態はいっそう悪化する。このようにして、中国では1997年と1998年の「厳罰キャンペーン」の間、いくつかの誤判が報告されたが、これは、Yanda policy の中心思想である「迅速で厳格な処罰」という政策の下で生じたものである[57]。それゆえ、2014年、エジプトだけではなく、それ以外の国でも、死刑が国家に対する現実のあるいは感覚的な脅威に対する対応策として使用されるのではないかと懸念されたのである。すなわち、その年、パキスタンはペシャーワル（Peshawar）の学校に対するテロ攻撃の後、6年間停止していた死刑執行を再開し、続く12カ月の間に300以上の死刑を執行した。中国は、新疆ウィグル自治区におけるテロ攻撃に呼応して、新たな「厳罰」キャンペーンを煽り立てた。2014年の6月から8月という短期間に21人が、その地方のテロ攻撃に関与したとして死刑に処せられたのである[58]。

アメリカ合衆国では、死刑判決における雪冤は長く入り組んだ上訴手続を経て実現する。しかし、上級裁判所への上訴手続はすべての死刑存置国で保障されているわけではない。イランでは過去10年の間に毎年の死刑執行が飛躍的に増加しているが、そのほぼ半数は薬物犯罪であり、しかも、反薬物法第32条の下では、これらの薬物犯罪で死刑となった被告人に上訴権は認められていない。イラン革命裁判所は、少なくとも外見上は、いかなる適正手続にも従っていないようである。被告人には上訴のための十分な時間やその他の方策が必要であるが、赤道ギニアでは、大統領に反対する4人の政治家が2010年4月に軍事法廷で死刑を言い渡され、それから1時間以内に秘密裏に処刑された。また、2014年4月、国連は、ソマリアでは、ある男が、年上の人を殺害したとして、犯行のたった9日後に銃殺されたと報告している。これらの処刑された人々の中に無実の者がいたことは明らかであるが、いかなる事後的救済も受けることはできなかったのである。

人権擁護団体や学者によって提供された証拠を再検討すると、いかなる死刑存置国も、国連や「市民的及び政治的権利に関する国際規約」によって確立された予防策を遵守しているとは思われない。国際的基準を遵守しようと奮闘している国においてさえ、誤判は、厳格な刑事司法制度においてたまた

ま発生した本来の姿からの逸脱というよりは、むしろ、刑事司法の運営において避けることのできない事象なのであり、そのことは、死刑制度が存在し実践されている場合は、いかに容易に人権侵害が起こるかを明らかにしているのである。

結論

　死刑存置国において死刑確定囚が雪冤されるという事実は全世界的な死刑廃止運動の後押しとなる。雪冤という明白な事実ほど、人々の不正義に対する怒りを呼び覚まし、死刑の運営において欠陥や人的過ちが蔓延しているということを自覚させるものはない。アメリカ合衆国で、もっとも死刑廃止運動を勢いづけてきたことは、これまで無実の人に対して死刑が言い渡され、死刑が執行されてきたし、そのようなことはこれからも継続するという自覚である。それゆえ、多くの人は冤罪のおそれを自覚させることが死刑廃止への唯一の効果的な方法であると考えている。

　この10年間アメリカ合衆国では冤罪ということが疑いなく死刑廃止の運動を促進してきたし、これからもそうし続けるであろう。しかしながら、死刑を論議する場合、いかに厳格に運用されようとも死刑は普遍的に受け入れられている人権を侵害するということを忘れてはならないことは明らかである。問題となっているのが生命の恣意的なはく奪であるとすれば、生命の尊重という観点から死刑廃止国が存置国を非難することは、死刑廃止に大きな影響があるということを正当に評価すべきである。20世紀の最後の数十年間で、死刑廃止派はその立場を正当化する必要性を感じていたが、今や、死刑を継続的に執行している国は防御の立場にまわり、誤判の可能性にもかかわらず、死刑を存置する合理的理由を確立する必要に迫られている。死刑存置国は、世論や死刑の犯罪抑止力といわれるものを持ち出しているが、そのような議論は実証的な裏づけに欠けるものである[59]。

　場所的・時間的に死刑が存続する限り、死刑に直面する人々の権利を保障するために、現実の刑事手続が国際的な基準に合致しているということが、あらゆる手段を尽くして、保障されなければならない。さらに、国はもっと多くのこと、すなわち、誤判によって生じた害悪を修復し、雪冤者やその家族に賠償し、雪冤者が破壊された人生を再構築するために必要な精神的、実質的支援を提供し、誤判について責任のある者にその責任を取らせる等の措

第2章 被害者としての有罪判決？ 91

置を講じなければならない。しかしながら、死刑の存在そのものや、死刑制度が引き起こす感情のために多くの問題が発生するということも自覚する必要がある。誤判と誤執行を完全に避けることは、いかなる熱意を持ってしても決して達成されることのない希望にすぎないのである。国の賠償制度はもちろん、有罪判決の前後にわたる手続改革であっても、死刑は人権侵害であるという非難を免れるには不十分なのである。

　袴田氏が東京拘置所から釈放されて1年が経ったが、彼は誤判の害悪を身をもって証明している。79歳の老人の表情は、いつもうつろである。人生の半分以上を5メートル四方の独居房に拘禁され、精神障害となり、時には引きこもり、時には怒りの発作に苛まれる。しかし、彼が釈放された時は、間違いなく雄弁で、正当にも、「国がその国民を殺すことは受け入れられない」と述べ、無実の人のみならず、すべての人に対して死刑は反対であると明言した[60]。

1） 英国オックスフォード大学犯罪学センター理事、この記事の一部は、2015年にオックスフォード大学出版部から出版されたロジャー・フッド（Roger Hood）とキャロリン・ホイル（Carolyn Hoyle）の共著「世界的見地から見た死刑（*The death penalty: A worldwide perspective,* Oxford: Oxford University Press.）」で紹介された題材に依拠するものである。ロジャー・フード氏に深く謝意を表する。

2） R. J. Norris. 2012. "Assessing compensation statutes for the wrongly convicted." *Criminal JusticePolicy* Review 23: 352-374: p.355.

3） H. Weigand. 2009. "Building a life: The wrongfully convicted and exonerated." *Public Interest Law Journal* 18: 427; Westervelt, S. D. & Cook, K. J. 2009. "Framing innocents: The wrongly convicted as victims of state harm." *Crime, Law, and Social Change* 53: 259-275.

4） M. C. Delaney, K. A. Findley and S. Sullivan. 2010. "Exonerees' hardships after Freedom." *Wisconsin Lawyer* 83: 18.

5） K. Campbell and M. Denov. 2004. "The burden of innocence: Coping with a wrongful imprisonment." *Canadian Journal of Criminology and Criminal Justice* 46: 139-161: pp. 145-49.

6） たとえば以下を参照。J. B. Gould and R. A. Leo. 2011. "One hundred years later: Wrongful convictions after a century of research." *Journal of Criminal Law and Criminology* 100(3): 825-868: p.838.

7） 同書 p.861.

8） J. S., Liebman, J. Fagan, V. West, & J. Lloyd. 2000. "Capital attrition: Error rates in capital cases,1973-1995." *Texas Law Review* 78: 1839-1865.

9） Jon. B. Gould, Julia Carrano, Richard Leo, and Joseph Young. December 2012. *Predicting Erroneous Convictions: A Social Science Approach to Miscarriages of Justice.* Report

92　死刑存置国における誤判の被害者

submitted to US Department of Justice, Available from https://www.ncjrs.gov/pdffiles1/nij/grants/241389.pdf.（2016年8月24日閲覧）。

10)　同書 iii.

11)　"Basic Principles on the Independence of the Judiciary"; "Basic Principles on the Role ofLawyers"; "Guidelines on the Role of Prosecutors"; "Body of Principles for the Protection of AllPersons under Any Form of Detention or Imprisonment"; and "Standard Minimum Rules for the Treatment of Prisoners"（Resolution 1996/15 [3] and [4]）.

12)　ヨーロッパ人権裁判所（ECHR）　2005 IV, 166.

13)　June 20 2005, 79.

14)　United Nations Economic and Social Council（ECOSOC）. *Capital punishment and implementation of the safeguards guaranteeing protection of the rights of those facing the death penalty*. Report of the Secretary General, E2010/10.

15)　Amnesty International. 2015. *Death Sentences and Executions* 2014. ACT 50/001/2015. pp.6-7.

16)　このような法体系はファーマン判決（Furman v. Georgia, 408, US 238（1972））に始まり、以降、発展していった。さらに、以下を参照。J. Abramson. 2004. "Death-is-Different Jurisprudence and the Role of the Capital Jury." *Ohio State Journal of Criminal Law* 2: 117: at note 1.

17)　Brandon Garrett. *Coerced confessions and jailhouse snitches: why the death penalty is so flawed*. Available from http: //theconversation. com/coerced-confessions-and-jailhouse-snitches-why-the-death-penalty-is-soflawed-43147.（2015年8月20日閲覧）。

18)　See Death Penalty Information Center Database on Exonerations. Available from http: //www.deathpenaltyinfo.org/innocence-and-death-penalty.（2016年8月24日閲覧）。

19)　S. Bright. 2004. "Why the United States will join the rest of the world in abandoning capital punishment." In H. Bedau and P. Cassell, eds. *Debating the Death Penalty*. New York: Oxford University Press. p.153.

20)　http://www.nbcnews.com/id/33310170/ns/us_news-crime_and_courts/t/sc-men-exec utedget-state-pardon/#.Uzvk461dXtE.（2016年8月24日閲覧）。

21)　Lindsey Beaver, *The Washington Post*, December 18, 2014.

22)　Samuel R. Gross, Kristen Jacoby, Daniel J. Matheson, Nicholas Montgomery, and Sujata Patil.2005. "Exonerations in the United States 1989 through 2003." *Journal of Criminal Law and Criminology* 95: 523-560: p.523. Much of the evidence of wrongful convictions in the US has come from the work of innocence projects, available from http: //www. innocenceproject.org/.（2016年8月24日閲覧）。

23)　James S. Liebman, Jeffrey Fagan, Valerie West, and Jonathan Lloyd. 2000. "Capital Attrition: Error Rates in Capital Cases, 1973-1995." *Texas Law Review* 78: 1771-1803.

24)　Samuel R. Gross, Kristen Jacoby, Daniel J. Matheson, Nicholas Montgomery, and Sujata Patil.2005. "Exonerations in the United States 1989 through 2003." *Journal of Criminal Law and Criminology* 95: 523-560: pp.524, 527-529, and 552.

25)　Paul Cassell. 2000. Cited in Gross et al, ibid. at pp.1.

26)　Margaret Griffey and Laurence E. Rothenberg. 2006. "The Death Penalty in the United States." *In The Death Penalty in the OSCE Area, Background Paper*. Warsaw, Poland: OSCE. pp.41-42.

第 2 章 被害者としての有罪判決？ 93

27) Samuel R. Gross, Barbara O'Brien, Chen Hu and Edward H. Kennedy. 2014. "Rate of false conviction of criminal defendants who are sentenced to death." PNAS 111 (20): 7230-7235. Available from http://www.pnas.org/content/111/20/7230.full.pdf （2016年 8 月24日閲覧）。

28) M. Radelet and H. A. Bedau. 1998. "The Execution of the Innocent." *Law and Contemporary Problems* 61: 105-217: p.118. Also, S. Gross. 1998. "Lost Lives: Miscarriages of Justice in Capital Cases." *Law and Contemporary Problems* 61: 125-152.

29) Robert Weisberg. 2005. 'The Death Penalty Meets Social Science: Deterrence and Jury Behavior under New Scrutiny." *Annual Review of Law and Social Science* 1: 151-170: p.170.

30) Brandon L. Garrett. 2011. *Convicting the Innocent: Where Criminal Prosecutions Go Wrong*. Boston: Harvard University Press.; 次も参照。Jeffrey L. Kirchmeier. 2006. "Dead Innocent: The Death Penalty Abolitionist Search for a Wrongful Execution." *Tulsa Law Review* 42: 403-435.

31) Personal communication from Professor Brandon Garrett.

32) James S. Liebman. 2002. "The New Death Penalty Debate: What's DNA got to do with it?" *Columbia Human Rights Law Review* 33: 527-552: p.547.

33) http: //www. innocenceproject. org/Content/Criminal_Justice_Reform_Commissions_ Case_Studies.php. (accessed 24 August 2016).

34) American Bar Association. *The Texas Death Penalty Assessment Reports*. Available from http: //www. americanbar. org/groups/committees/death_penalty_representation/ resources/dp-policy.html （2016年 8 月24日閲覧）。

35) *Herrera v Collins*, 506 US 390 （1993）.

36) Carol Steiker and Jordan Steiker. 2009. "Report to the ALI Concerning Capital Punishment." Annex to *Report of the Council to the Membership of The American Law Institute On the Matter of the Death Penalty*. New York: American Law Institute. p.17.

37) Terence McCoy, "Japan frees world's longest serving death row inmate after more than 45 years," Washington Post Morning Mix, March 27, 2014.

38) The Death Penalty Project. 2014. The Inevitability of Error: The administration of justice in death penalty cases. p.8.

39) "Execution error raises new question about death penalty," *The China Post*, September 2, 2011; Dennis Engbarth, "Wrongful execution reopens death penalty debate", available from http: //www. ipsnews. net/2011/02/taiwan-wrongful-execution-reopens-death-penalty-debate/ （accessed 24 August 2016); "Taiwan compensates trio after 11 years on death row," Channel News Asia,Global Post.

40) Amnesty International. 2015. p.7. See further Hood and Hoyle. *The Death Penalty: A worldwide perspective*, Oxford: Oxford University Press. ch. 7.

41) Amnesty International. 2014. *Death Sentences and Executions* in 2013. pp. 32-36; Amnesty International. 2013. *Death Sentences and Executions* in 2012. p.25.

42) Amnesty International Asia Pacific Office. 2006. *China: The Death Penalty, A Failure of Justice*.

43) Clifford Coonan, "Zhao Zuohai: Beaten, Framed and Jailed for a Murder that Never Happened," *The Independent*, May 14, 2010. Available from http://www.independent.co.

uk/news/world/asia/zhao-zuohai-beaten-framed-and-jailed-for-a-murder-that-never-happened-1973042.html.（2016年 8 月24日閲覧）。

44）　Na Jiang. 2013. "A comparison of wrongful convictions in death penalty cases between China and the United States." *International Journal of Law, Crime and Justice* 41: 144–166: p.145.

45）　Wu Xiaofeng. 2011. "An analysis of wrongful convictions in China." *Oklahoma City University Law Review* 36(2): 451–469: p.455.

46）　Na Jiang,（n 44）146.

47）　以下を参照。Børge Bakken. 2013. "Capital Punishment Reform, Public Opinion, and Penal Elitism in the People's Republic of China." In Hood and Deva, eds. *Confronting Capital Punishment in Asia: Human Rights, Politics and Public Opinion.* Oxford: Oxford University Press. pp.189–190, 199.

48）　UN Human Rights Council（HRC）. July 2013. *The Question of the Death Penalty: Report of the Secretary-General.* A/HRC/24/18. pp.10–11.

49）　UN Economic and Social Council. "Capital punishment and implementation of the safeguards guaranteeing protection of the rights of those facing the death penalty." Report of the Secretary-General, E/2015/49.

50）　Amnesty International. 2015. *Death Sentences and Executions* 2014. ACT 50/001/2015.

51）　Amnesty International. 2015. p.40.

52）　FIDH. 2009. *Iran/Death Penalty: A state Terror Policy.* p.26.

53）　FIDH. June 2013. Iran/Death Penalty: A State Terror Policy, special edition for the 5th World Congress against the death penalty. p.3.

54）　以下を参照。*Vladislav Kovalev et al v Belarus,* Communication No. 2120/2011（14 December 2012）. UN doc CCPR/C/106?D/2120/20120.

55）　"Dhaka sends 152 soldiers to the gallows for 2009 mutiny," *The Pioneer,* November 6, 2013.

56）　Discussions with Project Team in December 2015 at NLU Delhi, 次も参照。http://www.deathpenaltyindia.com/media/most-death-row-convicts-are-poor/.（2016年 8 月24日閲覧）。

57）　Susan Trevaskes. 2012. *The Death Penalty in Contemporary China.* New York: Palgrave Macmillan. p.18.

58）　Amnesty International. 2015. p.11.

59）　C Hoyle and R Hood. 2014. "Deterrence and Public Opinion." In United Nations Human Rights, ed., *Moving Away from the Death Penalty: Arguments, Trends and Perspectives.* New York: UNHR.

60）　Hiroka Shoji. 2015. *One year since Hakamada's release, how much has really changed for Japan's death row inmates?* Amnesty International. Avaiable from https://www.amnesty.org/en/latest/campaigns/2015/03/one-year-since-hakamadas-release/.（2016年 8 月24日閲覧）。

死刑制度の影響の下で

ブランドン・L・ギャレット　Brandon L. Garrett[1]

　こんにちアメリカで言い渡される死刑判決の数はこの30年間でもっとも少ない。2015年には50人余りの被告人に死刑判決が言い渡されたが、近代において死刑がもっとも多かった1990年代には、数百人の被告人が毎年死刑を言い渡されていた。死刑判決は減少傾向にあり、近時ほとんどの州では死刑は執行されていないが、31の州で死刑は制度としては存置されている[2]。それらの存置州ではたとえ死刑判決は言い渡されなくとも、死刑制度の存在そのものが大きな影響を投げかけている。すなわち、無実であるのに、十分な弁護を受けられず、自分自身を防御する能力が乏しく、死刑のような過酷な刑に値しない被告人が、死刑を避けるために、有罪答弁をしてしまう可能性があるのである。

　1987年にテキサス州ワコで起きた事件で、死刑事件として審理されたカルビン・ワシントン（Calvin Washington）の事件を回想しながら、テキサス州マクレナン（McLennan）郡前第1地方検察官補は「これは私の専門家としての人生の中で最悪の経験であった。私はいまだにこの事件に苛まれている」と述べた。検察官は、この「恐ろしい」裁判の中で「唯一」、「いまだに後悔していない」点は、ワシントンの事件では陪審員の評決は分かれ、彼も共同被告人も死刑にならず、終身刑で済んだことであったと述べた。「もし彼らに死刑が言い渡されていたら、そして、彼らの無実が判明する前に処刑されてしまっていたらと想像するだけで恐ろしくなる」とも述べた[3]。ワシントンは14年間服役した後でDNA鑑定で無実となった。彼は、幸い死刑は言い渡されなかったけれども、死刑制度があったことも、この「恐ろしい」裁判において、性急（で誤った）判断がなされてしまった原因ではないかとの疑問は残る。

　ダグラス・ウォーニー（Dagoulas Warney）は1996年に制定されたニューヨーク州の新しい死刑法の下で起訴された最初の人物であった。そして、彼は、死刑が避けられ、25年の有期刑となったのはある意味幸運であったと、後に回想している。ウォーニーは6年間服役した後、彼の犯していない殺人

罪について、DNA 鑑定により、雪冤された。殺人事件での多くの雪冤者と同じように、彼には精神障害があり、虚偽自白をしてしまったのであり、すべての審理は一見詳細にみえる自白の信用性の吟味に費やされたのである。他の事件と同じように、刑事は、殺人に使用した凶器、被害者の服装、被害者が夕食のために作っていた料理等について、ウォーニーに「何も暗示していない」ということを強調したし、検察官は、「被告人が犯人ではなく、家の中や台所にいなかったら、このようなことを供述できたであろうか」ということを力説したのである。

　死刑の可能性のある中で死刑にならなかったものの、犯していない殺人罪で長期間服役している被告人の正確な数は不明である。しかし、われわれは、無実の被告人のうちで、ウォーニーのように、死刑の影におびえ、過酷な経験をしたきわて多くの人々を知っている。死刑を言い渡された20人の DNA 鑑定による雪冤者に加え、16人の雪冤者は死刑を求刑されながら、死刑以外の刑を言い渡されていたのである。

　私は、死刑判決を避けるため有罪の答弁をした後、DNA 鑑定により無罪となった、少なくとも他に12名の雪冤者を確認している。死刑の雪冤者と同じように、死刑を免れた雪冤者もほとんどの場合虚偽の自白をしている。死刑の可能性はあったが死刑とはならなかった28人の雪冤者全体のうち、16人は虚偽の自白をしていた。16人は裁判で密告者が証言している。多くはもう少しで死刑となるところであった。たとえば、雪冤者ラリー・ラフィン（Larry Ruffin）が彼の犯していない殺人の罪（彼とともに 2 人の無実の者も有罪とされた）で死刑とならなかったのは、ただ、評決不能だったからにすぎない。30年後に DNA テストにより無実が明らかとなったとき、時すでに遅く、彼はその 8 年前に獄死していた[4]。

　以上述べた他に、さらにどれだけ多くの人々が死刑を求刑されるか否か不明な段階で、死刑となることを恐れるあまり、虚偽自白や有罪答弁に追い込まれたかはわからない。たとえば DNA 鑑定で無実が明らかとなったクリス・オチョア（Chris Ochoa）は、刑事から取調べの間に（否認のままでは死刑になるかもしれないぞと）脅され、虚偽の自白をしてしまった。オチョアは、12時間の間取調べを受け、薬物注射によって死刑になるか、虚偽の自白をして彼の親友を事件に巻き込むことによって減刑されるかの選択に迫られた。刑事は彼に死刑囚舎房の写真を見せ、執行に使用する注射液の入った注射針が腕のどこに注入されるかを教え、他の受刑者の「見せしめ」となる

だろうと告げた。彼らはまた、取調べ録画テープのスイッチを入れたり切ったりして、録画テープが入っていない間にはオチョアに犯行の詳細を教えた。オチョアの友人のリチャード・ダンジガー（Richard Danziger）もまた、誤って有罪とされ、服役中に殴打され、脳に損傷を負わされた。そのようなことが起こっている間、真犯人は逃亡していたが、最終的には、その真犯人は、当時の知事ジョージ・W・ブッシュ（George W. Bush）も含むテキサス州の政府高官に手紙を書き、2人の無実の者が自分の犯した殺人の罪で服役していると訴えた。12年後にようやく DNA 鑑定が実施され、オチョアとダンジンガーの無実が明らかとなった[5]。この他に、（刑事や検察官ではなく）弁護人が、死刑を避けるためには有罪の答弁をするしかないと説得した結果、被告人が有罪の答弁をしたという事件もあった。

　一般的に殺人罪の被告人は死刑の可能性があるときは、有罪の答弁をする可能性がきわめて高いという調査記録がある。このようなことは、たとえば、ニューヨーク州で、1995年に死刑が復活した後に起こった[6]。最近のジョージア州における殺人事件の調査では、死刑の恐怖により、有罪答弁の蓋然性は20～25％の割合で増加することが明らかにされた[7]。厳罰となるか否かは死刑を追求する能力によっても影響される。確かに、有能な刑事弁護人が依頼者の命を守る方法として有罪答弁を使用することはあるだろう[8]。逆に検察官の中には、どうしても死刑にしたいという場合には司法取引に消極的な者もいるだろう。このような事態は、合衆国で死刑判決が激減して以降、明らかに変わった。それでも、何十年にもわたって連邦最高裁は、死刑を避けるために有罪答弁をしたとしても、そのことから、その答弁に任意性がないという結論を導くことはできないとしている。実際、ノースカロライナ対アルフォード（*North Carolina v Alford*）事件において、1970年に最高裁は、その判決の中で、たとえ被告人が有罪の答弁を翻して無罪を主張していたとしても、もし有能な弁護人が有罪の答弁が被告人のためであるとアドバイスした結果であれば、死刑を避けるための有罪答弁には任意性があると述べている[9]。

　これまで20人の死刑確定者が DNA 鑑定に基づいて雪冤され、さらに多くの死刑確定者が他の新しい証拠に基づいて雪冤された。死刑事件においては雪冤率がきわめて高いことが確認されており、サム・グロス（Sam Gross）、バーバラ・オブライエン（Barbara O'Brien）両教授は、すべての死刑事件のうちの無実の割合は4.1％であると見積もっている[10]。これまで述べたと

98　死刑制度の影響の下で

おり、死刑の弊害の及ぶ範囲は単に死刑判決を言い渡された後に雪冤された人々に止まらない。死刑適用可能事件で起訴されたが無罪となった、あるいは死刑より軽い刑の言渡しを受けた人々の事件も少なからずあるのである。

　以上の他、犯罪が発生した当時、その州で死刑制度がなかったため、かろうじて死刑を免れることができた無実の人々がいる。たとえば、ポール・テリー（Paul Terry）とマイケル・エバンス（Michael Evans）はイリノイ州において強姦と殺人の罪で数百年の刑を言い渡されたが、殺人が起こったのが1976年で、同州で死刑が復活した1977年ではなかったため、死刑とはならなかった。ニューヨーク州の元知事マリオ・クオモ（Mario Cuomo、訳注：第52代ニューヨーク州知事〈1983年－1995年〉。所属政党は民主党、2015年１月１日没、アンドリュー・マーク・クオモ現知事の父親である）は、殺人罪により18年服役した後にDNA鑑定によって雪冤されたジョン・コグット（Jhon Kogut）、デニス・ハルステッド（Dennis Halstead）、そしてジョン・レスティボ（Jhon Restivo）の３人の男性の事例に鑑み、ニューヨーク州民に対し、以下のように述べて、死刑について再考するよう力説した（訳注：ニューヨーク州では、1972年のファーマン判決により死刑が廃止された後、1995年にマリオ知事の後任のパタキ州知事の下でこれが復活した。その後、2004年に同州控訴裁判所——州の最上級裁判所——が死刑はニューヨーク州憲法に違背しているとしたが、その理由は、評決不能の場合、陪審員にどう説示すべきが規定されていないという手続的なものであり、死刑そのものを違憲としたものではない。このような背景の下で、コグットらは2005年12月、すなわち、ニューヨーク州で死刑が復活された後に雪冤されたので、この死刑復活に反対するため、クオモ元知事は、知事引退後、上記３人の例を引用したものである。ただし、同州では、前記の手続的瑕疵が法的に是正されておらず、前記判決以降死刑は言い渡されていないので、2004年に死刑が廃止された州として紹介されていることが多い）。「もしニューヨーク州が1980年代に死刑を存置していたら（訳注：前記のとおり、80年代に同州では死刑は廃止されていた）、彼らはいずれもDNA鑑定により雪冤される前に処刑されていた可能性はきわめて高い[11]」。これらのDNA鑑定による雪冤に加え、死刑を避けるために有罪の答弁をした後DNA鑑定以外の理由によって雪冤されたさらに多くの人々がいる[12]。

　さらに多くの人々が、連邦最高裁により違憲とされた州法の下で死刑が言い渡された。フロリダ州法では、陪審員ではなく、裁判官が死刑判決を言い

渡すことができるとされていたが、このような法律は連邦最高裁で違憲とされたことから、近時、多くの死刑確定者が何らかの救済措置を待ち望んでいる[13]。過去に何千人もの人々に対して死刑が執行されたが、その執行の多くは今日の制度の下ではもはや適格性を欠くものである。たとえば、1970年代以前には、強姦のような殺人ではない犯罪でも多くの死刑が言い渡され、また、裁判所によって未成年者や精神障害者に対する死刑が違憲違法とされる以前は、多くの未成年者や精神障害者が処刑されていたであろう。

連邦最高裁判事ジョン・ポール・スチーブンズ（Jhon Paul Stevens、在籍1975〜2010年）は2008年、DNA鑑定による雪冤を根拠に、死刑に反対して以下のように述べた。「実際に無実の被告人が処刑されたか否かにかかわらず、近年、死刑判決を言い渡された被告人のうちに受け入れがたいほど多くの者が雪冤されたという証拠は山のように多くある[14]」。さらに最近、2015年、グロシップ対グロス（*Glossip v Gross*）事件（訳注：多数意見は、死刑執行の際、受刑者の意識をなくさせるため、従来使用されていたチオペンタールやペントバルビタールよりも、効き目が弱いメゾドラを使用する死刑執行方法は、残酷な刑罰を禁止する合衆国憲法修正第8条に違反しないとしたが、多数意見5対少数意見4の僅差であった）において、スティーブン・ブライヤー（Stephen Breyer）判事（在籍1994年〜）は、ルース・バーダー・ギンズバーグ（Ruth Bader Ginsburg）判事（在籍1993年〜）とともに、その執行方法いかんにかかわらず、死刑そのものを違憲とする少数意見を述べた[15]。ブライヤー判事は、ヘンリー・マッコラム（Henry McCollum、訳注：マッコラムは1983年に起きた強姦殺人事件で死刑判決を受けたが、逮捕時は10代で、重度の知的障害があった。DNA鑑定により無実だったことが判明したとして2014年に釈放された）の例を取り上げ、死刑事件裁判の遅滞が蔓延しているが、マッコラムの事件でも連邦最高裁で有罪が確定した後、新しいDNA鑑定がなされ、マッコラムの無実が証明されるまでに20年以上の年月がかかったと指摘した[16]。また同判事は、殺人事件では、「警察官や検察官、そして陪審員に対しても、有罪を獲得させようとする地域のプレッシャーがかかる可能性があり」、それにより、「無実の人が有罪となる可能性がより大きくなる」[17]と指摘している。

死刑事件における冤罪という問題は、雪冤という問題に止まらず、死刑が使用される刑事司法手続全体の問題にまで拡大するのであり、これまで紹介したデータは、いかにしてこのようなことが起きるかを明らかにしている。

100　死刑制度の影響の下で

　これらの問題に対処するための最初の一連の改革は、瑕疵ある科学鑑定、誘導的な犯人識別過程、強制的な取調べ技術、密告者による虚偽証言等が使用されないようにするため、死刑事件に止まらず、すべての刑事事件における証拠の精度の改善を追求するものである。科学や法律の分野では、証拠の精度の改善に向けたよりいっそうの努力が続けられてきた。最近の一つの例として、2014年に全米科学アカデミーは「真犯人の識別：目撃者による犯人識別を評定する」と題する重要な報告を発表した[18]。私は報告書を作成した委員会の委員であったが、それは犯人識別証言に対する規制を抜本的に改善することを提言している。

　第2の一連の改革は、量刑に関するものである。死刑は、過重で融通のきかない刑罰についての、より大きな問題点を浮き彫りにする。死刑の可能性はあったが司法取引により死刑とはならなかった裁判における死刑制度の果たす役割をみれば、過重な刑罰は司法取引において検察官に過大な武器を与えているのではないかという懸念はよりいっそう拡大する。刑事弁護人にとって、ある弁護人が言うように、「もし検察官が司法取引で死刑より軽い刑を提案した場合は、それを受け入れることに、大きな躊躇はないであろう」。検察官にとっては、ある検察官の言うように、「私は死刑の熱心な支持者ではないが、もし、それに長所があるとすれば、それは、事件によっては、死刑を取引材料に使い、最終的には有罪の答弁をさせ、終身刑という適当な刑罰に落ち着かせることができることである[19]」。少なくともいくつかの州では、被告人は、通常の事件よりはるかに経験が豊富で、リソースの豊富な弁護人の弁護を受けることができるため、死刑事件にはコストがかかる。司法取引が成立すれば、死刑事件であればかかったであろうコストを節約することができるとも考えられるが、実際にはそうではない[20]。別の検察官が指摘しているように、死刑を司法取引の手段に使用しても、金銭や時間の節約にはならない。なぜなら、「ほとんどの事件では審理の始まる直前まで死刑が求刑されるか否かはわからないから、それまでに多額の費用がかかってしまっているからだ[21]」。そのような状況の結果が時間の浪費と不正義という事態に陥ることは避けられず、それは、現在のように合衆国で死刑が確実に減少している時代では、終身刑の過剰生産という結果を生み出しているのである。実際、死刑は減少傾向にあるのに、終身刑受刑者の数はうなぎ登りである。合衆国では今日、5万人以上の仮釈放のない終身刑受刑者がおり、他方、死刑確定者は約3,000人にすぎない。16万人以上の仮釈放付きの終身刑の受

刑者がいるが、多くの場合、仮釈放の可能性は大きくはない[22]。

　このようにして、質の低い証拠収集、不十分な弁護態勢、横暴な検察権力等の問題を抱えた制度の下において、過重な量刑という問題は、死刑事件においてより明らかとなるが、それは、死刑事件に限られず、より広く、刑事司法制度全体に関わる問題である。死刑の影響力が減少していくなかで、われわれは、死刑事件以外にも拡がったさらに大きな過誤と不正義の根源に立ち向かわなければならないであろう。

---

1 ）　米国バージニア大学ロースクール教授、同教授の給与は、故サーグッド・マーシャル連邦最高裁判事からの寄付によって支払われている。
2 ）　この論文の一部は、近く出版される、アメリカにおける死刑の衰退を検討した、以下の著作の内容を改変したものである。
　　Brandon L. Garrett. *The Triumph of Mercy: How the Demise of the Death Penalty can Revive Criminal Justice*. In contract, Cambridge, MA:Harvard University Press.
3 ）　Letter to Senate and House Conferees, Prosecutor Opposes Death Penalty Provision in Patriot Reauthorization Act, Nov. 8, 2005, available from https://www.hrw.org/news/2005/11/08/prosecutor-opposes-death-penalty-provisions-patriot-reauthorization-act.（2016年 8 月16日閲覧）。
4 ）　Innocence Project. Larry Ruffin, available from http://www.innocenceproject.org/cases-false-imprisonment/larry-ruffin.（2016年 8 月24日閲覧）。
5 ）　Center of Wrongful Convictions, Christopher Ochoa, available from http://www.law.northwestern.　edu/legalclinic/wrongfulconvictions/exonerations/tx/christopher-ochoa.html.（2016年 8 月24日閲覧）。
6 ）　Ilyana Kuziemko. 2006. "Does the Threat of the Death Penalty *Affect* Plea Bargaining in *Murder Cases? Evidence from New York's 1995 Reinstatement of Capital Punishment.*" *American Law and Economics Review* 8(1): 116-142.
7 ）　Sherod Thaxton. 2013. "Leveraging Death." J. Crim. L. & Criminology 103(2): 475.
8 ）　Welsh S. White. 2006. *Litigating in the Shadow of Death*. Ann Arbor: University of Michigan Press. pp.145-171.
9 ）　North Carolina v. Alford, 400 U.S. 25, 31 （1970）, see also *Brady v. United States*, 397 U.S. 742, 758 （1970）.
10）　Samuel R. Gross et al. 2013. "Rate of False Conviction of Criminal Defendants Who are Sentenced to Death." PNAS 11: 7230. Available from http://www.pnas.org/content/111/20/7230.abstract.（2016年 8 月24日閲覧）。
11）　Frank R. Baumgartner et al. 2008. *The Decline of the Death Penalty and the Discovery of Innocence*. Cambridge: Cambridge University Press. p.80.
12）　Samuel R. Gross et al. 2005. "Exonerations in the United States 1989 Through 2003." *J. Crim. L.& Criminology* 95(2): 523-53: pp.544-46.
13）　*Hurst v. Florida*, 136 S.Ct. 616 （2016）.

102　死刑制度の影響の下で

14)　*Baze v. Rees*, 553 U.S. 35, 85-86（2008）（Stevens, J. dissenting）.

15)　*Glossip v. Gross*, 135 S.Ct. 2726, 2771-2776（2015）（Breyer, J. dissenting）.

16)　同書 at 2557（Breyer, J. dissenting）.

17)　前同。

18)　National Research Council Report. 2014. *Identifying the Culprit: Assessing Eyewitness Identification.*

19)　Susan Ehrhard. 2008. "*Plea Bargaining and the Death Penalty: An Exploratory Study.*" *Just. Sys. J.* 29: pp.313, 316, 320.

20)　Brandon L. Garrett. 2017. "The Decline of the Virginia (and American) Death Penalty." *Georgetown Law Journal* 105.

21)　Susan Ehrhard-Dietzel. 2012. "The Use of Life and Death as Tools in Plea Bargaining." *Crim. Just.* 37: pp.89, 99.

22)　*The Sentencing Project, Life Goes On.* 2012. Available from http://sentencingproject. org/doc/publications/inc_Life%20Goes%20On%202013.pdf （2016年 8 月24日閲覧）。

2.2 差別と精神障害

差別と死刑

ロス・クラインステューバー　Ross Kleinstuber[1]

はじめに

　G8諸国の中で、アメリカと日本のみが依然として死刑を存置し、これら2国のうち、アメリカははるかに多くの死刑を宣告し、はるかに多くの死刑を執行している[2]。ここでは、とくに、連邦最高裁判所が、約半世紀にわたって、裁量を制約し偏見を減らすための死刑手続を作る努力をしたにもかかわらず、アメリカにおける死刑が人種差別的な態度で行われていることを示す実証的研究という事実がもたらされたことが懸念される。この章では、連邦最高裁判所が、死刑の運用において人種格差を縮小するためにした努力を説明し、そのような努力の大部分が不成功であることを示す学術的証拠を簡単に概観し、公正かつ中立な態度でアメリカの死刑を運用するためのやっかいな努力を続ける確実に偏見に染まったままである社会的、構造的、歴史的な現実を議論することにする。

連邦最高裁判所と死刑判決の「現在」

　1972年まで、アメリカの各州は、連邦の監督なしにかなり多くの犯罪に死刑の運用を自由にすることができた。以下により詳細に説明するように、この現実は、死刑が人種差別的な方法で利用されるシナリオにつながった。以前の奴隷制度の川（すなわち、アメリカの南北戦争中に同盟を組んだ南部州）によって、より使用される可能性が高く、黒人によって犯された幅広い犯罪に適用され、黒人に対してはしばしば使用されるが、白人に対してはまれにしか使用されなかった[3]。死刑が人種的に不平等に運用されていることに反応して、1972年に、アメリカ連邦最高裁判所は、現行の死刑法はすべて憲法違反であると宣言した[4]。裁判所は、死刑それ*自体*の廃止ではなく、単に死刑を運用する方法が差別的であると述べた。それに応じて、アメリカの多くの州は共同して、新しい死刑の法律を急いで修正した。これらのいくつ

104 差別と死刑

か（必要的死刑のようなもの）は、裁判所によって却下されたが[5]、1976年
に裁判所は、「ガイド付きの裁量」法[6]として知られるものの使用を支持し
た。ガイド付きの裁量法は、有罪と刑罰の決定を二つの異なった裁判過程に
分け、陪審員に刑の適用を決定する方向性や助言を与えるものであった。こ
れらの法令の多くは、陪審員に加重事由と軽減事由の考慮を求めるものであ
った。加重状況とは、罪を重くして、被告人がより死刑判決に値するように
することである。その中には、死亡前に被害者に拷問すること、複数の人を
殺すこと、または警察官を殺すことなどが含まれる。反対に、軽減状況は、
アルコールや薬物依存の前歴、知的障害、犯罪性の低さといった被告人が死
刑判決に値しないことである。これらの法令の目的は、裁判官と陪審員に、
客観的に法的に関連する要因を考慮するように強いることであり、それゆえ
に、判決における人種的偏見が軽減される。残念なことに、次の節で述べる
ように、アメリカの死刑の運用において、これらの差別を根絶する努力は実
っていない。

死刑における差別に関する実証的研究
──だれが死刑判決を受けるのか

　1972年以来、とくに南部の州で、死刑の運用における人種的偏見の度合い
が低下していることを示す証拠に留意する必要があるが、人種的偏見がまっ
たくなくなったという状況からはほど遠い[7]。連邦最高裁判所が、人種差別
的な態度で運用されていた当時の死刑法を無効にした15年後に、マクレスキ
ー対ケンプ（*McCleskey v. Kemp*）事件（1987年）において、人種的平等に
ついての裁判所の公約が試された。この事件で、ウォーレン・マックレスキ
ー（Warren McCleskey）が示したジョージア州の2,000件以上の殺人事件
（彼はそこで有罪判決を受けた）の統計的証拠では、黒人被告人──白人被
害者の事件で死刑判決になったのは21％であるが、白人被告人──白人被害
者ではたった8％、白人被告人──黒人被害者では3％、黒人被告人──黒
人被害者で死刑判決になったのは1％であった。それは、被害者と加害者の
人種が、検察官が死刑を求刑する決定に影響を与えていることも示している。
検察官は、加害者が黒人で被害者が白人の場合の70％、両方が白人の場合の
32％、加害者が白人で被害者が黒人の場合の19％、両方が黒人の場合の15％
に死刑を求刑していた。法的に関連した非人種的な不確定要素を統計的に処
理したデータを受けて、研究者は、黒人を殺した人よりも、白人を殺した人

は死刑判決を4.3倍受けやすく、白人を殺した黒人が、もっとも死刑判決を受けやすいとした[8]。最高裁判所は、マクレスキーによって提示された統計的な証拠を認めたが、彼の死刑判決を覆さなかった。「彼の事件で意思決定者が差別目的で行動したということを示す」ことができなかったからである[9]。言い換えれば、差別的適用の統計的証拠は、死刑を無効にするのに十分であるとは考えられなかった。むしろ彼または彼女の判決に異議を申し立てる被告人は、彼または彼女の特定の事件に関与した者の一部に、差別的な意図があったことを証明しなくてはならない[10]。この判決は、事実上、人種差別に基づいて死刑に異議を申し立てることを不可能にしている[11]。

　それにもかかわらず、研究者は、アメリカにおける死刑判決と処刑の人種的な分析結果を記録し続け、証拠は、死刑の差別的適用はジョージア州またはアメリカの歴史の初期の時期に特有で、まれな現象ではないことを示している。そのことは、現在に至るまで全国的に死刑判決の手続に影響を及ぼしている。1990年に、米国会計検査院（US General Accounting Office：GAO）は、1972年以後28ある死刑の運用における人種差別に関する実証的研究を分析し、「白人を殺した者は、黒人を殺した者よりも死刑を言い渡される可能性が高いことがわかった」と結論づけた[12]。GAOは、司法手続の後の段階よりも初期段階でより強くなる（例：検察官が死刑犯罪で被告人を起訴する決定、司法取引よりも裁判に進む決定）とはいえ、「被害者の人種の影響は、刑事司法手続の全段階でみつか」り、分析した研究の82％で、「著しく一致している」と結論づけた[13]。他方で、GAOは、被告人の人種による差別の証拠は不確かであるとした[14]。半数以上の研究が、被告人の人種の影響を受けたとしたが、ほぼ4分の1は、白人の被告人が死刑判決を受ける可能性が高いとし、残りの4分の3が黒人の被告人が死刑判決を受ける可能性がより高いと結論づけた[15]。

　1990年以降、統計的手法は大幅に進歩し、データにはよりアクセスしやすくなり、社会は変化した。それゆえ、グロッソ（Grosso）他は、1990年以降の2ダース以上の全米（連邦および米軍の死刑も含めた）の管轄区域で実施された3ダース以上の死刑の差別的適用の実証的研究を見直した[16]。それらは、——24年前のGAOの結論と同様——白人の被害者を殺害したとして有罪判決を受けた者は、黒人やヒスパニックを殺害したとして有罪判決を受けた者よりも死刑判決を受け、黒人の被告人は白人の被告人よりも死刑判決を受けていることを示唆する限定的な証拠があるとした。この現実は、黒

106 差別と死刑

人の被告人と白人の被害者の場合であり、白人を殺害した黒人は死刑囚監房に送られる可能性が高い。このバイアスは、（審査不能な）検察官の死刑を求刑する決定や、陪審員（または裁判官）の死刑判決の決定において存在し、米国中でみられている[17]。すべての研究が、これらの同じ結論に達するわけではないが、この四半世紀に発表された研究の大多数がそうである[18]。

だれが死刑を支持しているのか

差別的な死刑の適用の証拠に加えて、死刑の支持は人種差別に左右されるという実証的な証拠がある。50年以上にわたり、世論調査では、一貫して、白人のアメリカ人は、黒人のアメリカ人よりも、はるかに死刑を支持しており[19]、学術的な調査では、白人の死刑に対する考えのもっとも重要な予測因子の一つが、人種的偏見であることが何度も見出されている[20]。事実、ペフリー（Peffley）とハーウィッツ（Hurwitz）による最近の実験では、白人は死刑の差別的適用の証拠を示すと、彼らはより死刑を支持することがわかっている[21]。

アメリカの死刑の制度的構成要素

死刑の支持者は、しばしば、差別が刑罰を、言葉の本質的な意味でいえば、疑わしいものにするのではない。むしろ、刑罰が中立的な方法で行われることが必要なのである、ということをそれとなくいうことで、しばしば人種差別の証拠を退けてしまう[22]。しかしながら、こうした偏見を取り除くことは簡単ではない。それは、アメリカ社会にある多くの制度的、歴史的な側面が、死刑の運用において差別的な方法の一因となり、そしてそのことは、本質的に差別主義者という理由でアメリカの死刑から偏見を取り除くことを不可能にしていることを示唆している。

現行制度の整備

第1に、アメリカ社会においては、人種の住居分離の度合いが高いため[23]、白人と黒人のアメリカ人は、大きく異なった状況で世界を経験する可能性が高い。黒人のアメリカ人は犯罪を生み出す社会的勢力に悩むことが

多い。しかし、一方、黒人の死刑事件の被告人を裁く可能性が高い白人のアメリカ人は、これらの社会勢力の経験もなく、その結果、典型的な黒人の死刑事件の被告人のひどい状況に共感することも、そのような社会勢力と関係する理由を理解できない。クレイグ・ヘイニー（Craig Haney）が説明するように、黒人の被告人は白人の被告人よりも、彼らが生まれた社会の本質から社会の歴史に組み込まれた減軽理由を経験する可能性がある[24]。これらの要因は、貧困層に成長し、問題のある学校のある極貧で犯罪性の高い地域に住み、白人よりも社会的移動が低いことによる[25]。これらの要因は、人種特有でもある。貧しい白人が中流階級の地域に統合される可能性が高く[26]、貧しい白人の地域は、暴力もなく、公共事業によって崩壊する可能性は低く、より安定して、雇用機会を提供する可能性が高い[27]。これらの社会的要因を、黒人のアメリカ人が人生の早い段階で経験することは、後の人生が犯罪や暴力につながりやすくなる[28]。したがって、社会構造のために、黒人のアメリカ人をアメリカ社会の一番下に閉じ込め、彼らの正当な機会を否定し、彼らを極貧でもっとも暴力的な地域にとどめ続ける。黒人のアメリカ人は、最初の場所で致命的な暴力に関与しやすいのである。

　問題を複雑にするのは、白人のアメリカ人――たとえ貧しい白人であっても――は、とくに、貧しい黒人のアメリカ人が経験するのと同じようなことを経験することはまずあり得ない。彼らが、黒人の死刑事件の被告人に共感したり、被告人が提出した、もっとも強力な減軽証拠に関連したものを理解したりすることは難しい[29]。アメリカ人が死刑事件の陪審員になる場合、非白人から提出された減軽証拠を疑うことが多い。とくに、黒人の被告人が白人の殺害で告訴された場合、これらの被告人を無意識に不利に扱う。死刑事件の陪審の意思決定に関する研究では、一般に、被告人の素養と生活歴から出された減軽証拠を彼らは拒否しがちである[30]。

　この傾向は、被告人が黒人であるときにいっそうひどくなる。陪審員は、同じ証拠でも、被告人が白人である場合よりも黒人である場合に、減軽を検討しようとせず[31]、白人の死刑事件の陪審員は、黒人の被告人の場合は、黒人の陪審員が、生活歴の証拠を考慮して減軽することを嫌がるからである[32]。白人の陪審員は、白人の被告人よりも黒人の被告人が「危険」である可能性が高いと思いがちである[33]。これらの現実は、とくに、黒人の被告人に白人の被害者という人種間の場合にあてはまる。白人の陪審員は、あらゆる種類の軽減証拠を受け入れようとせず、黒人の陪審員よりも死刑判決

を支持している[34]。これらすべての要因が、死刑判決の可能性があるシナリオを作成する。少なくとも5人の白人男性の陪審員がいる場合、可能性は劇的に増加し、少なくとも1人の黒人男性の陪審員がいれば実質的に減少する[35]。しかし、これは陪審員が意識的または意図的に人種差別主義者であることを意味しているわけではない。社会学者トーマス・W・ブリューワー（Thomas W. Brewer）が結論づけたように、研究成果は、この「死刑における人種の差は、明白な偏見のような悪質な力による影響を受けてはいないかもしれない。行動の潜在的な特性と、多くの死刑事件の被告人たちの人生についての基本的な誤解は、これまで考えられていたよりも大きな役割を果たしているかもしれない[36]」。

第2に、文化的なイメージは、黒人のアメリカ人を、完全な人間よりも、危険で脅威的な「外部者」として構築する傾向がある。アメリカ社会は、長い歴史の中で、黒人のアメリカ人のステレオタイプは、危険で欲張りな「獣」として、ジム・クロウ法の分離（訳注：1876〜1964年まで続いた南部諸州の法。公共の場での黒人の利用を制限して白人と分離する、黒人差別の法律）や奴隷制度、さらには「リンチ」さえ正当化するために使われてきた[37]。これらのステレオタイプは、しばしば世代を超えて伝わり、既存の社会制度によって強化される。たとえば、アメリカ社会のニュースメディアでもドラマでも犯罪、とくに深刻な暴力犯罪に不相応に注目する。しかし、この注目は、人種的に歪められている[38]。

報道機関は、知能犯罪よりも路上犯罪（とくに貧しいマイノリティが関与する割合が高い）に多くの関心を向け、黒人のよそ者による犯罪で被害者が白人女性の場合に関心を集中させる傾向にある（たとえ、ほとんどの路上犯罪は白人のアメリカ人によるもので、黒人男性が被害になる場合が非常に多い、ということであっても[39]）。子どものテレビ番組も、人種のステレオタイプ、とくに犯罪と暴力についてステレオタイプを強化する傾向がある[40]。典型的なアメリカ人は、犯罪を直接経験する可能性は低いので、メディアから得たイメージが、彼らの犯罪に関する見解に強い影響を与える可能性が高い。このことは、メディアの人種差別的な犯罪報道が、若い黒人男性が危険で脅威的であるというイメージを、ほとんどのアメリカ人の心に作り出していることを意味している[41]

このイメージは必ずしも意識されているわけではなく、何らかの件に関与する人たちに幅広い裁量——死刑判決を求めるまたは科す決定のような——

が与えられるとき、潜在的なステレオタイプは、どのように私たちが他人を理解したり対応したりするかについて、強力な影響力を及ぼす可能性がある。フルーリ・スタイナー（Fleury Steiner）は、「現代の刑事司法制度は貧しい黒人に対して差別的な処遇をしていることが裏づけられているが、それは別の時代のあからさまな差別の結果としてというより、むしろ典型的には、支配的な集団が、貧しい黒人は危険で、無法、不道徳であるという標準的な思い込みが作用したこととして理解することができる」と述べている[42]。たとえば、最近の実証的研究では、白人の被験者は、黒人男性の顔に過度に脅威を感じ、白人男性の顔に過度に親しみを感じやすいということである[43]。この研究では、白人の被験者に、2人の白人と2人の黒人のどちらかの顔が示された。最初の顔は怒り、普通、あるいは笑顔のいずれかで、二つめは常に普通だった。被験者は、黒人2人の顔が示された場合、最初に怒った（脅迫的な）顔を示されると、その怒りの様子が2番目の普通の顔にまで移っていく傾向にあったが、白人2人の顔を示された場合はそうはならなかった。逆の場合も同じで、2人の白人の顔が示された場合、最初に笑顔（友好的）を示されると、被験者は最初の友好的な様子を2番目の普通の顔にも感じる傾向にあったが、黒人の場合はそうはならなかった[44]。この結果は、アメリカ社会における否定的なステレオタイプの結果である可能性が高い。黒人男性を脅威的として描写し、潜在意識のレンズを形成するのであるが、黒人男性はそのレンズを通して理解されるのである[45]。

　第3に、警察官は人間であるので、彼らもこれらの文化的なメッセージの影響を受けやすく、白人に対するよりも非白人に対して——しばしばそれに気づかないで、彼らの権力を行使しようとする。彼らは、貧しいマイノリティのコミュニティのパトロールを強化することが多く、実際には疑いまたは相当理由がほとんどない非白人の歩行者や運転者を立ち止まらせ、捜索することがより多い[46]。これは、罪のない黒人がより多く逮捕され、罪を犯した白人はそれほど逮捕されないというシナリオを作り出し、事実は深刻な結果となっている。非白人のアメリカ人（とくに黒人のアメリカ人）は、白人のアメリカ人よりも、彼らの行動が同じであったとしても、法的に悪化する要因（犯罪歴のような）が蓄積されやすいことを意味している。この制度的差別の形態は、人種差別的な死刑の統計的研究から実際には隠されている。事実上、アメリカ社会の人種的勢力の結果としての法的な不確定要素がコントロールされているからである。

110 　　差別と死刑

　最後に、まさに死刑裁判の構造が、非白人の被告人に対して不利に作用している。ヘイニー（Haney）は、死刑裁判の構造に組み込まれた多数のメカニズムが、死刑判決を助長していることを示している[47]。検察に最初に送致することによって、死刑裁判の構造は、被告人の行動を人間的にする、つまり弁明する機会を与えずに、陪審員に、被告人の殺人行為の詳細についての証拠を浴びせることになる。これは、以前の人生の出来事に彼または暴力を結びつける機会が与えられる前に、陪審員が、長期間にわたって、被告をもっぱら暴力の代理人として理解することを助長する。さらに、死刑裁判は、陪審員と被告の間に社会的な距離を生み出し、それが被告に対する共感をより困難にしている。そして、死刑裁判は、「将来の危険性」という考えに焦点をあてる傾向があり、それは陪審員に訴えて身代わりの自己防衛を形作らせるようにする。そこでは、彼・彼女の将来の暴力から他の人を守るために被告の死刑を受け入れることができるのである[48]。これらの仕組みは、被告人と被害者の人種がどうであっても存在するが、被告人が非白人で被害者が白人である場合に、より大きな影響がみられる傾向にある。

　死刑の陪審を務めるために、陪審員候補は、死刑反対者の排除として知られている手続（death qualification）を通過しなくてはならない。基本的に、陪審員は、死刑に関する彼らの意見を聞かれ、死刑に反対である場合や、死刑の強力な反対者かまたは支持者であるため法的に適切な判決を下すことができない場合には、死刑の陪審から除外される。この手続は、他のグループより、ある特定のグループを排除して終了する。死刑裁判の陪審員席に座るのは、除外された者と比べると、白人、男性、保守的、懲罰的で、検察官より有罪判決をだしやすく、そして、死刑を支持している、といった傾向が強い[49]。これが意味することは、典型的な非白人の死刑事件の被告人の耐えてきた苦難にほとんど共感できず、構造的な減軽の妥当性をほとんど理解できない人物——保守的な白人男性——は、死刑事件の陪審員に選ばれやすいということである。それゆえ、死刑被告人が白人でない場合は、道徳から解放された構造と死刑裁判で生じた社会的距離が、陪審員と被告との間の現実の社会的距離によって構成される。そして、多くの白人が潜在的にもっている、黒人男性は脅威であるという根深い社会的なステレオタイプが、将来の危険性への焦点化を拡大するのである。これはとくに、被害者が白人の場合に真実である。なぜならば、陪審員は、これらの犯罪が個人的にも脅威だと思うことが多いからである。調査によると、陪審員は、彼らが被害者と同じ

人種の場合[50]、そして、彼らが被害者に共感することができる場合[51]に、死刑判決を支持することが多いということである。このように、死刑反対者を陪審員から排除する手続は、非白人の被告人と白人を殺害して告訴された者を、他の被告人に比べて不利な立場に置く可能性が高いのである。

アメリカの死刑の歴史的背景

アメリカの死刑を支持する現在の制度的取決めに加えて、「アメリカ合衆国においては、奴隷制度、刑事司法、リンチと死刑は、歴史的に密接に結びついている」[52]ということを理解しなければならない。言い換えれば、アメリカ合衆国において有罪判決を受けた殺人犯（および強姦犯）の法的な処刑は、人種に基づいた奴隷制度や、奴隷制度時代後を特徴づけるアメリカの黒人（および他の少数民族）に対する違法なリンチといったアメリカの歴史と切り離して考えることはできない。この意見は、急進的に思えるかもしれないが、アメリカ南部において、社会的コントロールの道具としてのリンチの増減に関する簡単な調査が、この視点を支持している。アメリカ合衆国の奴隷制度の廃止以後、南部の白人たちは、恐怖を作り出し、当時解放されて間もない奴隷たちへの白人の優位と支配を回復するための手段として、実際のまたはそうと考えられる犯罪に対して、次第に黒人をリンチすることに頼るようになった。人種的コントロールのリンチ（自警主義）に頼り、白人による支配の潜在的な脅威を持ち出して、下位の人種グループを支配することで白人の至上主義を維持することには疑問がある。トルナイ（Tolnay）とベック（Beck）によると、リンチは、南部の白人が経済的な脅威を感じたときに起こる可能性が、もっとも高く、支配グループに対して引き起こす脅威が認められた時には下位グループに対する暴力の激しさが増加するということである[53]。同時というわけではないが、黒人法（black code　訳注：解放された黒人を対象に、1865〜66年に南部諸州で制定された法律で、黒人の諸権利を大幅に制限していた）や囚人のリース（当時の人種法に違反した黒人の囚人を農場主に貸し出し、奴隷廃止以前とおなじように働かせるもので、一種の奴隷制）、そしてジム・クロウ法によって黒人アメリカ人への白人の優位性を正式に認める法制度が利用されるようになったことに伴い、不法なリンチも行われるようになった[54]。

1930年までに、リンチに対する批判が増加し、それを受けた否定的な評判

112　差別と死刑

によって、南部諸州はこれらの超法規的殺人への依存を減らし、最終的に排除した[55]。しかし、20世紀においてリンチを行おうとする集団が減少したのにつれて、死刑の適用は増加した。「1890年代のリンチは、1930年代の合法的処刑のほぼ同数となり、」多くの批評家が「合法的リンチ」という言葉を作り出した[56]。当然のことながら、20世紀の初期の段階では、死刑は、白人に対してよりも、黒人に対してより頻繁に使用され、より広い範囲の犯罪について適用されていた。リンチと死刑の関係は、レイプ犯の処刑において最も明確にみることができるが、1977年に連邦最高裁判所はその手続を廃止した。南北戦争後のプロトタイプのリンチのシナリオは、黒人男性が白人女性を強姦したとして殺されるものである。法的処刑がリンチに置き換わり始まっても、このパターンは残った。強姦に対する死刑は、もっぱら南部で適用され[57]、白人女性を強姦して告訴された黒人のために残された[58]。

　たとえば、テキサス州では、白人女性を強姦したアフリカ系アメリカ人は、刑務所入所よりも死刑を宣告される可能性が35倍高く、白人女性を強姦したヒスパニックは、その割合は2倍であるが、他のすべての人種の組み合わせでは、懲役刑を科す可能性が高かった[59]。全米では、1870年から1950年の間に強姦で処刑された人は771人のうち701人が黒人であるとわかっており[60]、アメリカの南部で黒人女性を強姦して処刑された白人はこれまでにはいない[61]。しかし、死刑の差別的適用は、強姦事件に限られていなかった。「南部全域で、すべての犯罪に対してみても、黒人の被告人は人口比をはるかに超える割合で処刑されていた[62]」。殺人でさえ、とくにアメリカ南部では、黒人が処刑される割合は不釣り合いに高い[63]。言い換えれば、「死刑は人種コントロールの手段だった」ということである[64]。

　奴隷制度とリンチの遺産は今日も明らかである。第1に、現行の死刑は、女性——とくに白人女性[65]——を殺した者に適用されることが多く、きびしい処遇を受けることがわかっている。白人の女性被害者の殺害は、ほとんどが性的な性質のもので説明することができる[66]。死刑判決が本当に、現代的で、リンチを合法化した形態であるならば、白人女性に対する犯罪——とくに性犯罪——は、死刑が宣告される可能性が、もっとも高くなるだろう。第2に、南部の人は死刑を支持しやすく[67]、そして近年の圧倒的多数のアメリカ人の処刑は、以前の南部連合国（Confederacy　訳注：南北戦争時における南部11州のこと）で行われたものである[68]。2015年に執行された死刑の4分の3は、以前の南部連合であったもので、残りは、境界州であるミ

ズーリ州とオクラホマ州であった[69]。最後に、社会科学者は、州が再統合（Reconstruction　訳注：南北戦争後の南部連合国の合衆国への再統合のこと）の際にリンチを使用するほど、近代において死刑を使う傾向がより強くなることを見出した[70]。さらに、ジェイコブズ（Jacobs）らは、黒人の居住が増加すると、州が死刑を適用する傾向も増加することを発見した[71]。

　リンチと奴隷と死刑との歴史的関係は、地方レベルでも明らかである。アメリカのわずか20％の郡が、だれかに死刑判決を下し、1976年に死刑が復活して以来、アメリカのわずか15％の郡が死刑の執行をしているだけである[72]。アメリカの郡のわずか２％が近年行われた死刑判決と処刑の過半数を占めている[73]。これらの郡は、2015年に下された死刑判決の３分の２近くも占めていた[74]。これらの郡は、アメリカのほかの地域と何が違うのか？　さて、アメリカで、もっとも死刑を適用している郡は、テキサス州東部に位置するハリス郡である[75]。結局のところ、テキサス東部は奴隷制度の名残りがもっとも強い地域である[76]。アリゾナ州で、死刑を頻繁に行っているもう一つの郡であるマリコパ郡に関する最近の研究によれば、死刑は「暴力的紛争中の人種的境界」の現場で機能しており、そこでは人種的境界が、「白人の歴史的テロリズム」と「人種排斥区域」によって補強されている[77]。

結論

　この節で検討された証拠は、非常にがっかりさせるものである。アメリカの死刑の適用における差別を制限する米国最高裁の努力にもかかわらず、全米から寄せられた数十件の研究が、人種的偏見のやり方で死刑が続けられており、被害者が白人の場合、とくに被告人が黒人の場合はより頻繁に死刑が行われると結論づけている[78]。アメリカ社会の数々の構造的、制度的、歴史的側面は、死刑の差別的適用を維持するのを助長し、公正かつ中立的な方法で刑罰を適用するためのあらゆる努力を妨げる可能性が高い。さらに不安なのは、奴隷制度、リンチ、現代の死刑の歴史的なつながりが、まさに現代の死刑は、「険悪な」黒人をコントロールするための現代の合法化されたリンチの形態であることを示唆していることである[79]。リンチが、明らかに、黒人をコントロールし、白人優越主義の維持を目的としていたことを考慮すると、リンチと死刑の相互関係は、死刑が実際には、社会コントロールの形態よりもむしろ人種コントロールであるということを意味している。事実、

114 　差別と死刑

黒人が死刑に反対するのは、しばしばそれが、黒人の命を過小評価し、暴力によって絶え間なく脅威を与えることで黒人に対するコントロールを維持するために考えだされた慣習――リンチと同様に――であるという考えに根差しているからである[80]。死刑とよりあからさまな人種管理制度の歴史的な関係を結びつけること、白人の死刑に対するより大きな支持、白人間では人種的偏見が死刑支持を強く予測させるという知見、公正で中立的に死刑を管理することの制度的な障害、これらのことによって、アメリカの死刑は、公正な適用が決してできない本質的に人種差別的なものであるという結論が導かれる。

---

1 ）　米国ピッツバーグ大学ジョンズタウン校准教授。

2 ）　Amnesty International. 2016. *Death Sentences and Executions* 2015. London: Amnesty International.

3 ）　Banner, S. 2002. *The Death Penalty: An American History*. Cambridge, MA: Harvard University Press. See also, Grosso, C. M., O'Brien, B., Taylor, A., & Woodworth, G. 2014. "Race Discrimination and the Death Penalty: An Empirical and Legal Overview." In J. R. Acker, & C. S. Lanier, *America's Experiment with Capital Punishment: Reflections on the Past, Present, and Future of the UltimatePenal Sanction*. （3rd ed.）. Durham, NC: Carolina Academic Press. pp.525-576.

4 ）　*Furman v. Georgia,* 408 US 238 （Supreme Court 1972）.

5 ）　*Woodson v. North Carolina,* 428 US 280 （Supreme Court 1976）.

6 ）　*Gregg v. Georgia,* 428 US 153 （Supreme Court 1976）.

7 ）　Grosso, C. M., O'Brien, B., Taylor, A., & Woodworth, G. 2014. "Race Discrimination and the Death Penalty: An Empirical and Legal Overview." In J. R. Acker, & C. S. Lanier, *America's Experiment with Capital Punishment: Reflections on the Past, resent, and Future of the Ultimate Penal Sanction* （3rd ed.）. Durham, NC: Carolina Academic Press, pp. 525-576.

8 ）　Baldus, D. C., Woodworth, G., & Pulaski, C. A. 1990. *Equal Justice and the Death Penalty: A Legal and Empirical Analysis*. Boston, MA: Northeastern University Press.

9 ）　*McCleskey v. Kemp,* 481 US 279 （Supreme Court 1987）.

10）　同上。

11）　Alexander, M. 2012. *The New Jim Crow: Mass Incarceration in the Age of Colorblindness*. New York: New Press.

12）　US General Accounting Office. February 1990. *Death Penalty Sentencing: Research Indicates Pattern of Racial Disparities*. p.5. Available from http://www.gao.gov/assets/ 220/212180.pdf. （2016年 5 月 9 日閲覧）。

13）　同上。

14）　US General Accounting Office. February 1990. *Death Penalty Sentencing: Research*

第 2 章　被害者としての有罪判決？　　115

Indicates Pattern of Racial Disparities. Available from http://www. gao. gov/assets/ 220/212180.pdf.（2016年 5 月 9 日閲覧）。

15)　同上 6 頁。

16)　Grosso, C. M., O'Brien, B., Taylor, A., & Woodworth, G. 2014. "Race Discrimination and the Death Penalty: An Empirical and Legal Overview." In J. R. Acker, & C. S. Lanier, *America's Experiment with Capital Punishment: Reflections on the Past, Present, and Future of the Ultimate Penal Sanction* (3rd ed.). Durham, NC: Carolina Academic Press, pp.525-576.

17)　同上。

18)　同上。

19)　Cochran, J. K., & Chamlin, M. B. 2006. "The Enduring Racial Divide in Death Penalty Support." *Journal of Criminal Justice* 34: 85-99. 以下 も 参照。 Dugan, A. 2015. *Solid Majority Continue to Support Death Penalty.* Available from http://www. gallup. com/poll/186218/solid-majority-continue-support-death-penalty. aspx-? g_source = position2&g_medium = related&g_campaign = tiles.（2016 年 5 月 10 日 閲 覧）and Pew Research Center. 2015. *Less Support for Death Penalty, Especially Among Democrats.* Available from http://www.people-press.org/2015/04/16/less-support-for-death-penalty-especially-among-democrats/.（2016年 5 月10日閲覧）。

20)　Barkan, S. E., & Cohn, S. F. 1994. "Racial Prejudice and Support for the Death Penalty by Whites." *Journal of Research in Crime and Delinquency* 31: 202-209. See also, Bobo, L. D., & Johnson, D. 2004. "A Taste for Punishment: Black and White Americans' Views on the Death Penalty and the War on Drugs." Du Bois Review 1 (1): 151-180; Soss, J., Langbein, L., & Metelko, A. R. 2003. "Why Do White Americans Support the Death Penalty?" *Journal of Politics* 65(2): 397-421, and Unnever, J. D., & Cullen, F. T. 2007. "The Racial Divide in Support for the Death Penalty: Does White Racism Matter?" *Social Forces* 85(3): 1281-1301.

21)　Peffley, M., & Hurwitz, J. 2007. "Persuasion and Resistance: Race and the Death Penalty in America." *American Journal of Political Science* 51(4): 996-1012.

22)　Van den Haag, E. 1986. "The Ultimate Punishment: A Defense." *Harvard Law Review* 99(7): 1662-1669.

23)　Jargowsky, P. A. 2015. *The Architecture of Segregation: Civil Unrest, The Concentration of Poverty, and Public Policy.* Available from http://www.tcf.org/assets/ downloads/Jargowsky_ArchitectureofSegregation.pdf.（2015年 9 月25日閲覧）. See also Rothstein, R. 2015. "The Racial Achievement Gap, Segregated Schools, and Segregated Neighborhoods: A Constitutional Insult." *Race and Social Problems* 7: 21-30

24)　Haney, C. 2005. *Death by Design: Capital Punishment as a Social Psychological System.* New York: Oxford University Press. p.1558.

25)　Alexander, K., Entwisle, D., & Olson, L. 2014. *The Long Shadow: Family Background, Disadvantaged Urban Youth, and the Transition to Adulthood.* New York: Russel Sage Foundation. See also Jargowsky, P. A. August 9, 2015. *The Architecture of Segregation: Civil Unrest, The Concentration of Poverty, and Public Policy.* Available from http: //www.tcf.org/assets/downloads/Jargowsky_ArchitectureofSegregation. pdf.（2015年 9 月25日閲覧）; Pew Charitable Trusts. 2012. *Pursuing the American Dream:*

116   差別と死刑

Economic Mobility Across Generations. Available from http://www.pewtrusts.org/~/media/ legacy/uploadedfiles/pcs_assets/2012/pursuingamericandreampdf.pdf.（2015年5月19日閲覧），and Rothstein, R. 2015. "The Racial Achievement Gap, Segregated Schools, and Segregated Neighborhoods: A Constitutional Insult." *Race and Social Problems* 7: 21-30.

26）　Jargowsky, P. A. 2015. *The Architecture of Segregation: Civil Unrest, The Concentration of Poverty, and Public Policy.* Available from http://www.tcf.org/assets/downloads/Jargowsky_ArchitectureofSegregation.pdf.（2015年9月25日閲覧）。

27）　Alexander, K., Entwisle, D., & Olson, L. 2014. *The Long Shadow: Family Background, Disadvantaged Urban Youth, and the Transition to Adulthood.* New York: Russel Sage Foundation.

28）　Haney, C. 2003. "Mitigation and the Study of Lives: On the Roots of Violent Criminality and the Nature of Capital Justice." In J. R. Acker, R. M. Bohm, & C. S. Lanier, eds., *America's Experiment with Capital Punishment: Reflections on the Past, Present, and Future of the Ultimate Penal Sanction.* Durham, NC: Carolina Academic Press. pp.469-500. See also Loeber, R., & Farrington, D. P., eds. 2001. *Child Delinquents: Development, Intervention, and Service Needs.* Thousand Oaks, CA: Sage, and Wasserman, G. A., Keenan, K., Tremblay, R. E., Cole, J. D., Herrenkohl, T. I., Loeber, R., & Petechuk, D. 2003. *Risk and Protective Factors of Child Delinquency.* Washington, DC: US Department of Justice. Available from https://www.ncjrs.gov/pdffiles1/ojjdp/193409. pdf.（2011年1月3日閲覧）。

29）　Fleury-Steiner, B. 2004. *Jurors' Stories of Death: How America's Death Penalty Invests in Inequality.* Ann Arbor, MI: University of Michigan Press. See also, Haney, C. 2004. "Condemning the Other in Death Penalty Trials: Biographical Racism, Structural Mitigation, and the Empathetic Divide." *DePaul Law Review* 53: 1557-1589.

30）　Kleinstuber, R. 2013. "We're All Born with Equal Opportunities: Hegemonic Individualism and Contextual Mitigation Among Delaware Capital Jurors." *Journal of Qualitative Criminal Justice and Criminology* 1: 152-180.

31）　Lynch, M., & Haney, C. 2000. Discrimination and Instructional Comprehension: Guided Discretion, Racial Bias, and the Death Penalty. *Law and Human Behavior* 24: 337-356.

32）　Lynch, M. 2006. "Stereotypes, Prejudice, and Life-and-Death Decision Making: Lessons from Laypersons in an Experimental Setting." In C. J. Ogletree, & A. Sarat, eds., *From Lynch Mobs to the Killing State: Race and the Death Penalty in America.* New York: NYU Press. pp.182-219.

33）　Bowers, W. J., Steiner, B. D., & Sandys, M. 2001. "Death Sentencing in Black and White: An Empirical Analysis of the Role of Jurors' Race and Jury Racial Composition." *University of Pennsylvania Journal of Constitutional Law* 3: 171-274.

34）　Bowers, W. J., Sandys, M., & Brewer, T. W. 2004. "Crossing Racial Boundaries: A Closer Look at the Roots of Racial Bias When the Defendant is Black and the Victim is White." *DePaul Law Review* 53: 1497-1538. 以下も参照。W. J., Steiner, B. D., & Sandys, M. 2001. "Death Sentencing in Black and White: An Empirical Analysis of the Role of Jurors' Race and Jury Racial Composition." *University of Pennsylvania Journal of Constitutional Law* 3: 171-274.

第 2 章　被害者としての有罪判決？　　117

35）　Bowers, W. J., Steiner, B. D., & Sandys, M. 2001. "Death Sentencing in Black and White: An Empirical Analysis of the Role of Jurors' Race and Jury Racial Composition." *University of Pennsylvania Journal of Constitutional Law* 3: 171-274.

36）　Brewer, T. W. 2004. "Race and Jurors' Receptivity to Mitigation in Capital Cases: The Effect of Jurors', Defendants', and Victims' Race in Combination." *Law and Human Behavior* 28: 529-545: p.543.

37）　Alexander, M. 2012. *The New Jim Crow: Mass Incarceration in the Age of Colorblindness*. New York: New Press.

38）　Beckett, K., & Sasson, T. 2004. *The Politics of Injustice: Crime and Punishment in America*（2nd ed.）. Thousand Oaks, CA: Sage. See also, Glassner, B. 1999. *The Culture of Fear: Why Americans Are Afraid of the Wrong Things*. New York: Basic.

39）　Glassner, B. 1999. The Culture of Fear: *Why Americans Are Afraid of the Wrong Things*. New York: Basic.

40）　Giroux, H. A., & Pollock, G. 2010. *The Mouse that Roared: Disney and the End of Innocence*. Lanham, MD: Rowman & Littlefield.

41）　Alexander, M. 2012. *The New Jim Crow: Mass Incarceration in the Age of Colorblindness*. New York: New Press. See also, Beckett, K., & Sasson, T. 2004. *The Politics of Injustice: Crime and Punishment in America*（2nd ed.）. Thousand Oaks, CA: Sage, and Glassner, B. 1999. *The Culture of Fear: Why Americans Are Afraid of the Wrong Things*. New York: Basic.

42）　Fleury-Steiner, B. 2004. *Jurors' Stories of Death: How America's Death Penalty Invests in Inequality*. Ann Arbor, MI: University of Michigan Press, p.4.

43）　Shapiro, J., Ackerman, J. M., Neuberg, S. L., Maner, J. K., Becker, D. V., & Kenrick, D. T. 2009. "Following in the Wake of Anger: When Not Discriminating is Discriminating." *Personality and Social Psychology Bulletin* 35(10): 1356-1367.

44）　同上。

45）　同上。

46）　Alexander, M. 2012. *The New Jim Crow: Mass Incarceration in the Age of Colorblindness*. New York: New Press. See also, Harris, D. 2002. *Profiles in Injustice: Why Racial Profiling Cannot Work*. New York: New Press, and New York Civil Liberties Union. 2014. *Stop & Frisk During the Bloomberg Administration: 2002-2013*. Available from http://www.nyclu.org/files/publications/stopandfrisk_ briefer_2002-2013_final.pdf.（2014年10月29日閲覧）。

47）　Haney, C. 2005. *Death by Design: Capital Punishment as a Social Psychological System*. New York: Oxford University Press.

48）　同上。

49）　Fleury-Steiner, B. 2004. *Jurors' Stories of Death: How America's Death Penalty Invests in Inequality*. Ann Arbor, MI: University of Michigan Press. See also, Young, R. L. 2004. "Guilty Until Proven Innocent: Conviction Orientation, Racial Attitudes, and Support for Capital Punishment." *Deviant Behavior* 25: 151-167.

50）　Bowers, W. J., Steiner, B. D., & Sandys, M. 2001. "Death Sentencing in Black and White: An Empirical Analysis of the Role of Jurors' Race and Jury Racial Composition." *University of Pennsylvania Journal of Constitutional Law* 3: 171-274.

118 　差別と死刑

51） Sundby, S. E. 2003. "The Capital Jury and Empathy: The Problem of Worthy and Unworthy Victims." *Cornell Law Review* 88: 343-381.

52） Marquart, J. W., Ekland-Olson, S., & Sorensen, J. R. 1994. *The Rope, the Chair, and the Needle: Capital Punishment in Texas, 1923-1990*. Austin: University of Texas Press.

53） Tolnay and Beck, 1995.

54） Alexander, M. 2012. *The New Jim Crow: Mass Incarceration in the Age of Colorblindness*. New York: New Press. See also, Oshinsky, D. M. 1996. "Worse Than Slavery": Parchman Farm and the Ordeal of Jim Crow Justice. New York: Free Press.

55） Marquart, J. W., Ekland-Olson, S., & Sorensen, J. R. 1994. The Rope, the Chair, and the Needle: *Capital Punishment in Texas, 1923-1990*. Austin: University of Texas Press.

56） McFeely, W. S. 1997. *A Legacy of Slavery and Lynching: The Death Penalty as a Tool of Social Control*. Available from http://www.nacdl.org/CHAMPION/ARTICLES/97nov03. htm.（2016年8月24日閲覧）。

57） Banner, S. 2002. *The Death Penalty: An American History*. Cambridge, MA: Harvard University Press. p.228.

58） Foerster, B. J. 2012. *Race, Rape, and Injustice: Documenting and Challenging Death Penalty Cases in the Civil Rights Era*.（M. Meltsner, ed.）Knoxville: University of Tennessee Press.

59） Marquart, J. W., Ekland-Olson, S., & Sorensen, J. R. 1994. *The Rope, the Chair, and the Needle: Capital Punishment in Texas, 1923-1990*. Austin: University of Texas Press.

60） Banner, S. 2002. *The Death Penalty: An American History*. Cambridge, MA: Harvard University Press. p.230.

61） McGuire, D. L. 2010. *At the Dark End of the Street: Black Women, Rape, and Resistance--a New History of the Civil Rights Movement from Rosa Parks to the Rise of Black Power*. New York: Alfred A. Knopf.

62） Banner, S. 2002. *The Death Penalty: An American History*. Cambridge, MA: Harvard University Press. p.230.

63） Banner, S. 2002. *The Death Penalty: An American History*. Cambridge, MA: Harvard University Press. p.230. See also, Grosso, C. M., O'Brien, B., Taylor, A., & Woodworth, G. 2014. "Race Discrimination and the Death Penalty: An Empirical and Legal Overview." In J. R. Acker, & C. S. Lanier, *America's Experiment with Capital Punishment: Reflections on the Past, Present, and Future of the Ultimate Penal Sanction*（3rd ed.）. Durham, NC: Carolina Academic Press. pp.525-576.

64） Banner, S. 2002. *The Death Penalty: An American History*. Cambridge, MA: Harvard University Press. p.230.

65） Holcomb, J. E., Williams, M. R., & Demuth, S. 2004. "White Female Victims and Death Penalty Disparity Research." *Justice Quarterly* 21（4）: 877-902. See also, Williams, M. R., & Holcomb, J. E. 2001. "Racial Disparity and Death Sentences in Ohio." *Journal of Criminal Justice* 29（3）: 207-218.

66） Williams, M. R., Demuth, S., & Holcomb, J. E. 2007. "Understanding the Influence of Victim Gender in Death Penalty Cases: The Importance of Victim Race, Sex-Related Victimization, and Jury Decision Making." *Criminology* 45（4）: 865-891.

67） Saad, L. 2013. *US Death Penalty Support Stable* at 63%. Available from http://www.

gallup.com/poll/159770/death-penalty-support-stable.aspx.（2016年 5 月10日閲覧）。

68） Chokshi, N. 2014. *See Where Every Execution Has Taken Place Since 1977, in One Map*. Available from https://www.washingtonpost.com/blogs/govbeat/wp/2014/03/28/see-where-every-execution-has-taken-place-since-1977-in-one-map/.（accessed 10 May 2016）. See also, Garland, D. 2010. *Five Myths About the Death Penalty*. Available from http://www.washingtonpost.com/wp-dyn/content/article/2010/07/16/AR2010071602717.html.（2016年 5 月 5 日閲覧）; Marquart, J. W., Ekland-Olson, S., & Sorensen, J. R. 1994. *The Rope, the Chair, and the Needle: Capital Punishment in Texas, 1923-1990*. Austin: University of Texas Press, and Vandiver,M. 2006. *Lethal Punishment: Lynchings and Legal Executions in the South*. New Brunswick, NJ: Rutgers University Press.

69） Death Penalty Information Center. 2015. The Death Penalty in 2015: *Year End Report*. Available from http://deathpenaltyinfo.org/documents/2015YrEnd.pdf.（2015年12月16日閲覧）。

70） Jacobs, D., Carmichael, J. T., & Kent, S. L. 2005. "Vigilantism, Current Racial Threat, and Death Sentences." *American Sociological Review* 70: 656-677.

71） Jacobs, D., Carmichael, J. T., & Kent, S. L. 2005. "Vigilantism, Current Racial Threat, and Death Sentences." *American Sociological Review* 70: 656-677.

72） Dieter, R. C. 2013. The 2% *Death Penalty: How a Minority of Counties Produce Most Death Cases At Enormous Cost to All*. Available from http://www.deathpenaltyinfo.org/documents/TwoPercentReport. pdf.（2016年 2 月 3 日閲覧）。

73） 同上。

74） Death Penalty Information Center. 2015. *The Death Penalty in 2015: Year End Report*. Available from http://deathpenaltyinfo.org/documents/2015YrEnd.pdf.（2015年12月16日閲覧）。

75） Phillips, S. 2009. "Legal Disparities in the Capital of Capital Punishment." *Journal of Criminal Law & Criminology* 99（3）: 717-756. See also, Price, M. J. 2015. At the Cross: *Race, Religion, & Citizenship in the Politics of the Death Penalty*. New York: Oxford University Press.

76） Marquart, J. W., Ekland-Olson, S., & Sorensen, J. R. 1994. *The Rope, the Chair, and the Needle: Capital Punishment in Texas, 1923-1990*. Austin, TX: University of Texas Press.

77） Fleury-Steiner, B., Kaplan, P., & Longazel, J. 2015. "Racist Localisms and the Enduring Cultural Life of America's Death Penalty: Lessons from Maricopa County, Arizona." *Studies in Law, Politics, and Society* 66: 63-85.

78） Grosso, C. M., O'Brien, B., Taylor, A., & Woodworth, G. 2014. "Race Discrimination and the Death Penalty: An Empirical and Legal Overview." In J. R. Acker, & C. S. Lanier, *America's Experiment with Capital Punishment: Reflections on the Past, Present, and Future of the Ultimate Penal Sanction*（3rd ed.）. Durham, NC: Carolina Academic Press. pp.525-576.

79） Jacobs, D., Carmichael, J. T., & Kent, S. L. 2005. "Vigilantism, Current Racial Threat, and Death Sentences." *American Sociological Review* 70: 656-677.

80） Price, M. J. 2015. At the Cross: *Race, Religion, & Citizenship in the Politics of the Death Penalty*. New York: Oxford University Press.

死刑、精神疾患、知的障害
――処刑に直面する精神疾患を有する個人への保護の不足

サンドラ・バブコック　Sandra Babcock[1]

序

　1992年9月25日、家族が精神病院に収容しようとしたほんの数日後、ケルシー・パターソン（Kelsey Patterson）は、2人の人を撃ち、靴下以外の着衣を脱ぎ、通りで警察に逮捕されるのを待っていた[2]。検察官は、極刑に値する殺人として起訴した。裁判の間、パターソン氏は頻繁に自分の行動をコントロールしている「リモコン装置」や「インプラント」について訴えた[3]。検察官は、彼が重篤な精神疾患であると認めざるを得なかった。それにもかかわらず彼は有罪とされ死刑判決を受けた。

　裁判所は、彼には処刑される「能力がある」と認定した。2004年5月18日、処刑される部屋にエスコートされた後、刑務所長は彼に最後に述べたいことはないかと尋ねた。記録係によると、ケルシー・パターソンの応答は以下のようなものであった。

　　　何について述べる？　何について述べる？　……彼らは、俺の金を盗むためにこんなことをしている。俺の真実はいつでも俺にとっての真実だ。お前や…葬儀屋、殺人者とは同類じゃない。地獄に落ちろ。俺の金を受け取れ。権利をよこせ。権利をよこせ。俺の命を取り戻してくれ。

　彼は、注入された致死的薬物がスピーチを止めるまで、つぶやき続けた[4]。
　ケルシー・パターソンの事例は、死刑に直面する精神疾患のある加害者に関する国際規範と州の慣行との間のギャップをあまりにもよく描き出している。公式なレベルでは、重篤な精神疾患あるいは知的障害のある加害者が死刑の適用を免除されるということに議論の余地はない。1984年に採択された、国連死刑に直面した人々の権利保護の保障措置（The UN Safeguards Guaranteeing Protection of the Rights of Those Facing the Death Penalty 「保護措置」）[5]は、死刑が「精神障害の人物」に執行されてはならないと規

定している。それに続く決議において、経済社会理事会、人権委員会、総会は、精神的または知的障害を負った人物への死刑を除外するよう各国に呼びかけた[6]。人権条約機関や地方委員会は同様に、知的障害あるいは重篤な精神疾患を有する個人を処刑しない責任を国家が負うことを認めている[7]。評者ら（commentators）は、正気を失っている者の処刑の禁止が国際慣習法の地位にあることは、揺るぎないことであると主張している[8]。

　諸国が、精神疾患に罹患した人物を処刑する権利を公言することはほとんどない[9]。それにもかかわらず、精神的に病んだ加害者の処刑は、中国、パキスタン、ブラジル、そして合衆国で最近まで記録されてきており、精神疾患を有する数千人もの人々が、世界中の死刑囚監房にとどまっていると信じるには、いずれも根拠がある[10]。合衆国における研究者たちは、合衆国の被拘禁者のうち15％〜50％が精神的に病んでいるものと見積もっている[11]。英国の最近の研究は、被拘禁者のうち女性の25％と男性の15％が精神病の症状を示していることを見出している[12]。南半球（the Global South）で、このテーマに関する研究はほとんど行われていないが、入手可能な研究は、多数の精神疾患加害者を示唆している。たとえば、南米の九つの国における被拘禁者について最近の研究を行った著者らは、以下のように結論づけた。

　　　南米では、被拘禁者たちの精神疾患の有病率はかなり過小評価されて
　　　おり、南米の被拘禁者たちに提供されるサービスの中には精神疾患への
　　　配慮が不足しているため、多くの場合、それらの病気は認知されないか、
　　　あるいは適切に対処されていないのである[13]。

　知的障害を有する被拘禁者に関するデータの不足は、なおさら顕著なものとなる。南半球において、被拘禁者たちの知的障害の有病率について調査は行われてこなかった。多くの死刑存置論の国家において、精神科医の訓練は不足している。たとえばシエラレオネは、暴力的な紛争によってトラウマを負った人々のニーズに対応する精神科医はたった1人である[14]。カリブ連邦（Common Wealth Caribbean）の枢密院は、精神疾患のアセスメントを行う資格を満たした司法精神科医の不足に繰り返し言及している[15]。このような被拘禁者の特定と評価は、地域人口の基準となる適切な試験方法の不足によって、より複雑化しているのである。たとえばマラウイでは、研究者たちは、成人人口集団での知的機能を評価するための試験がいまだ開発されていない。過去20年間で死刑を宣告された200人以上の人々の中で、裁判に

先立って、知的障害があるかどうかを測定するための診察を受けた者はだれもいない。死刑存置国家では、このような慣行は例外ではなく標準であるということを確信できる理由はいくらでも存在するのである。

アムネスティ・インターナショナルは、現在20,292人が世界中の死刑囚監房に収監されているものと見積もっている[16]。たとえ15％が精神疾患あるいは知的障害であったとして——極端に控えめな見積もりであるが——、約3,000人以上の人々が、国際基準に準拠すれば、死刑に処されてはならないのである[17]。それにもかかわらず、これらの被拘禁者たちは大部分が気づかれないままであり、国内の司法制度と国際社会の両者によって無視され続けているのである。

定義

多くの国々では、多分タブーな問題であるため、ほとんどの弁護士や裁判官、陪審員たちは、精神医学と死刑求刑がどのように関連するかについて、十分に理解していないのであろう。活気な精神障害者や、知的障害が著しい人々は容易に特定できる一方で、ほとんどの精神的に病んだ被拘禁者らは、こういった診断基準には合致しない。精神疾患の症候は経年変化し、重篤に精神を病んでいる個人は、かなり普通に機能する期間があることが考えられる。同様に、知的障害のあるほとんどの被拘禁者たちは、砕けた会話を通じて特定されることはない。彼らは、仕事をしたり、結婚したり、読み書きをすることができるかもしれないし、最近の出来事をよく理解しているかもしれない。その上、多くの精神的に病んだ人々や知的障害のある人々は、彼らの障害を他人に気づかれない方法を知っている。これらの要因は、死刑への適格性と同様、彼らの有責性に関連しているであろう精神疾患を有する加害者たちを、素人がうまく特定することを非常に困難にする。

最初に、精神疾患と知的障害との違いを理解することが重要である。知的障害は、精神遅滞や学習障害としても知られている。より時代遅れの刑法では、それは「愚かさ（idiocy）」と認識されているかもしれない。世界保健機関は、知的障害を以下のように定義する。

精神発達の遅滞かあるいは不完全な発育……とりわけ発育期の間に現れる技能の機能障害である。技能とは、全体的な知的レベルに寄与するものであり、言い換えれば、認知能力、言語能力、運動能力、社会的能

力などである[18]。

　一方で、精神疾患は、ある人物の思考、感情、気分、他者や日常機能に関連した能力を分断させる、病気の状態のことである。重篤な精神疾患には、うつ病、統合失調症、双極性障害、強迫神経症、心的外傷性ストレス障害（PTSD）、境界性人格障害などが含まれる。

死刑事件における精神保健の関連性

　精神保健は、すべての死刑の手続において提示されるべき、別個ではあるが関連する四つの疑問に直接関連している。第一に、加害者の*正気*に関与する。*この原則の中心的な信条は*、犯行時に、自分たちの行為の性質や違法性を適切に理解することのできない場合、その個人は刑事責任を問われるべきではないということである。たとえば、ガーナの刑法は、自らの行動の性質や結果について理解させることを阻む「愚かさ、痴愚、あるいはどんな精神的錯乱や精神疾患」を持つ個人からも刑事責任を除外している[19]。諸国家は、個人から刑事責任を免除する必要がある精神状態についてさまざまな定義を採用してはいるものの、圧倒的多数は、この考えを受け入れているのである。Death Penalty Worldwide によって行われた研究は、たった一つの国家——北朝鮮——が、この原理を認知できていないことを示唆している。

　第二の疑問は、加害者の*裁判を受ける適格性*に関連する。自分自身の司法手続の性質や結果を理解することのできない被拘禁者は、裁判を受けるための「適性」または「資格」がない。たとえばナイジェリアの刑法の下では、「自分の防御を行う能力」のない「不安定な精神」状態にあると認められた者は、精神病院に送られることになり、裁判は、その人物が「安定した精神」を取り戻すまでは、延期とされる[20]。これは、精神的に病んでいるとみなされる加害者が自分自身の防御に参画することに対応する公平な基準である。

　第三の疑問は、完全に死刑を免除されるような精神疾患または知的障害を有する加害者であるかどうかということである。これは、上で述べた国連の保護措置（セーフガード）や決議によって命じられた調査である。重大なのは、この疑問は加害者が死刑の判決を宣告された後や、死刑が執行される*前*と同様、あらゆる死刑判決の前に問われるべきであるということである。第

四の、そして最後の疑問は、それが処刑に対する明確な阻却事由として機能していない場合でも、加害者が、犯行の責任を*減軽*される何らかの精神的欠陥を有しているものかどうかを問うものである。たいてい刑事司法の利害関係者が、精神保健と、その死刑訴訟への関連性というコンセプトについて適切な訓練を受けていないために、死刑を維持する多くの国家において、これら最後の二つの疑問は、単純に無視されている。

　うわべだけを見ている人は、上で述べた、法廷に立つための「正気」および「適合性」についての古くからの法的定義を適用することによって、その国際義務を履行できないのか、不思議に思うかもしれない。やはり、これらのコンセプトは、ほとんどの精神疾患加害者を特定しないのであろうか？その上、被拘禁者が精神疾患であることがわかった場合、彼あるいは彼女はいかなる犯罪でも、まして死刑に相当する犯罪についても有罪宣告を受けることがないのであって、法廷に立つに適さない人物は、自らの防御に参加することを阻む精神疾患である限りは、同様に守られるのである。これらの規定は間違いなく、ある一部の明らかに精神的に病んだ人物を保護するのである。

　しかし実際のところは、多くの精神的に病んだ加害者や知的障害のある加害者たちは、「正気」や「適合性」の定義に記述されている基準に合致しないのである。最初の問題として、ほとんどの刑法典には「精神異常（insanity）」は、軽度の知的障害を有する個人を含まない。知的障害者は、精神障害者ではない；彼らは妄想的信念の系を持っていないし、それぞれの能力的障害に基づく幻覚に悩まされることもない。知的障害者は、情報処理や社会的なきっかけに対する応答、分別を働かせること——とくにストレス下で——に、困難を伴うであろう。しかし、彼らはしばしば、自分たちの行動の不法性を理解することが可能で、その結果、彼らは法的な「心神喪失」の定義に合致しないかもしれない。スティーヴンズ判事は、アトキンス対バージニア州という重大事件で、以下のように説明した。

　　　知的障害者は、しばしば善悪の区別を理解するのであり、訴訟能力に適合する。しかしながら、彼らの機能障害のゆえに、定義によれば、彼らは情報を理解し処理する、意思を通じあう、誤りを概念化し経験から学ぶ、論理的な推論をする、衝動をコントロールする、他者の反応を理解する、そういった能力を損なっている。……彼らの欠陥は、刑罰の免除を正当化しないが、その有責性を減少させる[21]。

第2章　被害者としての有罪判決？　　125

　言い換えれば、知的障害を有する（加えて精神疾患にも罹患していない）人物は、悪魔退治をしているという妄想から逃れられずに罪を犯す、ということはない。むしろ、彼女は、より穏やかな反応が求められる状況で、過剰に反応するかもしれない。あるいは彼女は、より支配的（かつ知的）な共同被告人の指示によって、罪を犯すかもしれない。しかしながら「心神喪失」の定義は、通常このようなニュアンスには注目しない[22]。多くの国で、心神喪失の定義は、重篤な精神疾患を持つ者に限定されるか、あるいは知的障害を有する者へのその適用が不明確なため、曖昧である。

　加えて、「心神喪失」と「適合性」の定義は、他の観点でも制限されている。まず、それらは特定の時点に限定される。「裁判を受ける適合性」の定義は、被拘禁者の訴訟時点での精神的能力のみを問うており、いったん被拘禁者の心の健康が回復されれば、彼または彼女は起訴され、死刑判決を受けることが可能になる。「心神耗弱」の定義は、精神疾患のすべての人々の刑罰を減免するものではなく、犯行時に自分の行動を制御することができず、自分の行動の理非を弁別することができなかった人物に限定されるのである。さらに、上で述べてきたように、精神疾患の症候は、時間とともに増悪し寛解するので、罪を犯して2週間後に「正常」にみえる者も、犯行時には重篤な精神疾患を呈していたかもしれない。このため、精神疾患を持つ者は、優秀な精神医学の専門家——上述したように、多くの国では不足している——によって診断されなければ、システムに無視されてしまうかもしれないのである。

　この点の説明として、中国の立法が役に立つ。それは、彼または彼女が「自らの行為を認識あるいは制御することができずに有害な結果をもたらした」のであれば、「精神病患者」には刑事責任がないと規定する。しかしながら、「精神疾患が間欠的な性質のものであれば、彼が正常な精神状態の時に罪を犯した場合、刑事責任を追及すべきである」とされるのである[23]。しかし*起訴され、死刑を宣告された後*に精神疾患を発症した者についてはどうなのだろうか？　死刑判決の下で生活するという甚大なストレスと相まって、監獄にいるという状況が、しばしば以前から存在する精神疾患を悪化させ、あるいは以前には正常であった被拘禁者に精神疾患を引き起こすのである[24]。すでに Death Penalty Worldwide が行った調査では、今までのところ、わずか少数の死刑存置国のみが、死刑執行を待つ間に精神疾患となった被拘禁者の処刑を防止することを目的とした立法を採用していることが示さ

れている[25]。

　加害者の中には、より重篤でない精神障害に罹患し、それでも死刑を完全に免除されることはないかもしれない。このグループでは、上で記した第四の疑問、すなわち「犯行の責任を*減軽*する何らかの精神障害に罹患したか否か」が、量刑の前に診断されなければならない。たとえば、脳外傷を負った人物は、情緒的に不安定で、衝動をコントロールすることができなくなるかもしれない。非常に低い知能の人物は、彼または彼女が知的障害の定義を満たさない場合であっても、情報処理上の困難を有しており、ストレス時に適切に応答することが困難であろう。甚大な喪失や、はく奪・虐待・地域の暴力などに関連するストレスを経験した人物は、増大した衝動性や、より大きくなった薬物やアルコールへの依存の感情を経験するかもしれない。これらの例では、病に冒されている人物は、その障害が完全に精神を消耗させるものでない場合でさえも、精神的な障害のために、犯罪の実行へとより傾斜しがちである。刑罰緩和としての精神保健は、犯罪行動を免除しようとするものではないが、それを解明することでより軽い刑罰という義務を正当化する。

　必要的死刑を有する諸国において、裁判官たちは、まさに私が述べた方向での軽減事由として、精神保健を検討することを禁じられている。しかし理論上、そのような証拠を裁判官が考慮に入れることができる国々においてさえも、2、3の注目すべき例外を除いて、そうしたことはめったにない。合衆国の刑事弁護人チームは、訴訟の量刑段階に向けての準備で、複数の精神医学専門家に助言を求める。脳外傷や知的障害、トラウマ、精神疾患、胎児アルコール・スペクトラム障害、その他の精神障害の専門家が被拘禁者を診断し、詳細なレポートを準備し訴訟で証言するのである。そしてカリブ共和国では、すべての死刑事件において、当該被告人が精神医学的な査定を受ける権利を有することを、裁判所が認めている[26]。他の多くの国々では、精神保健の問題（正気と適合性はさておき）は、ほぼまったく調査されない。これは一つには、資金と適切な専門家の不足によるものである。これはまた、軽減因子としての精神保健の関連性に関する意識と訓練の不足の結果でもある。

　これらの課題に取り組むことは容易なことではない。最初のハードルは、精神的に障害を持つ被拘禁者が完全に死刑を免除されるという合意に到達することである。10年前、国連事務総長は、これらの禁止令の適用が競合する解釈によって不透明化されることに注意を促した上で、「狂気（insane）ま

たは精神遅滞とは対照的に、精神疾患に対して適用される保護措置を明確にすること」を勧告した[27]。さらに第三の保護措置の履行についての2009年報告において、国連事務総長は以下の意見を述べた。

　　保護措置に伴う真の困難さは、その公的な承認ではなく、その履行にある。触法少年や妊婦などであれば、保護されるカテゴリーに属する人物という裁定が比較的単純である一方で、精神異常（insanity）や限定責任能力、「精神障害のあらゆる類型」などのような概念を査定する場合には、甚だしい程度の主観性が含まれることになる。「精神障害のあらゆる類型」という言い回しは、恐らく死刑を宣告された多数の人々に適用されるであろう[28]。

　それにもかかわらず、国際社会は、精神疾患や知的障害についての対話を何ら進めていない。この対話のための有効な出発点は、最近改正された「国連被拘禁者処遇最低基準規則」（「マンデラ・ルール」）であろう。規則39.3は、以下のように規定する。

　　規律上の制裁措置を科す前に、刑事施設当局は、被拘禁者の精神疾患または発達障がいが、規律違反に対する非難の基礎をなす行いや違反行為に寄与しているのか否か、およびどのように寄与しているかを考慮しなければならない。刑事施設当局は、精神疾患ないし知的障がいの直接の結果であると考えられる被拘禁者のいかなる行為にも、制裁措置を科してはならない。

　規則39は、精神障害は、減軽因子（「被収容者の精神疾患あるいは知的障害が、彼あるいは彼女のふるまいにいかに*影響したか*」）とみなされなければならず、罰則をいっさい科さない（「*刑務所管理者は、加入ふるまい……それは彼または彼女の精神疾患または知的障害の直接的な結果であるとみなされる……に対して一切の制裁を課してはならない*」）ことを正当化するものだということをみなさなければならないと認めている。そしてこの評価を行うために、刑務所管理者は、その領域の適格な専門家から情報を与えられなければならないのである。

　もう一つの課題は、資金的な制約と人的キャパシティの不足である。しかし、限られた資金と有資格の精神科医の少ない国々であっても、精神障害を持つ人々の保護を強化する方法は存在する。たとえば、（筆者の知るところ

で）現在のところ有資格の精神科医のいないマラウイでは、弁護士と精神保健従事者のチームが、精神遅滞や脳障害、精神疾患について死刑囚をスクリーニングするための質問を開発している。この質問は、ボランティアや学生、パラリーガル、精神医学についての基礎的な訓練を受けた者などによって実施される。もし受刑者の応答が精神疾患の可能性を示唆する場合には、チームは精神保健従事者に注意喚起し、その被収容者に問診を行う。知的機能を査定するために、精神保健従事者たちは、さまざまな文化的背景を有する、読み書きのできない被収容者たちに用いることのできる非言語知能検査である「レーヴン漸進的マトリックス（Raven's Progressive Matrices）（訳注・アメリカの心理学者レーヴンによって1938年に考案された知能検査）の施行を始めた。レーヴン漸進的マトリックスは、マラウイの人に関して基準化されたものではないが、それでもなお、知的障害の可能性のある被拘禁者を特定するためのスクリーニング・ツールとして有用である。

　マラウイのパラリーガルは、（母親の妊娠中のアルコール摂取などの）知的障害のリスク因子や、精神疾患と同様に発達遅滞などの症候を特定するために、被収容者の家族や友人、隣人たちに聴き取り調査を行うよう訓練されてきている。次にこの情報は、被拘禁者の精神保健のより完全な状況を明らかにすることのできる、精神保健従事者に提供される。最近の複数の死刑事件において、マラウイの裁判所は、精神障害が、減刑を正当化する軽減因子であるとみなしている[29]。たとえば、2人の実子を毒殺し、自殺を図った（が、失敗した）として有罪宣告を受けた母親の事件では、高等法院は、「殺人は、彼女が精神的に不安定であったということが強く示唆される状況で行われた」と判断した。同裁判所は、「精神異常（insanity）の定義に合致するには不十分であったとしても、なお"精神的または情緒的錯乱"の証拠が、殺人の訴因についての加害者の罪を軽減する可能性があり、このことは刑の緩和において考慮されるのである。」と言及した[30]。

　このマラウイのモデルは、同じように資金難に直面する国々の手本となり得る。国際的なレベルで、外交官や学者、法律家たちは、精神障害を有する人々への国際的な保護を実行するという課題に向けて、より多くの注目と資金を充てるべきである。少なくとも国家に対し、訴訟の前後両方の、死刑に直面している被収容者の要求にかなう精神保健的査定を命じる立法や行政法規を採択するよう、強く要請するべきであろう。精神医学の領域における国際的な専門家は、このような評価を行う能力を強化するよう、南の発展途上

国（Global South）の同僚たちとの連携を構築すべきである。これらの努力を通じて、われわれは被収容者たちの精神障害の患者数についての認知度を高め、精神障害のある被収容者が死刑に処されるというリスクを減らすことができるのである。

1）米国ニューヨーク、カーネル・ロー・スクール、臨床学教授、Death Penalty Worldwide の Director、www. deathpenaltyworldwide.org。著者は、Death Penalty Worldwide の Research Director、Delphine Lourtau が、精神疾患および知的障害のある加害者に関する立法についての比較研究を行ったことに感謝する。

2）Janet Elliott, "Parole Panelists Who Urged Mercy Defer to Perry," *Houston Chronicle*, May 20, 2004.

3）Mike Tolson, "Plea Rejected, Mentally Ill Man Executed," *Houston Chronicle*, May 19, 2004.

4）Texas Execution Information Center, Execution Report: Kelsey Patterson. 2004. http://www. txexecutions. org/reports/322-Kelsey-Patterson. htm? page = 2. より入手可能（2016年8月24日閲覧）。 Mr. Patterson の優れた要約は、アムネスティインターナショナルの *Another Texas Injustice: The Case of Kelsey Patterson, Mentally Ill Man Facing Execution,* March 18, 2004. https://www.amnesty.org/en/documents/AMR51/047/2004/en/ より入手可能（2016年8月24日閲覧）。

5）1984年5月25日 ECOSOC. *Safeguards Guaranteeing Protection of the Rights of Those Facing the Death Penalty.* Res 1984/50 ［以下「ECOSOC Safeguards」］。

6）ECOSOC. *Implementation of the Safeguards Guaranteeing Protection of the Rights of Those Facing the Death Penalty.* Res 1989/64（24 May 1989）; UNCHR Res 67（2003）UN Doc E/CN.4/RES/2003/67; UNGA, *Moratorium on the Use of the Death Penalty.* Res. 69/186（18 Dec. 2014）.

7）たとえば *Francis v. Jamaica,* Communication No. 606/1994, U.N. Doc. CCPR/C/54/D/606/1994, Aug. 3, 1995 や、*Sahadath v. Trinidad and Tobago,* Communication No. 684/1996, CCPR/C/74/D/684/1996, Apr. 15, 2002、*Tamayo Arias v. United States, para. 165, Case 12.873, Report No. 44/14, Inter-American Commission on Human Rights,* Jul. 17, 2014.を参照。

8）William Schabas. 1993. "International Norms on Execution of the Insane and the Mentally Retarded." *Criminal Law Forum* 4(1): 95-117: pp.114.

9）この文章で、私は「精神疾患（mental disorders）」や「精神障害（mental disabilities）」の用語に、脳損傷によって知的障害や認知障害を有する者と同様に、精神的な疾病（mental illnesses）を有する者を包含させて用いる。

10）2005年、国連事務総長は「狂気（insane）や精神遅滞が死刑という刑罰、とりわけ処刑から遮断されると回答したほとんどの国々にあっても、第7回調査によってカバーされた5年間で、死刑に直面する精神疾患や精神遅滞の人々が出現し続けている」と言及した。ECOSOC Report of the Secretary-General, *Capital punishment and implementation of the safeguards guaranteeing protection of the rights of those facing the death penalty,*

130 死刑、精神疾患、知的障害——処刑に直面する精神疾患を有する個人への保護の不足

（2005）UN Doc E/2005/3.

11) *Treatment Advocacy Center. How Many Individuals with Serious Mental Illness are in Jails and Prisons?* 参照。http://www.treatmentadvocacycenter.org/problem/conseque nces-of-non-treatment/2580（2016年8月24日閲覧）; *Olga Khazan*, 2015年4月7日 "*Most Prisoners Are Mentally Ill,*" The Atlantic. http://www.theatlantic.com/health/archive/20 15/04/more-than-half-of-prisoners-are-mentally-ill/389682/.（2016年8月24日閲覧）。

12) *Prison Reform Trust, Mental Health Care in Prisons* 参照。http://www.prisonreformt rust.org.uk/projectsresearch/mentalhealth（2016年5月19日閲覧）。

13) Santiago Almanzar, Craig L. Katz, and Bruce Harry. 2015. "Treatment of Mentally Ill Offenders in Nine Developing Latin American Countries." *J. American Academy of Psychiatry and the Law* 43: 340-49.

14) Emmanuel Akyeampong, Allan G. Hill, and Arthur Kleinman, eds. 2015. *The Culture of Mental Illness and Psychiatric Practice in Africa. Bloominton: Indiana University Press.* Mental health providers are scarce in other Sub-Saharan African countries も同様。*Atalay Alem, Lars Jacobsson, and Charlotte Hanlon*. 2008. "*Community-based mental health care in Africa: mental health workers' views.*" *World Psychiatry* 7(1): 54-57.参照。www.ncbi. nlm.nih.gov/pmc/articles/PMC2327237/.（2015年2月16日閲覧）。

15) Report of the Secretary-General. 2005. *Capital punishment and implementation of the safeguards guaranteeing protection of the rights of those facing the death penalty.* UN Doc E/2005/3.

16) Amnesty International. 2016. *Death Sentences and Executions* 2015. p.7.

17) あらゆる兆候からみて、死刑囚監房の居住者の中の精神疾患の有病率は、受刑者人口の中におけるよりも高い。

18) World Health Organization. 1996. I CD-10 *Guide for Mental Retardation.* p.1.

19) ガーナ1960年刑法（Ghana Criminal Code of 1960）27条, 2003年 No. 646 によって改正された。

20) ナイジェリア刑事訴訟法222-224条, Laws of the Federation of Nigeria Ed. 2000 Ch.80, 1945年1月1日、2000年12月31日改訂。

21) *Atkins*（n 32）（引用省略）.

22) 注目すべき例外として、ジャマイカの刑法は、「発達の停止または遅滞した状態、または疾患や外傷によって引き起こされた固有の原因」に起因した「精神の異常（abnor-mality of mind）」を来した人物は、「彼の責任能力（mental responsibility）の実質上の損傷」のために、謀殺罪で有罪宣告を受けることができないと規定する。ジャマイカ人に対する犯罪法（Jamaica Offences Against the Person Act）2005年、5(1)条。この規定は、時に「心神耗弱（diminished capacity）の抗弁と呼ばれる。

23) 中華人民共和国刑法（2011年2月25日改正）18条。

24) UNSG Report 2009（n 41）, para. 91（「有罪と死刑の宣告に続いて正気を失うことは稀ではなく、こうした場合、処刑は第三の保護条項（third safeguard）によって禁じられる」）。

25) これらの国々には、アルジェリアやアンチグアバーブーダ（Antigua and Barbuda）、キューバ、エチオピア、グアテマラ、日本、ヨルダン、シリア、タジキスタン、タイなどが含まれる。このレビューは、精神疾患または知的障害のある個人に対する死刑の適用に関する立法を含む88の死刑存置国家・領域の立法を追跡調査するコーネル・ロー・

スクールの Death Penalty Worldwide によって管理されるデータベース検索によって実施した。*Death Penalty Worldwide* 参照。www.deathpenaltyworldwide.org. 2016年 8 月24日閲覧)。

26) *Pipersburgh v. The Queen UKPC 11*（2008）; Inter-American Court of Human Rights, *Dacosta Cadogan v. Barbados,* 128(10), Sep. 24, 2009, available from http://www.corteidh. or.cr/docs/casos/articulos/seriec_204_ing.pdf. （2016年 8 月24日閲覧)。

27)　上記 UNSG Report 2005参照。

28)　ECOSOC. 2009. *Report of the Secretary-General: Capital punishment and implementation of the safeguards guaranteeing protection of the rights of those facing the death penalty.* UN Doc E/2010/10.

29)　たとえば、*R. v. Makolija, No. 12 of 2015(Nyirenda, J), Mar. 4, 2015; R. v. N'dala, No. 42 of 2015(Nyirenda, J), Aug. 8, 2015*　参照。

30)　*R. v. Makolija,* No. 12 of 2015（Nyirenda, J),Mar. 4, 2015, p. 10.

2.3 国際法違反のその他の死刑事例

恣意の不可避性
──死刑法における虐待というもう一つの側面

ソール・レールフロイント　Saul Lehrfreund[1]
ロジャー・フッド　Roger Hood[2]

序文

　死刑について焦点を絞り調査してみると死刑を保持している国々は、致命的な欠陥、つまり恣意性の必然性、生命に対する権利についての国際的な人権規範違反による刑罰付与の犠牲者を生み出す不公平の必然性を抱えていることが判明する。重大犯罪について、死刑が当然である場合、また、法廷が裁量で死刑判決を与える場合でも、上記の問題がある。

　国際的な標準と憲法上の要件が発展するにしたがって死刑を正当と説明するためには、死刑は、告発され有罪判決を受けた人物の権利を、不公平な裁判と処罰の選択から守る法的手続の下で偏らず公正に管理する必要がある。それは誤った判決だけでなく刑罰において差別や恣意性を避けるという方法である。

　必要的死刑（mandatory death penalty）に関する限り世界各国の判例法は、死刑を科すことが残虐で非人道的そして恣意的に生命をはく奪することであるという合意が高まっていることを示している。ウッドソン対ノースカロライナ州事件（*Woodson v. The State of North Carolina*, 1976）[3]でスチュワート判事が述べたとおり、これは、死刑判決の必然性であると述べる。「指定された犯罪で有罪判決を受けたすべての人を、特定の個人としてではなく、死刑にやみくもにさらされた不特定多数の人たちとして取り扱うのである」──つまり裁判所は、死刑裁判で適切な刑罰を決定する裁量権を奪われているのである。

　これが必要的死刑を廃止する決定的な理由ではあるが、一方では、裁量に任された死刑に置き換えて、法律あるいは判決手続のガイドラインを信頼できる明白な範疇に制限する、そして、「もっとも重大」な殺人の条件を、その動機とさらに深刻な犯罪に関わる性向が「改善」不可能と考えられる人物

のみが「死刑に値する」ということに限定することによっては、恣意性の問題を避けることが、不可能であることを証明する証拠もあがっている。これは、そのような重大な判決を行うことに含まれる主観性という避けがたい要素があるためである。それは、立法者が殺人と死刑に値するその他の犯罪のタイプ並びに状況を慣習法（law）で分類し、成文法（statute）で定義しようと試みることでも、あるいは、死刑の求刑をするべき事例で判決を下す際の検察当局によってでも、あるいは、自分たちが扱う（証拠によって認定される）事実が、死刑を科すことになるのかどうかを決定しなければならない判事（あるいは一部は陪審）によってでも（そのような恣意性を避けることができないため）である。

　恩赦や代替刑を求める権利を提供するという、異なった方法で死刑を制限しようとする試みは（たとえ死刑が完全に廃止されるまでは必要だとしても）受け入れることのできないものである。というのは、このことは恣意性と差別の傾向がある政治システム——法のではない——によって死刑か終身刑かという問題が決定されるということを含んでいるからである。

　紙幅の余裕がないので本稿ではこの点の詳細を十分には言及できない。したがって、次の点に焦点を合わせて指摘するつもりである。すなわち、憲法裁判と立法の改革の組み合わせによって必要的死刑に対する支持が弱められているだけではなく、法律で死刑を維持しているほとんどの国では処刑は行われていない——まったく行われないか、少なくとも法が要求する規模だけである——ということである。さらにそのことを明らかにする証拠があがっている。世論調査によって、国民の抽象的な意味での死刑に対する支持が高い国においてさえも、そういった調査への回答者のほとんどは、具体的に死刑事例の実際に直面した場合には、その「*必要的*」処罰を支持しない。かくして、必要的死刑からいかなる正当性もはく奪される。最後に、最近の批評によれば、もっとも制約された制限的な死刑制度でも、その恣意性という重大欠陥を克服することは不可能であったことが明らかになった。

死刑存置国における必要的死刑

　法律で死刑を維持している国が確実に減少している中で——現在では88カ国——39カ国だけが、ここ10年間で法による執行を行ったことがわかっている。これらの「活発な死刑執行国」の中でもわずか14カ国（あるいは16カ国

かもしれない）のみが、必要的死刑を維持している。このうち３カ国を除いた国々では、殺人と通常のほかのいくつかの犯罪にシャリーア法（イスラム法）のもとでの死刑を適用している[4]。シャリーア法の下では必要的死刑は行われない可能性がある。なぜなら、キサース（qisas：イスラーム刑法に定めのある刑罰の一つで、裁判官の監視の下、被害者が蒙ったのと同様の苦痛を加害者に与える刑罰のこと）の原則が殺人被害者の家族が加害者の罪を許すこと、あるいは死に対する補償として償い（diya：ディーヤ　賠償金）を受け取ることを認めているからである。実際上、私的な減刑制度にも似たこの仕組みは、事例の特徴と関係者たちの共感次第で自己責任によって適用される。

　したがって、宗教に関係なく法体制の下で必要的な死刑を積極的に維持しているのは、３カ国のみである。すなわち、マレーシア（殺人、麻薬取引、拳銃による犯罪に対して）、ナイジェリア（殺人、国家が適用するシャリーア法における広範囲な犯罪に対して）、そしてシンガポール（故意の殺人、麻薬取引、その他拳銃による犯罪のいくつかに対して）である。しかし、マレーシアでは必要的死刑が現在、再検討されている。シンガポールでは近年その範囲が制限されている[5]。そしてナイジェリアでは、他のイギリス連邦諸国では成功した憲法上の異議申立てに影響を受けやすい。さらに、死刑が必要的な場合でも、それが規則どおりに執行されるということを意味しているわけではない。マレーシアの副首相は、2016年３月末に、2010年から2016年３月までに死刑を宣告された人の数は829人だが、この間に死刑が執行されたのは12人にすぎないと、発表した[6]。

　その上、他の13カ国は必要的死刑を維持しているが、国連からは事実上は廃止国とみなされており、すくなくともここ10年間は１人も執行していない[7]。重要なことは、これら諸国では必要的死刑を科すことは、科された人にとって、いまだに多くの否定的な結果をもたらすということを認識することである。とくに彼らの運命についての政府のこれからの政策が不確かなままで、劣悪な独房に監禁されていることである[8]。

必要的死刑への挑戦
──国内および国際訴訟

　米国最高裁、インド最高裁、イギリス枢密院司法委員会、バングラデシュの最高裁判所、ウガンダとマラウイの最高裁判所、米州人権裁判所、米州人

権委員会と国連人権委員会はすべて同じ結論に達した。すなわち、犯罪の重大さ、犯罪が行われた環境に関連した軽減の状況、そして有罪が宣告された人物の特性を考慮した司法的裁量なしには、死刑を科すことはできない。それゆえ、死刑を必要的（義務的）に科すことを禁止することは、ほぼ国際人権規範の「*強行規範（ユス・コーゲンス）*」となりつつある。以下は、その決定に関しての短い総括である。

1976年に「ウッドソン対ノースカロライナ州事件」[9]（*Woodson v. North Carolina*）および「ロバーツ対ルイジアナ州事件」[10]（*Roberts v. Louisiana*）でアメリカ最高裁判所は、疑いなく処罰がなされるべき、実にひどい殺人のみに死刑を限定することで、恣意性を避けることを目指した修正法に含まれている殺人に対する必要的死刑宣告を無効とした。それは人間性を根拠としたものである。

死刑事例においては、憲法修正第8条に内在する人間性に対する欠かせない尊敬の念が、死刑を科す過程での憲法上不可欠の要素として、個々の犯罪者の特性と履歴および特定の犯罪の状況に対する考慮が必要である。

バチャン・シン対パンジャブ州事件（*Bachan Sign v. State of Punjab,* 1980年）で、インド最高裁判所は、死刑は——すでに、それを科す場合には証拠として特別な理由が要求されることによって制限されていた——稀な事例[11]の最たる場合のために保留されるべきであるという判決を下した。3年後のMithu対パンジャブ州事件（1983年）[12]で必要的死刑は不釣り合いで違憲であるという判決を下した。

法の規定は、犯罪が行われた状況に留意することなく、したがって犯罪の重大性に留意することなく、終身刑と死刑の問題において裁判所が賢く慈悲深い裁量権を用いることをできなくしているので、どうしても厳しく不法で不公平であるとみなされる。

国連人権員会を含む国際法廷は必要的死刑を、国連の「市民および政治的権利に関する国際規約」（ICCPR）第6条第1項の違反であるとかねてから認めており、「米州人権協定」と「アメリカの権利と人間の義務の宣言」は、生命の恣意的はく奪、そして残虐、非人道的で品位を貶める刑罰の形態であるとみなしている。「人権委員会」の審判の例は、「トンプソン対セントビンセントおよびグレナディーン諸島事件」[13]（*Thompson v. Saint Vincent and the Grenadines*）および直近では「ジョンソン対ガーナ事件」[14]（*Johnson v.*

Ghana）である。後者は、ICCPR への選択議定書のもとでガーナ政府に対して行われた告訴における人権員会の最初の判決である。2002年、米州人権裁判所が、「ヒラリー、コンスタンチン、ベンジャミンその他対トリニダード・トバゴ事件」の事例で最初に必要的死刑に取り組んだとき、やはりすべての殺人犯罪に必要的死刑を科すことは、ICCPR の第 6 条第 1 項と同様、生命に対する権利について正式に記されている米州人権協定の第 4 条第 1 項に違反すると判決を下した。この判決は2007年の「ボイスその他対バルバドス」（Boyce al v. Barbados）事件[15]、2009年 9 月の「カドガン対バルバドス」（Cadogan v. Barbados）事件[16]の法廷へと続いた。

近年、国際的レベルで創設された説得力があり拘束力のない法学組織が、（各国の）憲法裁判所で次第に利用されるようになった。そこでは国内の憲法学において多くの事例で国際人権規範に規約を適用している。このことは、カリブ諸国、アフリカ、そして直近ではバングラデシュにおける必要的死刑の性質に対しての法的な意義申立てにおいて、とくに明らかである。そこでは国内法が、死刑に関して国際人権規範に違反していると宣言され無効とされている。結果として、刑事司法制度が多くの事例で国際人権規範に忠実にしたがって機能している――つまり、「国境を越えて一致していると説明されてきた死刑制度」の変化である[17]。

影響力の大きな、レイエス対女王陛下（Reyes v. Queen）事件[18]の裁判でイギリスの枢密院司法委員会は、殺人で有罪判決を受けた人すべてに必要的死刑宣告を行うのは、「均衡が取れず」「不適切」であり、したがって残酷で、品位を貶めるものであるとの判決を下した。その際に委員会は、国内法は国際人権規範に厳密に合わせるものであるとの解釈をした。ビンガム卿は次のように意見を述べた。

> 判決前に犯罪者にチャンスを与えないこと、法廷を促していかなる場合でも彼に死刑の判決を下させようとすることは均衡が取れず不適切であるし、本来、そうあるべきである人間として取り扱わないことは、彼の基本的人間性を否定することになる[19]。

近年、アフリカの三つの司法管区の裁判所は同様に、より軽い処罰が妥当である事例で、裁量なしに死刑を科すことは、非人道的で品位をおとす処罰を禁止している憲法に違反するとの判断を下した。この結論は、キグラ他416名対法務長官事件（*Kigula & 416 Others v. Attorney-General*, 2005年）[20]

におけるウガンダの憲法裁判所[21)]によって達せられ、その後ウガンダ最高裁によって、またツオボーイ・ジャコブ対マラウイ共和国事件（*Twoboy Jacob v. The Republic*)[22)]におけるマラウイ控訴院によっても支持された。

　同じような結論は、2010年にバングラデシュ法律扶助（*Bangladesh Legal Aid*）と Services Trust 対バングラデシュ（*Shukur Ali*）事件（*Bangladesh Legal Aid and Services Trust v. Bangladesh*（*Shukur Ali*)[23)]）において導かれている。そこでバングラデシュ高等裁判所は、レイプをしたのち女性あるいは子どもを殺害して有罪判決を受けた人物に必要的死刑を科すことを規定している「女性と子どもの抑圧防止（特別）法」のセクション6（2）が憲法違反であることを宣言した。判決は、2014年にバングラデシュ最高裁判所により支持された。最高裁は次のように強調している。「決定の妥当な基準となるものは、司法上のものであり、（処罰を）実行する機関によるものではない」[24)]。

　上述の憲法裁判所は、それゆえ近年死刑の適用に介入主義的アプローチで取り組んでいる。そうすることで、死刑をなくして司法的裁量を導入した。それとは逆に、シンガポール[25)]とガーナ[26)]の法廷はこのやり方を認めていない[27)]。シンガポール控訴裁判所とガーナの最高裁判所は、死刑法の修正はもっぱら議会の問題であり法廷の問題ではなく、そのようなものとして司法の抑制と立法機関への敬意の精神に導かれてきたのであると強調した。にもかかわらず、シンガポール政府が、必要的死刑の規定を修正し、ガーナ政府が執行の停止を維持して、それが死刑廃止を約束するものであると声明したという事実[28)]、これは単なる司法制度の役割についての古臭い考え方である。それは司法の責任の放棄であると非難された。裁判官が憲法について解釈する権限を与えられているのであれば、それは彼が、何が非人間的、あるいは非人間的ではない取扱いなのかをはっきりと言わなければならないということである[29)]。

政治問題
──国民は必要的死刑を求めているのだろうか？

　必要的死刑（もちろん通常の死刑も）を廃止することの要求に抵抗を続けている諸国がしばしば主張していることは、世論の支持なしにそうすることで、法と国家の威信および刑事司法制度への尊敬の念を弱体化させるだろうということである。そういった国々は、問題の核心がただ法律学の理論的原

則と人権によって決定されるということを認めず、法制度の執行者と同様に一般大衆の意志と許容を反映するべきであると強く主張している[30]。

　死刑を維持している諸国は、最近まで、必要的死刑に関しての市民や専門家の意見の経験的証拠というものがなく、そのかわりに、死刑を支持する一般の考え方を反映した世論調査に頼っていた。そういった国々の中で、トリニダード・トバゴとマレーシアの２カ国は、ここ５年内に行われた世論調査が公表されており、それによると回答者のほぼ90％の人が死刑に賛成であると答えている。ただし、トリニダード・トバゴでは[31]、殺人、マレーシアでは殺人、麻薬取引と銃による犯罪で有罪判決を受けた者の必要的死刑への賛成は少数にすぎなかった[32]。トリニダード・トバゴでの裁判官、検察、弁護士への追加的な調査では、柔軟性を欠いた必要的死刑を維持することに対する支持は非常に低い水準だった[33]。

　世論調査による知見はきわめて矛盾のないものであった。そもそも、一般住民での調査（トリニダード・トバゴは1,000人、マレーシアは1,535人）では、自国における法律と死刑に関して十分な知識をもった人は少数に限られているということがわかった。もちろん、マレーシアでは10人のうち４人は、殺人と麻薬取引にだけ死刑判決が下されるということを知っていた。必要的死刑がどういうことかという情報を与えられてから、回答者は単純に次のような質問を受けた。それは、あらゆる人に対して死刑を適用することに賛成するのか、あるいは裁判官が状況に従って、死刑を選択するのかしないのか決定するのを認められるべきかどうか、賛成の場合は、積極的に賛成するのか、あるいは単に裁判官に裁量を与えるよりはむしろ死刑に賛成したほうがいいのかどうか、という質問であった。

　トリニダード・トバゴでは、わずか26％の人が必要的死刑に賛成であったが、そのほとんどは「積極的」な賛成であった。マレーシアでは、割合はさらに高い。56％の人が殺人に対しての必要的死刑に賛成であると述べた。麻薬取引は、その麻薬の種類によって、賛成が25％〜44％の間になる。そして45％の人が、たとえ殺人を犯していなくても銃による犯罪に対して賛成と答えた。この三つの犯罪に対しての必要的死刑に賛成だと答えた人の大部分は「積極的に賛成」と述べた。

　必要的死刑に賛成すると述べた人たちが「観念的」にそうなのかどうかを検証するため、回答者のサブサンプルは典型的な事例が示された。それは、それぞれ悪化要因（加重要因）を伴ったものと減軽状況を伴ったもので、こ

れらの国の法廷で裁判を受けるかもしれないものである。必要的死刑に賛成であると述べた人たちが、自らの発言に首尾一貫して行動するならば、彼らは判断を要求されたすべての事例で適切な刑として死刑を選択するだろうことが予想された。

　結果はまさに暴露的であった。トリニダード・トバゴでは、殺人に対しての必要的死刑に賛成すると述べた26％の人たちの中のわずかな人たち（39％）だけが、彼らが判断を求められた三つの事例すべてで実際に死刑の「判決を下した」。これは全サンプル数1,000人のうちのわずか10分の1にすぎない。全サンプルを考慮に入れると、裁量に任された死刑を支持する人たちを含めて、わずか20％の人たちが、判断を求められた三つの事例すべてで死刑が適切な刑罰であると考えていた。マレーシアでは殺人に対する必要的死刑を支持すると述べた56％の人たちのうち、わずか14％の人が実際に、彼らが判断した殺人のモデルケースすべてに対する適切な刑罰として死刑を支持すると述べた。これは殺人のシナリオを判断した回答者すべてのうちのわずか8％である。同様に、麻薬取引に関しては8％の人だけがすべてのモデルケースに対して死刑を選択した。実際に、殺人、麻薬取引、拳銃による犯罪（全部で12事例）のすべての例で、死刑が相当であると判断したのは100人のうち1.2人にすぎない。これは、マレーシアでのそういった広範囲に及ぶ犯罪への強制的な抑止制度に対して、実質的には支持が得られていないという決定的な証拠であった。

　必要的死刑に関する刑事司法専門家の見解として、われわれが知る唯一（最良）の研究は、トリニダード・トバゴで行われた。最高裁判所から16名、ベテランの検察官22名、刑事裁判所（Criminal Bar）から13名、合わせて51名が、現状維持（status quo）に賛成かどうかの質問を受けた。わずかに、裁判官1名、刑事裁判所のメンバー1名、そして検察官の2名（ちょうど全体の8％）が現状の法律に満足しており、ほぼ3分の2の人たちは、適用のための指針を備えた殺人のすべての事例に対する裁量制度か、もしくは完全な廃止を支持した。

　これらの国々から得られる証拠で明らかになったことは、これら諸国で死刑を支持し続けている大部分の市民は、死刑は、関連する事実——状況的、環境的、個人的な——すべてを熟慮したのちの裁量で運営されなければならないということ、そしてそのことが、死刑が行き過ぎた不釣り合いで不相応な刑罰ではないという保証をすることができることを信じているということ

だ。確かに、世論が必要的死刑を放棄する政治的決断の障壁になるだろうということを示唆する証拠はなかった。

生命に対する権利を恣意的にはく奪することへのこだわり
——インドの経験

　上述において要約した国際法廷と憲法裁判所での数々の事例で明らかになったように、死刑が制裁として利用できる限り、死刑裁判における司法の量刑手続での裁量は憲法上の必要条件である。必要的死刑の廃止によって、死刑裁判で有罪判決を受けた各人に対しての妥当な判決は、すべての状況（証拠）が死刑の目的に適合しているかどうかの判断に至った場合には、個々に違ったものとならなければならいことが求められることで、ほとんどの国では、死刑が宣告される数が大幅に減少した。このことは当然に、死刑囚監房にいる人の数を削減し、必要的死刑の宣告が明らかに行き過ぎで妥当でない場合に恩赦を与えるかどうか、行政の決定に頼るということを限定的なものとした（しかし、まったくなくなったわけではない）。これは、死刑の禁止という国連の政策に向かっての正しい一歩であるが、死刑での裁量権適用を認めるように単純に法律を変えれば、恣意性をなくすことができるという考えは、実際には誤りである。有罪を宣告された人の中で死刑相当として選ばれるべき人物に対しての恣意的な判決を除外することを可能とするだろう裁量的死刑の管理システムは、そのガイドラインが制限的であったとしても、立案することは不可能であるということが、納得のいくように説明されてきた。その上、死刑を宣告され刑が執行された人たちは、死刑相当の罪で有罪を宣告された人たちの中でもさらに、もっとも力のない人たちのようである。多くの文献や司法上の経験がこの結論を支持している[34]。この小論稿において、われわれはインドの経験に注目してみる。2015年にインド法律委員会（the Law Commission of India）は、当初、大幅に進歩した修正であると思えた、死刑を制限するための裁量の制度を、不備があるので通常犯罪では撤廃するという結論を出した[35]。

　インドでは、記録された殺人の数と殺人の罪での有罪判決の数に関して、死刑の判決が科された数が非常に少ない。2012年でいえば、97人が死刑判決を受けたが、その年は34,000件以上の殺人が記録され、殺人の罪で有罪判決を受けたのは7,000人以上である。殺人の結果、死刑判決が科されることになる確率は、たったの0.3%である。死刑の執行は非常に稀である。1995年

以降、「通常の」（テロリストに触発されたものではない）殺人に対して死刑が執行されたのはわずか1件——2004年に執行された、子どもへのレイプと殺人に対してのもの——だけである。これは10億以上の人口の中で20年間に行われた殺人に対して死刑執行が1件という割合である[36]。それにもかかわらず、インドでは、死刑の宣告が引き続いてなされ、現在少なくとも477人の死刑囚が残酷で精神的ストレスのもとに置かれた状態にある。インド法律委員会は問題を以下のように特定した。すなわち、バチャン・シン（Bachan Singh）の裁判で最高裁が設定した、判決を言い渡すガイドライン、およびその後の判決が「異例中の異例」な事例のみに死刑の適用を制限しようとしたことが、殺人の罪で死刑の判決を受ける者の比率を減じたのではあるが、一方では、犯人が死刑を免れた、他の多くの殺人の事例と比較して、「異例中の異例」の部類に入ると判断された犯罪を犯した人物を選定する場合の恣意性を避けることができなかった、ということである。

　インドの法律委員会は、その重大関心事を、死刑は恣意的かつ気まぐれに科されてきたと表現した。もちろん、最高裁判所は数多くの機会に死刑事例の判決の恣意性についての懸念を表しており、始めは「異例中の異例」の事例を、主観的に、さまざまに、一貫性なく適用していたことを認めた。この原則を適用することは、認識できる決まったやり方に従ったものではなく、合意された信頼できる量刑手続の原則に基づいたというより、むしろ判事の個人的偏向によってしばしば科される死刑宣告と重大な不一致が生じた。

　インド法律委員会は、最高裁判所の陪審員団を含めて、いろいろな法廷で、似たような事実と状況での事例で、調和と一貫性を欠いた状態で、まったく逆の結果が生じたということを指摘している[37]。インドにおける通常犯罪に対する死刑の廃止を提言する中で、インド法律委員会は次のように結論を述べている。

　死刑判決から恣意性を取り除くための原則に基づいた方法は存在しない。事例による相違を考慮に入れずに、犯罪を柔軟性を欠いた状態で標準化・カテゴリー化することは、さまざまな事例を同じ土台に乗って恣意的に取り扱うことになる。「バチャン・シン」（Bachan Singh）事件で最高裁が設定したフレームワークほど明確でないフームワークはどれも失敗している。

　インドで適用されているガイドラインの原則の多くは、カリブ諸国とアフリカ諸国ですでに適用されており、そこでは必要的死刑の廃止後に同じような規範を適用した、ということは指摘しておかなければならない。

結論

　死刑が必要的なものであろうと、裁量に任されたものであろうと、究極的には恣意性の要素なしに執行できるという周知の方法はない。憲法裁判所と世界規模で必要的死刑を実質的に廃絶した国際人権裁判所の考えかたと同様に、裁量の制度は、必要的スキームよりは確実に望ましい。選択的な裁量制度でも人権違反の犠牲者を生み出すことをインドの経験が示している。死刑存置の諸国は——それが必要的か裁量に任されたものかどうかにかかわらず——その実施において不可避的に伴ってくる虐待、差別、不公正、誤り、残酷さといった動かぬ証拠に直面している。必要的死刑の廃止は、それゆえ、正しい方向への第一歩としてみなされるのである。しかしながら、死刑の執行と強行は、今後も常に生命に対する権利を侵害し、残虐で残酷で品位を貶める刑罰の禁止に違反するだろう。世界中の国の大部分は現在、唯一の解決はすべての死刑を廃止することであると認めている。

1）　ソール・レールフロイント彼は英国レディング大学ロースクールの死刑プロジェクト（The Death Penalty Project）の共同主責任者であり、客員教授である。

2）　ロジャー・フッドは、英国オックスフォード大学オールソウルズカレッジの犯罪学の名誉教授であり特別研究員である。

3）　428 US 280（19760）

4）　シャリーア（イスラム）法の下で必要的死刑を適用する積極的な存置国は以下のとおりである：アフガニスタン、イラン、クウェート、リビア、ナイジェリア、パキスタン、パレスチナ当局、サウジアラビア、スーダン、イエメン、およびアラブ首長国連邦、死刑廃止のウェブサイト（www.deathpenaltyworldwide.org）（2016年8月24日に閲覧）では、ソマリア、南スーダンが殺人に対して必要的死刑を適用してる可能性があるが、確実ではない。

5）　Wing-Cheong Chan. 2016. "The Death Penalty in Singapore: in Decline but Still Too Soon for Optimism." *Asian Journal of Criminology*, forthcoming.を参照。

6）　Reported in Hands *Off Cain eNewsletter*, 15, 61, March 31, 2016.

7）　これらの国は、バルバドス、ブルネイ（シャリーア）、ギニア、カタール（シャリーア）、ミャンマー、ガーナ、ケニア（武装強盗支持者に対して）、モルジブ、ニジェール、スリランカ、タンザニア、ケニア、トリニダード・トバゴである。

8）　ケニアでは最近、必要的死刑に関して控訴審で相反する2つの判決がなされた。（*Mutiso v. Republic*　[2011]　1 E.A.L.R; and *Mwaura v R*, Crim. App. 5/2008　[October 2008, 2013]）. 2016年3月、ケニア最高裁判所は、ムルアテツとマギ対共和国（2015年の第

15号と第16号）*Muruatetu and Mwangi v. Republic*（Petitions Nos. 15 and 16 of 2015）における必要的死刑の合憲性についての議論を聴取した。この事例は、異なる控訴審陪審団における不一致／対立を解決するだろう。結果は、必要的死刑の判決を受け、上訴権も使い果たした2,500人以上の死刑囚に密接に関わってくる。

9）　上記注を参照。

10）　431 US 633（1976）.

11）　*Bachan Singh v. State of Punjab* 2SCJ 474（1980）.

12）　2 SCR 690（1983）.

13）　（Communication No. 806/1998），U.N. Doc. CCPR/C/70/D/806/1998, at para.8.2.同様に、*Kennedy v. Trinidad and Tobago,*（Communication No. 845/1998），U. N. Doc. CCPR/C/74/D/845/1998；*Carpo v. The Philippines,*（Communication No. 1077/2002），U.N. Doc. CCPR/C/77/D/1077/2002；*Lubuto v. Zambia,*（Communication No. 390/1990），U.N. Doc. CCPR/C/55/D/390/1990/Rev.1；*Chisanga v. Zambia,*（Communication No. 1132/2002），U. N. Doc. CCPR/C/85/D/1132/2002；*Mwamba v. Zambia,*（Communication No. 1520/2006），U.N.Doc. CCPR/C/98/D/1520/2006.

14）　*Johnson v. Ghana*（Communication no 2177/2012），U. N. Doc. CCPR/C/110/D/2177/2012（March 27, 2014）.

15）　米州人権裁判所、2007年11月20日の判決。

16）　米州人権裁判所、2009年9月24日の判決。これらの決定に続いて、バルバドス政府は、必要的な死刑を廃止することを約束している。

17）　Andrew Novak. 2014. *The Global Decline of the Mandatory Death Penalty: Constitutional Jurisprudence and Legislative Reform in Africa, Asia and the Caribbean.* Ashgate Publishing.を参照。

18）　2 AC 235（2002）. 次も参照 *R v. Hughes* 2 AC 259（2002）; *Fox v. R* 2 AC 284（2002）; and *Bowe and Davis v. The Queen* 1 WLR 1623（2006）.

19）　 2 AC 235（2002）at para. 43.

20）　Constitutional Petition No. 6 of 2003, Judgment of 10 June 2005.

21）　*Attorney-General v. Kigula* UGSC 15（2008）.

22）　Criminal Appeal Case No. 18 of 2006, Judgment of 19 July 2007.

23）　30 B.L.D. 194（2010）（High Ct. Div. of Bangladesh Sup. Ct.）.

24）　*Bangladesh Legal Aid and Services Trust and others v. The State*（Appellate Division, Supreme Court of Bangladesh）（5 May 2015）.

25）　*Yong Vui Kong v. Public Prosecutor* 2 S.L.R. 491（2010）.を参照。

26）　*Johnson v. Republic* S.C.G.L.R 601（Ghana）（2011）. を参照

27）　トリニダード・トバゴについては、マシュー対トリニダード・アンド・トバゴ事件1 AC 433（2005）Matthew v. State of Trinidad and Tobago 1 AC 433（2005）で、枢密院司法委員会は、トリニダード・トバゴの憲法の中で「言葉足らず」（条項を節約した）のために、必要的死刑が残酷で残虐なものとなっているが、議会のみが法律を無効にすすることができるということを留保した。同じ日、枢密院司法委員会は「ボイスおよびジョセフ対国」の事件で *Boyce and Joseph v. The Queen* 1 AC 400（2005）バルバドスの憲法に関して同じ結論に達した。

28）　最近のガーナでの世論調査の研究によると、首都アクラの住民のサンプルのうち、半分以上が現在死刑の対象となっている三つの犯罪すべてに対しての死刑の廃止を支持し

ているように見える。See Justice Tankebe, K.E Boakye and A.P. Atupare. 2015. *Public Opinion and the Death Penalty in Ghana*, Accra: Centre for Criminology and Criminal Justice.

29）　Andrew Novak. 2015. "The Abolition of the Mandatory Death Penalty in India and Bangladesh:A Comparative Commonwealth Perspective." *Global Business & Development Law Journal* 28　を参照。

30）　Roger Hood and Carolyn Hoyle. 2015. *The Death Penalty. A Worldwide Perspective* (5th ed.). Oxford: Oxford University Press. Chapter 10: "A Question of Opinion or a Question of Principle";and Mai Sato. 2014. *The Death Penalty in Japan. Will the Public Tolerate Abolition?* Weisbaden: Springer V.S. を参照。

31）　Roger Hood and Florence Seemungal, 2011. *Public Opinion on the Mandatory Death Penalty in Trinidad,* London: The Death Penalty Project.

32）　Roger Hood. 2013. *The Death Penalty in Malaysia. Public opinion on the mandatory death penalty for drug trafficking, murder and firearms offences,* London: The Death Penalty Project.

33）　Roger Hood and Florence Seemungal. 2009. *A Penalty Without Legitimacy: The Mandatory Death Penalty in Trinidad and Tobago.* London: The Death Penalty Project.

34）　文献に関しては以下を参照。Roger Hood and Carolyn Hoyle n. 27 above, Chapter 8 "Deciding who should die: problems of inequity, arbitrariness and racial discrimination," and the contributions in United Nations. 2015. *Moving Away from the Death Penalty: Arguments, Trends and Perspectives.* Chapter 3, "Discrimination."

35）　The Law Commission of India, "*The Death Penalty,*" Report No 262, August 2015.

36）　2004年以来、インドでは3件の処刑が行われており、すべてがテロ関連の犯罪である: Ajmal Kasab in 2012; Afzal Guru in 2013 and Yakub Memon in 2015.

37）　Surya Deva. 2013. "Death Penalty in the 'Rarest of Rare' Cases: A Critique of Judicial Choice-making." In Roger Hood and Surya Deva, eds., *Confronting Capital Punishment in Asia: Human Rights, Politics and Public Opinion.* Oxford: Oxford University Press. pp. 238-286. を参照。

国際法違反の死刑事例
──アムネスティ・インターナショナルの懸念

サリル・シェティ　Salil Shetty[1]

　2015年には四つの国が死刑を完全に廃止した後、世界の大部分の国がすべての犯罪に対して廃止措置をとっているという重大な目標を達成した。死刑存置国の大半は実際にそれを使用しておらず、依然として執行している少数の国は、しばしば国際法に定められている禁止や制限に違反している[2]。

　アムネスティ・インターナショナルの主要な関心事項の一つは、もっとも重大な犯罪──死刑を科すことを国際法のもとで限定されなければならない犯罪、そしてそれは意図的な殺人であると解釈されてきた──という条件に適合しない犯罪に対して死刑が引き続き適用されていることである[3]。この国際法の違反は大部分は薬物関連の犯罪と関連したものであり、2015年における死刑の犠牲者のかなりの割合はそういった犯罪で有罪判決を受けた者である。

　したがって本稿では、アムネスティ・インターナショナルが記録しているいくつかの薬物関連の事例における死刑の執行と国際法の違反について詳細に考察する。それはさらに、外国人同様に経済的・社会的に恵まれない状態にいる人々が死刑に直面したとき、いかにして彼らの権利がより大きく侵害される危険があるかを強調している。また、死刑を科すことの結果生ずる問題に関しての国の政策にみられる矛盾についても考慮されている。

薬物関連の犯罪に対する死刑

　不公正な裁判の後、麻薬取引で有罪判決を受けたトルコの男性アリ・アギルダスは（Ali Agirdas）、2014年11月20日にサウジアラビアで死刑執行された。2018年にリヤドの一般法廷で有罪判決と死刑の判決を受け、その後判決と刑は控訴審と最高裁判所で維持され、サウジ国王によって裁可された。

　アリ・アグリダスには取調べ中に通訳や弁護士はつかなかった。唯一、控訴中に弁護士の助けを受けただけで、取調べ中に署名をした供述書に基づい

て、有罪の判決を受けた。供述書はアラビア語で書かれていて、彼は話すことはすこしできても読むことはできなかった。そして麻薬の取引で有罪とされたのである。彼が無罪であると主張していたのにもかかわらず、である。裁判の間、彼は自分が署名をした時、供述書に何が書かれていたか知らなかったと法廷で述べた。

　しかしながら、彼の事例における死刑の影響は、彼にのみにとどまらず、また彼の処刑によっても終わらなかった。彼の家族は、彼の処刑が間近だということを知らされず、彼もまた知らされてはいないということが、11月19日——処刑の1日前——彼からの最後の電話によってもわかる。彼の家族は11月20日の午後に彼の死を初めて知ったが、その時に、彼らの親戚や近所の人たちが、サウジ・プレス・エイジェンシー（Saudi Press Agency）の公式サイトに彼の処刑が報告されていることを家族に伝えたのである。それからほぼ2年間、彼の家族は彼の遺体を返してくれるよう役所に要求しているが、うまくいっていない。今日まで、家族は、遺体がどこに埋葬されているのかも知らされていない[4]。

　アリ・アグリダスの事例は、不幸にも近年における薬物関連の犯罪での死刑の適用に関して、アムネスティ・インターナショナルが記録した事例で、決してたった一つのものではない。2015年にアムネスティ・インターナショナルが全世界（中国を除く）[5]で記録した1,634件の処刑のうち685件は薬物関連である。これの意味しているところは、すべての周知の処刑の中で42%という驚くべき数が、国際法と国際標準の下では死刑にさえするべきでない犯罪に対して執行されたということである。

　「市民的および政治的権利に関する国際規約」（ICCPR）は、死刑廃止を究極的な目標に置いているが、死刑の適用を「もっとも重大な犯罪」にはっきりと限定している。国連総会は、「死刑に直面している者の権利の保護の保障」[6]を投票なしで承認した際に、この保護規定（セーフガード）を繰り返し表明した。それは、明確につぎのように述べている。「死刑を廃止していない諸国は、死刑の適用を、もっとも重大な犯罪にのみ科すことができる。その範囲は意図的な犯罪——『致命的もしくはきわめて重大な結果』*with lethal or other extremely grave consequences*" をもたらす——を越えるものであってはならない、と理解される」（『』強調訳者）。

　ICCPR の説明の任務を負った機関である国連人権委員会は、非常に多くの機会で薬物関連の犯罪が「もっとも重大な犯罪」[7]の基準に合致していな

いことを理解しており、そのことは国連の他の独立した専門家[8]からも繰り返し言われている。このことは、ごく最近、2012年に国連の恣意的処刑についての特別報告者が、その報告の中で、「国内法の規定は、死刑宣告は必要的なものであってはならず、死刑は、意図的な殺人を伴う犯罪に対してのみ科されるべきである。この要件を満たさない限り、薬物関連の犯罪に死刑を科すことは認められない」と公式に述べたことへと進展した[9]。

　しかし、麻薬取引あるいは麻薬の所持といった異なる罪を含んでいることが考えられる薬物関連の犯罪に対して、現在33カ国[10]で死刑で処罰されるか、またはその可能性がある。このうち、おおむね3分の1の国のみが、ここ数年内にそういった犯罪に対して死刑を宣告したり処刑を行ったが、このことは、国際法が求めていることへの満足のいく答えではない[11]。

国際法の追加違反
——不公平な裁判、少年犯罪者に対する死刑の執行および必要的死刑

　死刑が使用される可能性のある犯罪を制限することの違反に加えて、薬物関連の犯罪に死刑を使用している諸国は、そうすることで、しばしば適正手続のもっとも基本的な保障に違反している。死刑の可能性のある罪で告発されている人びとは、国際人権法と基準の下で、完全に公正な裁判の保障と信頼できる追加的保護規定が、もっとも厳格に順守される権利を有している[12]。依然として死刑を維持している諸国の行政当局は、自分たちは国際法と基準に設定されている制限の条件にあわせて、この刑罰を適用していると、しばしば主張してきた。しかし、アムネスティ・インターナショナルは、薬物関連の犯罪で有罪判決を受け、あるいは死刑の判決を受けた人たちの事例を含む、正しいと認められた国際保護規定が無視された数多くの事例を記録してきた。このことは、多くの場合、司法行政と死刑を規制している法律が、国際法律文書と適合していないか、または法律施行の職務上の義務と司法行政が、被告人と囚人の権利を侵害するからである。

　アムネスティ・インターナショナルが文書化することができる大部分のケースでは、薬物関連の犯罪の死刑に直面している者は、恵まれない社会的・経済的背景を持つ個人であり、法的援助のための費用はほとんどまたはまったくない[13]。このことは、彼らを弁護士の立会いがなく行われる取調べで自白を引き出そうとする苦痛やその他の虐待のさらなる危険にさらすだけでなく、結果として、多くの場合は、被告人が適切な法廷代理人の便宜を受け

ず、死刑宣告に対して控訴することもできずに、はなはだしく不公正な裁判のあと処刑されることになる。訴訟手続で、公正な裁判の最高の基準が忠実に守られていない場合は、死刑を科すことは生命の恣意的なはく奪ということになる。明白な国際人権法の違反である。

　国際人権法と慣習国際法の双方とも、犯行当時18歳未満の個人に死刑を科すことを禁じている。にもかかわらず、少なくとも8カ国――バングラデシュ、インドネシア、イラン、モルジブ、ナイジェリア、パキスタン、パプアニューギニア、サウジアラビア[14]――で、年少の犯罪者が死刑の宣告を受けた状態のままである。

　イランでは、18歳未満で薬物関連の犯罪を行って有罪判決を受けた人物が死刑を宣告され処刑された。ジャナト・ミール（Janat Mir）は犯行時14か15歳だったが、2014年に薬物関連の犯罪で処刑された。モハンマド・アリ・ゼヒ（Mohammd Ali Zehi）は、アムネスティ・インターナショナルは彼も年少者だと確信しているのだが、薬物関連の犯罪で死刑の判決を受け、2008年〜2015年まで死刑囚監房に入れられていた。最高裁判所は2015年に彼の死刑判決を取り消し、再審を命じた。この論稿を執筆している現在、再審はまだ始まっていない。そして他の事例での訴訟手続から考えて、われわれが危惧するのは、法廷は犯行当時、彼が年少者であったということを認めないかもしれず、再度死刑の判決が下されるだろうと、ということである[15]。

　もっとも重大な犯罪に対しても必要的死刑が国際法に違反している[16]という事実にもかかわらず、イラン、マレーシア、シンガポールを含む数カ国[17]では、薬物関連の犯罪で必要的死刑の判決を受け、そのままの状態が続いている。相当量の禁止薬物の所持が発見された人物に対して、自動的に麻薬取引が推定されるということと相まって、このことは結果として、サハル・イザニ・ビン・スパラマン（Shahrul Izani bin Suparaman）のような人たちが死刑を科されたのと同様に、推定無罪と公正な裁判を受ける権利に対しての違反となる。

　サハル・イザニ・ビン・スパラマンは2003年9月、19歳の時に622グラムの大麻を所持していたのをマレーシア警察に発見された。量が多かったために、麻薬取引が推定され、初犯の罪で告発された。裁判を待つ間6年以上の拘禁状態が続いたが、2009年12月に麻薬取引で有罪を宣告され、必要的死刑の宣告を受けた。2011年10月12日に、控訴裁判所は彼の控訴を聴取し、同日に却下した。2012年6月26日、マレーシア連邦裁判所は彼の控訴を聴取し

却下した。マレーシア当局が彼の減刑抗弁を認めれば、死刑の執行がなくなる可能性はあるものの、彼の事例はアムネスティ・インターナショナルが記録している多くの事例の一つで、それは、国家は薬物所持で有罪を宣告された若者にはその人物の命で償わせるというものである。

さらに不利な立場にいる人たち──外国人

　もう一つ、薬物関連の犯罪に対する死刑の使用に関して目を引く事実は、多くの場合、全世界的にみて、下っ端の運び屋として逮捕され有罪を宣告された後に、こうした犯罪で死刑の判決を受け処刑された人たちの中で、外国籍の人がかなりの割合を占めるということである。しばしば外国籍の人は、刑事司法制度に直面した場合には、さらに大きく不利な立場に置かれる。その人が、適切な法的支援[18]を得ることができる金銭的余裕がなかったり、法廷で使用される言葉を話したり読んだりすることができない場合は、とくにそうである。国際法は、犯罪の罪で告発されている外国籍の人に、領事館の追加的保護と言葉の援助を提供している。母国を遠く離れ家族や知り合いの仲間たちの支援もないこういった人たちにとって、彼らの答弁を立証することや、判決手続あるいは減刑のための控訴の際に減軽要因を提出することを可能とする証拠集めを含めて、領事館の支援は訴訟手続を通して、決定的に重要な意味を持つ。しかし、このような保護規定は、常に実行されているわけではない。

　アムネスティ・インターナショナルは、当局が逮捕者の国の領事館に通知しなかったり、逮捕時から訴訟手続期間中、被告人に翻訳や通訳を用意しなかったという、数多くの事例を記録してきた。また、差別的な法律と訴訟手続は、結果として、外国籍の人が自国では利用できる控訴手段のすべてを使えなくしてしまっている。たとえば、インドネシアでは、憲法裁判所法第24/2003号は、どんな法規定の憲法上の見直しもインドネシア国籍を持つ者のみに適用することができる、と規定している。憲法裁判所は、薬物関連の犯罪に死刑を適用することの合憲性を含んだ、外国籍の者からの証拠提示の申請聴取を却下した。それでも ICCPR の締約国としてインドネシアは、効果的な救済、法の下での平等、国籍によることをも含め、差別なく法の平等の保護を保障する義務がある[19]。

　外国籍の人はまた、自国が実質的に領事館の支援を提供するのか、そして

その支援が有効性をもっているのかどうかで、自分たちが不利な立場に置かれているのを知ることができる。個人に領事館の効果的な支援を提供できるかどうかに影響する要因はさまざまであり、関係する領事館の利用できる援助と同じく、その国の死刑に関する情勢にもよる。カナダの例を挙げると、他の諸国で死刑に直面している自国民のために調停を続けたことがその過程で注目に値する結果となった。2009年に行政当局は、国外のカナダ籍の死刑囚に、政府の介入によって裁量減軽を正式に適用するよう求めるためのガイドラインを導入した。これに続いてカナダ当局はすべての事例に自動的な支援を提供するという政策の廃止を決定した。しかしながら、その直後の2015年10月19日の選挙で、新政府は、すべての事例における死刑に対して正反対の政策を再確認し、カナダの選択的減刑と介入政策を終わらせると宣言した[20]。

　犯罪で有罪宣告されている外国籍の人が直面するさらなる課題と、領事館と言葉の支援の不履行および制限は、自分自身を弁護する能力を徐々に弱まらせることになる。これは、反対に死刑執行の恣意性の危険を高めることになる[21]。

否定および集合的な責任

　麻薬関連の事件における外国人に対する領事援助の問題は、死刑の判決に対する責任が、死刑が科され実施されている国以外の国に部分的に依拠している場合である。死刑になると州の立場にある矛盾や、それが間接的にこの処罰の執行にどのように寄与することができるかということに注意を引くことができる。

　ここ数年、国内においては自国人に対しても外国人に対しても処刑を続けている一方、国外における自国人の処刑に対しては強い行動をとる国がいくつかある。たとえば、インドネシア外務省は国家麻薬庁を含む他の政府機関と密接に連動して、海外におけるインドネシア国籍の死刑囚の支援に介在している。2011年、当時の大統領スシロ・バンバン・ユドヨノ（Susilo Bambang Yudoyono）は、国外のインドネシア国籍死刑囚への弁護士と領事館の支援を提供するための調査特別委員会を設置した。2011年から2014年の間に、海外で死刑に直面していた240名のインドネシア人が死刑宣告を取り下げられ刑が軽くなった[22]。同時に国内においては、国の最高権威筋は、とくに

薬物関連犯罪に対して、処刑の続行を命じている。2015年、ジョコ・ウィドド（Joko Widodo）大統領は、「政府は薬物関連の犯罪で死刑を宣告されている人物からなされる減刑（の嘆願）は一切適用するつもりはない。この犯罪を許すことは正当化できない」と公にはっきりと述べた[23]。

また、薬物関連の犯罪に死刑を使用するということは、廃止論諸国と政府間の諸機関が、自分たちの行動の結果、死刑を科されることにはならないということをさらに確かにする必要があることを明らかにした。法の施行プログラムの連携、技術的支援の提供、死刑が科されることはないだろうという保証を求めることのない被告人の引渡し、これらは廃止論諸国と政府間諸機関を不注意にも、他国における死刑執行の責任を部分的に支援したり負ったりすることになる可能性がある[24]。たとえば、国連薬物犯罪オフィス（UN-ODC）が指導する、麻薬犬のプログラムおよびその他の取組みを援助している麻薬対策警察の訓練計画によって、イランにおける麻薬の押収の数が増加した。アムネスティ・インターナショナルによれば、イランではここ数年で薬物関連犯罪を含む死刑の執行数が増加しているのである[25]。したがって、諸政府と政府間の諸機関は、死刑の執行を含めて、すべてのプログラムと政策が完全に国際法と基準に従っていることを確認する精査を行うことが、一方では、全世界的に死刑廃止を唱導し続けることになる。

最後に、アムネスティ・インターナショナルは、諸政府が犯罪に対する「効果的な」市民の安全施策として、あるいは、薬物使用とその依存を規制する合法的な手段としてさえ、死刑を執行してきたのを実に多くみてきた。人びとを犯罪から守ること、薬物の乱用と健康に及ぼす影響に取り組むことは、政府が追求するべき正当な目的であるが、その問題にどのように取り組むのか。死刑は決して解決策とはならない。すなわち、死刑が他の刑罰の形態よりも、薬物関連を含めた犯罪を抑止する、より大きな役割を果たすという証拠はどこにもないのである[26]。薬物乱用を防ぐこと、それに伴う健康上の悪影響を減ずることに関していえば、法執行のやり方と厳罰を科すこと——その最後の手段は死刑になるが——に基づいた諸政策は、効果的でないばかりでなく[27]、逆に広範囲に及ぶ人権侵害と誤用の一因になったということが明らかになった[28]。

薬物関連の犯罪への死刑使用は、あらゆる犯罪に対する恣意的な生命のはく奪から保護することの代わりに、死刑に直面している人々の権利の保護を保障するもっとも基本的な保護規定に違反して死刑宣告を科している憂慮す

べき国の実例である。こうした人々は多くの場合、不利な状況に置かれた社会的・経済的な出自の人であり、刑事司法制度においては非常に不利な立場に置かれる。死刑が完全に廃止されるまで、諸政府は囚人と家族の権利保護を確実にする重要な役割がある。かくして、自国の政策がどこか他の場所における死刑執行をさせない一因となることも。その代わりに、われわれは皆、どんな状況においても最終的には廃止されるべきこうした人権侵害と死刑が擁護されることについて報告し続けなければならない。

1） アムネスティ・インターナショナルの事務局長。

2） 2015年の世界的な死刑執行のさらなる情報は以下を参照 Amnesty International.2016. *Death Sentences and Executions* 2015.（ACT 50/3487/2016). Available from https://www.amnesty.org/en/documents/act50/3487/2016/en/.（2016年8月24日閲覧）。

3） *Report of the Special Rapporteur on extrajudicial, summary or arbitrary executions*, UN doc. A/67/275, 9 August 2012.

4） Amnesty International. 2014. Saudi Arabia: *Urgent Action, Further information: executed, body not returned to family.*（MDE 23/034/2014). Available from https://www.amnesty.org/en/documents/mde23/034/2014/en/.（2016年8月24日閲覧）。

5） アムネスティ・インターナショナルの死刑執行に関する世界的な数字は、信頼性の高いデータを得る上での課題のため2009年以降中国を除外している。中国は死刑を国家機密とみなしている。中国の透明性の欠如と市民社会活動の制限によって、監視は妨げられている。

6） UNGA resolution 39/118 of 14 December 1984, which endorsed the UN Economic and Social　Council resolution 1984/50 of 25 May 1984.

7） UN Human Rights Committee. 2005. *Concluding observations: Thailand.*（CCPR/CO/84/THA). para. 14; UN Human Rights Committee. 2007. *Concluding observations: Sudan.*（CCPR/C/SDN/CO/3). para. 19.

8） Philip Alston. 2007. *Report of the Special Rapporteur on extrajudicial, summary or arbitrary executions.* UN Doc.（A/HRC/4/20). para. 53; 2009. *Report of the Special Rapporteur on torture and other cruel, inhuman or degrading treatment or punishment.*（A/HRC/10/44). para.66.

9） Report of the Special Rapporteur on extrajudicial, summary or arbitrary executions.（A/67/275). para.122.

10） バーレーン、バングラデシュ、ブルネイ・ダルサラーム、中国、キューバ、朝鮮民主主義人民共和国、コンゴ民主共和国、エジプト、インド、インドネシア、イラン、イラク、ヨルダン、クウェート、ラオス、リビア、マレーシア、ミャンマー、オマーン、パキスタン、カタール、韓国、サウジアラビア、シンガポール、南スーダン、スリランカ、スーダン、シリア、タイ、アラブ首長国連邦、アメリカ合衆国、ベトナム、イエメン。このリストには、犯罪のさまざまな定義と状況、死刑に至った麻薬取引、死刑には至らなかった麻薬取引、および政府職員による麻薬密売を含む。

第 2 章　被害者としての有罪判決？　　153

11)　2015年に中国、インドネシア、イラン、クウェート、ラオス、マレーシア、サウジア
ラビア、シンガポール、スリランカ、タイ、アラブ首長国連邦、ベトナム。

12)　Among others, UN Economic and Social Council resolution 1984/50 of 25 May 1984.

13)　たとえば次を参照。Amnesty International. 2015. *Flawed justice-Unfair trials and the
death penalty in Indonesia.*（ASA 21/2334/2015）. Available from https://www.amnesty.
org/en/documents/asa21/2434/2015/en/.（2016年 8 月24日閲覧）; Amnesty International.
2015. *Killing in the name of justice - The death penalty in Saudi Arabia.*（MDE
23/2092/2015）. Available from https://www.amnesty.org/en/documents/mde23/2092/20
15/en/.（2016年 8 月24日閲覧）; and Amnesty International. 2016. *Growing up on death
row-The death penalty and juvenile offenders in Iran.*（MDE 13/3112/2016）.

14)　Amnesty International. 2016. *Death sentences and executions in 2015.*（ACT
50/3487/2016）, Available from https://www.amnesty.org/en/documents/act50/3487/20
16/en/.（2016年 8 月24日閲覧）。

15)　Amnesty International. 2016. *Growing up on death row -The death penalty and juvenile
offenders in Iran.*（MDE 13/3112/2016）. p.57. Available from https://www.amnesty.
org/en/documents/mde13/3112/2016/en/.（2016年 8 月24日閲覧）。

16)　Human Rights Committee. 2004. *Pagdayawon Rolando v. Philippines.* Communication
No.1110/2002, UN doc.（CCPR/C/82/D/1110/2002）. para. 5.2.

17)　シンガポールでは、2012年に「薬物乱用法」（Misuse of Drugs Act）の下でいくつか
の判決裁量が導入されたが、被告は依然として強制死刑を宣告される可能性がある。

18)　たとえば次を参照。Amnesty International. *Flawed justice-Unfair trials and the death
penalty in Indonesia.*（ASA 21/2334/2015）. pp.40-45; Amnesty International. *Killing in
the name of justice-The death penalty in Saudi Arabia.*（MDE 23/2092/2015）. pp.24-27. 次
も参照。Christof Heyns. 2015. *Report of the Special Rapporteur on extrajudicial, summary
or arbitrary executions, to the 70th Session of the General Assembly.* UN doc.（A/70/304）.

19)　たとえば次を参照。 Amnesty International. *Flawed justice-Unfair trials and the death
penalty in Indonesia.*（ASA 21/2334/2015）. pp.45-46.

20)　Global Affairs Canada. 2016. *Canada reaffirms commitment to human rights.* Available
from http://www.international.gc.ca/media/aff/news-communiques/2016/02/15a.aspx?
lang = eng&_ga =1.43 006053.1390101966.1465782695.（2016年 8 月24日閲覧）。

21)　この件に関するアムネスティの刊行物は注14）を参照。また次も参照。*Report of the
Special Rapporteur on Extrajudicial, summary or arbitrary executions,* UN doc.
（A/70/304）. 7 August 2015, pp.16-19.

22)　Antara. 2014. *Government saves 190 Indonesians from death sentence: Yudhoyono.*
Available at: http://www.antaranews.com/en/news/95328/government-saves-190-
indonesians-from-deathsentence-yudhoyono.（2016年 8 月24日閲覧）。 See also Amnesty
International. 2015. *Death sentences and executions* in 2014.（Index: ACT 50/0001/2015）. p.
31.

23)　2015年 2 月 4 日、ジャカルタでの薬物への取組みに関する国家調整会議の開会式でジ
ョコ・ウィドド大統領の演説。http://www.setneg.go.id/index.php?option = com_con-
tent&task = view&id =8712&Itemid =26（accessed 24 August 2016）; Antara. 2014. *No
mercy for drug dealers: President.* Available from: http://www.antaranews.
com/en/news/96848/no-mercy-for-drug-dealers-president%20/.（2016年 8 月24日閲覧）。

154　国際法違反の死刑事例──アムネスティ・インターナショナルの懸念

24）　たとえば次を参照。*Report of the Special Rapporteur on extrajudicial, summary or arbitrary executions*. UN doc.（A/70/304）, 7 August 2015; and *Report of the Secretary-General to the Human Rights Council*. UN doc.（A/HRC/21/29）, 2 July 2012.

25）　Amnesty International. 2011. *Addicted to death-Executions for drugs offences in Iran*.（MDE 13/090/2011）. Available from https://www.amnesty.org/en/documents/mde13/090/2011/en/（2016年 8 月24日閲覧）。

26）　Amnesty International. 2013. *Not making us safer: Crime, public safety and the death penalty*.（ACT51/002/2013）. Available from https://www.amnesty.org/en/documents/act51/002/2013/en/.（2016年 8 月24日閲覧）。

27）　*Report of the Special Rapporteur on the right of everyone to the enjoyment of the highest attainable standard of physical and mental health*. UN doc.（A/65/255）, 6 August 2010, pp. 16–22; Degenhardt L, Chiu W-T, Sampson N, Kessler RC, Anthony JC, et al. 2008. "Toward a global view of alcohol, tobacco, cannabis, and cocaine use: Findings from the WHO World Mental Health Surveys." PLoS Med 5(7). Available from http://journals.plos.org/plosmedicine/article?id=10.1371%2Fjournal. pmed.0050141.（2016年 8 月24日閲覧）。See also Global Commission on Drug Policy. 2011. *War on Drugs-Report of the Global Commission on Drug Policy*. Available from http://www.globalcommissionondrugs.org/wp-content/themes/gcdp_v1/pdf/Global_Commission_Report_English.pdf.（2016年 8 月24日閲覧）。

28）　*Study on the impact of the world drug problem on the enjoyment of human rights - Report of the United Nations High Commissioner for Human Rights to the Human Rights Council*. 4 September 2015. UN doc.（A/HRC/30/65）.

死刑
──拷問か虐待か

ジエンス・モドビッグ　Jens Modvig[1]

　2015年に61カ国で死刑裁判が行われ、少なくとも1,998人が死刑判決を受けた。死刑判決受刑者数は、2015年末において、およそ20,000人を超え、少なくとも1,634人が2015年に斬首、絞首、薬物注射または銃殺により処刑された[2]。1991年から2015年の間に死刑を廃止した国の数が48カ国から103カ国になったというように、事実が示しているのは、死刑は減少しているということである。

　死刑判決を受けた受刑者が拷問または虐待の対象となるかどうかを考えるにあたり、（1）死刑判決をとりまく状況、（2）処刑を待つ時間および（3）処刑それ自体とそれを取り巻く状況、を個別に判断することが多分有用である。

　拷問の定義は、国連の「拷問及びその他の残虐な、非人道的なまたは品位を傷つける取扱い、または刑罰を禁止す条約（拷問禁止条約）（Convention against Torture and Cruel, Inhumann or Degrading Treatment or Punishment）の第1条で、つぎのように規定している。

　肉体的であると精神的であるとを問わず、ある者に対し、激しい苦痛を故意に加える行為であって、かつ、かかる苦痛が公務員もしくは公的な資格で行動するその他の者によって、またはそれらの者の扇動によって、あるいはそれらの者の同意または黙認によって加えられた場合をいう。ただし拷問には、合法的な制裁のみに起因し、それに内在し、またはそれに付随する苦痛を含まない（宮崎繁樹、五十嵐二葉、福田雅章編著『国際人権基準による刑事手続ハンドブック』（青峰社、1991年）547頁参照）。

　他の非人道的、品位を落とす残虐な処遇または刑罰（手短にいえば虐待）は、明確には規定されていない。拷問、虐待は、意図の存否と、その苦痛のひどさによりおそらく区別される[3]。このことは、虐待は意図的でなく特定の目的を満たすものではないが、当局が精神的・肉体的痛みや苦痛のひどさから判断するとの意味であろう。

156   死刑——拷問か虐待か

死刑は、先進国、発展途上国のいずれにも存在し執行されている。たとえば執行方法と手続、判決と執行までの待機時間、司法手続ならびに死刑判決の再審手続は、まったく異なる事情が適用される。さらに死刑判決を受けた受刑者が執行されるまでの待機、死刑判決を受けた者の数、死刑判決を受けた者の特性等に関する利用可能な情報には顕著な相違がある。ある国で、このような情報は、公開されている半面、他の国では、かかる情報は国家的な機密とされている。国連の別の機関では、機会あるごとに諸国に対しかかる情報の透明性確立を強く要請している[4]。

かくして本章で意図する問題は、死刑判決を受けた者が、彼らの判決との関連、死刑執行を待つ間や執行過程において、きびしい痛みや苦痛を受けるかどうかの危険性にある。

死刑判決に伴う拷問や虐待

死刑存置国の大多数において拷問の報告がある[5]。拷問は、警察による尋問中において自白を引き出すことによく利用されている。相当数の事例で死刑判決を受けた受刑者が、彼らが現に宣告されているが犯罪を自白させんがため拷問がなされたことを暗示している。

典型的な拷問被害は、心的外傷後ストレス障害、抑圧と心労、不眠障害、集中力不足および慢性苦痛のきびしい肉体的、精神的健康上の被害を被る[6]。拷問の心理的症状は、被害者が当てはまる条件に従って死刑囚監房に閉じ込められた場合には大幅に悪化するように思える。とくに標準的（古典的な）症状を呈している拷問の被害者はまともな医療的・精神的な治療を受けられず、症状の軽減もなされず、さらに独房や過密状態での監禁を含む対人関係の異常な状態に苦しむことになる。そういった事例は結局、虐待や、治療が意図的に拒否された場合には、拷問ということにさえなるのである。

死刑執行を待つこと
——死刑囚監房における精神異常受刑者

精神異常とは、人間の思考、知覚や気分に作用し、他人と関わる能力や日常基盤の機能に強い影響を及ぼす状態のことをいう[7]。これには、以下のような状態が含まれる。多動性障害、不安障害、自閉症、双極性精神障害、境界性人格障害、抑鬱症、解離性障害、摂食障害、強迫性障害、心的外傷後ス

トレス障害、統合失調性感情障害、統合失調症などである。

「重度の」精神疾患の人は、現在または過去 1 年に「精神障害の診断と統計マニュアル」に規定されている判断基準に合致するのに十分な期間、精神的・行動的・感情的障害があると診断できる症状を呈している成人と定義される。それは、主要な生命活動の一つ以上を妨げるか制限する機能障害をもたらすものである[8]。

国際法では、精神疾患を有する者の死刑執行を禁止している[9]。多くの国では、精神疾患のある者には刑事責任を軽減する法律があるが、判決後に発症したり、重度の精神疾患と診断された人物が必ずしも処刑されないというわけではない[10]。刑事責任の軽減が適用されたとしても、重度の精神疾患のあるすべての犯罪者が実際に特定されて刑の宣告を受けないという保証はない。合衆国において死刑囚監房のおよそ 5 ～10% が重度の神患者である、と推定された[11]。

多数の事例歴は存在しているが、死刑囚数と重度の精神疾患患者の死刑執行の実数は知られていない[12]。

死刑囚監房を含む精神衛生上の設備の必要性は、「コールマン対ブラウン（Colman v. Brown）事件」の裁判に反映されている。そこでは、法廷は、「カリフォルニア州矯正更生局」（California Department of Corrections and Rehabilitation: CDCR）下の刑務所の職員は、合衆国憲法の残酷で異常な刑罰条項に違反していると裁決した。それというのも、彼らが適切なメンタルヘルスケアを提供しなかったからである。法廷は、六つの分野を特定して、CDCR が改善を必要とするとした。すなわち、検査、治療プログラム、人材の配置、正確で完全な記録、薬の配布、自殺の予防、である。同時に、法廷は、刑務所の職員が囚人に強制的な投薬をしないことで法に違反していると判決した。最後に、管理上、囚人を独房に隔離し、囚人の保健衛生上のニーズを考慮することなくテーザー銃（訳注：電気ショックを与えるための銃）または37ミリ銃を使用するという職権乱用で囚人を罰したことにより、法に違反していると判決を下した[13]。

倫理的ジレンマを伴う特別な問題は、死刑囚監房内の精神疾患者の処遇において生じる。たとえば精神障害のような精神的無能力の囚人を処刑することはできないが、彼らの治療がうまくいって能力が回復した場合には、このことはもはや適用されない[14]。

死刑囚監房にいる囚人は――とくに、その状態の持続と不十分な精神病治

158   死刑——拷問か虐待か

療の危険性とが相俟って——虐待にさらされているようなものである。

死刑囚監房の知的障害受刑者

　知的障害者には死刑を科すべきではないという国際的合意がある[15]。知的障害とは、日常的な多くの社会的・実際的な技術を占めている知的機能と適応行動の双方に著しい制限があるという特徴をもった障害のことである。この障害は、18歳以前に始まる[16]。死刑の適格性を再検討する中で、知的障害の操作評価に関して、現在でも、多くの論争が広く行われていて、この点での国際的な基準の必要性があるように思える。

　知的障害のある者が、今もなお処刑されているので[17]、そういった人たちに死刑を宣告すること、そして彼らを死刑囚監房にとどめておくことが、虐待を構成することになるのかどうか、検討されるべきである。彼らは自分がなぜ死刑囚監房に入れられたままなのかを完全に理解することはできないのだから。

死刑囚監房の拘禁状況

　囚人が死刑を宣告された状況が、処刑を待つ間そのまま変わらず続くということは、それ自体、精神的に健康な人にとっても虐待となる可能性がある。多くの国では、監獄の状況は非常に劣悪で、その状況をそのままにすることは虐待となる。「国連拷問禁止委員会」（United Nation Committee against Torture）は、囚人が死刑囚監房にとどめ置かれたままの状況について懸念を表し、このような状況はそれ自体で、残虐で非人間的、品位を貶める取扱いであるとの声明を出した[18]。

　　アメリカの多くの州の死刑囚監房に行き渡っている清潔な独房から、カリブ諸国の一部やサワラ砂漠以南のアフリカにおける不衛生で過密状態の監獄まで、状況は多岐にわたっている。独房は、多くの囚人をして弱っている精神疾患を悪化させ、栄養不足と不衛生な過密監獄は、彼らの健康を脅かし、ある場合には死をも早めてしまうことになる[19]。

　虐待を構成する直接の要件は、主に過密状態、独房の過度の使用、ヘルスケアの利用がほとんどできないこと、接触感染性による健康悪化の高い危険

性、それに刑務所内の暴力である。

　監獄の過密状態は、多くの場合、刑務所制度の資金不足の指標であり、それゆえ食料や健康サービスのような監獄の他の側面における乏しい財源とも密接に関係している[20]。同様に、過密状況は伝染病を拡散させ[21]、自殺未遂の高い発生とも関連してくる[22]。

　死刑囚監房にとどめ置かれる状況についての情報は体系的に利用できるわけではない。アメリカ合衆国に関しては、しかしながら、ある点に関しては利用可能である。たとえば、隔離制度である。合衆国においては1日のうち23時間を隔離することは標準的な管理形態である。ただし1州のみ、囚人を24時間のうち7時間独房にとどめ置いている[23]。

　2015年11月17日、18日に国連拷問禁止委員会は中国の定期報告を検討した。同委員会は、死刑の適用についての詳細な情報がないこと、1日24時間手錠をかけられたままの死刑囚監房の囚人についての報告に懸念を表明した。委員会は（中国）当局に、執行停止の制度を制定し現在あるすべての死刑宣告を減刑すること、および死刑廃止を目的とした「市民的および政治的権利に関する国際規約の第二選択議定書」（Second Optional Protocol to the International Covenant on Civil and Political Rights）への署名を促した。さらに委員会は中国に対して、死刑囚監房の管理が、死刑囚の拘束をやめることで、残虐で非人道的、品位を貶める取扱いまたは処罰にならないようにすることを保障するよう求めた[24]。

　医療を利用する権利が全般的に少ないということは、二つの理由から虐待のもう一つの原因と考えられる。すなわち、病状は、健康障害や拘留中の死の危険に至るものとしては特定されず治療されない。また処刑をするには不適切かもしれず、監獄の状態（とくに過密と隔離）に耐えることはさらに困難である精神疾患と精神障害は、特定されず治療されない。

　死刑囚監房における虐待や拘留中の職員によるレイプを含み、死刑宣告を受けた囚人が最悪の状態に放置されているという例は枚挙にいとまがない[25]。

死刑囚監房症候群

*死刑囚監房現象*は、独居拘禁と処刑待ちを含む悪意ある引き延ばし期間を表現している。

160　死刑——拷問か虐待か

　死刑囚監房現象は、囚人が隔離監禁に置かれたときにさらされる環境と組み合わさっている[26]。このような環境は三つのカテゴリーに分類することができる。（1）拘禁それ自体の過酷で非人間的な状況、（2）そのような状況の下で費やされる時間の長さ、そして（3）死刑宣告に関係する心理的影響[27]。関連した現象である死刑囚監房症候群、これは、死刑囚監房の暴露から直接現れる精神的な結果を表しているが、これをうまく定義することはできていない[28]。

　ここ10年、法律学の団体が死刑囚監房症候群が虐待を構成するという考え方を支持するようになってきた。ほとんどの判例法は刑が宣告されてから処刑までの待機時間を強調している[29]。アメリカ合衆国の場合、待機時間は公表されているが、1984年から2012年の間に74カ月から190カ月に延びている。2013年では、待機時間の平均は15年6カ月である[30]。これは、上訴の機会に費やされた時間を含んでいる。

　死刑囚監房の囚人に課されている厳しい生活状況と感情的なストレスを示している、死刑囚監房での自殺と自傷行為の事例集がある。どのくらいの頻度で自殺や自傷行為が発生するのかを体系的に研究したものはほとんどない。ある研究では、自殺の割合は10万人につき115人としているが、これは通常の男性の割合のほぼ5倍になる[31]。

死刑執行とその状況

　処刑とその状況は拷問あるいは虐待を構成する可能性がある。処刑方法の話の前に、いくつかの国で行われている公開処刑について強調しておかなければならない。それは処刑される人物に対する虐待、品位を貶める取り扱いと考慮される。またそれを見ている人たちの中の弱い立場の人たち、つまり未成年者に虐待をさらすことにもなる[32]。

　2015年に用いられた処刑方法は次のようになる。斬首（サウジアラビア）、絞首刑（アフガニスタン、バングラデシュ、エジプト、インド、イラン、イラク、日本、ヨルダン、マレーシア、パキスタン、シンガポール、南スーダン、スーダン）、薬物注射（中国、アメリカ、ベトナム）、そして銃殺（チャド、中国、インドネシア、北朝鮮、サウジアラビア、ソマリア、台湾、アラブ首長国連邦、イエメン）。しかしながら、執行機関にはもっと多くの自由に使える処刑方法がある。それは、ガス室、電気処刑、そして高いところか

ら落とすこと、である[33]。

拷問に関する国際連合特別報告担当官は、2012年の報告で、処刑方法とそれが拷問と虐待の禁止に違反していることを、法理学的に要約している。彼は、今日行われているいかなる処刑方法も、すべての事例で、拷問、残酷、非人間的で品位を貶める取扱いの禁止に適合しているという明確な証拠はない、と結論している[34]。彼は、さらに次のように述べている。「たとえ、この慣習的規範の成立が進行中であるとしても、特別報告担当官は、現在適用されている死刑が行われている状況は、その処罰を虐待と同じことにしており、またその他の状況が、さほど耐え難いものではなくても、それもまた残虐で非人間的、品位を貶める取扱いになる、と考慮する」。

死刑の試みは時として失敗する。被害者は結果として激しい痛みに苦しむ。薬物注射による処刑の失敗については、アメリカのメディアで数多く説明されている。こういったことのいくつかは、標準的なやり方が失敗しために起こった。被害者の静脈へうまく注射できず、結果として、柔らかな神経組織へ薬物を注入してしまい、ひどい痛みと処刑を長引かせる原因となったのである。他の失敗の例としては、製薬会社が薬剤の生産をやめたため、実験段階の薬物溶液を使用したことで起きたものがある。

最近のある刊行物[35]では、アメリカ合衆国において、処刑が失敗する割合の平均は3.15%と推定された。その中で一番高い割合なのは薬物注射によるものである（7.12%）。いくつかの、このような事例では、囚人は処刑の失敗による精神的な影響はいうまでもなく、極度な痛さに苦しめられることで、不当に罰せられているのである[36]。そういった事例は当然虐待となるし、激しい痛みと苦しみを与える危険度が高い方法を用いて処刑を長びかせることが、甚だしい職務怠慢になるかどうかが検討されなければならない。

結語

それぞれの要因の多くは、死刑宣告を受けた囚人が虐待や拷問にさらされていることを示している可能性がある。すなわち、（1）彼らは、それ自体で虐待になる監獄の一般的な状態にさらされている。（2）彼らの自白は、拷問によって強制された。（3）彼らは、以前に受けた拷問や精神疾患あるいは精神異常のため、とくに傷つきやすい。（4）健康管理や医薬品をあまり利用できないことが彼らの病気を悪化させる。（5）彼らは、処刑のこと

を考えながら死刑囚監房の状況に留め置かれている。（6）彼らは処刑の方法と周囲の事情に従わなければならい（公開処刑、処刑の失敗、痛みを伴う処刑方法）——それは彼らに非常な痛みと苦しみを与える。

　結論として、すべてではないにしても、ほとんどの死刑囚監房の囚人は事実上、虐待さらには拷問にさえ、さらされているのである。

---

1 ）　デンマーク拷問禁止学会長、最高医務責任者、および国連拷問禁止委員会委員長。

2 ）　Amnesty International. 2016. *Death sentences and executions 2015*. Available from https://www.amnesty.org/en/documents/act50/3487/2016/en/.（2016年 6 月 9 日閲覧）。

3 ）　N.S. Rodley. 2002. "The definition（s）of torture in international law." *Current Legal Problems 55*: 467-93. Available from www.corteidh.or.cr/tablas/r08113.pdf（2016年 6 月 9 日閲覧）。

4 ）　たとえば以下を参照。 UN Economic and Social Council in its Resolution 1989/64 24 May 1989.

5 ）　Amnesty International. *Annual Report 2015/2016*. Available from https://www.amnesty.org/en/ latest/research/2016/02/annual-report-201516/.（accessed on 10 June 2016）; Human Rights Watch. *World Report 2016*. Available from https://www.hrw.org/world-report/2016.（2016年 6 月10日閲覧）。

6 ）　Zachary Steel; Tien Chey; Derrick Silove; et al. 2009. "Association of Torture and Other Potentially Traumatic Events With Mental Health Outcomes Among Populations Exposed to Mass Conflict and Displacement: A Systematic Review and Meta-analysis." JAMA 302（5）: 537-549. Available from http://jama.jamanetwork.com/article.aspx?articleid =184348.（2016年 6 月10日閲覧）。

7 ）　National Alliance on Mental Illness. *Mental health conditions*. Available from https://www.nami. org/Learn-More/Mental-Health-Conditions.（2016年 6 月11日閲覧）。

8 ）　Federal Register, Vol. 58 No. 96, published Thursday May 20, 1993, pp. 29422-29425, here from National Institute on Mental Health. Director's Blog: *Getting Serious About Mental Illnesses*. Available from http://www.nimh.nih.gov/about/director/2013/getting-serious-about-mental-illnesses. shtml.（2016年 6 月13日閲覧）。

9 ）　たとえば、*Safeguards guaranteeing protection of the rights of those facing the death penalty*. UN Economic and Social Council Resolution 1984/50 of 25 May 1984. Available from http://www.ohchr.org/EN/ ProfessionalInterest/Pages/DeathPenalty.aspx.（2016年 6 月10日閲覧）。

10）　Death Penalty Worldwide. *Mental Illness*. Available from https://www.deathpenalty-worldwide.org/ mental-illness.cfm.（2016年 6 月11日閲覧）。

11）　Mental Health America. *Position Statement 54: Death Penalty and People with Mental Illnesses*. Available from http://www.mentalhealthamerica. net/positions/death-penalty.（2017年 6 月17日閲覧）。

12）　Amnesty International. USA: *The execution of mentally ill offenders*. Available from https://www. amnesty.org/en/documents/AMR51/003/2006/en.（2016年6月13日閲覧）。

13） http://www.cdcr.ca.gov/DHCS/SMHP_Coleman.html.（2016年6月13日閲覧）。

14） Kastrup M. 1988. "Psychiatry and the death penalty." *Journal of Medical Ethics* 14: 179-83.

15） Allison Freedman. 2014. "Mental Retardation and the Death Penalty: The Need for an International Standard Defining Mental Retardation." *Northwestern Journal of International Human Rights* 12（1）. Available from http://scholarlycommons.law.northwestern. edu/njihr/vol12/iss1/1.（2016年6月13日閲覧）。

16） American Association on Intellectual and Developmental Disabilities. Available from http://aaidd. org/intellectual-disability/definition#.V17o_PNf2Ds.（2016年6月13日閲覧）。

17） たとえば以下を参照。Kim Bellware, "Georgia Just Executed An Intellectually Disabled Man Whose Sentencing Was Tainted By Racism," *The Huffington Post,* April 12, 2016. Available from http://www. huffingtonpost.com/entry/kenneth-fults-execution_us_ 570d65b5e4b0ffa5937d5a6e.（2016年6月17日閲覧）。

18） たとえば、Concluding observations regarding Morocco（CAT/C/MAR/CO/4）.

19） Cornell Law School. *Death Penalty Worldwide: Death row conditions.* Available from http://www. deathpenaltyworldwide.org/death-row-conditions.cfm.（2016年6月14日閲覧）。

20） たとえば以下を参照。James Blitz, "UK prison reform will do little to solve the jail problem," *Financial Times,* May 18, 2016. Available from http://www.ft.com/cms/s/0/9b b13410-1ce2-11e6-b286- cddde55ca122.html#axzz4BqJ3hnUg.（2016年6月17日閲覧）。

21） F. Biadglegne, A.C. Rodloff & U. Sack. 2015. "Review of the prevalence and drug resistance of tuberculosis in prisons: a hidden epidemic." *Epidemiol Infect* 143（5）: 887-900.

22） Hans Wolff, Alejandra Casillas, Thomas Perneger, Patrick Heller, Diane Golay, Elisabeth Mouton, Patrick Bodenmann, Laurent Getaz. 2016. "Self-harm and overcrowding among prisoners in Geneva, Switzerland." *International Journal of Prisoner Health* 12（1）: pp.39-44.

23） Death Penalty Information Center. *Death row conditions by state.* Available from http://www.deathpenaltyinfo.org/death-row.（2016年6月11日閲覧）。

24） Concluding observations regarding China（CAT/C/CHN/CO/5）.

25） Cornell Law School. *Death Penalty worldwide: Death row conditions.* Available from http://www. deathpenaltyworldwide.org/death-row-conditions.cfm.（2016年6月17日閲覧）。

26） K. Harrison, A. Tamony. 2010. "Death row phenomenon, death row syndrome and their affect on capital cases in the US." *Internet Journal of Criminology.* Available from http://www.internetjour-nalofcriminology.com/.（2016年6月18日閲覧）。

27） Ibid.

28） H.I. Schwartz. 2005. "Death Row Syndrome and Demoralization: Psychiatric Means to Social Policy Ends." *J Am Acad Psychiatry Law* 33: 153-5.

29） Cornell Law School. *Death Penalty Worldwide: Death row phenomenon.* Available from http://www. deathpenaltyworldwide.org/death-row-phenomenon.cfm.（2016年6月18日閲覧）。

30） Death Penalty Information Center: *Time on death row.* Available from http://www.

164   死刑——拷問か虐待か

deathpenaltyinfo.org/time-death-row.（2016年 6 月18日閲覧）。

31)　D. Leser, C. Tartaro. 2002. "Suicide on death row." *J Forensic Sci.* 47(5): 1108-11.

32)　Concluding observations of the Human Rights Committee: Nigeria（CCPR/C/79/Add. 65）; UN Commission on Human Rights Resolution 2005/59 20 April 2005.

33)　Cornell Law School. *Death Penalty Worldwide: Methods of execution.* Available from http://www.deathpenaltyworldwide.org/methods-of-execution.cfm. Accessed on 19 June 2016.

34)　*Interim report of the Special Rapporteur on. torture and other cruel, inhuman or degrading treatment or punishment.* 9 August 2012.（A/67/279）.

35)　Austin Sarat. 2014. Gruesome Spectacles: Botched Executions and America's Death Penalty. Stanford University Press.

36)　http://news.nationalpost.com/news/botched-and-excruciating-oklahoma-execution-fell-short-of-humane-standards-white-house-says.（2016年 8 月25日閲覧）。

第3章

被害者としての "隠された"第三者

DEATH PENALTY AND THE VICTIMS

3.1 死刑囚の家族たち
3.2 死刑の訴訟手続と執行の参加者
3.3 被害者としての社会

3.1 死刑囚の家族たち

隠された被害者
──死刑に直面した人たちの家族

スーザン・F・シャープ　Susan F. Sharp[1]

　2014年末時点で、およそ160の国がすでに死刑を廃止したか、もはや適用しようとしていない[2]。すべての国家のわずか20％の国だけが2003年から2012年までの10年間で法に基づいた死刑を執行しており、7カ国だけは少なくとも年平均10件の処刑を行っている[3]。それでもなお、毎年1,000人以上が執行されており[4]、数千人の家族が影響を受けている。それゆえ、このような家族がどのような影響を受けているのかを明らかにすることはなお重要である。

　家族や愛する人が死刑に直面していても、その家族らはしばしば無視されているか仲間外れにさえされる。注目は被害者や加害者に置かれ、ほぼ同じ程度の注目が、被害者の家族に置かれている。しかし、犯罪者の家族も同様にトラウマに苦しんでいるのである。21世紀の始めの10年、私はこれらの家族を調査することにした。私は、死刑に直面しているか、あるいはすでに執行されてしまった人たちの53の家族に聞き取りを行った。私の調査目的は、死刑制度を用いることが死刑判決に直面する家族にマイナスの結果となっていることに光をあてることである。なお、この分野には十分な業績がないということはすぐにわかったことである。

　変化の始まりの兆しはあった。2013年9月、国連人権理事会（the United Nations Human Rights Council）は死刑判決を受けた者の子どもたちへの死刑制度の影響について調査を行った。フラビア・パンジエリ（Flavia Pansieri）は、当時、国連人権高等弁務官代理（United Nations deputy high commissioner for Human Rights）であるが、親が処刑されることは、国際人権法において保障される子どもの人権を相当程度侵害するような強い影響を子どもに与えるものであろうと話している。ここでの議論は、「子どもの権利に関する条約」（the Convention on the Rights of the Child）の締結国において、死刑判決の際に子どもへ与えるプラスとマイナスの調査をすることの法律上の義務があることも含む。ローワン大学（Rowan University）のサ

ンドラ・ジョーンズ教授（professor Sandra Jones）によって、トラウマや孤立を含むマイナスの影響は、精神バランスや問題行動につながりかねないとの証拠が示されている。これらは、望みの泉（Wells of Hope）の執行役員であるフランシス・スービ（Francis Ssuubi）によってさらに裏づけられている。国際人権機構のパネリストたちも、これらの子どもたちを保護する国の人権機関の重要性と、刑事司法制度においてより子どものことを考える必要性があることを指摘している[5]。しかし、この領域にはなお、死刑に直面している愛する者のためにトラウマや苦難に苦しみ続けている数えきれない子どもたちや両親、兄弟姉妹、その他の関係者のために、しなければならないことが数多く残っている。

死刑囚家族への死刑の影響

　死刑に直面した家族が、影響を受けるのはいくつものルートがある。子どもたちは、親がいないという状態のもと、両親は生きる価値がないほど最低だと思われているという自覚のもとで成長したのである。両親、配偶者や兄弟姉妹らは、家族を失うだけではなく、長引く悲しみや不確実さにも向き合わなくてはならない。被告人が、家計を支えていたのであれば家族は経済的に苦しむことになる。彼らは、職を失ったことの膨大な時間と同様の法的な援助を受けるための必要性からさらなる経済的困難にも苦しむことになる。そして彼らはまた、他人からの否定的な評価と結果としての拒絶にも対応しなければならない。しかし、死刑制度を存続する国において、これらの犠牲者はほとんど隠されたままなのである[6]。

　アメリカでは、年間の死刑執行数は2009年の52件から次第に減少して、2015年には28件までになっている。同じように死刑判決の数もまた今世紀の始まる頃から劇的に減少してきている。2000年には200件を超える死刑判決があったにもかかわらず、2015年にはわずか49件になっている。そうはいっても、アメリカ全土では世紀をまたいで、3,000人近くが死刑囚監房に囚われている[7]。

　死刑判決の検討を表明し始めたときから死刑囚家族への影響が始まるために、死刑囚監房にいる人間の数は重要である。1976年、アメリカは4年間の猶予期間後に、グレッグ対ジョージア州事件（*Gregg v. Georgia*）で死刑制度を復活した。最高裁は、1972年に死刑は違憲的に用いられていると判断し、

168 隠された被害者──死刑に直面した人たちの家族

国中の死刑関連法を無効とした。裁判所は、死刑相当事案への死刑判決基準がないために、死刑判断の恣意性への懸念を持ったのである。*グレッグ判決*によって、死刑制度を維持したい司法管轄区は、どのような事案が死刑相当であるかを示した基準を持つべきこととされた。その結果、諸州は、死刑を、少なくとも理論的には死刑相当事案とそうでないものとを区別する特別な条件や加重要件のリストを集約した。これらは死刑判決における恣意性を除去するものとされた。死刑判決を下し得るような事案は最悪なものとされ、被告人は他の被告人よりも悪く、生きている価値のないものとみなされた。

　調査によって、死刑判決がなお恣意的に適用されていると指摘しているにもかかわらず、世論は、死刑に「値する」犯罪を、他のどんな犯罪よりも、なんらかの形で、より悪質でより恐ろしいものであるとみなしている。同様に被告人も、しばしば他の人間、他の殺人者や犯罪者とも質的に異なる、とみなされるようになった。犯罪も、それを犯した犯人と同様により極悪であるとみなされた。死刑にふさわしい犯罪に手を染めた人間についての、この考え方は、彼らの家族にも及び、通常人とは異質だ、いささか常軌を逸しているという評価で傷つけられるのである。大衆や、多くの隣人、友人たちは、死刑判決の可能性のある犯罪者の身代わりをその家族にみるのである。このことが影響して、家族がどうしても助けが必要なときに、彼らを孤立させてしまうのである[8]。家族が最終的に孤立状態から解放されることがあったとしても、ダメージはすでに生じている。ある犯罪者の母は、厳しい試練は彼女の人生を台無しにした、と語った。実際のところ、子の釈放の前に、彼女は心臓発作に苦しめられた。彼女は、こう付け加える。

　　たった一人の息子を国が殺そうとしているときの恐ろしさといったら……寝ても覚めても、息子が皮ひもで体を縛り付けられて薬物を注射されている処刑室に入りこんでいく自分を想像しようとする悪夢をみていたのです[9]。

　兄が起訴された後に、すぐに職場で嫌がらせされたと10代の彼女は語っている。別の家族は、持ち物を壊され、ペットに危害を加えられたと報告している。また他の家族は仕事を辞めざるを得なかったり、嫌がらせを避けるために引っ越しを余儀なくされたりしたと語っている。死刑が求刑される多くの場合、その犯人の家族は、支援を失うだけではなく生活の糧をも失うのである。

アメリカにおける死刑は、連邦裁判所管轄の事件などを除いては、主に、第一級殺人を犯した場合に科される。ある殺人事件が起きると、通常二つの家族が影響を受ける。一つは被害者の家族であり、もう一つは犯人の家族である。しかしながら、この家族の経験は大きく異なっている。被害者家族の悲しみは正当なものとみなされ、愛するものを突然に暴力によって奪われたトラウマに対処するために、しばしば彼らには援助が提供される。経済的な援助があることもある。トラウマに対処するために、カウンセリングや支援団体を利用できることもあろう。反対に、死刑に直面している人の家族は、悲しみも正当化されない[10]。さらにいえば、この悲しみは有限ではない。彼らの愛する人が長い期間、死刑執行に向けてゆっくりと進むのと同様に、長い時間継続するのである[11]。

しかしながら、彼らの悲しみは社会的に正当化されず、さまざまな意味で権利が奪われるように感じ、大きな悲しみを感じることになる。この悲しみの性質は破壊的であり、長く継続的であり、周期的でもある。愛する家族を急に失う経験による悲しみとは違って、死刑囚監房に身内がいる人が経験するのはこれから起こることに対しての悲しみである。彼らはまだ生きてはいるが、彼らにとっては多くの意味で失われてしまった家族の一員に対して、予め悲しむのである。多くの管轄区域（州）においては、彼らはもはや身体的接触をすることはできず、その代わり、死刑囚監房のプレキシガラス窓（樹脂製のガラス窓）越しに面会し、電話を通じて話すことしかできない。椅子なども不十分なので、面会は気詰まりなものになる場合もある。さらに、家族は何時間あるいは何日もかけて会いに行かなくてはならず、ときとして行政管理上の理由で面会が中止になることもある。加えて、面会時間はしばしば比較的短く限定され、面会できるのは先着順ということもある。

家族との間で話をするにも施設の規則に従わなくてはならず、許されているのはコレクトコールの電話での会話であって、他の人的接触は厳しく制限されている、ということを考えてみてください。両親、兄弟姉妹にとって、在監者との面会は、経済的な困難を生じさせる。コレクトコールは不当に高額であり、大体、一つの州に一つの死刑囚監房しかなく、遠方まで出かけていかなくてはならないからである。このことは、刑務所に行くまでの費用より多くの支出を伴うことが多い。面会は早朝の時間であって、家族は前泊のための費用支出も強いられる。

小さい子どもにとって少しの面会しかできないことは有害ですらある。子

どもにとって電話で母親あるいは父親と話をする必要があるときに話ができず、向こうから電話がかかってくるまで待たなければならいのはどうしてなのかを理解することは難しいだろう。加えて、電話の通話は短く、親がなぜ会話の途中で電話を切らなければならないのか理解できない。さらに子どもたちはどうして母親あるいは父親をガラス越しに見るだけしかできないのか、どうして触れられることができないのか、どうして抱きしめてもらえないのかも理解できない。これでさえ、何時間も列に並んでやっとのことであり、ボディチェックも我慢しなければならない。このようなことがあるので、普通に接することができないトラウマに加えて、面会できない場合はトラウマはさらに増すのである。

　家族はさらに経済的な困難を経験する。多くの家族は、公設弁護制度は過度の仕事を抱えているという懸念があるので、私選弁護人を雇う。あるケースでは、家族は家と車まで売却してまで私選刑事弁護人を雇っている。しかし、その費用は、有罪答弁をして終身刑となるための費用にしかならず、そのためにその被告人は弁護人との関係性を絶ってしまったのである。その結果、彼の年老いた両親は家を抵当に入れて別の弁護士を雇った。しかし、その弁護人は結局、裁判を通じてずっと酩酊状態で、なんの弁護もできなかった。そのために、証拠は不十分であったにもかかわらず、その被告人は有罪となり、死刑判決を受けた。直接上訴（訳者注：中間上訴を飛ばして行う上訴）で、公設弁護人がついて、検察官が適切なケースを示すことができず、裁判官は無罪の指示評決を下した。結局この人は、死刑囚官房から解放されたが、彼自身、そして彼の家族もそれまでに大変な損失とトラウマを経験したことになる。この被告人は、2人の小さな女の子の父親で、妻が被害者だった。被告人が逮捕、起訴され、死刑判決を受けた時点で、子どもたちは2人の両親を失ったといえる。被告の両親は子どもたちを育てるということは難しいと考えたために彼らは養子に出された。彼は釈放後に子どもたちと連絡をとることが可能であったが、親子の絆はすでに壊れていた。釈放後に彼は両親と2人の娘のことが心配で、鬱と心的外傷後ストレス障害に苦しんだ。そしてまた彼は釈放後もお金がぜんぜんなく、彼の家族の経済的資源も使い果たされていた。悲しい話だが、多くの冤罪被害者と同様に彼は釈放後数年して、まだ彼自身若かったにもかかわらず亡くなった。このケースでは、被告が実際には処刑されず、無罪が確定して釈放されたが、家族に及ぼす影響は非常に甚大である。2人の子どもは父を失い、父は子どもたちを失い、ま

た家族も、逮捕後からずっとストレス、トラウマを抱えることになった。付け加えていえば、被告人と彼の家族は、自分たちの生活を守るための資金を法定代理人に支払うためにほとんど失ってしまったのである。

死刑囚監房にいる親を持つ子どもたち

これまで述べてきたように、子どもたちは、とくに親が死刑判決を受けた時には、とくに傷つくということになる。齢のいかない子どもたちは、どうして親がいなくなり、もはや会うことができず、普通に会って話ができないかということをよりよく理解することができない。もっと年上の子ども、とくに10代の子どもは、怒ったり反抗的になるという形でその状況に対処する。これらの悪影響は、大人になってからの生活にも影響する。

調査によれば、死刑囚監房の親を持つ子どもたちは親を守る必要性を感じることがある。彼らは落ち込みとか心配に苦しむ高い危険性があり、ときとして問題行動や暴力沙汰を起こすことがある[12]。彼らはしばしば、スティグマを負ったり社会的孤立を強いられる。また子どもたちは、親に犯罪をさせないようになんとかするべきだった、と感じることがある[13]。すべての収監者の子どもたちはなんらかのスティグマと恥とを感じているが、死刑判決を受けた子どもたちの経験というのは他の収監者の子どもたちの経験とは質的に異なっている[14]。

死刑判決を受け、その後処刑された女性の2人の子どもたちの、強く印象に残る事例をお話ししよう。その子どもたちの母というのは、夫を殺すために実行犯を雇ったということで起訴された。実行犯は死刑判決を受けなかったが、その女性とボーイフレンドは死刑判決を受けた。殺人の後、犠牲者の家族はその子どもたちを引き取り、養育して、そしてこの母とは一切会わせないということにした。死刑執行の直前に上の方の子ども、そうは言っても10代だが、彼女の母と会って和解した。しかし、小さい方の子ども、男の子だが、その子は母と会うことを拒んだ。執行後に娘の方は、うつに苦しんだ。そして、息子の方は最終的には自殺した。

家族がとる戦略について

家族の死刑判決にいかにうまく対応するかは、どのような戦略をとるかと

172　隠された被害者——死刑に直面した人たちの家族

いうことにかかっている。家族への私の調査によれば、対処方法として主に三つの方法が明らかになった。それは、撤退、怒り、参加の三つである[15]。怒りというのは、最初の段階では一般的である。しかし、怒りというのはしばしば矛盾する。家族は、愛する人に対して、彼または彼女が死刑判決を導いた犯罪を行ったことに対して、しばしば怒りを向ける。それと同時に、彼らは公正でないと感じた司法制度に対しても怒りを覚えることもある。彼らは、しばしばどう対応したらいいのか自信が持てない。たとえば、ある父親は、裁判が公平でないと思い大変怒った。裁判官は三つの殺人について起訴された2人の若者の事件を分離することを却下した。このことは、一方の被告人が、もう一人の方が罪があるということもできず、弁護人を専従にすることもできないことを意味していた。結果として、彼の息子は死刑判決を受けたが、この父親は息子に対して非常に怒っていたので、ほとんど連絡も取らず面会もしなかった。この状況から逃れるために彼とその妻は、しばらく別の州へ越していた。

　別の家族は、最初に撤退をするという態度を示した。多くの家族は、一つ二つの家族を除いて、他者との関係を減らしたり、やめたりした。家族の中には働くことをやめてしまう人もいる。自分たちが住む地域で彼らが、他人から感じる偏見や侮蔑は大変きついものなので、彼らは他人から距離を置くという方法でこれに対応する。私が話を聞いたある女性は、彼女は信仰心を失って、教会に行くこともやめてしまった。休みもとらず、他人と顔をあわせるということがもっとも難しい課題になってしまった。ときに、撤退は、ゆっくりと生じる。始めに支援を得ようとした家族は、他人はもちろん、身内からさえも、同情を得られなかった。そして、非難を恐れるあまり、他人も彼らから距離を置くようになっていく。加えて、撤退は、家族が、長期の刑事司法手続の負担を経験した際に起こってくる。前述の父親は、裁判によるすべてのストレスに打ちのめされてしまうと感じた結果、撤退を選んだ。彼と妻は、結果、だれからも息子と事件のことは聞かれたくないという理由で、引っ越してしまったのである。

　最後の反応形態というのは、精神的支援を求めて、支援団体とか教会に参加するという形である。何人かが、囚人の家族を支援する団体へ参加しようとしたことを話してくれました。もっとも、中には死刑でなくて刑務所に入っている人たちの家族と死刑判決を受けている家族が直面する問題とはまったく異なると感じている者がいるということである。残念ながら死刑判決を

受けた者の家族だけの支援グループを発展させるのは難しい。死刑判決は、比較的稀で、数も限定されている。さらには、ほとんどの州は一つの死刑囚監房しかない。そのため、死刑囚を持つ家族というのは州全体に広がっていることが考えられ、死刑囚監房に面会に来るときを除いてお互いに会うということは難しいことなのである。他の組織は、宗教団体や死刑廃止団体である。宗教団体は、牧師や信徒たちが家族へ精神的支援をしようという場合には、大きな支援団体になり得る。しかし、私が聴き取りをした多くの人たちは、信者たちは進んで受け入れようとはしなかったと述べた。いくつかのケースで、彼らはこのような拒絶や激しい非難を経験している。教会から出ていくようにといわれたということを、複数の人が述べています。しかし他方で、教会は非常に大きな支援者だと述べる人もいる。死刑廃止団体もまた家族に大きな支援を与える。一つには、死刑判決を覆そうという活動、あるいは執行停止を求める活動への支援を求めて、団体内で大変活動的になった人もいる。またほかの人は、死刑制度に反対する人々から精神的な支えを得たいということで参加したという人もいる。このような団体に参加する大部分の人は、控訴手続の戦略的な局面であるとか死刑執行が非常に近づいているような、短い期間にそうしていた。

　家族は、しばしばプロセスの種々の場面で反応形態は移り変わるということを理解することが重要である。上に紹介した父親は、怒りから撤退へ、そして参加へと移り変わった。息子が死刑執行されてしまってもしばらくは死刑廃止団体の中で積極的に活動していた。結局、その父親は、精神的に非常にきついことを理由に再び撤退するということにしたのである。

長きにわたり繰り返される嘆き

　死刑判決を受けた人たちの嘆きの過程は、明確に限定された喪失である通常の悲しみというのとは異なる。それははるかに複雑である。死刑判決を受けると、その者は10年か、あるいはそれ以上、死刑囚監房の中で惨めな生活を送ることになる。その間、望みと絶望とが交互に彼・彼女を襲う。喪失は不確かなので、嘆きもまた、わかり易く一直線ではない。死刑囚監房に閉じ込められている者は亡くなったわけではないが、多くの意味においてその家族にとっては、すでに彼や彼女は失われている。さらに言えば、上訴手続は、新しい望みを与える。上訴手続のある時点で、判決や有罪判決でさえも覆さ

174　隠された被害者——死刑に直面した人たちの家族

れる可能性は常にある。したがって、各上訴段階で、判決前には希望をもつ
が、棄却の際にはその希望は打ち砕かれてしまう。彼らの経験は、従軍中に
行方不明となった軍人の家族の経験とよく似ている。始めは希望であっても、
それが絶望と極度の疲労にかわっていくのである。家族は、そういうふうに
感じる自責の念のあとに、すべてが終わればいいと思っている自分に気がつ
くことがある。このことが、奇跡が起きて、愛する人が解放されるという新
たな希望をもたらすのである。しかし、そこには何ら解決もなく、単なる絶
望と罪悪感、そしてさらにまた希望というサイクルがあるだけであって、長
年にわたり、何回もそれが繰り返されるのである[16]。

　この望みと絶望の繰り返しのサイクルというのは、家族に非常に厳しい犠
牲を強いることになる。家族が精神的な問題と同様に身体的な問題を抱える
ことも決して稀なことではない。しばしば、家族は、4段階からなる悲しみ
のサイクルを経験する。第1段階では、彼らの愛する人が死刑判決を受けた
ことを実感したことで、誤りが行われたと信じながら、否定する気持ちと恐
怖の間を行ったり来たりする。第2段階では、家族が、より上の権力と取引
するという希望、絶望、幻滅のサイクルに捕らわれるというものである。後
者は、彼らが、刑事司法手続が不公平であると感じたときに生じる。これは、
上訴が弁護人による書類の提出の遅れ、あるいは、被告人ではどうしようも
できないことのために棄却された場合に起きるものである。第3段階では、
家族は、現在起きていることを甘受する。最終第4段階では、被告人が執行、
あるいは釈放、減刑されて、人生のこれまでを回想する段階である。しかし、
家族は、これら各段階をいつも直線的に進むわけではない。

　第1段階は、トラウマになる可能性が極めて高い。息子とその兄弟が、最
終的には執行されたある家族は、深夜、警察がやって来たときにその容疑に
ついて初めて知ったのである。警察は、ドアを蹴破り入ってきて、武器も手
にしていた。容疑者とその母、そして2人の若い兄弟は家に居た。家族は、
今一体何が起こっているのかすぐには理解できず、そして、彼らも尋問され
るために警察に連行された。まだ13歳の一番年下の子は、この衝撃で非常に
心を荒廃させることとなった。彼の兄弟が逮捕され起訴された後、その子は、
面倒を起こすようになって、結果、彼の祖父母の下に送られそこで暮らすこ
とになった。もう1人の兄弟、彼は高校1年生であったけれども、このよう
に述べている。「自分はショックを受けた。映画みたいだ。自分は、床で突
っ伏し泣いていた。最初、私はこれからどうなっていくのか、ちっともわか

らず、自分は泣くということしかできなかった」。母は裁判の前に、仕事仲間から「その州が注射による執行であれば嬉しいと思うか」と聞かれた。薬物注射のことを考えると、彼女の恐怖は募ったのである。また別の在監者の姉妹は、彼女の最初の否定の言葉を説明し、次のように話した。「あなたが生まれた時から一緒にいるある人、そのある人と一緒に大きくなったとして、私は彼らが愛するそのある人がそんな犯罪を行うだろうなんてことを、だれかが思いたくなるということは考えません」。

　第2段階は、矛盾する感情が繰り返されるため、家族にとって非常に破壊的といえる。家族は最初に神に誓うが、被告人が釈放されない、あるいは減刑されない場合には、結局神への信仰心が揺さぶられることになる。そして執行の段階に進むと、多くの人は助力を得ようと大変取り乱すことがある。ときにこれは、身体的の変調をもたらすことがある。ある者は、不眠に苦しんで気晴らしを求めてアルコールや薬物に頼るようになる。またある者は、癌や心臓病が悪化する。健康問題は、その事件の助力を得ようとしてストレスを抱えるほど、ますます悪くなる。

　ある若い妻は以下のように述べている。彼の夫の裁判以来、彼女は二つの仕事をしなければならなかった。そして、病気のときでも、休みをとることができなかった。家族はそうしたことに幻滅をしたのである。アメリカにおいては、検察官が、終身刑との引き換えに、もっとも罪の重い被告人に、犯罪とはほとんど関係ない他人に対して不利な証言をさせることは珍しいことではい。このことは、検察官が、さほど悪くない罪人に死刑判決を与えることができるという可能性を示している。別の件では、検察官は家族の方が嘘をついているとほのめかすことがある。後に無罪放免された者の父親は、地方検事が、最終論告で、犯行現場で目撃されたと思われる車の購入日を示す書類を家族がでっちあげたとほのめかしていたが、実際には9カ月後の購入だったと述べた。その父親というのは、退役軍人であったけれども、結果として司法制度に対する信頼を失ったと述べた。この家族は、裁判と有罪判決が覆り再審に至るまでほとんど20年間を費やし、最終的には息子の無罪が証明された。この過程で、母親の健康状態が非常に悪くなったが、しかし息子が死刑囚監房から釈放されるときにはまだ生きていた。

　この第2段階を通じてのストレスというのは、家族をバラバラにする程度に大変大きい。起訴されている者の両親は、ときに離婚に至ることがある。繰り返されるストレスが、その家族、夫婦の関係に大きな悪影響を及ぼして

いる。子どもたちも、家族が被告人の援助に集中するために、家から遠く離れた場所に送られることがある。心臓病などの健康問題もよくあることである。精神的変調もより広がっているといえる。とくに、家族は不安障害や深刻なうつ病を昂じさせる。

　ある家族は、こう述べています。犯罪者の母は、抗うつ剤を処方してもらわなければならず、また睡眠障害にもなった。彼女は、日中は裁判に出席し、夕方は病院のシフトで働いていました。彼女の病院の医師は、彼女に休暇をとるようにいったが、その家族は、彼女の収入が必要であった。彼女の夫は仕事に集中できないということを理由に仕事を辞めざるを得なくなった。その夫は不眠により大変怒りやすくなり、暴力的になった。一番下の子どもは、ストレスで健康問題を生じたので、祖父母の下に送られ、離れて暮らすことになった。もう1人の子どもは、10代の女の子だったが、高校のクラスメートから拒絶され仲間外れにされた。あざけりや拒絶は、兄が起訴され、死刑判決を受けたために生じていた心配とか気の落ち込みを、さらに悪化させた。犯罪発生から数年経って、それでもなお彼女はうつ病や心配に苦しめられていた。結局、犯罪者の両親は離婚をし、下の子は、窃盗の罪で警察のお世話になることになり、上の子は慢性的な鬱に悩まされた。大変不幸なことに、この家族の経験はごく一般的なものである。慢性的でかつ頻発的なストレスや社会的孤立、また希望と絶望の繰り返しは、多くのマイナスの結果というものを導く。これらは何十年もの間続き、身体的精神的な健康を損なわせるものである。

　第3段階になると、死刑判決をあきらめて受け入れる心境になる。しかし、その質とタイミングは個人によって差がある。家族の多くは、死刑執行が近づくと、心の準備を始める。減刑が却下されると、多くの人たちは愛する人たちが処刑されるのは、ほぼ間違いないだろうということを認める。もっとも、実際に処刑が行われる直前まで、そのような結末を受け入れることができない家族もいる。そのような家族は、執行がされてしまう前に何かが妨げてくれないかという希望を持ち続けるものである。最後の瞬間まで執行停止は可能性としてはあり得るが、現実にはかなり稀なことである。この執行停止があると、家族は第2段階の、希望、神への誓い、団体での活動、絶望といったサイクルに押し戻されます。あるケースで、州の特赦・仮釈放委員会（the Pardon and Parole Board）が、満場一致で死刑の減刑を提言し、家族の希望は高まったが、最終的には知事が減刑を認めず、家族の希望は打ち砕

かれた。これが、死刑執行のわずか3時間前に起きたことだが、その家族にとっては愛する者が処刑されることを受け入れるには、あまりにも時間がなかったといえる。

　ある家族にとっては、死刑判決に服従するというものは、身体的あるいは感情的に取り乱すのでとても難しい。2001年に処刑されたジェラルド・ビビンズ（Gerard Bivins）の母親は、息子との最期の面会の後、自殺を試みた。息子が処刑される時間には、彼女は、病院の集中治療室にいた。ストレッチャーに乗って亡くなっている夫の様子をみていたもう1人の女性は、ショックと極度の疲労のあまり卒倒して、入院しなければならなくなった。

　差し迫った処刑を見直すことで受け入れる家族もある。これは、その家族が非常に信心深い場合である。死を永遠の命への第一歩と考えている人たちは、もはや苦しむことはないというある種の安堵感を経験したと述べている。しかしそうとはいえ、彼らは今でも悲しんでいる。他の家族をみると、服従というのは死刑判決の受け入れというよりは、あきらめである。両方のタイプの家族は、死によってマイナスの影響を受けるが、その強い影響は、家族が前向きに続ける何かをみつけられない場合は、さらに破壊的なものになる。

　死刑執行のあと、あるいは稀に釈放または減刑という出来事のあと、家族は最後のステージに入っていく。そこでは、家族は生きていく上での道をみつけなければならない。これは、死刑判決を減刑しよう、あるいはひっくり返そうと思って投下したエネルギーを考えると大変難しいものである。いったん停止していた人生を再び始めるというのは、しばしば難しいものである。ある母親が、息子の死刑執行に立ち会った2日後に連絡をしてきたことがある。そして、気が付くと、息子の最後の苦しそうな息づかいを何度も何度も思い出すのだと語った。彼女はその視覚的なイメージに苦しめられたが、息子のためにはそこにいなければならないと思った。死刑執行から何ヵ月も経って、彼女がいうには、一日中ほとんどを家で過ごし、もう電話に出ることすら稀な状態になった。彼女は、四六時中処刑のことを考えていた。彼女の唯一の親友で、彼女も同じ年に執行された者の母親であったのだが、死刑執行のすぐ後に心臓発作で亡くなった。私たちの調査の10年前に執行された者の妹は、やはり健康状態がおかしくなって今は高血圧と偏頭痛に苦しめられていると述べていた。彼女の妹は、生き残りの姉妹は彼女だけだが、アルコール依存になってしまった。そして、彼女らの母の健康状態も徐々に衰えていったということである。

178　隠された被害者──死刑に直面した人たちの家族

ときとして、死刑執行後に怒りの行動に出る家族もいる。たとえば、オクラホマ州で殺人により死刑を執行された男の妹は、その執行は意図的に失敗したのだと怒りを持ってはっきりと述べている。

結び

死刑制度を語る際に忘れてはならないことは、刑罰だけを語るのではなく、現実に生きる人の生活を語るべきということである。犯罪者は、自らが犯した犯罪以上に罪がある。彼らは、だれかの娘や息子であり、妻であり夫であり、母や父、兄弟姉妹である。州がだれかに死刑判決を下すときは、同時にその家族にも死刑判決を下しているようなものなのである。そのくらいに、家族には深刻な打撃を与えている。

周りの人から自分たちも罪があると思われていると感じる家族もあり、恥に苦しむことになる。このことが社会的孤立を招き、それはある時は他人からの拒絶により、またあるときは自分からそうするのである。家族の中には、地域の中で、自分たちはもう生きていけないと思わせるようなひどい行動に出られることを恐れて、愛する者との関係を断ち切ってしまう者さえいる。

希望と絶望の終わりなきサイクルは、死刑判決に向き合う家族に大きな悪影響を及ぼす。数年、ひどい場合数十年のストレスは、心身の健康問題を引き起こす。子どもたちは、親が死刑囚監房にいる、あるいはすでに執行されたという状況の下で成長する。犯罪者の親は、子を支援するために状況が推移していく中で、必死で生き続けようとする。被告人が釈放され、あるいは減刑されたときにも、打撃はすでに生じている。死刑制度を語る際には、この隠された被害者という新たな分野が作り出すダメージについても、考慮に入れる必要がある。

1）　スーザン・F.シャープ（Susan F. Sharp）は、アメリカ合衆国オクラホマ大学社会学教授。

2）　*Justice that kills-the death penalty in the 21 st century*：国連人権担当事務次長補佐イワン・シモノビッチ-2014年10月の演説。
http://www.ohchr.org/EN/NewsEvent/Pages/DisplayNews.aspx? NewsID = 15645&LangID = E.（2016年8月24日閲覧）。

3）　Carolyn Hoyle and Roger Hood. 2015. "Declining Use of the Death Penalty". *In Moving*

Away from the Death Penalty: Arguments, Trends and Perspective. United Nations.pp. 68-93.

4 ）　中国における処刑についての情報は機密になっているので、年間の処刑数は、実際はもっと多いと推定される。

5 ）　人権評議会は、死刑宣告を受けた親をもつ子どもたちの人権についてのパネルディスカッションを開催している。United Nations Office of the High Commissioner for human Rights,13 September,2013.Available from http://www.ohchr.org/EN/NewsEvents/Pages-/DisplayNews.aspx?NewsId =13709&LangID = E.（2016年 8 月24日閲覧）。

6 ）　Sharp ,Susan F. 2005.N *Hidden Victims: The Effects of the Death Penalty on Families of the Accused.* New Brunswick, NJ Rutgers University Press.

7 ）　http://deathpenaltyinfo.org/documents/FactSheet.pdf.（2016年 8 月24日閲覧）。

8 ）　Susan F. Sharp. 2005. *Hidden Victims: The Effects of the Death Penalty on Families of the Accused.* New Brunswick, NJ Rutgers University Press.

9 ）　Sharp, op. cit. p.59.

10）　Rachel King and Katherine Nogad.1999. "What about Our Families? Using the Impact on Death Row Defendants as a Mitigating Factor" *Florida Law Review* 26: 1999-1173 . 1999.

11）　Sandra J. Jones and Elizabeth Beeck. 2006-2007. "Desenfranchised grief and nonfinite loss as experienced by the families of death row inmates." *Omega*54（4）: 281-299; Walter C. Long. 2011. "Trauma therapy for death row Families" *Journal of trauma Dissociation* 12（5）:482-494.

12）　*Hidden' victims: the children of parents on death row.* Available from http://www: ohchr.org/EN/New-sEvents/Pages/HiddenVictimsaspx.（2016年 8 月24日閲覧）。

13）　Jone and Beck, op.cit.

14）　Beck Elizabeth and Sandra Jones2007-2008. "Children of the condemned: Grieving the loss of a father to death low." *Omega* 56: 191-215.

15）　Sharp, op cit.

16）　Sharp, op cit.

死刑囚監房にいるかまたは執行された親を持つ子どもに対する死刑制度の影響

フランシス・スービ　Francis Ssuubi[1]

　両親が死刑判決を受けたか、あるいは片方のまたは両方の親が死刑執行された子どものことは、死刑を刑罰として用いることに関する議論で忘れ去られやすい。両親がすでに亡くなっているか執行を待ち続けているかのいずれにしても、その子どもたちは、主要な2次的犠牲者として、生涯にわたって破滅的な影響を被ることになる。

　およそ死が大人にも衝撃を与えるとしたら、子どもにはどんなにか衝撃的なことであろう。大人に対しては、死ななければならない状況を説明し得るが、子どもには想像することも難しい。ましてやそれが刑罰としてという理由であればなおさら子どもを混乱させ、破滅的な影響を与えるだろう。

　死刑囚監房での死は子どもの心を荒廃させ、人生をめちゃくちゃにするだろう。

　この死は、国によって刑罰として行われるのであるが、子どもたちは、親が亡くなったあとに、親を失った悲しみだけではなく、親がいないことで生ずる困難という結果にも耐えなくてはならないのである。

　親が死刑執行されると、国際人権法の観点では子どもの人権が侵害されたことになる。子どもたちは通常、差別を受け、子どもの権利に関する条約が求めるものとは、まったく正反対の疎外的な社会状況に直面しなくてはならないことになる。

　では、子どもの権利条約はなんといっているか。

- ・国は、子どもの最大の利益が考慮され守られることを保障する義務がある（第3条）。
- ・両親が別居（ないしは離婚）している子どもは、害されない限り両親と交流する権利がある（第9条）。
- ・死刑判決を受けた親との間で、死刑執行の日などのような、両親に関する基本的な情報を知る権利がある。情報は年齢に照らして子どもに直接に、あるいは後見人か家族を通じて告げられる（第9条）。

・国は、子どもたちがすべての形式の暴力、たとえば（とりわけ精神的な暴力）、両親や子どもの面倒をみている者からの虐待、ネグレクト、不当な取り扱いから守る、なし得るすべてのことを行わなければならない（第19条）。
・子どもたちは、国が子をその家族環境から引き離そうとするときには、特別の保護や援助を受ける権利を有する（第20条）。
・子どもたちは、肉体的、精神的、心理的、倫理的、社会的な成長をもたらすような十分な平均的生活水準を得る権利を有する（第27条）。

　死刑判決の否定的な影響が認識されているため、国連人権委員会の22回会合が22/11という決議を採択している。その決議は、とくに「親が死刑判決を受けたもしくは処刑された子どもの人権」とそのような状況における国の義務を扱っている。
　では、22/11決議というのは一体どういうことを述べているのだろうか。
・それは、死刑が宣告ないし執行された親を持つ子どもの人権への否定的な影響への憂慮を示している。
・国に対し、子どもたちに、子どもの人権評議会、とりわけ第2条、3条、9条、20条、そして子どもの権利に関する人権委員会決議に沿う形で保護と援助を与えることを求めている。
・国に対し、子どもの最大の利益を正しく考慮に入れて、子どもたちに情報と両親への接触の機会を与えることを求めている。

死刑判決が子どもに与えるリスクと影響

　親が刑務所にいる子どもと親が死刑判決を受けたか処刑された子どもが経験することは、はとんどの場合似てはいるが、後者の場合の方がさらに激しいものがある。ある研究によると、親が死刑判決を受けたか処刑された子どもは短期、長期にわたる、さまざまな否定的影響を受けていることを示している。

子どもたちは一体どういったことを経験するか

　これらの子どもたちは愛するだれかが連れ去られて、そして、殺されていくであろうということに対する悲しみを経験することになる。彼らはこの刑

務所で両親に何が一体起きるのであろうかという恐怖を感じ、また力のなさ、あるいはショックないしトラウマなどの不安がないまぜになったような状況で恐怖に慄くのである。

これらの子どもたちというのは、非常に自己評価が低く、また、非常に当惑をしていて、さらに彼らは親に起きる事柄について自分たち自身を責めるのである。彼らは怒りっぽくなるし、さらには睡眠障害（不眠症、夜の恐怖など）を持つかもしれない。

私たちが招いた、親が死刑囚監房にいる2人の子どもたちの二つの場面では、彼らは、しばしば悪夢を見、そして朝になると一体何が起きたのかということを覚えていないということがあった。

具体例をいうと、ジェーンという10歳の子であったのだけれども、夜中に起き出して、そして、夢遊病状態で家を出て道の方に向かったのである。そして私たちが彼女に何が起きたのと尋ねると、彼女は夢の中で彼女の母が首をつるされているのをみたと述べたのである。

社会は、これらの子どもたちに対して敵意むき出しで対応する。そのためその子どもたちというのは、極端なスティグマに直面し、それゆえさらに差別される。そして、彼らは仲間外れにされて、罵倒される。そのような親を持つ子どもたちというのは犯罪者と一緒だというふうにみなされる国もある。

そのような子どもたちというのは儀式でいけにえにされるという社会もある。ウガンダの例がそうである。

彼らは性的な搾取あるいは児童労働、それは当然のことながら「こどもの権利に関する条約」第19条に違反することであるけれども、そういったことに直面することがある。

死刑囚監房にいるほとんどの人というのは、貧しく、人種的・民族的・宗教的なマイノリティであるので、子どもたちにさらなる貧困と差別の影響が及ぶことになる。子どもは、死刑宣告を受けたか処刑された親をもつことのゆえにスティグマを負うのと同じく、人種・民族・宗教・経済的条件がもとでの差別を感じるだろう。

またある国においては子どもたちというのは、家長になる。とりわけ父親が母親を殺害した場合、あるいは母親が父親を殺した場合、また両親が死刑囚監房にいるという場合もそのような形になる。彼らは、学校での成績が悪く、多くの場合にこれらの子どもたちは学校からドロップアウトしてしまう。それというのは、学費が払えなかったり、学校に行こうということへの励ま

第 3 章　被害者としての“隠れた”第三者　　183

しが欠けているという理由による。

　彼らの成長というのは当然のことながら妨げられ、そしてときとして栄養失調を招く。それは、十分な食事がなく、食べるものがなく無視されるということによる。

　子どもたちの中には、ストリートチルドレンになる者も出てくる。しかし、そこでは搾取にさらされ、また密売のリスクもある。少女たちは性的に汚され、レイプされ、若い年齢で妊娠することすらある。

振る舞いにおける問題点

　さらに進むと、そのような親を持つ子どもたちは、攻撃的態度や暴力、アルコール依存、薬物乱用、家出、反抗的な態度、頑固に固執するというような行動の問題が出ることがあり、さらに彼らは犯罪を起こすようになり、しまいには逮捕され、そして、両親と同じように投獄されてしまうのである。

精神的健康面の問題点

　親が死刑囚監房にいるか処刑された子どもたちは、複合的トラウマや外傷後ストレス障害を昂じさせる著しく高い危険性があり、結果として長期間の治療が必要となる。トラウマが解消されないことが原因となる神経の調節異常の諸症状が、すべての機能面に影響を及ぼす可能性があり、健康面の発達、学習、衝動の制御、向社会的行動（訳注：心理学用語で、他人を助けることや他人に対して積極的な態度を示す行動のこと）や確かな愛情の能力などの可能性を崩壊させる。このことは、審理中の控訴のため親が長期間死刑囚監房にいる場合や、執行の日時が知らされない場合にはとくに悪化する。

接触のないこと

　私が思うに、これらの子どもたらが直面する最も困難なことというのは、死刑囚監房にいる両親との直接の接触を失い、絆を失うことである。ときとして子どもたちは、親を見ないまま数年を過ごし、時にはどこにいるかもわからないという状態で数年を過ごすということになる。また「子どもの権利に関する条約」の第 9 条は、締約国に「子どもの最善の利益に反する場合を除くほか、父母の一方または双方から分離されている子どもが定期的に父母のいずれとも人的な関係及び直接の接触を維持する権利を尊重する」ことを求めている。

情報がないこと

　いくつかのケースでは、服役している在監者には、執行の日は伝えられない。それは、家族にもそうである。執行された親の遺体は家族にも返されない。このような秘密主義は、子どもの権利条約第9条の4項「そのような親に関し家族に情報を与えられなければならない」という子どもの権利を侵害することになる。国連人権委員会の22/11決議によれば、国に対して、親が死刑囚監房にいる子どもたちには親と面会すること、すでに死刑された場合には親に関するすべての関連情報を子どもたちに提供することを求めている。

メディアの悪い側面

　親が死刑囚監房にいるか処刑された子どもたちは、差別に苦しみ、とりわけ親の犯罪が公に知られている場合はそうである。しかし、親が死刑の宣告を受けた子どもたちは、単純に、親の責任による犯罪に基づいた判決に直面することになるだろう。たとえばウガンダのメディアのように誇張して伝えるという場合には問題をさらに悪くする。多くの場合にその報道というのは、大袈裟にされていて、実際に実証はされていないものもある。無罪の者が有罪と報じられて、容疑者があたかもすでに判決を受けて、そして一般の人の間では有罪であるとみなされることもある。裁判所が判決を下す前ですら、そういったことがある。犯罪をどう公正にあるいは正確に伝えるかということについての決まったガイドラインのない中では、とりわけ死刑判決に相当するような犯罪を犯した場合には、メディアというのは公の敵意というものを急き立て、そして単なるその両親だけでなく、その子どもたちに対しても同様に強い復讐心を持たせるようにしがちなのである。

　死刑囚監房や執行についてメディアは、テレビや映画を通じて報道する、その方法というのは、子どもたちを単に混乱させるということではなくて、トラウマを生じさせる、そういったものなのである。

各段階で子どもたちはどのような影響を受けるか

　子どもたちは、最終的には親の死刑執行となって、その後の困難な人生へとつながる過程の各段階でさまざまな影響を受ける。各段階は、子どもたちがいかなる影響を受けるかについて決定的な役割を果たし、悲しみやトラウマを増大させるのである。

逮捕

逮捕が、子どもたちに与える影響は、とりわけ逮捕が暴力的に行われた場合の影響は、全世界の多くの地域でほとんど考慮されていない。子どもたちが親の暴力的な逮捕を目撃した場合の影響について正式な調査はないけれども、親が警官から叩かれたりリンチされたりするところをみた子どもたちにとって、トラウマになろうことは容易に想像できる。そのような経験をした子どもたちからどのような影響を受けたかについて聞くにつけ、われわれは子どもたちへの影響をもっとよく考えないといけないことがわかる。

死刑になるような犯罪の場合には、しばしば暴力的な逮捕になりがちで、多くの場合子どもはその目撃者となる。子どもたちは、自分自身の中の激情と復讐への思いを募らせるかもしれない。子どもたちが生活する社会や学校の中では、親の逮捕後は、蔑まれたり、白眼視される。学校では、逮捕を目撃したか、新聞やラジオ・テレビを通じて逮捕を知った教師や同級生からかわれたり、蔑まれたりする。このようなことを通じて、子どもたちにさらなるパニックや恥、恐れの気分を生じさせて、結果、学力の低下や退学を導くのである。

犠牲者に近い人たちも同じように復讐したいと考え、親が逮捕でいなくなった今、それを親ではなく子どもたちに向けようとすることもある。モーゼは、彼の母が逮捕されたとき5歳だったが、その母から便槽（地面に穴を掘ったトイレ）に投げ込まれ亡くなった赤ん坊の仕返しとして、群衆から同じ便槽へ投げ込もうとされそうなところを助け出されたのである。

子どもたちの中には、逮捕時にそこにいない子どもたちもいるし、幼すぎて何が起きたのかわからない子どもたちもいる。彼らは、何が起きたのか一度も説明されたことがない。そのような場合、子どもたちは不安になり、心配し、怖れが増すものである。ときとして、長い年月を嘘の中で過ごし、後で真実を知ったときには、心の中に葛藤が生じてしまうのである。

裁判前の期間

公判手続前の時期は、不確定さが増し、子どもたちにストレスを与える。とりわけ刑事司法手続が無用に長い場合、それが顕著である。

両親が死刑事件を疑われるような場合、多くのケースで保釈金が払えないか、あるいはまた国が保釈を認めないので、拘置所の中で公判手続前の期間を過ごすことになる。

この期間の面会は重要なものであるところ、国際基準からの要求により、死刑判決が下されるまでは両親の面会は制限されないことが期待されている。しかし多くの場合、死刑判決を受けそうな者は、すでに死刑判決を受けた者と同じように扱われている。このことは子どもたちの面会にも影響を及ぼしている。すなわち、子どもたちは、面会するといってもガラスや金網の障壁越しであるし、親の身体に触れることは許されないのである。私たちが保護している少年は、こう語っている。彼が拘置所で父に会うことができた最初のとき、金網越しであり、また多くの面会者でとても騒がしかった。彼は、泣いて、もう二度と面会に行こうとは言い出さなかったそうである。

審理

子どもたちは、学校に登校していたり、習慣や両親の決定、あるいは裁判所が遠い、公判審理について知らされないなどの理由から、しばしば裁判に関わることはない。だが、子どもたちは、裁判への参加は意味があることだと述べている。そして、多くの場合、子どもが親と制限のない状態で面会できる唯一の手段である。しかし同時に、審理のある部分、たとえば事件に関する生々しい証言や親に対する否定的証言などはとくに、子どもたちには有害な影響を及ぼす。

子どもたちの中には、裁判に自分たちの声を届けられれば何かの役に立つかもしれない、あるいは裁判官が自分たちをみてくれれば、親に対して寛大になるかもしれないと思う者もいる。そして親が死刑宣告を受けた場合は、親の苦境を防ぐために何かできたらよかったのにと思うのである。このことが子どもたちを自責の念に駆らせることになる。

裁判が海外で行われるのであれば、子どもたちは、何が起きているのか知らされないかあるいは裁判に関わることは決してないだろう。

判決宣告

多くの国の判決基準は、死刑判決が子どもたちに何を意味するかを考慮していないために、有罪評決の場合に死刑判決ではない他の判決にした方がよいという指針とならない。

判決宣告の場面に立ち会った子どもたちの中には、自分たちが親の死刑を導いたと思い、罪の意識とともに成長した者もいる。これらの子どもたちは、犯罪の被害者になったかもしれないし、目撃者だったかもしれない。両親の

片方がもう一方を殺害している場合、子どもたちの中では生き残っている親の方を助けるかどうかの悩みを生じさせる。

　いくつかの事例では、子どもたちは法廷で嘘をつくように仕向けられ、それをした子どもたちは後悔するようになり、利用されたと感じるようになる者もいる。別の事例では、親の死刑判決を回避させるべく減軽するために証拠が示されることがあるが、これらの証拠が、家族に関するトラウマを生じさせるような話であると、子どもたちは世間に広まったこれらの情報に対応しなくてはならないので、子どもたちを傷つける可能性もあるのである。

　死刑判決に際して、子どもたちの中には、死刑判決が何をもたらすのかわからない者もいる。中には直ちに処刑が行われると思い込む者もるが、控訴の審理や、執行命令書の署名がなされなかったり、執行停止が行われたりで、処刑には何年もかかるのである。

　2009年に、スーザン・キグラによる憲法裁判所の請願に対してウガンダの最高裁が下した判決以降は、死刑に相当する犯罪で有罪の判決を受けた者は、だれも死刑判決を受けることがなくなった。ウガンダにおける最後の絞首刑は、1999年である。その後、大統領は、死刑執行にサインをしていない。しかしその一方、地方では、日常的に知っていることやマスコミの記事とは異なり、死刑判決を受けた者はだれでも翌日に執行されると信じられていた。だから、多くの人は、まだ生きていても、その家族から死んだものと思われており、このことは今や「孤児」と呼ばれ、刑務所で亡くなった人の子どもと似た名前をつけられている子どもたちに影響を及ぼしている。

　「ウガンダの望みの泉」（Wells of Hope, Uganda）として、2013年に私たちはウガンダの、刑務所にいる囚人たちの家族のうちの37家族を訪ねた。このうち21家族は、死刑囚監房に家族がいた。うち13家族は、死刑囚監房にいる家族はもう死んだものと考えていたので、私たちの訪問は、あたかも死者の復活さながらであった。死んだとされる親は生きていると伝えたからである。一例で、16歳のブレンダ（Brenda）の例を挙げよう。父親が死刑囚監房に入っていた。彼女は父親が亡くなってもう8年が過ぎたと考えていたのである。その彼女は、こういうのである。私は生きてはいたけれど、死んだも同然だった。父と再会する日に、私は復活するんだわ。

　リビヤや、イラク、イエメンなどの国々では、被害者家族が加害者を許すことによって死刑判決を免れさせる制度がある。もっとも、その場合、ディーヤ（diyya　訳注：イスラーム刑法における殺人犯や傷害犯が遺族に支払

う "刑罰としての賠償金") と呼ばれる賠償金を要求することがあり、加害者の家族が要求額を払えないと破滅的なことになりかねないのである。

死刑囚監房での生活

　死刑執行までの期間は、何が起こるかわからない中で生きなくてはならないので、子どもたちには難しい。子どもたちは、望みがなく、ストレスが大きいと気づき、ときとして精神や肉体の健康問題が生じるだろう。

　死刑制度を持つほとんどの国では、死刑囚監房の死刑囚は最大限の警備態勢の中に置かれている。死刑囚監房の囚人の危険性の評価の後に、囚人は独房に移されるか他の拘束状況に置かれる。この状態は、囚人の心理にダメージを与え、しまいには親としてどのように振る舞うべきかにも影響する。

　死刑囚監房の囚人への面会は、通常、回数と直接の接触の点で制限され、子どもたちは親とガラス越しや網越しに面会することになる。

　死刑囚監房の死刑囚は、通常他の収容者とは別の囚人服を着せられている。たとえば、ウガンダでは、別の収容者は黄色であるのに対して、死刑囚監房の囚人は白色の囚人服を着せられている。ある子どもが、父に面会に行くのにわれわれが同行していたところ、いつも黄色の囚人服だったのが、白色になったことで、彼女はひどく悲しんだ。彼女にとって白色の囚人服の意味するところは、刑務所で殺されるということであったからである。彼女は一晩中泣き続け、数週間悲しみで手に負えない状態であった。

　死刑囚監房は、通常、子どもたちからとても遠いところにあり、面会に多額の費用がかかり、多くの面会は現実的に不可能である。協力者にとっても面会が大変であることは、多くの子どもたちにとって、面会しようという気持ちをなくさせる。

　子どもたちが拘置所にいる親に面会に行くことは、子どもが親との関係を維持することでは有益であるが、死刑宣告を受けた親の子どもにとって、状況は変わり得る。親が死刑判決を受けると、子どもの悲しみが始まり、これは幾年にも及び、無数の異議申立てを経てさらに深刻化させられるのである。

　親が死刑宣告を受けたという新たな状況によって、親子関係が妨げられることになる。それは、へその緒のように結ばれていたものが、最終的に執行によって断ち切られるのである。

　学校は、親が死刑囚監房にいるかまたは執行された子どもたちをどのように助けるかについて、必要なものとはされてこなかったし、それについて敏

感ではない。子どもたちにとって安息の場所になるはずが差別化と烙印を押される場所になってしまっているのである。このために、結果として、馬鹿にされることをおそれて、子どもたちは学校に行かなくなる。

ウガンダのある10代の少女は、教師から死刑囚監房にいる父は絞首刑になるといわれて、教室で倒れ、病院に運ばれた。教師は、ウガンダの死刑制度について教えていて、大勢いる死刑囚の中の1人の例として、絞首刑になるという話をしたのであった。その女性教師は、クラスに死刑囚の子がいることを知らなかったのである。

死刑の執行

子どもの人権（69[f]）に関する国連人権委員会決議19/37では、こう述べている。

その子どもにとっての最大の利益に反しない限り、死刑囚監房に親ないし親権者がいる子どもは、収容者自身、家族または法定代理人によって、前もって未決の処刑に関して、処刑の日時と場所に関しての適切な情報、受刑者との最後の面会あるいは連絡の許可、埋葬のための遺体の返還あるいは遺体がどこにあるのかの情報の提供がされることが保証されなければならない。

しかし、死刑制度を持つ国の国内法では、執行の日をあらかじめ家族に知らせるかどうか、家族に最後の面会を許可するかどうかを決めることができるのである。

そのような面会について子どもに知らせることは、その子どもに最後のさよならをいう機会を与える点で重要であるが、それは子どもにとってはとてもきつい局面である。大人の付添人がいて子どもに、その年齢相応に、彼・彼女の親に何が起ころうとしているのか、子どもに聞かせてあげて、そして説明してあげることが極めて重要である。

ときとして、死刑執行は延期されたり中止されたりするが、子どもたちにこのことが知られないと、彼らは親がすでに執行されたとばかり信じた状態におかれることとなる。これは、あいまいな喪失感と未解決で奪われた悲しみ（disenfranchised grief、訳注：友人の死やペットロス、一世代前の家族のトラウマなど、社会から認識されない悲しみ。ただし、善意の友人や家族が、遺族の悲しむ権利に期限を定める場合、たとえば、事件の被害に遭った人に「いつまでも悲しんでいないで早く普通の生活に戻りなさい」というような場合にも、この言葉が使われる）を感じる可能性を増大させることにな

る。

　ポーリン・ボス（Pauline Boss）は『「さよなら」のない別れ　別れのない「さよなら」──あいまいな喪失』（"Ambiguous Loss"：Learning to live）（南山浩二訳、学文社、2005年）の中で、あいまいな喪失感は、真剣に生きるということをできなくさせ、トラウマになり、ひいては心的外傷後のストレス障害になると述べている。さらに、ボスは、あいまいな喪失感に直面している人たちは、しばしば、希望と絶望との間で大きく揺れ動く、と説明している。あまりに苦しむ期間が長くなると、感情を失い、人として行動することすら不可能になってしまうのである。

　死刑執行は、国家機関によって行われる残虐な死が最後のダメージとなって、子どもたちに恐怖だけでなく、言いようのない悲しみを与える。恐怖、喪失感、不安、無力感、虚無感を増大させ、心的外傷後ストレス障害やトラウマ症状につながる。社会は、苦痛を認めることはなく、だれも共感できないと感じているために、子どもたちは、引っ込み思案になり、心ここにあらずのような感じとなり、奪われたことの悲嘆にくれるようになる。

　通常、愛する人を失ったとき、人は亡くなったことを悲しみ、見送る葬儀に心の平安を求め、周囲の人もその人を支えようとするのである。親を死刑執行で失った子どもたちも支えを必要としているが、むしろ遠ざけられ、苦痛を増す結果となっている。彼らは、いつまでも続く嘆き悲しみに苦しみ続けなければならないのである。

　子どもたちが執行に立ち会えるかどうかは、その国の法制度にかかっているが、その他にも、親の決断や保護者の決断、子どもたちがそこに行けるかにもかかっている。というのも、そのような刑務所は遠隔地にあって、子どもと同伴者に交通費の負担がかかるからである。仮に、子どもたちが執行に立ち会わなかった場合、疎外感を感じることになる。しかし指摘しておかなければならないことは、子どもが親の処刑に立ち会うことは、処刑を見たことや処刑に賛成の非友好的な大勢の人たちや報道機関の存在などの周囲の状況に対応することの結果、彼あるいは彼女が苦しみ悩むことになることがあるということである。

　子どもたちが、被害者の子どもでもあり、加害者の子どもでもあるとき、たとえば母が父を殺した、あるいはその逆の場合などのような場合には、その子どもはだれも面倒をみる者がないまま取り残されることになる。生きている方の親を執行することは、国家がその子どもを完全な孤児にすることに

なるが、それは、多くの脅威といいようのない危機の中に彼らを置くことになるのである。

報道機関が処刑をどう報道するかで、子どもが負うスティグマが増大する。なぜなら、子どもたちはますますさらしものになって、だれもが彼を非難するからである。親はもういないため、故人の思い出として残されているのは子どもなので、故人について話題になるときは必ず子どもが比較されるのである。

国は、保護者であると想定されているが、結果として殺人者となっている。親が執行される子どもたちにとって、国は敵である。子どもたちは、警察官や裁判官も含んで国や公務員に対する敵意を増大させる。そのうちに、国の援助を受けることも拒むようになる。国に対して復讐をしようという子どももいる。そのため犯罪に手を染めやすくなり、ひいては親と同じように投獄されてしまうわけはこのようなところにあるのである。

10歳のアリ（Ali）に、将来したいことがあるかと尋ねた。彼は、銃を手に入れて刑務所に行き、死刑囚監房にいる父を解放するんだと述べた。

死刑囚が執行前に、病気や刑務所の劣悪な状況、老齢、自殺、さらには暴行のために、亡くなってしまうことがある。そのことは家族には知らされないこともあり、何年も後になって知ることになる。

2011年、われわれは死刑囚監房にいる父親に面会するために少年に付き添っていった。そこに着いた時、われわれは、父親はすでに何週間も前に亡くなっていることを告げられた。それ以来、少年は、われわれに、父親が刑務所にいてもいなくても、そこに連れて行ってくれと言い続けている。

父親が死刑囚監房にいることを知らされずに成長した2人の少年がいた。彼らがまだほんの幼児のときに投獄されたものである。ある日、父の遺体が家に届けられたが、その際に自然死と告げられた。亡くなったときだけが父と面会できたときだった。

死刑が執行されたあとで、葬儀を整えるために家族へと遺体は返されることが想定される。しかし、死刑制度がなお存続する多くの国ではそうではない。

ウガンダでは、死体には酸が噴霧され、刑場内の無縁墓地に埋葬される。

死体が関係者に対して返還されなかった場合、子どもたちの悲しみの過程を複雑にさせ、国家に対してさらなる敵意を生じさせる。処刑後の日々は、子どもたちにとってはもっともつらい日々である。子どもたちに罪はないの

に、父親の死刑に対して大きな対価を支払わなければならないのは、実に公平を欠くという他ない。死刑執行の後は、子どもたちの苦悩は増していき、感情面での問題に直面するようになり、烙印を押され、成長するための援助や、子どもとしての権利の享受を得られないことになる。

　親を失った子どもたちは、処刑によって彼らの多くの苦しみが大きくなることの試練を体験する。なぜなら、彼らはしばしば助けのない状態に置かれたままになるからである。こういった子どもたちがどれほどいるかその数は不明だが、多くの場合ほったらかしにされたり、仲間外れやスティグマを負ったりして、それが彼らが生活をしていく中で、さらなる屈辱や口ではいえない恥ずかしい思いに耐えなければならないようにするのである。その結果、およそ個人としての成長や幸福からは程遠いところに追いやられるのである。

死刑に直面している外国籍の子どもたち

　ある国の市民が、別の国で死刑に直面することがある。このことは、死刑制度があるかどうかに関係なく、すべての国に関係する問題である。親が死刑囚監房にいるかまたは死刑が執行されたその国に、子どもたちはいないかもしれない。こうした子どもたちは、親に会おうとすることには、距離の問題やいろいろ困難なことがあるため、支援されていない。

　2014年2人のウガンダ人が中国で死刑執行された。その家族らには十分な情報が与えられず、遺体は引き渡されなかった。200人以上のインドネシア移民が外国で死刑に直面しており、母国にいる家族は支援を受けていない。子どもたちが受けるトラウマと苦痛は、計り知れない。

結論

　死刑囚監房にいるまたは死刑を執行された親を持つ子どもたちを救うために考えられる最善の手段は、死刑を廃止することである。もしも、このような子どもたちの立場から死刑廃止が考えられれば、ほとんどの国が、この残酷で、非人間的で、品位を下げる刑罰方法である死刑制度を廃止するだろう。つまるところ、死刑制度は、罪のない子どもたちを不当に扱っているのである。ある子どもはこう言う。「父を死刑にするなら、それは私を死刑にしたことになるでしょう」

第3章　被害者としての "隠れた" 第三者　　193

　死刑制度を維持している国は、国連人権委員会決議22/11に照らして、死刑を宣告ないし執行された親を持つ子どもたちの苦しみを軽減する即時の対応をすべきである。

　ほとんどの国が、子どもの最大利益を優先事項としている国連の「子どもの権利に関する条約」を批准しているのであるから、すべての国々は親の処刑前、また処刑後の期間であっても、刑事司法制度の各段階で、このことを十分考慮に入れなくてはならないのである。

　すべての利害関係者——警察、裁判所、刑務所、地域社会、社会福祉機関、学校、政策立案者——が協力して、死刑囚監房にいるか処刑された親をもつ子どもを最大限に支援するプログラムを開発しそれを実行に移すことを可能にするような努力を、連携して始める必要がある。

---

　1 ）　フランシス・スービは、「ウガンダの望みの泉」（Wells of Hope, Uganda）の創設者であり、アメリカのカリフォルニア州にある拘禁された親を持つ子どもの国際組織（International Coalition for Children with Incarcerated Parents, California, United States ）のコーディネーターである。

沈黙の終焉、恥の終焉

スザンナ・シェファー　Susannah Sheffer[1]

　「みなさんは、他人に、みなさんが人間であること、そして、みなさんの周りの人たちも人間であり、みなさんが彼らを愛していることも、知ってほしいでしょう。」――2006年に、人権のための殺人被害者家族会（Murder Victims' Families for Human Rights）が出版した「さらなる被害者の創出：死刑執行が残された家族をいかに傷つけるか」（*Creating More Victims: How Executions Hurt the Families Left Behind*）における、ジョニー・ワーナー（Jonnie Warner）、死刑を執行された者の姉の言葉である。

　2004年12月の国際人権の日に設立された、人権のための殺人被害者家族会（Murder Victim's Families for Human Rights）は、設立当初から、死刑を執行された者の家族をも、このNGOのメンバーに含めることを決意していた。米国のいくつかの州においては、死刑を執行された者の死亡証明書における死因欄には、「殺人」と記載され、殺人被害者の家族と同様、死刑を執行された者の残された家族も、病気や自然災害ではなく、他の人間による意図的な行為の結果として愛する者を失うのである。死刑反対に向けた殺人被害者の家族による活動に、処刑された者の家族が加わることは、理にかなっていた。

　NGOは、この二つのグループの間には、共通点のみならず、重要な差異があることを認識していた。それゆえに、このNGOの目的は、死刑執行によって家族の一員を失うという異質な体験に注意をひきつけつつ、殺人によってその一員を失ったすべての家族が共有するものに光をあてることになろう、ということをも認識していた。No Silence, No Shame（沈黙しない、恥じない）プロジェクトは、この目的のために立ち上げられ、2005年、全米において死刑を執行された者の家族を、民間支援集会や追悼式典、記者会見の場において結びつけるという形で、その活動を開始した。

　翌年、NGOのメンバーおよびメンバー以外の処刑された者の家族に対するインタビューに基づく、「さらなる被害者の創出：死刑執行が、残された家族をいかに傷つけるか」（*Creating More Victims: How Executions Hurt the*

Families Left Behind）と題する報告書が発行された。この報告書は、処刑された者の家族も、「犯罪と権力濫用の被害者のための正義の原則についての宣言」（Declaration of Principles of Justice for Victims of Crime and Abuse of Power）におけるパラメーターに含まれるべきである旨提言した。この宣言においては、権力の濫用の被害者を、次のように定義する。

　　国内刑法上は違反を構成しないものの、国際的に認知された人権に関する規範の違反を構成する作為または不作為により、個人的にまたは集団的に、身体的もしくは精神的損傷、感情的苦痛、経済的損失、または基本的人権の重大な侵害を受けた者

　前記報告書「さらなる*被害者の創出*」の出版の後、No Silence No Shame プロジェクトは、処刑された者の家族が、さまざまな公的な場で証言するための準備活動を支援し続けた。以下の三つの例は、このプロジェクトが重点的に取り扱ってきたいくつかの重要な問題（愛する者を処刑によって失うという特異な形での苦痛、死刑と精神病の交わり、処刑された者の家族の体験を認知することおよびそのためのさらなる資源の必要性、一つの処刑により、子供、両親、兄弟姉妹、従兄弟等、多くの家族が影響を受けることへの理解といった問題を含む）に光をあてている。

　2005年の No Silence, No Shame プロジェクトの立ち上げを記念しての記者会見におけるセリア・マックウィー（Celia McWee）の発言から。

　　私は、二つの異なる形での殺人により、わが子を失いました。1979年、私の娘ジョイス（Joyce）がフロリダ州で殺されました。その15年後、息子のジェリー（Jerry）は、1991年にジョン・ペリー（John Perry）というコンビニエンスストアの店員を殺害したとして、サウス・カロライナ州で処刑されました。

　　この二つの出来事において、私は、わが子を失ったわけですが、二つの喪失の間には、大きな違いがありました。お子さんが殺されたとの知らせを受けた場合、実際に何が起こったのかは、何もわかりません。彼女が苦しんだのか、助けを呼んだのかはわからないのです。

　　それが、私が娘の死を知った時に起こったことでした。しかし息子については、その日がくることがわかっていました。私は、息子が殺されることを知っていました。その日がくる数週間前、私は毎日毎日、彼のもとを訪れましたが、私たちは何が起こるのかわかっていても、そのこ

とについて話すのは、とても難しいことでした。私たちは、たとえば、葬儀の時にどの賛美歌を歌ってほしいか、といったことでさえ話し合うことができませんでした。相手が病気の場合には、こういったことを話すことができると思いますが、ジェリーとこのような会話を交わすことは、とても無理でした。私は、ジェリーと喧嘩しなくてはなりませんでした。彼は、私が、執行に立ち会うことさえ嫌がったからです。彼は私が泣くところをみたくなかったのです。彼は「もう十分泣いたでしょう」と言うので、私は「絶対に泣かないと約束するわ」と答えました。

死刑執行の日が来た時、私はジェリーとの約束を守りました。一瞬、彼が私の方を振り返った時、私は、彼に見られないよう、涙をぬぐいました。

州が死刑を執行する時、彼らは、だれかの子どもを殺すのだということを、どのように説明すればよいのかわかりません。ジェリーは、私の身体から生れてきた私の息子でした。私は座って、彼が十字架――ストレッチャーではなく十字架です。なぜなら、その姿は腕をつきだした状態で、まるで十字架のようにみえたからです。――に縛りつけられるところを見ました。彼が最後に私のことを見た時、私は、彼の顔から血の気がすべて引いていくのをみました。

私は、この体験が、私自身に大きな影響を及ぼしたと自覚しています。とても大きな影響です。この先き生きていく力があるのかしらと思う日もあります。でも私は死刑囚の家族の多くが、死刑執行の後、周りの人々との関係すべてを断ち切って引きこもるところをみてきました。私は、そのような生き方を自分自身が望んでいないことを知っています。私たちがみんなでつながれば、強くなれることを知っています。沈黙を打ち破り、恥から抜け出すことが、私たちを癒やし、より良い世界をもたらすことを知っています。

処刑された者の家族と殺人被害者の家族が集まり、精神障害者を死刑に処することに反対した、2008年の記者会見におけるロイス・ロビンソン（Lois Robinson）の発言から。

私たちは、ごく平均的な普通の家族です。息子がテキサス州で処刑されたということを除けば。ラリー（Larry）は、母親であればだれしもそのような子どもをもちたいと夢見るようなタイプの男の子でした。成

績優秀で、教会の少年グループで活動し、リトルリーグで野球をし、水泳チームに所属し、学校のバンドでドラムを演奏し、新聞配達をしていました。病気にならなければイーグルスカウト（訳注：ボーイスカウトの最高位）になったことでしょう。

　ラリーがティーンエイジャーになるころには、私たちは彼の異変に気づき、当時住んでいたカンザス・シティにある、カンザス大学メディカルセンターに彼を連れて行きました。しかし彼がようやく妄想型統合失調症と診断されたのは、21歳で空軍を除隊させられた後のことでした。私たちの保険がもはやラリーを対象としなくなったため、空軍から早々に除隊させられたのでした。私たちは彼を郡の病院に連れて行くようにいわれ、そこで彼は30日間の入院の後、「暴力的ではない」ことと、病院側が「ベッドを必要としている」という理由で退院させられました。私たちは病院から、どんなことがあっても絶対に彼を家に連れ帰ってはいけないといわれました。私が「彼は、仕事もなく、お金もなく、車もなく、住む所もないのですよ。路上に放り出すわけにはいかないでしょう」と言うと、彼らは「こういうことは毎日やっています」と答えました。

　私たちは、ラリーを退役軍人病院に入院させましたが、そこでもまた、彼は30日間の入院の後、退院させられました。病院からは、ラリーは良い状態ではなく、治療を受けなければ悪くなるといわれましたが、それでも病院は、彼をそれ以上入院させることはできませんでした。私たちは、彼が暴力的になった場合には、長期的治療を受けることができるだろうといわれ、彼が長期的治療を必要としていることについては、みな同じ考えでした。不幸なことに、退役軍人病院の医師たちは、ラリーが退院する前、彼に第三者に対する医療記録開示についての同意書（medical release）に署名させるのを忘れてしまったため、（本人以外の第三者である）私たちは、彼のために薬を受け取ることができませんでした。ラリーはその後失踪し、4年も薬や治療を受けることなく過ごしました。

　ラリーの最初の暴力的行為は、5人の人をとても残虐な方法で殺害する、という形で現われました。私たちは、震え上がり、被害者とその家族の方々のために、ひどく心を痛めました。私たちは、ラリーはおそらく精神病院に送られ、生涯そこで過ごすことになるだろうと思ってい

した。しかし、それは間違いでした。というのは、彼は1年間拘禁され、裁判にかけられ、死刑判決を受けたからです。判決の後、私は法廷の外で倒れこみ、救急車で病院に運ばれ、その道中ずっと「私の息子が殺される！」と叫び続けました。

　私は、4日間入院しました。退院してきたとき私は憤り、こう言いました。「こんなことはおかしい。彼らは、ラリーがもし暴力的になった場合には、治療を受けられるといっていたのに、治療ではなく死刑を与えるなんて」私は、この経験を語っていこうと決意しました。ラリーは17年間を死刑囚として過ごし、2000年1月21日に処刑されました。彼が亡くなった日、私はラリーに残りの人生を精神疾患に苦しむ人と死刑囚を助けるために捧げると約束しました。現代の文明社会が、精神障害を抱える市民を治療するのではなく殺害するなんて、どうしてあり得ましょう？

2007年の第3回国際女性平和会議（International Women's Peace Conference）における、人権のための殺人被害者家族会の討論会でのメラニー・ヘバート（Melanie Hebert）の発言から。

　私のおじのスペンサー・コリー・グッドマン（Spencer Corey Goodman）は、2000年にテキサス州で処刑されました。彼は私の祖父母の養子で、祖父母の実の子どもたちよりずっと年下でした。彼と私はとても親しく、彼は私にとって、おじさんというよりも兄のような存在でした。彼と私は7歳しか違わず、私は子ども時代、多くの時間を彼と一緒に過ごしました。私が小学生のころ、彼は家族と疎遠になり、私が次に彼について聞いたのは彼が殺人を犯し、私の祖父が裁判で証言するために召喚されたということでした。

　私の家族は、彼と無関係でいることを望み、彼のことはあまり話しませんでした。私も彼が処刑される直前まで、彼のことは頭から払いのけ、自分の人生に取り組んでいました。姉はおじのもとを訪問しており、彼は処刑される前に私に会いたがっていました。姉は私に、彼に会いに行くかと聞き、私は行くと答えました。彼を訪問した時、私は彼がそれまで信じ込まされていたような怪物ではないことに本当に驚きました。私はすっかり気持ちが変わり、処刑前の数日を彼と一緒に過ごしました。

　友人や教会からの支援は、あまりありませんでした。彼らは何をすれ

第3章　被害者としての“隠れた”第三者　　199

ばよいのか、何と声をかけるべきなのかわからず、私たちは自分たちで
この問題に取り組むしかありませんでした。ほかの状況であれば、だれ
かが親しい人を亡くした場合、近所の人や友人や教会が、力を合わせて
その人を支援しようとするでしょう（しかし、死刑執行で家族を失った
場合には、そのような支援は得られないのです）。そればかりではあり
ません。この経験の超現実的な側面は、私たちが愛する者を失ったこと
を悲しんでいる一方で、世間では、これを喜び、正義がなされたといっ
ていることでした。このようなことは、他のどのような死に関しても経
験しないことだと思います。

　私たち家族が司法制度において、もっと同情をもって扱われたのであ
れば、もう少し楽だったと思います。スペンサーの処刑に関し、もっと
も苦しかったことの一つは、情報をテレビから得るしかなかったという
ことです。それは愛する人の運命を知る手段として、非常につらい方法
です。私たちは彼が死刑判決を受けたことをその日の夜、ちょうど私の
誕生日にあたる日の夜、テレビで知りました。本当につらい経験でした。
その後、私は刑務所の職員一人ひとりに、処刑の日がいつなのか、私た
ち家族に電話で知らせてほしいと頼んでまわりました。しかし、だれも
私たちに電話をくれませんでした。結局、テレビで彼が亡くなったこと
を知ったのです。このような待遇は家族にとって、とても残酷なもので
す。

　おじが死刑判決を受けた時、私はちょうど高校に入学したばかりでし
た。何の問題も抱えていない少女にとってさえ、高校への入学による環
境の変化に対応することは難しいことです。私はおじと同じ町の出身で、
おじと同じ名字を持ち、そのおじが死刑判決を受け、それがニュースで
とても大きく取り上げられていたのですから私の高校生活がどれだけ複
雑なものであったか、容易にご想像いただけると思います。学校ではひ
どくなじられ、高校入学後の2年間、深刻なうつ状態に陥りました。毎
日学校に行くのがとても辛かったです。大きな恥（不名誉）を引きずっ
ていました。

　私のような状況にある若者をどのように支援すべきかにつき、高校の
大人（職員）たちが、もっと知識と配慮を有していれば良かったのにと
思います。また彼ら大人たちが、もっと積極的に私に近づいてきてくれ
れば良かったのにと思います。私は当時、自分にとってどのような方策

があるのかを知らず、カウンセラーに相談に行くべきことも知らず、また自分自身の抱える問題が、そもそもカウンセラーに相談するような内容なのか否かも、わかりませんでした。学校制度に関わる大人たちに、もっと私のところに近づいてきて、救いの手をさしのべて欲しかったなと思います。

---

1) スザンナ・シェファーは、米国に拠点を置く執筆家かつ臨床精神保健カウンセラーであり、No Silence, No Shame Project の助言者。

カリブ地域における死刑が
その家族に及ぼす影響

フローレンス・シーマンガル　Florence Seemungal[1]
リジー・シール　Lizzie Seal[1]
リンジー・ブラック　Lynsey Black[1]

はじめに

　本稿の目的は[2]、死刑制度が死刑判決を受けた個人のみならず、広く周囲の人々にも負の影響を及ぼす可能性があるという事実を多くの人に知ってもらうことにある。この問題に焦点をあてることで、私たちはカリビアン地域における見識、たとえば死刑の本来の性質や無益さに関するジャマイカ人のロイド・バーネット博士（Dr. Lloyd Barnet）の見解[3]や、死刑の支持は報復の必要性という根源的な心情に基づいており正義に基づいていないと述べたスティーブン・ヴァスカニー氏（Stephen Vascianne）の見解[4]に応えたい。在バルバドス欧州連合代表部のマイケル・バーフォッド（Mikael Barfod）大使は、死刑が死刑囚の家族にもたらす影響について人々の注意を喚起する努力を行ってきた。彼は家族に及ぼす影響が死刑をなくす上で重要な根拠になると考えたのだ。しかしながら、彼の発言は誤って解釈された。有罪判決を下された者の家族に注意を向ける人は、殺人事件の遺族に関心を持たないと伝わってしまったからだ。『バルバドス・トゥデイ』紙（*Barbados Today*）の編集者は次のように述べている。

　　　バーフォッドのようなタイプの活動家は有罪判決を受けた成人、とくに死刑判決を受けた人の福利やその家族の福利を支持する見解を示す一方で、被害者やその子孫の慰安や安全に対する配慮義務などまったく考えていない[5]。

　受刑者の利益よりも犯罪被害者や社会の権利を重視する傾向は、トリニダード・トバゴ共和国の必要的死刑の執行に関する第2状況報告書からの引用でも示されている。

有罪判決を受けた受刑者の生命に対する権利は、被害者やコミュニ
ティーが持つ平穏で安全に生きる権利と比較考量されなければならない[6]。

　有罪判決が下された受刑者やその家族が受ける苦難と殺人の被害者への配
慮は相互に排他的であったり矛盾したりする考え方ではない。死刑が死刑囚
を越えて関係者たちに及ぼす影響については国際的な文献で広く取り上げら
れてきたが[7]、カリブ地域の状況ではこれまで取り組まれてこなかった。死
刑囚に対する多くの制約が、彼らの家族にも影響を及ぼしている[8]。死刑判
決を受けるかどうか、あるいは死刑が執行されるかどうかにかかわらず、家
族は一定のストレスを経験する[9]。トリニダード・トバゴで執行された最後
の処刑は1999年6月4日から7月28日であり、そこでは10名の男性に絞首刑
が執行された。それ以降、カリブ諸国では2000年にバハマで1名の死刑執行
がなされ、2008年にはセントクリストファー・ネイビスで1名の執行がなさ
れている。アムネスティー・インターナショナルの報告によると、トリニ
ダード・トバゴはアメリカ合衆国を除き米州で唯一死刑を科している国である
と発表されている[10]。トリニダード・トバゴの記録では、2015年に21名の
男性に対して死刑判決が下されたことが明らかにされている[11]。2016年3
月現在、トリニダード・トバゴにはこの21名の男性を含めて約40名の死刑囚
がいる。上訴審の裁判官は、判決を受けた者やその家族が影響を受けるもう
一つの理由を示している。それは上訴が成功するか不確かであることにより
もたらされる疑いようのない不安である[12]。
　私たちはトリニダード・トバゴにおける死刑囚の家族がこれまで世の中に
公表してきた苦痛や苦境について報告する。そして、死刑判決がもたらす不
安や憂鬱は判決を受けた本人だけではなくその家族にも重く圧しかかること
を示す。また、トリニダードの死刑弁護人との対話も紹介したい。彼は、死
刑囚家族との交流の回想や、トリニダード・トバゴがどれほど最後の絞首刑
に影響をされたのか説明をしてくれた。死刑は有罪判決を受けた者に対する
正義の執行方法としてもっとも人道的な手段とはいえず、死刑により判決を
受けた本人やその家族の人間性が奪われることが認識されている[13]。死刑
執行に関するトリニダード・トバゴの第2状況報告書には次のように記述さ
れている。

　政府はこれら10名の死刑囚に対し、司法手続や国際人権条約機関の遅
延を利用して死刑執行を免れ、制度を破壊することを許さなかった。政

第3章　被害者としての“隠れた”第三者　　203

府は彼らにトリニダード・トバゴの憲法や法律、刑事司法制度を嘲ることを認めなかったのだ[14]。

　上記の引用文は、国家と死刑判決を受けた者との乖離が進んでいること、そして犯罪や犯罪者の置かれている状況、さらには犯罪者の家庭生活が考慮されていないことを示している。カリブ地域の状況では、このことは判決を受けた本人やその家族が日々経験している苦境のほとんどが隠されてしまっていることを意味する。死刑囚の家庭生活を明らかにすることは、彼らの尊厳や人間性の回復につながる。

隠された犠牲者
──家庭生活、親族や家族の支援に対する死刑判決の影響

　本節では、死刑判決を受けた者の家族に焦点をあてる。死刑囚の家族は、次の理由から「隠されている」と言われてきた。彼らは死刑判決から生じる意図されていない不可避的な産物とみなされ、死刑を執行する上でもいっさい考慮されないからである。有罪宣告を受けた者の扶養家族に対する宣告の影響に加えて被告人の家庭生活も通常は裁判で議論されるが、必要的法定刑としての死刑のもとでは、そのような情状弁護は排除されている。有罪判決を受けた者の家族は、現実に起きてしまった殺人事件に対する罪の意識や恥じらいの思いから、人目を避け注目を受けないかもしれない。彼らはおそらく親族による犯罪行為について人々からの非難に曝されるだろう。恐ろしい犯罪者とつながりがあるということで名誉が傷つけられるかもしれない。トリニダード人であり1999年に8名の薬物犯罪グループのメンバーとともに殺人容疑で処刑されたドール・チャード（Dole Chadee）の息子のシヴァ・ブッドラム（Shiva Boodram）は、過去を振り返ることを躊躇しているようにみえたが、新聞記者からのインタビューを受けた際、父親の無罪を主張した[15]。シヴァ・ブッドラムへのインタビューを行った記者は、ドール・チャードが住んでいた地域の人々はいまだに恐怖にとらわれておりチャードの処刑から15年が経った現在もなお事件について話したがらないと結論づけた。有罪判決を受けた者の家族は、報復や復讐のための殺人により彼らの安全が脅かされるのではないかと心配するかもしれない。カリブ地域のコミュニティーは地理的に狭い。殺人の被害者と殺人犯はしばしば同じ村に住んでおり、村々や小さな町はそれぞれ社会的につながっていて被害者と犯罪者が知り合

いであることもある。フードとシーマンガルは、殺人で起訴されたケースの３分の２の事案において、被告人は被害者に知られていたと報告している。殺人で有罪判決を受けた者の多くが被害者に知られていたのである[16]。この報告から鑑みると、有罪判決を受けた者の家族も被害者やその家族を知っていた可能性が高い。

家庭生活

　必要的死刑判決が被告人の家族に与える影響について議論するとき、どれほどの家族がその影響を受けるのか想定することは難しい。死刑判決を受けた被告人の家庭生活に関するいくつかの示唆はフードとシーマンガルによる2006年の研究から収集することができる[17]。この研究では1998年から2002年の間にトリニダード・トバゴの高等裁判所に訴追されたすべての殺人事件、297名の被告人について調査が実施され、各事案の結論は2005年12月まで追調査された。2005年末までの間に、279名の起訴のうち陪審員による評決あるいは有罪答弁により、58名の被告人に計画殺人で有罪判決が下され、97名について非計画殺人による有罪判決が下されている。計画殺人で有罪判決を受けた58名のトリニダード人の被告人の訴追記録や有罪判決の証拠を調査すると、死刑判決を受けた被告人それぞれにつき、子どもや配偶者を含む少なくとも４名の扶養家族がいたことが明らかになった[18]。

　58件の計画殺人の有罪判決のうち、４名は女性の被告人であった。雇用状況については、47名の被告人について情報を取得することができた。４名の女性被告人はいずれも無職でありうち２名は主婦と記載されていた。また、男性被告人の23％は無職であった。43名の雇用されていた男性被告人のうち68％はフルタイムで雇用されており残りはパートタイムであった。雇用されている者の多くは、家族で経営する飲料やスノーコーン（訳者注：紙コップに入れたかき氷）の販売業や漁師、庭師、肉体労働者など技術を必要としない労働者（49％）であった。30％はバスの車掌や建設作業員、溶接工、電気敷設業者、電気技師、警備員などの技術を必要とする仕事であり、残りは事務職であった。この雇用データから雇用されていた男性被告人の家族は死刑判決により経済的に影響を受けたことを推測することができるだろう。表１に示されるデータは有罪判決を受けた者が主に労働者階級に所属していることを示しており、死刑判決を受けた者の家族はその恵まれない素性からコミ

表1　トリニダード・トバゴで計画殺人により有罪判決を受けた被告人の経歴

性別 (n=58)	女性（4 名）	男性（54名）	
被告人の雇用データ（n=47）	4 名の女性全員が無職であり、2 名が主婦	48名のうち23％が雇用されており、そのうち68％がフルタイムで雇用されている	雇用されている男性の49％が技術を必要としない労働に従事している
親としての役割（n=23）	4 名の女性のうち 3 名が既婚者であり子どもがいる	19名の男性のうち14名が合計30名の子どもを扶養している	
生活状況 (n=29)			単身（3 名）パートナーと同居（11名）両親と同居（6 名）親族と同居（5 名）友人と同居（4 名）
最終学歴 (n=14)	学歴なし（1 名）初等教育（1 名）中等教育（2 名）	初等教育（7 名）中等教育（2 名）中等後教育（1 名）	

ュニティーの中でもっとも力のない人々であるとのラデレット（Michael L. Radelet）の見解を裏づけている[19]。2016年 3 月 7 日までの記録では、これら58名の被告人のうち死刑が執行された者やすでに釈放された者はおらず、1 名（ダニエル・アガード　Daniel Agard）だけが死刑囚として収容されている。その他57名に対する有罪判決は上訴が認められなかったか、あるいは2008年に死刑判決が減刑されたものと考えられる[20]。

　表1で示されているとおり、有罪判決を受けた者のほとんどは社会的ネットワークの一員であるか、あるいはネットワークに参加する者であった。この社会的ネットワークには肉親や親族、友人、隣人、さらには暴力団などの犯罪組織との関係も含まれている。人々は自分の親族や知人に死刑判決が科されることで、たとえ間接的であったとしても何らかの影響を受けるが、彼らの処刑が執行されるとさらに劇的な影響を受ける。社会的ネットワークにおける被告人の役割に従い、そこにはそれぞれの責任が付随する。社会的なつながりや責任は、逮捕された瞬間や公判まで勾留されている何年もの間、有罪判決を受けたり死刑判決を受けたりしたときに突然消えてなくなるものではない。死刑囚の家族は死刑執行人を待つ間、緊張を強いられる。社会的経済的苦境もあれば、子を持つ親、とくに主婦である母親が死刑判決を受けたときには家庭生活が崩壊する。また、親や近親者が死刑判決を受けたとき、とくに死刑が執行されたときの子どもが受ける影響は、死刑を受けた者の成人の親族や知人が受けるものより大きくなる可能性が高い。国際的 NGO チ

ャイルド・ライツ・コネクト（*Child Rights Connect*）は次のように報告している。

　　子どものメンタルヘルスや福祉、生活状況、そして他者との関係は通常壊滅的な影響を受ける。最愛の人がこれから処刑されることを知ったことによるトラウマは、周囲の人の無関心や敵意、こうした子どもたちの状況を認識できず、あるいは意図的に考えようとしない政府当局により、増幅される可能性がある[21]。

　レールフロイント（Saul Lehrfreond）[22]はトリニダードの事例で、夫殺人で有罪判決を受けたアン・マリー・ブードラム（Ann Marie Boodram）[23]について検討を加えている。彼女は17歳と11歳、6歳の子どもがおり、何年もの間死刑囚として収容されていた。家庭内殺人による死刑判決の場合、当然のこととして死刑を受けた者の家族に対する影響についてとくに言及する必要があるだろう。両親の1人を失い、もう1人が拘置所の中で辛い思いをしているか、すでに死刑が執行されたという現実は、子どもたちに壊滅的な影響を与え彼らの成育を大きく阻害することだろう。もし残った片親も処刑されたのであれば、その子どもは孤児となってしまう。そこには世代間で家族の犠牲者が存在し、これらの事案では有罪判決を受けた親が父親あるいは母親としての役割を果たすことができなかったという事実がある。死刑囚として4年間収容されたアンドリュー（アンディー）・ポール・ダグラス（Andrew〈Andy〉Paul Douglas）は、殺人で起訴されたとき22歳でたった一人の子どもである2歳の息子がいたと説明している。彼は、自分が死刑囚として収容されることで息子に悪い影響を与えるのではないかと感じていた[24]。ジュリアン・ニーヴス（Julian naves）はナターシャ・デ・レオン（Natasha De Leon）死刑囚の思いについて、以下のように述べている。

　　彼女は自分の娘と孫に対して彼らを愛していたと述べ、自分は母親としての責任を果たすことができなかったが、娘や孫が彼女を決して拒まなかったことに感謝していると話した[25]。

　ビンセント（Vincent）一家の事件のように、肉親が死刑事件の共同被告人となる場合もある。ビンセント一家の事件では、父親と息子の一人が殺人事件で無罪となったものの、もう1人の息子には死刑判決が下された[26]。新聞記事によると、サン・フェルナンド（San Fernand）裁判官が2005年の

殺人事件につきエマニュエル・ビンセント（Emmanuel Vincent）（66歳）と
その息子シルベスター（Sylvester）（45歳）を釈放し、スターリン・ビンセ
ント（Sterlin Vincent）に死刑を言い渡したとき、無罪判決を受けた2人は
泣き崩れた。エマニュエル・ビンセントは次のように述べている。

> 父親として、半分は成し遂げたという気持ちだが、もう半分は息子ス
> ターリンのことが理由で成し遂げられなかったという思いでいる[27]。

　親族に対する処刑が執行されたことによる精神的打撃は、死刑囚として収
容されることによる心理的影響と異なる。心理的外傷は、処刑された者の近
親者の記憶から明らかとなる。合衆国の統計では、処刑が残された家族を傷
つけさらなる犠牲者を生み出すことが示されている[28]。トリニダードの以
下の引用文は合衆国の統計データを裏づけている。

> 父親が処刑された当初、私は憤りを感じました。それから困惑と悲し
> みに襲われました。しかし、年月が過ぎ、現在私は悲しみを乗り越え、
> 前を向き始めています。当時は相談に乗ってくれる人がだれもいません
> でした。そのため、私は近くに家族が必要だと感じ、ロンドンからこち
> らへ戻ってきたのです（シヴァ・シヴァ・ブッドラム、ドール・チャー
> ドの息子）[29]。

　モニヤ・ラミヤ（Mooniah Ramiah）の事案は、彼女の息子がドール・チ
ャードの仲間の一員であったという点で特異であった。息子の1人、ジョー
イ・ラミヤ（Joey Ramiah）は1999年に処刑され、その他の3人の息子も同
じ殺人事件で有罪判決が下り、死刑囚として収容されることになった。彼ら
の死刑判決は後日、終身刑に減刑された。2008年の新聞記者によるインタビ
ューでモニヤ・ラミヤは、「私は半分死んだように感じている」と述べ、彼
女の心は今も痛みや悲しみ、苦しみであふれていると話した。彼女の苦しみ
は3人の息子までもが死刑囚としての苦痛を強いられていることによる[30]。
新聞記者は、モニヤ・ラミヤはトリニダード・トバゴで3人の息子が終身刑
を受けることになった唯一の母親として知られていると述べる。彼女は3人
の息子の無実を主張しており、2カ月に一度刑務所まで息子に会いに行って
いると記者に話した。ジョーイが絞首台へと連行された日のことを説明する
中で、ラミヤはリビングでそのニュースを聞いたと述べた。

> 私は大声をあげて泣き始めました。そして、とめどもなく涙が流れ落

ちました。息子が亡くなったことを信じられませんでした。悲しみを癒す方法もありません。私は世の中に対する激しい怒りと憎しみでいっぱいで、すべてがバラバラに崩れていきました。すべての人が私に敵対しているように感じました[31]。

　シールは死刑が執行された日の家族の心理的状況について、執行に死刑囚の親族が立ち会うと、死刑執行に伴う感情は増幅されると述べている[32]。トリニダード・トバゴにおける最後の死刑執行でも同様の報告がなされている。BBC は「刑務所の敷地にはすでにその暴力団員のための墓が掘られており、彼らの家族は水曜日に最後の面会が許可された」と報じている[33]。報道によると、ドール・チャードは1999年 6 月 4 日金曜日に最初に処刑された。そして最後に、アンソニー・ブリッグス（Anthony Briggs）とウェンセスラウス・ジェームス（Wenceslaus James）の 2 人に対する処刑が1999年 7 月 2 日に執行された[34]。家族が面会した日からいつ執行されるかわからない処刑までの間、死刑囚とその家族は精神的な苦痛を受けることになるだろう。

家族のサポート

　ラデレットやヴァンディバー（Margaret Vandiver）、ベラルド（Felix Berardo）はフロリダ州で死刑判決を受けた者やその家族とのインタビューや観察に基づいて、死刑囚監房の精神的ストレスは家族や知人に重大な影響を及ぼし、死刑囚によっては判決後に新たな支援を受けられるようになる者もいれば、支援を断られる者もいると結論づけた[35]。親族が死刑囚に与える支援の程度や弁護士が親族を絞首台から解放してくれるだろうと高く期待していることについて、多くの話を弁護人から聞くことができる。高名なトリニダードの弁護士であり元臨時裁判官のグレゴリー・デルジン（Gregory Delzin）は約150名の死刑囚を弁護し、1990年から2003年まで死刑囚を法廷で弁護し続けてきた。彼は15〜20件の執行停止手続に関与しており、中には最終的に処刑されてしまった者もいた（グレン・アシュビー（Glen Ashby）、1994年 7 月14日）。デルジンは次のように述べている。

　　私は家族と交流をします。彼らの絶望感や父親や夫の処刑を防ぎたいという希望を見てとることができます。彼らから距離を取ろうと思いま

すが、それをすることはできません。彼らはまだ希望を捨てていないのです[36]。

　デルジンの発言は、死刑囚の家族は希望と絶望のサイクルにも囚われるというアムネスティー・インターナショナル・USA の事務局長であるラリー・コックス（Larry Cox）の見解と一致している[37]。

　国連ウィメンのアジア太平洋地域部長（UN Women Regional Director for Asia and the Pacific）であり長年カリブ海地域の死刑裁判や死刑上訴審を担当してきたロベルタ・クラーク（Roberta Clarke）も、死刑判決を受けた者の家族は肉親の支援に対してとても協力的であることに同意する。彼女は、死刑囚の家族の80％は協力的であると推定している。また、受刑者が食べ物が必要な場合は、家族は彼女に知らせてくるだろうと述べた。家族は、また身内の福祉についても公の場で主張している[38]。クラークのコメントは死刑判決を受けた者の家族が担う複合的な役割を強調する。家族の役割は必ずしも頼りなく、消極的で沈黙しているか隠されているものではない。家族は、インフォーマルな支援グループを作り、メディアのインタビューに対応し、人々や政治家、刑事司法関係者に向けて制度に関する彼らの疑問を発信するとともに、いつでも処刑されるかもしれないという現実に直面している肉親の状況を改善する必要性を訴えるかもしれない。彼らは上訴審に必要な費用について資金面で貢献することもある。

　死刑判決を受けた者の家族が公衆の面前に現れることを選び、肉親の苦境について発言をするとき、当初は素人であり法律について素養のなかった者が、いかにして法律用語を修得し、判決を受けるまでの手続や上訴手続について法的知識を得るのかが明らかになる。死刑囚の親族や家族が判決の執行や上訴手続の遅延について表明する不満の程度は、死刑手続に関与する多くの人々との長年のやりとりを通じて形作られる。これらの点のいくつかは、2004年7月14日に死刑判決を受け、上訴が棄却されたのち2005年4月15日に死刑判決が確定したレスター・ピットマン（Lester Pitman）の母親のとった行動に現れている。彼は2004年7月14日に、殺人の罪で死刑判決を受け、1回目の控訴は却下されて2005年4月15日に必要的死刑判決が下された。彼に対する2回目の控訴審の判決は2013年12月18日に下された[39]。トリニダード・トバゴの控訴裁判所は死刑判決を40年を下限とする終身刑に変更する判決を下した。判決の日の直前に、6人の子どもをもつ美容師である彼の母

親は、メディアからのインタビューに答えた。彼女は、「私はただ裁判長にわずかな慈悲を与えてほしいのです」と述べ、彼女の息子は「審理の遅延により苦痛を強いられている」と話したと報じられている。彼女は、2012年12月9日に息子がフレデリック通り刑務所（Frederic Street prison）からの逃亡を図った理由は、手続の遅延に対する不満にあると話した。彼女は、息子は判決を待ち続けて12年もの間獄中で生活しており、2013年8月で34歳になる息子[40]は子ども程度の知能しか持ち合わせていないと説明した[41]。彼女の発言は、何が手続の「遅延」とみなされるべきかに関して、9年におよび息子の身柄が拘束され続けたことを通じて彼女が得た知見や、息子の低い知的レベルと考え得る情状事情との関連、トリニダードの控訴審裁判所に弁護人が提出した法的主張との関連を示唆している。

死刑判決がもたらす社会への影響

死刑の執行により社会は集団的に影響を受ける可能性がある。社会的影響の検討は、死刑の賛否を実証する文化的意義を特定する上で役立つ。死刑に対する支持が時代や文脈によりどのような影響を受けてきたのか[42]知ることは有益であり、世論やトリニダード・トバゴの必要的死刑判決としての死刑の観点からこれまで検討されてきた[43]。著名なトリニダードの憲法学者であり死刑弁護人であるダグラス・メンデス（Douglas Mendes）首席弁護人は[44]、1999年に10名の男性が処刑された際、トリニダード・トバゴの人々は死刑の執行を望んでいるように見えなかったと述べた。デルジンは次のように述べている。

> 3名の男性が1日で処刑された。6名は同じ週末に処刑された。ドール・チャードの処刑は概して社会にとって衝撃的であった。死刑の執行は金曜日、土曜日、そして月曜日に行われた。国中が沈黙し、重々しい空気に覆われた。人々はポートオブスペイン（Port of Spain　訳注：トリニダード・トバゴの首都）から離れて行った[45]。

死刑に対する世論の支持は、国が死刑を執行すると変化するのだろうか。デルジンのコメントは、トリニダード・トバゴの市民が矛盾した感情を抱いたにもかかわらず、犯罪への恐怖から処刑を受け入れる準備があったことを示している。

第 3 章　被害者としての"隠れた"第三者　　211

望んでいたものを手に入れたとしても、それにより人々が死刑廃止論者になるわけではない。彼らには自分の感じたことを受け入れる用意があるのだ。人々は死刑それ自体は誤りだと感じるが、彼らは犯罪を恐れている[46]。

死刑判決に対するバルバドス市民の矛盾した感情に関する根拠は、バルバドスの法務長官の次のような発言から見て取れる。

バルバドス人は、ある人物が殺人を犯せばその者は命をもって償うべきだと一般的に考えているが、自分たちの家族の1人が殺人に関与すると話は変わってくる[47]。

これらの例は、死刑に対しては根深い道徳心や心理的に矛盾した感情が存在するというハニー（Craig Haney）の見解を裏づけている[48]。

おわりに

以上の議論から次の三つの点が明らかになった。一つは、死刑囚やその家族が抱える心理的外傷や不安、ストレス、憂鬱の存在である。次に、死刑を維持する国はこの事実を認識し、死刑を科すことで引き起こされる「隠された犠牲」の存在を明らかにする学術的研究を支援する必要があるということである。そして最後に、死刑判決を受け処刑をされた者の家族は死刑判決による無実の被害者であり、カウンセリングや支援を必要としているということである。ドール・チャードの息子のシヴァ・ブッドラムは、1999年に父親が処刑された後の怒りや困惑、悲しみの感情に言及し、当時のトリニダード・トバゴではこのような人生を変える出来事に彼が対処することを支援するカウンセリングサービスが存在しなかったと述べた。今ではトリニダード・トバゴ警察の被害者証人支援部署（Victim and Witness Support Unit of the Trinidad and Tobago Police Service）のような犯罪被害者を支援するグループは存在するものの、こうしたグループは死刑囚の家族に対応していない。死刑囚やその家族の苦しみは他のグループにより注意が向けられている。グレイター・カリビアン・フォー・ライフ（Greater Caribbean for Life）は人権状況を改善し死刑廃止へ向けた活動を行うことを目的としている[49]。シスター・グウェンドリン・ルース・グレイブス（Sister Gwendolyn Ruth Greaves）は彼女の組織であるアパート・ハウス（Apart House Monistries）や彼女が手掛けるテレビ番組「ユア・ファミリー・マター」（"Your Family Matters"）を通じて支援を提供している。

212　カリブ地域における死刑がその家族に及ぼす影響

　死刑問題は、議論する上で適切にきちんと整理された問題ではない。そこには多くの矛盾が存在する。たとえば、人々がトリニダード・トバゴの絞首刑に対して抱いた相反する感情もその一つである。死刑の代替制度を実施するためには、カリブ海地域の学者や弁護士、国家機関、非政府組織による共同の努力が必要である。機能的な社会的法的制度のもとでは、刑罰は更生へとつなげられていなければならない。死刑判決は被告人に対しては意図して下されるものだが、その家族には意図せず降りかかる。私たちはそこからどのような教訓を得ることができるだろうか。死刑囚や処刑された者、殺人の被害者、殺人事件の遺族など、目に見える主要な当事者について考えるとき、私たちは死刑問題の表面を掬い取っている。死刑囚の家族など、隠された当事者についても考慮し、このような人々が死刑によりどのような影響を受けるのか、そして彼らをいかにして支援することが可能なのかについても検討する必要がある。本節での言及は、死刑裁判や上訴手続が遅延する危険性を示しており、遅延により事件の結論が確定しないことへ希望や絶望、司法手続の誤りに対する強い確信が繰り返し生じることを示している。司法手続に対する信頼の喪失や苛立ちは死刑囚やその親族から示されることが多い。これらの人々もまた、デルジンの次のような心情に共感することだろう。

　　私は、法的手続が正義の制度であるということに皮肉を感じるようになりました。死刑裁判に関して、私は手続の高潔さに疑問を感じているのです[50]。

　私たちは死刑を終わらせるべき時期に到達したのではないかと問いかけて結びたい。死刑以外の刑罰であっても同程度の犯罪抑止力が期待できるところ、現在の死刑廃止論は、死刑囚の家族に対して死刑判決をもたらすことの不公平さを中心に議論が展開されている。自由刑は面会や信書の発受を通して家族との関係を維持することが可能であり、自由刑もまた受刑者によるさらなる危害から社会を守ることが可能なのである。

　1）　フローレンス・ソマンガル（Florence Seemungal）は、ジャマイカの西インド諸島大学、リジー・シール（Rizzie Seal）は、イギリスのサセックス大学、リンジー・ブラック（Lynsey Black）は、アイルランドのダブリン大学トリニティカレッジ。
　2）　この章の草稿にコメントを下さったロジャー・フード教授とグレゴリー・デリジン教

第3章　被害者としての"隠れた"第三者　　213

授に感謝申し上げる。

3 ）　Lloyd Barnett. 2013. *The Death Penalty in Jamaica.* Available from http://www. worldcoalition.org/media/jm2103-map/video-barnett-en.htm.（accessed 21 June 2016）.

4 ）　Stephen Vascianne, "Reflection on the Death Penalty," *Jamaica Observer*, September 6, 2015. Available from http://www. jamaicaobserver. com/news/Reflections-on-the---death-penalty_19227461.（2016年 6 月16日閲覧）. Vascianne is professor of international law, University of the West Indies, Mona, Jamaica. He is also a former Jamaican ambassador to the United States of America and the Organization of American States.

5 ）　"Surely a time for far more reflection…," *Barbados Today*, 17 December 2015. Available from http://www. barbadostoday. bb/2015/12/17/surely-a-time-for-far-more-reflection/.（accessed 16 June 2016）.

6 ）　Ministry of the Attorney General and Legal Affairs. 2000. *Republic of Trinidad and Tobago's Second Status Report on the Implementation of the Death Penalty in Trinidad and Tobago.* Trinidad and Tobago, p. 20. 本資料をご提供いただいたジーナ・マハラジャ（Gina Maharaj）とシェルドン・シン（Sheldon Singh）氏に感謝申し上げる。

7 ）　隠された被害者である死刑囚家族については、とりわけ以下を参照。
Lizzie Seal. 2014. *Capital Punishment in Twentieth-Century Britain: Audience, Justice, Memory. Abingdon*, UK: Routledge; Susan F. Sharp. 2005. *Hidden Victims: The Effects of the Death Penalty on Families of the Accused.* New Brunswick, NJ: Rutgers University Press; http://www.willsworld.com/~mvfhr/MVFHReport%20Creating%20More%20Victims.pdf.（accessed 16 June 2016）.

8 ）　Roger Hood and Carolyn Hoyle. 2008. *The Death Penalty: A Worldwide Perspective. Oxford:* Oxford University Press, 4th ed., p. 183.

9 ）　Sharp, 2005, xii. See also, Michael L Radelet, Margaret Vandiver, and Felix M Berardo. 1983. "Families, Prisons, and Men with Death Sentences: The Human Impact of Structured Uncertainty." *Journal of Family Issues* 4(4): 593-612.

10）　Amnesty International. *Death Penalty* 2015: *Fact and Figures.* Available from https://www. amnesty. org/en/press-releases/2016/04/death-penalty-2015-facts-and-figures/.（accessed 22 June 2016）.

11）　Schedule of Prisoners on Death Row in Trinidad and Tobago, Quarterly Update to 7.03.16, provided by Gregory Delzin, 13 April, 2016. アムネスティー・インターナショナルは2015年に課された死刑判決として、本文より低い数値を引用している。Amnesty International. *Death Sentences and Executions in 2015.* London: Amnesty International. Available from https://www.amnesty.org/en/latest/re-search/2016/04/death-sentences-executions-2015/.（accessed 24 August 2016）.

12）　*Lester Pitman v The State* Cr. App. No. 44（2004）, para. 79.

13）　Craig Haney. 2005. *Death by Design: Capital Punishment as a Social Psychological System.* New York: Oxford University Press, p. xiv.

14）　Ministry of the Attorney General and Legal Affairs, 2000, p. 2.

15）　Rhondor Dowlat, "Piparo 15 years after: Living in Dole's shadow," *Trinidad and Tobago Guardian,* July 28, 2014. Available from http://www.guardian.co.tt/news/2014-07-28/piparo-15-years-af-ter-living-dole%E2%80%99s-shadow.（accessed 16 June 2016）.

16）　Roger Hood and Florence Seemungal. 2006. A *Rare and Arbitrary Fate: Conviction for*

Murder, the Mandatory Death Penalty and the Reality of Homicide in Trinidad and Tobago, report prepared for the Death Penalty Project. London, The Death Penalty Project and University of the West Indies Faculty of Law, co-funded by the Foreign and Commonwealth Office, p. 36.

17) Ibid., p. 26.

18) Ibid., 2006.

19) Michael L. Radelet cited in the foreword to Sharp, 2005.

20) ノーラン・ベロー（Nolan Bereaux）判事は2008年8月15日、ルーダル事件（*Roodal v The State of Trinidad and Tobago* 1 AC 328（2005））やマシュー事件（*Matthew v The State of Trinidad and Tobago* 1 AC 433（2005））に従い死刑を免除されるべきだとの死刑囚からの憲法動議を認容する判決を下した。2004年7月7日以前の死刑判決は終身刑に減刑されたものの、その他の死刑判決は維持されることとなった。

21) Child Rights Connect. 2013. *Children of Parents Sentenced to Death or Executed.* Switzerland: Federal Department of Foreign Affairs, p. 17. Available from http://www. quno. org/sites/default/files/resources/English_Children%20of%20parents%20sentenced %20to%20death%20or%20executed.pdf.（2016年6月15日閲覧）。

22) Saul Lehrfreund. 2014. "Wrongful Convictions and Miscarriages of Justice in Death Penalty Trials in the Caribbean, Africa and Asia." *In Moving Away from the Death Penalty: Arguments, Trends and Perspectives.* New York: United Nations Human Rights, Office of the High Commissioner.

23) *Boodram v. The State* UKPC 20（2001）（PC Trinidad and Tobago）.

24) 「ユア・ファミリー・マター」（*Your Family Matter*）のためにグェノリン・ルース・グレーブス卿（Sr. Gwenoln Ruth）が2016年1月16日、アンディー・ポール・ダグラス氏に対して行ったインタビューの録音。グレーブス卿は2016年5月2日、録音CDのコピーをフローレンス・シーマンガルに提供し、本書のために使用することを了承した。本章に対するルース卿の貢献に深謝の意を表する。インタビューはYou Tubeでも閲覧可能である（https://www.youtube.com/watch?v = dKmX1fLmeT8.（2016年6月15日閲覧））。

25) Julian Neaves, "Prison moms delighted by Mother's Day visit," *Trinidad and Tobago Newsday*, May 8, 2016. Available from http://www.newsday.co.tt/news/0,227488.html.（2016年6月15日閲覧）。

26) Sascha Wilson, "Second son sentenced to hang," *Trinidad and Tobago Guardian,* July 28, 2012. Available from http: //www. guardian. co. tt/news/2012-07-28/second-son-sentenced-hang.（2016年6月16日閲覧）。

27) Miranda La Rose, "Convicted killer laments son's murder," *Trinidad and Tobago Newsday*, February 28, 2016. Available from http://newsday.co.tt/crime_and_court/0, 224635.html.（2016年6月16日閲覧）。

28) Susannah Sheffer and Renny Cushing. 2006. *Creating More Victims: How Executions Hurt the Families Left Behind.* Cambridge, MA: Murder Victims' Families for Human Rights. Available from http: //www. willsworld. com/~mvfhr/MVFHReport%20Creating%20More%20Victims.pdf.（2016年6月16日閲覧）。

29) Rhondor Dowlat, "Piparo 15 years after: Living in Dole's shadow," *Trinidad and Tobago Guardian*, July 28, 2014. Available from http://www.guardian.co.tt/news/2014-07-

28/piparo-15-years-af-ter-living-dole%E2%80%99s-shadow.（2016年 6 月16日閲覧）。

30）　Shaliza Hassanali, "I feel dead inside," *Trinidad and Tobago Guardian*, May 11, 2008. Available from http://legacy.guardian.co.tt/archives/2008-05-11/news10.html.（2016年 6 月16日閲覧）。

31）　Ibid.

32）　Lizzie Seal, 2014, p. 41.

33）　"Americas: More Hangings in Trinidad," *BBC News*, June 5, 1999. Available from http://news. bbc.co.uk/2/hi/americas/359835.stm.（2016年 6 月16日閲覧）。

34）　"The debate on hanging," *Trinidad and Tobago Newsday*, September 6, 2010. Available from http:// www.newsday.co.tt/features/0,127119.html.（accessed 16 June 2016）。

35）　Michael L Radelet, Margaret Vandiver and Felix M Berardo. 1983. "Families, Prisons, and Men with Death Sentences: The Human Impact of Structured Uncertainty." *Journal of Family Issues* 4(4): 593–612, p. 593.

36）　リジー・シールとフローレンス・シーマンガルとの対談（2016年 4 月14日）。

37）　Larry Cox, Foreword, in Susannah Sheffer and Renny Cushing. 2006. *Creating More Victims: How Executions Hurt the Families Left Behind*. Cambridge, MA:Murder Victims' Families for Human Rights. Available from http://www.willsworld.com/~mvfhr/MVFHReport%20Creating%20More%20Victims.pdf.（2016年 6 月16日閲覧）。

38）　リジー・シールとフローレンス・シーマンガルとの対談（2016年 4 月27日）。

39）　*Lester Pitman v The State*, Cr. App No. 44（2004）. Available from http://www.deathpenaltyproj-ect.org/wp-content/uploads/2014/11/14.08.11-Annex-B-Court-of-Appeal-Judgment-18-Dec-2013.pdf.（2016年 8 月24日閲覧）。

40）　Ibid, p. 22, para. 72.

41）　Darren Bahaw, "Pitman's mom denies CJ conspiracy," *Trinidad and Tobago Guardian*, December 11, 2013. Available from http://www.guardian.co.tt/news/2013-12-11/have-mercy-my-son.（2016年 6 月16日閲覧）。

42）　Seal, 2014, p. 1.

43）　Roger Hood and Florence Seemungal. 2011. *Public Opinion on the Mandatory Death Penalty in Trinidad*, London, The Death Penalty Project and University of the West Indies Faculty of Law, co-funded by the Foreign and Commonwealth Office.

44）　リジー・シールとフローレンス・シーマンガルとの対談（2016年 4 月14日）。

45）　Ibid.

46）　Gregory Delzin, ibid.

47）　"Barbados to scrap mandatory death sentence for murder," *BBC News*, March 26, 2014. Available from http://www.bbc.com/news/world-latin-america-26743629.（2016年 5 月15日閲覧）。

48）　Haney, 2005, p. 3.

49）　Greater Caribbean for Life Newsletter 2015. Available from https://gcforlife.org/2015-speaking-tour/.（2016年 6 月15日閲覧）。

50）　リジー・シールとフローレンス・シーマンガルとの対談（2016年 4 月14日）。

‘死刑囚家族’への社会心理学的取組み

サンドラ・ジョイ　Sandra Joy[1]

　死刑囚の家族が日常生活で苦痛を耐え忍んでいるということは、広く社会的に認められてはいない。家族は、殺人者との関係性ゆえに罪の意識を余儀なくされているため、彼らに注がれる視線は通常、否定的なものである。実際、法廷やメディアにより、家族の機能不全が公の場で綿密に調べられることで、彼らはまるで、自分が愛する家族の犯した殺人行為に責任を負っているかのように感じることすらある。想定し得る最善の場合ですら、彼らの痛みは目にみえてわかるものではなく、また、たとえ彼ら自身が殺人についてあからさまに責められるという最悪の事態ではなくとも、暗に受ける非難のため、死刑囚の家族がメンタルヘルスの治療を受けようとしない傾向にあることは、驚くべきことではない。典型的な場合に家族が内面化するスティグマは、あまりにも深い恥辱の念を喚起し、専門家であろうとほかのだれかであろうと、他人の助けを求めるのを困難にさせてしまう。

　愛する者が拘禁され、そして死刑を科されることによって生じ、あるいは悪化した、さまざまな精神面、心理面、行動面での問題に対処すべく家族にセラピーを受けさせることは、彼らが最善の治療を受けるということでは必ずしもない。こうした家族に寄り添うセラピストは、愛する者が死刑囚であるという悪夢を家族が乗り切るために必要な対処法を提供するに足る臨床技術を備えていなければならない。

　愛する者が拘禁されている状況で複雑な諸問題に対処しなければならないということは、さまざまなレベルで家族に悪影響を及ぼす。家族の陥る経済的苦境は、家族の構成員が社会資本、教育の機会、住宅問題、心理的精神的健康に関して直面する脅威と密接につながっている[2]。拘禁によって生じる数多くの問題に対処しようと努める臨床医でも、家族にみられる症状が、愛する者を刑務所にとらわれて失うことで引き起こされた悲しみの過程の現れだとは認識できない場合がよくある。死刑囚家族の場合、愛する者が単に拘禁されたのではなく、刑務所の中でもさらに苛酷な——家族への影響という意味でも、最終的にもたらされる結果という意味でも——場所にとらわれた

第3章　被害者としての"隠れた"第三者　　217

ために、悲しみ（グリーフ）の過程は、さらに複雑なのである。

　しかし、このような比較的少数の人々に立ちはだかる問題について、メンタルヘルス業界が、認識をより高めるべき必要性については、異論もあるかもしれない。指摘したように、通常は、愛する者を死刑囚監房に奪われたことによる悲しみに対して、家族が治療を受けようとすることなどはないのが実情だ。同時に、愛する者が死刑囚となったことで受ける苦痛に対処すべく臨床的介入を求めようとはしないものの、別の理由で診療室を訪ねることは非常によくある。家族が治療を求める潜在的な理由は数多くある。死刑囚を父に持つ子どもの母親は、問題行動や抑うつ症状のあるわが子を心配してカウンセリングを求めるかもしれない。死刑囚の元妻や恋人が、新たなパートナーとともにカウンセリングを受ける場合もあり得る。慢性的なうつ状態にある母親は、個別カウンセリングを受けようとするかもしれない。自発的であれ、裁判所の命令によってであれ、きょうだいが薬物乱用に対する治療を受ける場合もあるだろう。

　死刑囚の家族がなんらかの精神科治療や薬物依存治療などに至る道のりはそれぞれ異なっていても、彼らの多くは、愛する者が逮捕されてから処刑されるまでの過程のある時点で、セラピストのもとを訪れることになる。家族が社会から内面化してしまった恥辱の感情ゆえに、死刑執行に直面する家族がいるという事実をセラピストには明らかにしたがらない場合もあり得る。しかし、温かい共感性をもったセラピストが丁寧に社会心理的評価を行えば、愛する者を死刑囚監房に持つクライアントが抱えている恐怖を、おそらく明らかにできるだろう。こうした知識によって、死刑囚家族に現れがちな精神障害や薬物依存の主な原因であり、あるいは、少なくともこれらを悪化させる複雑な悲しみの過程を、よりよく理解することができるようになるのである。

　私の研究にかかわる家族が共有する悪夢は、アメリカ合衆国デラウエア州でのものである。これらの家族は、愛する家族を死刑囚に持つことで日々苦悶する国中の死刑囚家族の痛みを、十分すぎるほど理解している。おそらく、ある日、あまりにも急に、とらわれの身の愛する者から死刑執行日時を示した執行命令書が来たという電話を受けるだろうという絶え間のない恐怖の中で、彼らは暮らしている。私が話をした家族の多くは、まだこうした運命に直面していないが、すでに死刑執行の恐怖を経験した人たちもいる。したがって、私の研究にかかわる家族は、現在、愛する者がデラウエア州の死刑囚

監房にいる人たちか、あるいはデラウエア州によってすでに死刑を執行された人たちのいずれか、ということになる。

　本稿は、愛する者を死刑囚に持つ人と作業する機会を与えられた場合に専門家が利用し得る、臨床的介入手段についての示唆を提供する。個別的な治療法は、示される症状によりクライアントごとに異なるが、セラピストがクライアントにもっとも効果的なケアを提供しようとする際、非常に価値のある一般的な治療アプローチ、そして治療戦略が存在するのである。

理論的背景

　これらの家族の苦しみをすべて理解し、かつ、その道のりのさまざまな地点で考えられる臨床的介入を行おうとするセラピストにとって不可欠なことは、悲しみおよび死別に関する研究からの一定の理論的視点を把握することである。これは、愛する者が死刑囚であるという経験にもあてはまるためである。死刑囚家族が経験する死別の性質と強烈さについて理解するのにとくに有用な、悲しみに関する二つの概念を、文献の中に見出すことができる。*無限の喪失感*と*権利をはく奪された悲しみ*がそれである。*無限の喪失感とは、喪失感が時間をかけてゆっくりと現われ、しばしば終わることがない状況を指す*。そのため、この喪失感は、発育面の障がいを抱える人の家族や、たとえば嚢胞性繊維症のような短命で終わる条件下で生まれた子どもの親にみられる。喪失感は継続的であり、また、病気や障害をもった人には達成できない物事によって悪化する。喪失感が継続するため、家族は、悲しみを通り抜け回復へと向かうことができない[3]。この言葉を編み出したブルースとシュルツは、悲しみに暮れる人は二つの世界、すなわち既知の世界と恐怖の世界との間で道を失った状態にある、と述べる。

　無限の喪失感には三つの要素がある。第1は、喪失感が継続的で、しばしば大きな出来事の後に起きる、という点だ。第2は、満たされることのない発達への期待にかかわる。これは、発育や身体上の障害をもった子を持つ親の体験を検討することで、うまく説明できる。こうした親は、わが子が、決して到達し得ない発達の重要な段階を迎える年齢に達すると、悲嘆にくれる。ブルースとシュルツが述べる最後の要素は、自分自身の希望と理想の喪失である。無限の喪失感を経験する人は、自分が何者であり得たのか、あるべきだったのか、あった可能性があるのか、と自問する[4]。

第 3 章　被害者としての "隠れた" 第三者　　219

　死刑に直截的な影響を受けた家族の悲しみを精査すると、その悲しみが多くの側面で "無限の喪失感" を示していることが明らかになる。すべての事例において、苦痛は特定の出来事の後に始まる。犯罪とそれによる逮捕だ。次いで突然の出来事は、その後家族にとってもっとも手に負えない経験とも言えるものを生み出すが、これが喪失の継続的性格である。逮捕、有罪認定、量刑、死刑執行命令、数多くの上訴の失敗、そして場合によっては最終的に愛する者が処刑されるということを含む、喪失のそれぞれの段階で、家族は、自分がまるで喪失を初めて経験するかのように感じる。純粋に年数からみると、期間は相当長い。逮捕から処刑までは10年以上かかることがしばしばであり、その間中ずっと、審理や上訴の手続が頻繁に生じる。

　　無限の喪失感の第 2 の要素は、発展への期待を満たすことができないということである。愛するものが拘束されるや否や、彼・彼女は、少なくとも、自由な世界であればおそらくなし得たであろう普通の出来事に関しては、まるで時間の中で凍結されてしまったかのようである。殺人の罪に問われ、自らの運命を待つべく州立刑務所へと送られた若者たちの多くは、父親になった経験がない。逮捕前に受けていた高校や大学での教育も、終えていないかもしれない。こうした人々は、結婚の経験がない場合が多い。人生におけるこうした重要な出来事の多くが未達成であるということは、公判を待つ当人にとっても深刻に感じられる喪失ではあるが、その家族にとっても同様なのである。拘束される前に、家族は自分たちが経験した人生における重要な出来事を愛する者も経験し、その喜びをともにすることを全面的に期待していたのである。

　無限の喪失感が持つ継続的な性質に加え、ブルースとシュルツは、この種の悲しみに共通する特徴は、その人自身の希望や理想の喪失であると指摘する。無限の喪失感のこの側面は、インタビューを行った家族の言葉にも明らかである。理想の喪失として最も大きなものは、家族にとって州政府が持つ意義を失うことである。この種の理想の喪失感は、とくに刑事司法制度に対するものである。愛する者が有罪とされる前は、こうした人々の多くは、州とは自分を守る存在であるとみなしていた。有罪判決後、州政府とのかかわりによって、家族は疲労困憊し、裏切られた気持ちになり、自分の従来の考え方と、政府は計画的な殺人者にほかならないという現在の見方との間で、折り合いをつけなくてはならなくなる[5]。愛する者への死刑判決から何年も

の間、州と刑事司法制度に対する家族の幻滅は、大きくなるばかりである。こうした制度を体現する人々と向き合うことが、大抵は否定的なものだからである。多くの家族が、刑務所に面会に行った際に看守からひどい仕打ちを受けたと語る。弁護人や事件を担当した裁判官を含め、法律家たちとの関係のまずさを思い出し、裁判制度への嫌悪感を共有する人々もいる。おそらく、最大の侵害行為として受け止められるのは、不十分な弁護活動である。刑事弁護人の中には非常にすぐれた人から最悪な人まで、ありとあらゆる人がおり、文献の中には、死刑事件の公判中に法廷で寝ている弁護人、酒に酔った状態で出廷する弁護人、依頼人を人種差別用語で呼ぶ弁護人などが登場する[6]。

　さらに、家族は自分自身のアイデンティティの変化を嘆き悲しむ。愛する者の命が絶たれることで、彼らが子どもを持つことはあり得ず、ゆえに、自分が生まれくる子どもの祖母や伯母といった存在になることも決してないということを、多くの家族が悲しむ。多くの場合、花婿の家族や、子の大学卒業を誇りに思う親にはなれないことを悲しむ。家族が直面する、より困難な課題は、愛する者の人生について彼らが望み、思い描いてきたことの多くは、決して実現されないだろうという事実を認める段階に到達することだ。

　"権利をはく奪された悲しみ"という概念は、死刑囚の家族に特有の悲しみの過程のうち、別の側面を明らかにする。愛する者を死刑囚として持つことに伴うスティグマはあまりにも大きく、この調査でインタビューを行った家族は、自分の喪失感を、自分の家族以外のだれかに対して認めることに不安を感じる、ということがよくあった。もちろん、愛する家族の事件が広く知れわたっていることからすれば、地域の人々にこのような情報を知られないようにすることは容易ではない。地域の人々が家族と死刑囚との関係性に気づいたときの反応は、否定的なものであるのが通常だ。その結果、死刑囚の家族は、本質的に、悲しむという権利を奪われるのである。

　ケネス・ドカ（Kenneth Doka）は、遺族が社会一般から"悲しむ権利"を否定される事例に言及して、権利をはく奪された悲しみという理論を展開した[7]。権利をはく奪された悲しみは、喪失が公には承認されず、公に悼まれることなく、社会的に支持されない場合に生じる。ドカらは、権利をはく奪された悲しみが生じると、遺族の感情は増幅され、癒しがますます困難となることを発見した。加えて、遺族はしばしば高度の苦悩、混乱、延々と続く悲嘆を経験する。悲しみへの対処は、遺族に対する地域の支えがあり、か

つ、故人と彼・彼女を悼む人との間の関係性が承認されている場合に、もっとも効果的になされるという、ロマノフの研究結果[8]と考え合わせると、権利をはく奪された悲しみは、さらに深刻な概念となる。

ドカは、"権利をはく奪された悲しみ"を、いくつかの範疇に分類した。彼は、権利をはく奪された悲しみがいくつかの場合に起こることを発見した。すなわち、(1)人間関係が認められない場合、(2)喪失が承認されない場合、(3)悲しんでいる人が排除される場合、である[9]。死刑囚家族の経験が、ドカにより特定された概念区分のいずれとも関連することからすれば、おそらく、死刑囚家族の悲しみほど、権利をはく奪された悲しみをよく示すものはないであろう。

家族と、死刑囚監房にいる愛する者との関係は、ほとんど認識されることがない。通常であれば認識されるであろう、悲しみにくれる遺族との間の血縁関係は、その喪失に死刑囚が絡む場合には、容易に認知されない。ドカは、"権利をはく奪された関係性の中には、理論上はよく承認されているが、それが完全に意味するものは十分には理解されていない結びつきが含まれる"と主張する[10]。加害者は、しばしば怪物や極悪人であるかのように仕立てられるので、愛する家族の存在を想像するのは難しい。また、仮に、愛する家族の存在が認識されたとしても、家族もまた、同じ延長線上でいかがわしい人間だとみなされる。息子や娘を処刑によって失う母親の苦悶について考える人間は滅多にいない。まして、死刑囚の子どもたちが味わう地獄のような経験——州政府が自分の父親を処刑する準備を進め、拘禁中に以前よりずっと父親らしくなったかもしれない彼に、無理やりさよならを言わされる——について想像する人など、ほとんど存在しない。

死刑囚の家族は、その喪失が決して承認されないことで、さらに悲しみの権利を奪われる。たとえ家族と死刑囚との関係が正当かつ重要なものだと認識されたとしても、多くの人々は、愛する者が死刑囚であるという不幸な経験を、本当の"喪失"とはみなさないだろう[11]。権利をはく奪された悲しみと、無限の喪失感との間の関係性の研究は、ランドーによる"先行的な悲嘆"[12]を考慮すると、より一層際立ってくる。死刑囚を家族に持つという経験が、通常、社会では喪失として認識されない理由の一つは、それが先行的な悲嘆の一例であるためだ。この概念は当初、愛する者が病気の終末期にあり、死亡することを予期している家族が経験する悲しみの過程につき言及する際に、ランドーによって用いられた[13]。人が終末期にあるだれかの死を

予期する場合、愛する者の実際の死による喪失感は増悪する。家族が悲嘆する道のりには、多くの２次的な喪失もある。地域社会が、先行的な悲嘆に伴って生じる２次的な喪失を認識しないことにより、自分の悲しみが認められないとますます感じるようになってしまう、という点に留意することは極めて重要である。

　権利をはく奪された悲しみのさまざまな形について記述する中で、ドカは、社会から自分の喪失を認識されないもう一つの理由として、遺族の特徴ゆえに、社会の人々が、遺族には悲しむことができないとみなしていることがあると主張する。ドカが、この種の権利をはく奪された悲しみに最も陥りやすいと認める人々には、子ども、高齢者、精神障がい者がいる。だれであれ、こうしたグループに属する人が喪失を経験する場合、嘆き悲しまなければならないという彼らのニーズは、無視されることが多い[14]。嘆き悲しむ大人の存在が仮に地域社会の人々に認識されたとしても、死刑囚家族は高度な機能不全だとみなされ、それゆえ愛する家族の犯した殺害という行為を責められる。

　死別に関する現代の研究において大きな注目を集めてきたほかの二つの概念として、*複雑な悲しみ*と*トラウマティックな死別*がある。これまで説明してきた概念および理論にもまったくあてはまることだが、こうしたさまざまな形の悲しみは、重複することが多い。テレーズ・ランドーは、複雑な悲しみの理論的側面と臨床的側面の双方の検討において、先導的役割を果たしてきた[15]。1990年代初頭、この種の悲しみに焦点をあてた文献がないことに留意したランドーは、複雑な悲しみの原因となる要素、評価、治療について幅広く論じた本を出した。彼女は、複雑な悲しみは"死別から経過した時間を考慮した上で、悲しみの'六つのR'の過程で一つ以上の妥協、ねじれ、失敗が生じるときにはいつでも"生じる、と主張する。複雑ではない悲しみの'六つのR'の過程は、次のように表される。(1)喪失の認識（*Recognize*）、(2)別離に対する反応（*React*）、(3)故人およびその人との関係を思い出し（*Recollect*）再び体験する、(4)故人への古い愛着、古いみせかけの世界を放棄する（*Relinquish*）、(5)古い世界を忘れることなく新しい世界へと適応できるよう再調整する（*Readjust*）、(6)再投資（*Reinvest*）[16]。

　ランドーによる複雑な悲しみの理論は愛する人に先立たれた場合に関するものではあるが、たとえまだ処刑はされていなくても、愛する者を拘禁によって失った人々にも容易に適用可能である。悲しみの過程を複雑化させるも

のとしてランドーが特定するハイリスク要素の多くは、愛する者が死刑囚となり悲嘆する家族にもしばしばみられる。たとえば、ランドーは、死が突然であったり、予期せぬものであったり、トラウマティックなものであったり、暴力的にもたらされた場合、長い病気の末の死、子どもの死、そして、防ぐことができたと考えられる死を、悲しみを複雑にする特有なタイプの死とする[17]。愛する者に死刑が科されるとき、家族が、宣告された死刑を、突然で予期せぬもののように受け止めることがしばしばある。家族を監獄の壁の内側へと失うときに感じる悲しみは、とりわけ、州政府が処刑を行うときの死の暴力性を想像することで、トラウマティックなものとなりかねない。死刑の執行は、長い上訴手続の後に行われるが、これは家族に、長い闘病の末に家族を失う場合に経験されるものと非常によく似た悲しみをひき起こす。死刑囚となるのは全員成人だが、彼らのほとんどに、少なくとも自己の人生にかかわる親が1人は存在する。最後に、家族は、愛する者が常に直面している死刑執行の恐怖は、完全に回避可能なものであると考えており、これが喪失から感じる悲しみをさらに複雑なものとする。

　またランドーは、愛する者の死に対処する際、遺された者を複雑な悲しみへと誘引する、先行する変動要因とそれに続く変動要因を挙げる。これらの変動要因の中には、"著しい険悪さや相反性、著しい依存といった、発症前における故人との関係"、遺された者に先行的にあるいは同時に存在する傾向——とくに喪失やストレスへの不適応および精神面の問題、そして、遺された者が社会的支援がないと受け止めていること、がある[18]。死に伴い悲しみの過程を複雑化させるものとしてランドーが着目したこれらの変動要因は、それぞれ、悲嘆する死刑囚家族について検討すると容易に見出される。

　複雑な悲しみという概念に加えて、ランドーはごく最近、トラウマティックな死別という概念を展開した[19]。たしかにランドーより前にも、愛する者の死が遺された者にとって大きなトラウマ（心的外傷）となり得るということを認める人々はいた。同時に、死別に関する研究が第2次世界大戦後、数十年をかけて徐々に現れるようになり、臨床医たちは虐待や戦争、災害に苦しんだ人々が経験したトラウマについて、各々研究を始めるようになっていった[20]。ほとんどの場合、こうした研究は似たような方法で行われた。そしてついに、何人かの研究者が、愛する者を失った人々の中に、死別とトラウマの双方が明らかに認められる事案について検討を始めるようになった[21]。これらの研究者は、"喪失が死別への反応に伴うのみならず、トラウ

マに対する反応にも伴うことを初めて概念的に説明した"人々であった[22]。1990年代までに、エドワード・ライナソンは、"トラウマティックな死別"に向けられていた関心を、愛する者を暴力的な死により失った人々へと注ぐようになった。彼の研究は、愛する者の自殺や事故死を悲しむ人々のトラウマを扱うものであったが、"暴力的な死の中でも遺族をもっとも苦しめるのは、殺人であると思われる"ということに気づいた[23]。

　ランドーはごく最近、トラウマティックな死別を経験した人々がたどった死別の過程についての詳細な著書を出版した。彼女は、トラウマティックな死別を"死に対する悲しみや悼みが、環境によりもたらされるトラウマティックなストレスによって圧倒された場合に、愛する者の喪失に苦しむ状態"であると定義する[24]。トラウマティックな死という観点から死刑囚家族の悲しみの過程を検討すると、彼らがこの種の特別な喪失を経験していることが明らかとなる。殺人がしばしば家族の間で起きるという事実からすると、家族が、殺害された者と、訴追され刑務所へと送られた者を一度に失うことも、珍しくない。愛する者が罪に問われる以前には、殺害された被害者と面識のなかった死刑囚家族の場合であっても、州政府が愛する者を処刑することで、自分たちもまもなく殺人犯の遺族になるのだという恐怖に苦しむ。その間、愛する者が訴追を受けた殺害行為の生々しい詳細に接することは、加害者家族に極度のトラウマティックなストレスをもたらすに十分なものとなる。愛する者の処刑を待つ間、家族が苦しみ被り続けるトラウマ、あるいは処刑後に対処しなければならないトラウマが、悲しみの過程を複雑化する主要な要素となることは明らかである。

臨床的介入

　死刑囚家族と向き合うセラピストがグリーフ・セラピー（悲嘆療法）の分野の専門家である必要は必ずしもないが、権利をはく奪された悲しみという概念を理解することは非常に有用である[25]。このような理解があることで、セラピストはクライアントに対し、一定の人々がどのように、なぜ、社会一般から自らの悲しみに対する権利を奪われるのかを説明することができる。この魔物に"権利をはく奪された悲しみ"と名前をつけるだけで、家族は、愛する者が拘禁されてすでに味わっているつらい喪失をさらに増幅させる、文化的な文脈を理解できるようになる。とくに、喪失の早い段階では、この

第3章　被害者としての"隠れた"第三者　　225

先何年もの間に悪夢が展開していくにつれ、なぜ、彼らを支援するシステムは乏しくなっていくのかを理解することは、家族にとって有益である。支援の欠如に直面するのはむろん耐え難いことではあろうが、自分が悲しみの権利を奪われていることを理解するようになれば、殺人の罪に問われている者との関係によって受けがちな恥辱の感情に、よりうまく対処することができる可能性がある。地域社会の人々が自分たちの喪失を認識しないのは、それが、社会的に定められた"悲しみの法則"の枠の外にあるからだということがわかれば、支援を受けられないことは、自分たち自身に原因があるのではなく、社会の側の問題だと考えられるようになる可能性がある。自分たちが社会で受ける扱いの責任を他者に課すことで、家族はかつて自ら内面化していた恥辱を、拒絶できるようになるのである。

　おそらく、死刑囚の家族が、自分たちの喪失が認識されないと感じるのは、ほとんどの場合、愛する者の逮捕と有罪判決の直後の、恐ろしい犯罪を地域社会がまだ鮮明に記憶している時期だ。インタビューを受けた何人かの家族は、殺人被害者の遺族や、愛する者が起こした事件について非常によく知っている人と交わした会話を思い起こした。こうした会話によって死刑囚家族はしばしば、自分の喪失が認識してもらえなかったように感じるだけではなく、自分が苦しんでいるということをそれとなくいっただけで嘲笑の対象とされているように感じる。とくに、殺人被害者遺族が被る喪失と自分たちの喪失が比較されると、死刑囚家族は、自分には悲しむ権利がないかのように感じてしまう。"少なくともあなたはまだ息子に会えるでしょうが、うちの子は死んだのよ。"といった言葉を向けられるのだ。

　セラピストとしては、殺人で訴追されている人の家族は、この大きな喪失について悲しむ権利を、社会一般からはく奪されているように感じているということを前提にするのが、間違いなく無難である。しかしながら、地域社会だけが悲しみの権利をはく奪する原因とは限らないため、綿密に評価する必要がある。私が話をした家族の多くは、自分自身の家族が、愛する者が拘禁されたことを悲しむ権利を否定しているように感じた、と述べた。これはとくに、自分の愛する者が、家族の中の別のだれかを殺害した場合にあてはまる。1人の家族を殺人被害者として失い、同時にもう1人を拘束によって失うという"二重の喪失者"[26]となると、拘束による喪失を悲しんではいけないと感じるようになることがよくある。こうした悲しみは、殺害された愛する家族に対して不誠実であることのしるしとみなされる。身内から同時に

数人の被害者と加害者を出している肉親あるいは親族が、加害者に対する怒りのあまり、加害者の喪失による悲しみを隠さない家族から悲しみの権利をはく奪するということは珍しいことではない。

　セラピーを求める死刑囚家族が感じる権利をはく奪された悲しみを、認めてあげることの臨床的な重要性は、過小評価されてはならない。愛する者が拘束されるという当初の喪失から受ける悲しみは、悲しみの権利をはく奪されたというさらなる悲しみによって非常に複雑なものとなるため、権利はく奪による喪失感を悲しんだ後でなければ、もともとの喪失には完全に対処することができない、といわれている。心理療法士であり死生学者でもあるジェフリー・カウフマンは、権利をはく奪された悲しみの研究と治療の双方に長年にわたり携わってきた。カウフマンは、悲しみの権利をはく奪されたクライアントに、当初の喪失による悲しみよりも、権利をはく奪されたことによる悲しみを優先する治療を提供することの重要性を強調してきた。

　権利をはく奪された複雑な悲しみに対する心理療法では、(a)喪失と権利をはく奪された悲しみに内在する複雑さ、および、(b)権利をはく奪されることによる悲しみ、を考察する。権利をはく奪された悲しみの治療は、それ自体、もともとの喪失と、権利をはく奪されたことによる悲しみの、双方にかかわる。権利をはく奪されることによる悲しみは、治療においては、臨床上の優先順位、そして持続性という点においても、権利をすでにはく奪された悲しみより優先されるかもしれない。当初の喪失の意味が、権利はく奪という行為においてもたらされた喪失によって、特定されるようになる可能性もある。失われたものを悲しむことと、権利はく奪されたことを悲しむということが融合して大きな悲しみとなり、他者がこれを認識しないことによって心の傷となり得る。そして、もっとも心をかき乱し、傷つけるのは、悲しみにおいて権利をはく奪されるということが、その人にとって、自分自身による権利のはく奪を意味するということだ[27]。悲しみが、自分自身によって悲しみの権利をはく奪されたものとなるとき、"人は、自分自身に対して制裁を科す代理人となり、心理的には社会的な悲しみの期待のために動く……その人自身が、権利をはく奪されている（権利はく奪の対象である）だけではなく、権利のはく奪をも行っている[28]。" 自分自身による権利はく奪が永続的になる場合に、この過程で恥辱が果たす役割を過小評価してはならない。権利をはく奪された悲しみを経験する人にとっては、"恥辱とは悲しみという経験が生じることを妨げる心理的な力であり、悲しみの経験を完全

に妨げる可能性がある……恥辱は、悲しみを認識することの許否を心理的に規制するものなのだ[29]。"

　私がインタビューした死刑囚家族の多くは、悲しむ権利の自己はく奪と現に葛藤しているか、あるいは、悲しみの過程の早い段階でこの種の権利をはく奪された悲しみに対処した経験があった。家族が殺人で訴追されたときの自分自身の当初の反応を表現するとき、彼らはよく"恥"という言葉を使ったが、これは、悲しむ権利のはく奪を自ら行っていたことの証左である。

　自分の愛する者が殺人事件で起訴されたということは、あらゆる家族にとってトラウマティックとなり得るが、家族が被るストレスの度合いは事件によって異なる。たとえば、殺人の被害と、加害による拘束により、２人の家族をともに失う"二重の喪失者"とみなされる場合[30]、ほぼ間違いなく、その喪失は深刻なトラウマの症状を伴う複雑なものとなる。さらに、加害者家族が殺害行為時に現場にいて、実際の殺害行為あるいは殺害直後の状況を目撃した場合、トラウマティックなストレスはとくに大きなものとなるであろう。もっとも、家族が現場には居合わせず殺害をとりまくトラウマティックな出来事を目撃していない場合ですら、コミュニティで起きた恐ろしい殺人事件で自分の愛する者が訴追され拘禁されたというニュースに接することで、トラウマを受ける傾向にある。

　突然の喪失を経験した人々のトラウマティックなストレスへの反応には、さまざまなものがある。重要なことは、その人が、喪失によってたしかにトラウマを負ったということが確認されるためには、精神疾患の分類と診断の手引き（DSM-5）が述べるように、喪失に直面した人のトラウマ後の反応は、必ずしも完全な心的外傷後ストレス障害（PTSD）へと発展することを要しない、ということである。だが、トラウマを惹き起こすストレスの深刻さにかかわらず、トラウマティックな喪失を経験する人々には共通の反応が多くみられる。トラウマティックな出来事を体験する人のほとんどは、極度の欲求不満、怒り、高度の覚醒を経験する傾向がある。もっとも、どうすることもできないという彼ら自身の感情こそ、トラウマの持つもっとも苦しく脅威的な側面であるのみならず、統合することがもっとも困難であり、かつ、刺激に対する人間のバリア機能にとってもっともトラウマティックなものかもしれないのであるが[31]。

　私が、身内が殺人罪で起訴され拘禁されたことへの最初の反応について話をした死刑囚家族のほとんどすべてが、当時、極度の欲求不満と怒りの感情

でいっぱいになる経験をしていた。しばしば、さまざまな不安症状を経て、強い無力感と相まって極度の覚醒が現れる。テレーズ・ランドー（1993）は、複雑かつトラウマティックな喪失を経験した人々が共通に示す不安について、12を超える形態を列挙している。死刑囚家族が自分の痛みを私に打ち明けたとき、ランドーが挙げる不安の多くが現れるか、あるいは、家族が起訴されて以降のさまざまな時点でこの種の不安を経験したことが示された。ランドーのリストにある不安の兆候のうち、死刑囚家族にもっともよくみられるものには、以下のようなものがある。

- 未知、未経験、不確実さから生じる不安
- トラウマを受ける間およびその後の無力感、脆弱性、不安定さから生じる不安
- トラウマを受ける間およびその後の表現されていない、および／または、受け入れがたい感情、思考、行動、衝動から生じる不安、あるいは、それらに関して悲嘆者が持つ内面の葛藤から生じる不安
- 増大した感情的および生理的覚醒から生じる不安
- 分離不安
- 悲嘆者のトラウマと被害化によって、また悲嘆者がトラウマを受ける以前とは全く変わってしまったという事実によってもたらされる、仮定していた世界の侵害から生じる不安
- トラウマに対処するための防御反応によって刺激される不安
- 生き延びたという罪悪感から派生する不安[32]

　トラウマティックな喪失に苦しむクライアントの治療において、セラピストが用いるアプローチにはさまざまなものがあるが、すべての治療介入に共通する目的は、"個人を力づけ、被害化によるトラウマの影響から解放することである。悲しみと悲嘆の問題は、一貫して、トラウマティックなストレスに対する健全な適応に特有の側面として語られる[33]。"トラウマを負ったクライアントを健康な悲しみへと向かわせるため、セラピストが利用し得る戦略は多岐にわたって数多くある。クライアントとの間で関係を確立し、クライアントがもっとも安心して痛みを解放できる安全な環境を提供すると、最初に行われる典型的な介入は、"トラウマティックな経験を意識の上にとり出し、その経験が力を失うまで繰り返し振り返り、再現し、再体験し、そして解放する"ことである[34]。

新たにトラウマを受けた家族がカウンセリングを受けようとしたとしても、圧倒的多数の事案では、セラピストに出会うまでの時点で家族はすでに、拘禁された身内の弁護のために任命された弁護団と接触している。家族が弁護人やそのほかの弁護団メンバーからまず初めに、はっきりといわれることは、もしも家族の中に殺人を目撃した人、あるいは何らかの情報を持っている人がいるのなら、事件についてみたことや知っていることをだれにも話してはいけない、ということだ。稀に、こうした法的助言が、私が研究のためにデータ収集をする際、克服すべき一時的な障壁ともなったこともある。だが私は、この研究に先立って行っていた長年の活動を通じ、多くの弁護人と知り合いになっていたので、たいていの場合は問題とはならなかった。研究を始める前には私のことを知らなかった弁護人も、私の研究によって集められる情報が、事件の詳細に焦点をあてるものではないということをすぐに理解した。結果として、通常、家族が、私とは話さないようにと弁護人から助言されることはなかった。しかしながら、セラピストとの間で典型的に交わされる情報の性質ゆえに、弁護人が軽率にも、セラピストに話そうという家族の決意をくじいてしまうことがある。事件は通常、死刑判決のずっと後も上訴手続が行われ、家族が上訴審の場で証言するよう求められる場合もあるため、この点は、死刑執行に至るまでの長い年月を通じ、いかなる時点であれ、法律専門家チームの間で懸念事項となりかねない。だが、もっとも問題となる可能性が高いのは、依頼者が死刑判決を受けないようにと弁護人があらゆる細心の注意を払う、公判前の段階である。

セラピストには、クライアントが明かした秘密を保持する義務があるが、セラピストがカルテに書き込んだいかなる記録も、裁判所によって提出を命じられる可能性がある。こうした記録が政府側の申立てによって提出を命じられる可能性は低いが、仮にそうなれば弁護団にとっては明らかに懸念事項となる。家族がセラピストに話したトラウマティックな記憶の中には、被告人の防御を損ないかねない詳細情報が含まれるからである。セラピストは、死刑囚家族が、愛する者の拘禁をめぐる事情について話したがらないとき、それは家族自身が苦痛に向き合うのを避けようとしているのではなく、弁護団の意向を尊重しようとしている可能性があることに留意しなければならない。もちろん弁護人は、家族が精神科の治療を受けるのを邪魔しようとしているわけではないが、家族にトラウマティックな経験を話そうという気を失わせるような雰囲気をかもしだすことがある。こうしたセラピーに否定的な

文化的規範や、あるいは家族が地域社会から受けるスティグマの内面化によって、メンタルヘルスの専門家に自らの苦痛を話すことに、ただでさえ消極的になっている家族の場合には、とくにこうした結果が生じやすい。

　家族が弁護人から受ける指示が治療への障壁となり得ることを意識することは、クライアントが家族の拘束にまつわるトラウマティックな経験を話したがらない理由を特定しようとする際に、役立ち得る。多くの家族は、少なくとも当初は、子どもの問題行動や薬物依存、そのほかの家族の心配事といった、事件とは無関係のようにみえることへの治療を求めるように勧められ、メンタルヘルスの専門家を訪ねるということを想起してほしい。こうした事案では、社会心理学的に過去の出来事を収集することを通じて、クライアントに愛する家族が投獄されているということが、ようやく明らかとなり得る。愛する家族の身体拘束をめぐる詳細と、それが自分たちに与えた影響を話すことにクライアントが抵抗しているようにみえる場合、実はそれが、弁護団の指示によるものである可能性がある。

　弁護団の中で、被告人の家族と最も緊密な関わりを持つ可能性があるのは、その事件のために任命された減軽スペシャリストだ。減軽スペシャリストの多くはソーシャルワーカーだが、ジャーナリストや教育者、文化人類学者、心理学者、弁護士を含め、減軽分野で働く人の職業は実に多様だ[35]。減軽スペシャリストの役割は、“クライアントについて包括的な生活史調査を行い、刑を加重するための検察官の主張に反駁するために事実と事情を含め、あらゆる関連性ある減軽要素を洗い出す”ことである[36]。減軽スペシャリストは、被告人に何度となくインタビューし、生活史の構築に必要な情報を集める。加えて、被告人の人生において、彼・彼女の行動——とくに被告人が罪に問われている殺害行為——を形成するのに役割を果たした事情について話すことのできる被告人の家族、友人、さらには、昔の知人にも会う。生活史におけるこうした事情の中には、責任能力を損う一因となるものや、過去の児童虐待、家庭の貧困、アルコールや薬物への依存が含まれ得る。これら被告人の持つ背景事情は、大きくわけると、減軽証拠の三つの範疇、すなわち、“責任の軽減、ふだんの善良な性格、そして将来の危険がないこと”のいずれかにあたる[37]。全米刑事弁護人協会（National Association of Criminal Defense Lawyers）の中には、“おそらく死刑事件の減軽スペシャリストは、とりわけ依頼者が死刑判決審理に直面している場合には、死刑弁護チームの中でもっとも重要なメンバーである。この人物こそが、実際、死刑弁

護チームが依頼者の物語をつくり、そして‘物語る’こと——依頼者の命を救う鍵——を可能にするのである。”と主張してきた[38]。

　死刑事件の被告人が防御を構築するのに減軽スペシャリストが重要な役割を果たすのは明らかであるが、減軽スペシャリストのアプローチが、家族のセラピストのとるアプローチと食い違う可能性もある。減軽スペシャリストは、法廷における審理のためになし得る最善の防御方法を構築するのに間に合うよう、被告人の家族から適切なすべての情報を集めねばならないため、割くことのできる時間は限られている。他方、セラピストが提案する治療プロセスとは、セラピーを受ける家族の精神的・心理的な健康によって決まるもので、家族が左右できない外部の事情やスケジュールによるものではない。減軽スペシャリストが緊急の課題として、家族について虐待、依存そのほかありとあらゆる家族の秘密といった忌まわしい出来事の詳細（すなわち被告人の防御にとっては減軽要素）を掘り起こし明らかにすることは、治療的介入を求めていた家族に安心感を持ってもらおうとするセラピストの努力を、台無しにしかねない。

　通常、家族は、身内の殺人による訴追にまつわる出来事によって、すでに相当なトラウマを受けているため、その上さらに、長い間埋もれていたトラウマティックな家族の記憶を呼び起こすことから生じる心理的・精神的な苦しみに耐えることは、困難である。実際、減軽スペシャリストが減軽証拠を明るみに出すことで、家族は、拘禁されている家族からであろうと、秘密を守り続けてきたそのほかの家族からであろうと、家族の悲惨な歴史の詳細について初めて知らされるということが珍しくない。こうした過去のトラウマティックな記憶が持ち出され、減軽スペシャリストと議論されることは、自分の愛する者が犯したとされる殺人事件によって引き起こされた、現在のトラウマティックな出来事に対処しようとすでに努力している家族を精神的に打ちのめすかもしれない。家族が機能不全であったという背景を徹底して調査するという減軽スペシャリストのニーズによって、古傷が再び開き、クライアントの癒しを助けるというセラピストの困難な仕事は、ますますむずかしくなる可能性がある。

　減軽スペシャリストの課題とセラピストの課題との間の潜在的な対立は、家族の悪夢の中で一度ならず起こり得る。死刑囚のために頻繁になされる上訴のため、しばしば、事件ごとに新たに任命される減軽スペシャリストによって、減軽証拠の収集が繰り返し試みられるのが通常だ。その結果、家族は

過去のトラウマと何度も何度も取り組まねばならない可能性がある。これは、セラピーを受けてきた家族の治療プロセスにおいて、ときに後退が生じることの証左かもしれない。彼女ないし彼が、愛する者が犯したとされる犯罪とその結果としての拘束によるトラウマからちょうど立ち直り始めたところで減軽スペシャリストと会うことにより、過去のトラウマティックな記憶が再びよみがえり、どんな進展をも妨害しかねないのである。

　被告人の家族の人生において弁護団が果たす役割を認識することは、こうした家族とかかわるセラピストにとっては不可欠なことである。減軽スペシャリストの関与を意識することは、とくに重要である。セラピストが、新たなクライアントに関して守秘義務を吟味する際には、弁護団の論点にアプローチすることが有用となるかもしれない。クライアントは、弁護団から事件に関する事実に関して黙っているようにいわれていることを話すよう、勇気づけてもらう必要があるかもしれない。もしも、実際にクライアントが、事件については話さないよう弁護団から助言されていると判断される場合は、セラピストはクライアントに、セラピーでのやりとりは、セラピストとクライアントとの間の秘匿特権により守られているのだと保証してあげることができる。それでもなお懐疑的なクライアントに対しては、さらに踏み込んで、セラピーでのやりとりの記録の提出を命じられるという稀な事態に備えて、事件の詳細の記録は最小限にとどめるということも伝えることができる。

　セラピストが新しいクライアントに減軽証拠の収集という話題を切り出すもう一つの根拠は、減軽スペシャリストにインタビューされるという心理的苦痛に備えさせるということにある。セラピストとしては、クライアントが減軽スペシャリストと会った後、一両日以内にセラピーに来るよう提案することすらあり得る。たしかに、死刑囚家族は、多くの場合トラウマティックな内容を持つ家族の生活史を思い出すという苦痛を、完全に回避することはできない。同時に、こうした苦しい記憶を呼び起こした直後にセラピストと会うようにすることで、クライアントは、記憶によってもたらされる治療プロセスの後退可能性を減少させることができる。

　家族のだれかに悪夢が現れると、そのほかの家族が直面する最も重要な課題の一つは、支援体制の構築である。その目的に向かって、セラピストは、クライアントが、地域社会の中で支援者となってくれる可能性のある人を探すのを手伝うことができる。数えきれないほど多くの死刑囚家族が私に語ったように、愛する者を拘禁によって失うという危機を経験しているときに、

第3章 被害者としての"隠れた"第三者　233

自分を支えてくれると感じられるような人はほとんどいない。実際、彼らが述べ私が引用してきた言葉からは、自分自身の家族の中ですら、支えを得ることは必ずしも期待できないことが明らかである。

喪失に苦しむ人々のための、実にさまざまな支援グループが存在することを考えれば、セラピストとしてはこうした支援グループの一つをクライアントに紹介したいと思うかもしれない。しかし、遺族に支援を提供すべく組織されたグループは、通常、喪失に苦しむ被拘禁者の家族につき考慮することには不慣れである。ほかの遺族が死刑囚家族の喪失をどうみなすか、ということと同様に重要なのは、死刑囚家族が、不治の病や事故死で家族を失った人々といった別のタイプの遺族との比較で、自分自身の喪失を受け止める、ということだ。被告人の家族は、ほかのタイプの喪失と比較して、自分自身の喪失が正当だとは考えにくいため、これら伝統的に遺族とみなされる人々のグループから拒絶されるという危険を、敢えて冒そうとは思わないのである。

死刑囚の親は、コンパッショネート・フレンズ[39]のような支援グループでほかの悲嘆する親たちと同席することには不安な気持ちになるかもしれないが、死刑囚の親、そのほか殺人罪に問われている人の家族が、被拘禁者の家族のために設立された支援グループや、さらには死刑囚家族のために特別に組織されたグループに参加することで、助けを得られる可能性はある。死刑囚家族がこうした支援グループに参加する場合の問題点は、このようなグループは非常に珍しく、組織化してそれを維持することも難しいということだ。

死刑囚家族に、その悪夢の早い段階でセラピーを受けさせることができる場合、セラピストは、クライアントのいる州そして地域にある死刑廃止団体について認識しておくべきである。クライアントが新たに死刑廃止運動のことを知っただけで、最低限、クライアントは、たとえ知らない人たちであっても、愛する者の命を救いたいと願っている人々がいることを知り、慰めを得ることができる。こういったことを知るまでは、死刑囚の家族は、全世界が愛する者を処刑しようとしているかのように感じていたかもしれない。家族は、単に死刑廃止運動について知識を得るだけではなく、こうした運動に携わる人々の支援を受けたいと思うかもしれない。ときには、活動する側が家族のことを捜し出そうとすることもある。地元のニュースで事件について知り、自分たちの団体には、ほかの多くの人たちから排斥され、想像もつか

ないほど緊張を強いられる時間を過ごす家族を助けたいと思う人間がいるということを、家族に知らせるために。

　多くの死刑囚家族は、迫りくる処刑という厳しい現実と直面する。この厳しい試練で彼らが直面する数多くの困難と、喪失と悲しみに関する研究におけるさまざまな概念は、死刑囚家族の経験を明らかにするために記述され、用いられてきた。私の願いは、こうした家族がすみやかにセラピストのもとを訪れ、死刑執行の恐怖と向き合う人への愛ゆえに生じる苦痛に耐えるべく、必要な援助と精神面での治療を受けることだ。

　こうした家族は、私たち以外の社会の人々からは、ほとんど忘れられているのが実情である。われわれが、殺人の被害者と、殺人によりもたらされた損害を考慮するとき、殺人に問われた人の家族について考えることは通常ない。だが、死刑囚の家族は、多くの面において確かに被害者である。刑事司法制度とメディアにより、さらには広く社会においてスティグマを受け、犯罪者扱いされ、不当に差別を受ける。彼らは、たとえ愛する者を殺人によっても失うという"二重の喪失"による被害ではなくとも、愛する者を拘禁により失うという被害を受けている。仮に、ついに処刑によって愛する者を失うことになれば、さらなる被害を受け得る。こうした家族のニーズを扱う際、非常に重要なのは、被害者である彼らが、もはや忘れられることのないようにする方途を考えることである。さらに、メンタルヘルスの専門家は、死刑囚家族に特有の喪失が、その悪夢の過程のさまざまな時点で悲しみのプロセスを形作っていく方法について、正しく理解することができるようになるだろう。こうした家族が悪夢から目覚め、悲しみからの癒しへの歩みを開始するために、彼らはもう、忘れられてはならないのである。

1）　ローアン大学社会学部（アメリカ合衆国ニュージャージー州）准教授。

2）　Clear, Todd A. 2009. *Imprisoning Communities: How Mass Incarceration Makes Disadvantaged Neighborhoods Worse*. New York: Oxford University Press; Eddy & Poehlmann. 2010. *Children of Incarcerated Parents: A Handbook of Researchers and Practitioners*. Urban Institute Press.

3）　Bruce, E. J. & Schultz, C.L. 2001. *Nonfinite loss and grief: A psychoeducational approach*. Baltimore: Paul H. Brooks.

4）　Ibid.

5）　Jones, Sandra & Beck, Elizabeth. 2007. "Disenfranchised Grief and Nonfinite Loss as Experienced by the Families of Death Row Inmates." *Omega* 54(4): 281-99.

第3章 被害者としての"隠れた"第三者 235

6) Beck, E., Blackwell, B. S., Leonard, P. B., & Mears, M. 2003. "Seeking sanctuary: interviews with family members of capital defendants." *Cornell Law Review* 88 (2): 382-418.

7) Doka, K. J., ed. 1989. *Disenfranchised Grief: Recognizing Hidden Sorrows*. Lexington, MA: Lexington Books.

8) Romanoff B. D.; Terenzio M. 1998. "Rituals and the Grieving Process." *Death Studies* 22(8): 697711(15).

9) Doka, K. J., ed. 1989. *Disenfranchised Grief: Recognizing Hidden Sorrows*. Lexington, MA: Lexington Books.

10) Doka, K. J., ed. 2002. *Disenfranchised Grief: New Directions, Challenges, and Strategies for Practice*. Illinois: Research Press.

11) Jones, Sandra & Beck, Elizabeth. 2007. "Disenfranchised Grief and Nonfinite Loss as Experienced by the Families of Death Row Inmates." *Omega* 54(4): 281-99.

12) Rando, Therese, ed. 2000. *Clinical Dimensions of Anticipatory Mourning: Theory and Practice in Working with the Dying, Their Loved Ones, and Their Caregivers*. Illinois: Research Press.

13) Ibid.

14) Doka, K. J., ed. 1989. *Disenfranchised Grief: Recognizing Hidden Sorrows*. Lexington, MA: Lexington Books.

15) Rando, T.A. 1993. *Treatment of Complicated Mourning*. Champaign, Il: Research Press; Rando, T. A. 2012. *Coping with the Sudden Death of your Loved One: Self-Help for Traumatic Bereavement*. Dog Ear Publishing.

16) Rando, T.A. 1993. *Treatment of Complicated Mourning*. Champaign, Il: Research Press.

17) Ibid.

18) Ibid.

19) Rando, T. A. 2012. *Coping with the Sudden Death of your Loved One: Self-Help for Traumatic Bereavement*. Dog Ear Publishing.

20) Rynearson, Edward K. 2001. *Retelling Violent Death*. Philadelphia, PA.: Brunner-Routledge.

21) Figley, et al., 1997; Rando, 1993; Horowitz, 1976.

22) Rynearson, Edward K. 2001. *Retelling Violent Death*. Philadelphia, PA.: Brunner-Routledge.

23) Ibid.

24) Rando, T.A. 2012. *Coping with the Sudden Death of your Loved One: Self-Help for Traumatic Bereavement*. Dog Ear Publishing.

25) Doka, K. J., ed. 1989. *Disenfranchised Grief: Recognizing Hidden Sorrows*. Lexington, MA: Lexington Books.

26) Sharp, S. F. 2005. *Hidden Victims: The Effects of the Death Penalty on Families of the Accused*. New Brunswick, NJ: Rutgers University Press.

27) Kauffman, 2002: 66-67.

28) Kauffman, 2002: 61.

29) Kauffman, 2002: 63.

30) Sharp, S. F. 2005. *Hidden Victims: The Effects of the Death Penalty on Families of the*

Accused. New Brunswick, NJ: Rutgers University Press.

31） Rando, 1993: 575.
32） Rando, 1993: 574-75.
33） Rando, 1993: 588.
34） Rando, 1993: 588.
35） Bruno, Paul J, "The Mitigation Specialist," *The Champion*, June, 2010. 以下より入手可能。http://www.nacdl.org/Champion.aspx?id =14626.（2016年 8 月24日閲覧）。
36） Dudley & Leonard, 2008.
37） Garvey, 1998.
38） Bruno, 2010.
39） http://www.compassionatefriends.org.（2016年 8 月24日閲覧）。

第3章　被害者の"隠れた"第三者　237

3.2　死刑の訴訟手続と執行の参加者

死刑とその執行過程に関与する
専門家への影響

リジー・シール　Lizzie Seal[1]
フローレンス・シーマンガル　Florence Seemungal[1]
リンジー・ブラック　Lynsey Black[1]

　死刑に関する議論において、職業的に死刑執行に携わる者のことはほとんど議論されてこなかった。職業的に死刑執行に携わる者とは、死刑そのものを監視、運営する者、教誨師のような、死刑を宣告された人に感情的、精神的なサポートをする者から、死刑囚の弁護士など死刑を防止しようと試みる者など、広範な職業が含まれる。これらの職業についている者全員が、彼らの職業的経験によって精神的ダメージを受ける危険を背負っている[2]。ロバート・M・ボームは「人的要素、職業的に死刑執行に関わる者の人生に与える影響」について言及している[3]。人の命を守ろうとする責任は重い。人の命を奪う責任はおそらくそれ以上である。

　この節では、執行過程に職業的に関わる者に及ぶ「心的外傷後ストレス障害（PTSD）」を論じる。まずは「PTSD」とは何かの概略について説明し、次に死刑執行が精神に与える影響を探るため、刑務所長、執行人、死刑立会人、死刑となる者の弁護人に迫る。アメリカ、イギリス、トリニダード・トバゴにおける過去および現在の事案を考察し、最終的に PTSD の問題が死刑廃止運動にどのように受け入れられてきたかを簡潔に考察する。

PTSD

　PTSD は精神医学上の損傷——死や深刻な受傷、肉体損傷の恐れに直接個人がさらされることで生じるとされる精神医学上の病理であるが、これは大変な出来事を目撃することでも生じ得る[4]。執行人や刑務所長など、処刑に深く関わる者は、精神衛生上の問題や、うつ、依存症、自殺願望、ひいては自殺そのものなど、PTSD と一致する症状を経験している。自失症状、不眠、

そして頻発する悪夢にさいなまれることは「執行人のストレス」としてそのほかによく報告されている要素である[5]。この「PTSD」とは、死刑の「比較的認知されていない社会精神学的な結果」の一つである[6]。死にさらされることは潜在的に精神外傷を引き起こす可能性を秘めているが、執行の失敗に関わること、すなわち囚人が目に見えて苦しむ執行の失敗場面に立ち会うことは、とりわけ執行を行う者達に精神外傷を引き起こしやすい[7]。執行の技術が変化し、薬物注射のような「人道的」方法を採用しようと試みているにもかかわらず、執行の失敗は生じ続ける[8]。そして、多くの国が絞首刑という、比較的失敗しやすい方法を採用している。もし死刑執行に携わる者が精神的に外傷を負わないとしても、彼らは死刑の広範な否定的影響として説明されるストレスと望ましくない影響を経験するかもしれない。

個人的証言

刑務所長

死刑執行に関わる精神的影響に関しては、個人の職業的体験からはかり知ることができる。カリフォルニアのサンクエンティン刑務所で1940年から1952年に刑務所長を務めたクリントン・T・ダフィー（Clinton T. Duffy）は「私が目撃した150の処刑は明確に異質で、不健全で、吐き気を催す、そして腹立たしい経験であった。私は恐怖をもってすべての処刑に直面し、現在も嫌悪をもってその体験を振り返る[9]」と断言する。「終生の死刑反対者」であるが、ウェイン・パターソン（Wayne Patterson）は1965年から1972年までコロラド州刑務所において刑務所長の職務の一環としてガス室処刑を監督し、1977年までの10年間で最後となるガス処刑を、1967年にルイ・ホセ・モンヘ（Louis Jose Monge）に対して執行した[10]。

1980年代にミシシッピ州のパーチマン刑務所の所長として、ドナルド・カバナ（Donald Cabana）はガス室での三つの死刑執行を監督した。彼は、処刑は彼に「汚い感情」を残したと述べ、「刑務所長が処刑をする時は、常に彼の一部もまた死んでいるのだ」と断言した[11]。彼が最初に監督した処刑はエドワード・アール・ジョンソン（Edward Earl Jonson）であったが、彼が無実であったということには大方の見方が一致していた。カバナは有罪判決を受けた他の者、コニー・レイ・エバンズ（Connie Ray Evans）との友情

によって、刑務所を去り学究の世界に入ることとなった。彼は2013年に没するまで、強烈な死刑廃止論者であった。大衆は死刑を支持するが処刑の結果に対して責任は持たず執行者が責任を負うと彼は論じ[12]、「あなたがたは私に、また私と同じような人々に対して、私のために殺してほしいと言う権利はない」と警告した[13]。彼は、「私の妻と子ども、友人は私のことをどう考えるか」と心配する感情的な重圧と、肝心なことは、信仰者としての私を「神がお許しになるかどうかです」と、はっきりと述べた[14]。

　1996年から2002年までフロリダ州の刑務所長であったロン・マクアンドリュー（Ron McAndrew）は、今は死刑廃止の活動家になったが、以前は死刑の「断固たる」支持者であることを自認していた。彼は処刑のトラウマ的な効果についてさまざまな証言を残した。彼は、「私自身フロリダ州の名の下に処刑を命じられた男たちに取りつかれ[15]」、そして、悪夢の中で「私が処刑した男たちの顔を見るのです。目が覚めると、文字どおり、彼らが私のベッドわきに座って私を見つめています」と述べた[16]。このような悪夢に悩まされたことから、彼はセラピーを受けた。この時点で彼はアルコールなしに眠ることができず、睡眠薬を服用していた。とくにひどい体験は1997年のペドロ・メディナ（Pedro Medina）の処刑の失敗である。電気椅子で処刑される際、彼の顔が突然燃え出した。マクアンドリューは「われわれは、彼を焼き殺したのです」と言う[17]。しかしながら、テキサスで6度薬物注射による処刑に立ち会ったことも同等にトラウマを引き起こすものだった。彼は、かつての彼の同僚の何人かは薬物依存やアルコール依存となり、彼が所属していた死刑執行チームのメンバーは大部分が「恐ろしく、落ち込んだ感情」を共有していると説明した[18][19]。

　1992年から95年までジョージア州矯正局（Georgia Department of Correction）長官であったアレン・オルト（Allen Ault）はロン・マクアンドリューと同様の精神的外傷体験を物語る。彼は処刑過程を監督することの影響を不眠症や「悪夢に悩まされる」といった「精神的外傷後ストレス」のようなものと表現する[20]。当初は処刑を監督することに問題はないと考えていたマクアンドリューと異なり、オルトは不本意ではあったが処刑の責任を引き受けた。熟練した心理学者として、死刑が一時的に停止された1970年代に、彼は刑務所における診断プログラムを開発するために雇われた。彼は決して死刑を支持してはいなかったが、結局5件の死刑を監督することになった。彼は囚人を電気椅子で処刑せよと命じることは、彼らに「殺されろと命じる

こと」と感じた[21]。彼は彼自身に治療を模索させる「個人的なダメージ」を経験した[22]。彼は「大きな罪悪感」をずっと感じ続けるようになり[23]、彼の残りの人生においても「問題が繰り返し起こること」は確実である、と感じた[24]。オルトは「処刑を支える人々は、サイコパスやサディストではない。彼らは国家が彼らに負わせた耐え難く非人道的な仕事に対して彼らの最善を尽くしているだけなのだ」と論じる[25]。

執行人

ジェリー・ギブンズ（Jerry Givens）は監督的な役割である刑務所長ではなく、執行人としての役割を果たす刑務官である点でカバナ、マクアンドリュー、オルトとは異なっている。彼らが処刑人としての役割を果たしていたことは秘密とされており、彼が現在自身の体験を一般に語ったために初めて知られたものである。当時、彼は自身の妻と子どもに執行人であることを隠し続けていた[26]。ギブンズは彼がバージニア州の矯正施設において17年間勤めていた間、62人の処刑と関わった。彼は電気椅子で処刑された人たちの体から煙が立ち上り、肉が焼ける臭いがする様を説明する。しかしながら、彼は薬物注射による処刑はより長く囚人に薬物の効力が現れるのを待たせるという点で電気椅子よりも悪い方法であると考えている。無実の者の処刑という問題点によって、ギブンズは死刑廃止論者となった。強姦と殺人について不当に有罪判決を受けたアール・ワシントン・Jr（Earl Washington Jr.）はギブンズが彼を処刑する３週間前に潔白が証明された[27]。「もし私が執行人として体験することを知っていたら、処刑はしなかったであろう。処刑によって私は多くのものを奪われた。私は他の人々と同じような人生を送り、家に帰ってふつうに過ごすということができなくなった」とギブンズは説明する[28]。執行人の PTSD が長続きすることについてギブンズがはっきりと述べている。「処刑を行う者は、その者自身が以後の人生において処刑の経験にとらわれ続ける。彼はその重荷を背負わなければならない。だれがそのようなことを望むのか？[29]」。オルトのように、ギブンズは死刑を「殺人」を犯すことと表現した[30]。

処刑過程が有する影響についての懸案は、近年に限らず処刑を行う者に生じていた現象ということだ。イギリスにおける処刑の歴史を調査して、私は死刑の悪い影響と執行人を関連づける強い伝統があることを発見した[31]。

それらの記述と考察は「トラウマ」という現代的な言葉を使ってはいないが、上記と同様の経験を明言している。ビクトリア時代後期（訳注:ビクトリア時代は、前期が1837〜1850年、中期が1850〜1870年、後期が1870〜1901年にわけられる）の絞首刑執行人であるジェームス・ベリー（James Berry）は死刑執行人を辞めたあと、福音主義の伝道者となった。彼の説法において、彼は「任務はあまりにも忌まわしかったので、酒を飲んで感覚を鈍くするほかなかった」と説明している。入信する前、彼は「自分は哀れで、不道徳で、堕落した」と考え、自殺を試みた[32]。

　絞首刑執行人ジョン・エリス（John Ellis）は1924年に銃で自殺を試み、1932年にのどを切って自殺した。1923年、エリスは処刑の失敗として広く知られているエディス・トンプソン（Edith Thompson）の処刑を行った。トンプソンの処刑後、エリスは「ひどく神経過敏となり、1924年には辞職し、トンプソン氏の処刑を考えてしまい眠れないと私に述べた」という、彼の自殺に関するニュース記事が記録されている[33]。エリスの息子は「彼は悪夢にとりつかれていた。私たちはみんな何が彼を眠らせなかったのか、わかっている」とコメントした[34]。ジョン・エリスの話は、かつてのニューヨーク州の執行人で、退職後3年後の1929年に自殺したジョン・ハルバート（John Hulbert）の話によく似ている[35]。必ず検討しなければならない要素として、彼らの執行人としての経歴がどれだけ彼らの自殺という結果に影響を与えたのか、という点がある。しかしながら、同時代の報道がが執行人がどれだけ「とりつかれた」と感じるかを強調していることは、死刑の長期間に及ぶ悪影響が現代に限られないものであることを証明している。

死刑立会人

　いくつかの仕事は、死刑執行を補助するよりも立ち会うことで処刑に関わる。テキサスのような多くの人々が処刑される管轄区において、このことは組織的な死に関する状況が多くあるということを意味する。ラリー・フィッツジェラルド（Larry Fitzgerald）は、2003年に「テキサス州刑事裁判局」（Texas Department of Criminal Justice）の公益情報部長を退職した。彼の任務は、彼をして、1990年代と2000年代初期に悪名高く知られた状況にあった死刑の「顔」にしていた[36]。フィッツジェラルドは219の処刑に立ち会い、処刑が完了したことを公表した。彼は「処刑された多くの人々は私にとって

テーブルや車輪付きベッドで話したりした人のようなものだ。想像してみて
ください、あなたが言葉を交わした人が死ぬところを」と説明した[37]。と
くに大変だったのは17歳の時に犯した殺人で2002年に25歳で処刑されたナポ
レオン・ビーズリー（Napoleon Beazley）の件だった。フィッツジェラルド
はビーズリーを知るようになって、彼が深い反省の念を示していながら、未
成年の時に犯した罪で死刑にならなければならないことに困惑していた。ビ
ーズリーは、2005年に最高裁がそういった慣行を憲法違反と判決する前に、
年少時に犯した殺人の罪で処刑された最後の人たちのうちの一人であっ
た[38]。

　フィッツジェラルドは、ある事件で、死刑に対する疑問が彼に与えた「無
力感」について述べている[39]。彼は死刑に反対はしていないが、「この制度
には欠点がありそれが自分を悩ませている」ことを認めている[40]。彼は人
種の偏見も死刑制度の欠点の一つとして考えている。フィッツジェラルドは
現在、死刑弁護士が、死刑裁判の量刑段階で、死刑ではなく終身刑を得よう
と努める際に彼らを支援している[41]。彼は「テキサスでは死刑の他に選択
肢がある」、そして終身刑は多くの事件において十分な処罰であると説明す
る[42]。

　テキサス州刑事裁判局で働く間、フィッツジェラルドは2001年に若きジャ
ーナリストであったミシェル・ライアンズ（Michelle Lyons）を広報官とし
て採用した。このことによって、彼女はテキサス州ハンツビルにあるウォー
ルズ・ユニット（Walls Unit　訳注：テキサス州刑事裁判局の中央刑務所。
1849年設立）ですべての死刑執行に立ち会うこととなった。レオンはハンツ
ビルの the Huntsville *Item* という地方紙の記者として以前に死刑に立ち会っ
た経験があった。全部で彼女は278の処刑に立ち会い、それらはすべて薬物
注射によるものであった[43]。ライアンズは彼女の役割において、客観性と
中立性に自信を持っていた。彼女は、彼女が母親となった後、感情的な距離
感を維持することが難しくなったことを感じ、時に殺人の被害者と死刑囚両
方の母親に感情移入するようなこともあった。2012年に刑事裁判局を去った
後、ライアンズは間もなく処刑される囚人と交わした会話や、彼らが処刑さ
れた時の母親たちの虚脱状態などの記憶が絶えず思い起こされることに気づ
いた。彼女は彼女を導いた、以前の上司であり、そして友人であるラリー・
フィッツジェラルドが死刑囚の夢にとらわれていることを発見して驚いた。
彼女は「死刑を概念として支持することと実際に立ち会うことは違う。人で

ある限り、建前としての薄板にはきっとひびが入る。私に起きていないのは
たまたまだと思う[44)]」

死刑弁護人

　死刑弁護人は、死刑の執行を行ったり支援する人たちとは逆の立場におり、
執行を避けるために積極的に努力をしている。彼らはまた彼らの顧客の命を
助けようとして反対の効果も経験する。シンシア・アドコック（Cynthia
Adcock）は13年間、北ノースカロライナの死刑囚監房にいる男女の代理を
務めている、直接的には、処刑された5人の代理をし、4件の処刑に立ち会
った。彼女は「死刑囚監房の弁護士は、彼女の顧客を殺すことにしている制
度の中で、わがことのように独自のトラウマを経験し[45)]、それが希望と絶
望と罪悪感を繰り返し誘発する」と述べている。ミシェル・メロー
（Michael Mello）は彼が弁護士を開業してからまだ2年の経験しかなかった
1985年に、フロリダ州で35人の死刑囚弁護人として働き責任を負った経験を
綴った。1995年、メローは多くの欠陥を抱える死刑という制度を止めさせる
ため、死刑に対して「良識的な反対者」であるべきだと結論づけた。彼の自
叙伝において、彼は「疲れきった悲しみ……死刑の多様な方法は法律と法律
を実行する人々を歪ませる。」と話している[46)]。
　グレゴリー・デルジン（Gregory Delzin）とダグラス・メンデス（Doug-
las Mendes）はともにトリニダード・トバゴでの控訴審弁護人である。筆者
と2人の対談において[47)]、デルジンは1994年のグレン・アシュビー（Glen
Ashby）の処刑は彼が事件によって精神的外傷を受けた一つの例であると説
明した。アシュビーの事件は上訴中であり、死刑執行停止が秘密会議の司法
委員会（the Judicial Committee of Privy Council）によって認められてい
た[48)]。停止の期間が終了するまでアシュビーが絞首刑になることはないと、
法務大臣が認めていた[49)]。しかしながら、執行停止の確約からわずか1日
後の7月14日6時40分に処刑がなされた[50)]。デルジンは、まだその朝には
当然アシュバイが生きているものと考えており、官憲に騙されたと感じ衝撃
を受けたと話している。彼は感情的に深刻な影響を受けた感じがした。メン
デスは、彼らがその時でもまだアシュビーの審理案件を話し合っているのに
もかかわらず、彼がすでに処刑されてしまったことを、デルジンがどのよう
にメンデスに話したかを、説明した。これは「信じられないこと」であり、

国家の理不尽な振る舞いに対して「激昂」を引き起こすものであった。

　デルジンは、死刑の弁護する上で他に伴う困難として、数週間やり取りをした依頼人を失うことであると認めている。とくに、家族の絶望感と、処刑が回避できるのではないかという家族の希望が、非常な重荷となる。弁護士自身の家族を守るということは他方で考慮すべきことである。トリニダード・トバゴでは、アシュビーの処刑以降、1999年６月まで、死刑の執行は行われなかった。その時には、４日間で９名が処刑された[51]。これらの事件に関わったデルジンは、彼の家族にテレビやラジオの情報に触れさせず、いかにして彼の家族たちを週末にビーチにとどまらせたかを思い起こした。彼は処刑によってもたらされた恐怖から家族たちを守る「覆い」を作りたいと願った。

　デルジンは有罪判決を下された殺人者の命を守ろうとすることに対しての人々からの非難についても言及した。彼は直接的な罵倒に耐え、だれかを失うことをデルジンに知らしめるため彼の子どもを殺すという脅迫電話も受けた。これらは本気の脅迫ではなく、彼を怖がらせるために行われたものとデルジンは説明している。デルジンにとって、死刑制度の経験に関して変わらない感覚は、不信、皮肉、そして法律や政治のエリートは「正しいことをする」という誠実さがないということである。彼は15〜20の死刑執行停止に関わったと推測され（人数としてはより多い）、同じ日に２、３の異なる裁判所に尋問期日を入れるといった国の戦術にも慣れてきた。究極的に、死刑によって恣意的に生命を奪うということは、この制度が道徳的に破綻していることをはっきりと示している。

　ダグラス・メンデスは死刑弁護を行うことの主な影響としてストレスレベルが高まることに言及している[52]。枢密院が５日間の死刑執行予告期間の義務化を導入する以前は、処刑停止を求める上でごく短い期間しか与えられていなかった。州は、翌朝執行される令状を読むことができるので、すべての書類をその晩に用意しなければならない。そのため、州が抵抗するだろうということを見分けようというストレスのもとで、どうしても仕事が早朝まで入り込むことになる。そして、失敗すれば依頼者が処刑される。仕事は擦り切れそうな気持ちの中で行われる。

　メンデスは、刑務所は死刑を執行するためには、自分たちができることは、なんであれやるだろうという実態を説明する上で、グレン・アシュバイの件を例として挙げる。ある事件において、メンデスとデルジンは、上訴審で死

刑執行停止を否決された後になんとか枢密院で停止命令を得ようとしたため、法廷侮辱罪になると脅され、そして結局休廷になるまで、その法廷を参観していた上席弁護人の責任で彼らは守られた。

デルジンのように、メンデスも脅迫にさらされ、脅迫が実際には行われないだろうという意見に賛同していたが、トリニダード・トバゴの死刑弁護人にとって、市民と政治家両方に敵対されるという損失があると述べる。彼は、裁判所に働きかけることで処刑を回避しようと試みている弁護士を止めようと、住民に国家安全保障省の大臣が訴えたという出来事を思い起こした。実業界は、彼の法律事務所をボイコットすることを求め、労働組合は、彼が死刑反対の活動をしているという理由で、彼が組合を代理することをもはや求めないことにした。

このような仕事における、より感情的な影響は、処刑によって依頼人に別れを告げなければならないということであり、また単純に比較的少人数の関係において事件に関わった者の影響を見ることになる。メンデスは自分の死刑弁護士としての仕事に関してカウンセリングを受けたことはないが、だれしもが、人は、経験が自分の身に及ぼす影響について、いつもわかっているわけではないということを、じっくりと考えている。

PTSD と死刑廃止運動

アメリカ合衆国において、看守や刑務所長、聖職者、陪審員、そしてジャーナリストが精神的に傷つくことで、「いかに死刑がさらなる犠牲者を生んでいるか」について死刑廃止運動団体は着目している[53]。全国死刑廃止連合（the National Coalition to Abolish the Death Penalty）のウェブサイトは、「これらの死刑に関わった者はフラッシュバック、悪夢、その他の苦痛などの PTSD に近い症候群に苦しんでいる」としている[54]。かつての死刑執行人であるジュリー・ギブンズ（Jerry Givens）は「死刑の代替を求めるバージニアの人たち」（Virginians for Alternatives to Death Penalty）委員会に務めている。有罪判決を受けた死刑囚以外にも死刑の被害が拡大するという認識は、不都合な人的損失、さらには関連して社会的損失という広範囲な状況を作り出す重要な部分となっている。さらに、より正確な学術的調査によってわれわれはさらに PTSD と死刑制度を理解することができる。もし多くの人々が死刑によって精神的外傷を負ったまま放置されているとすれば、そ

れは個人だけの問題ではなく、地域や社会に悪影響を及ぼすものでもある。職業的に死刑に関わる者に対する影響として明確な例は、ドナルド・カバナが問いかけたように、仕事としてそのような経験をすることは正しいのか、政府や民衆は自分たちの代表として殺人者になれ、と命じる権利があるのか、という問題である。

1）　リジー・シール（Lizzie Seal）：イギリスのサセックス大学、フローレンス・シーマンガル（Florence Seemungal）：ジャマイカの西インド諸島大学、リンジー・ブラック（Lynsey Black）：アイルランドのダブリン大学トリニティカレッジ。

2）　処刑によって精神的外傷を負う人の数は、弁護士や裁判所の職員を含めれば何万人にもなる。Cynthia F. Adcock. 2010. "The Collateral Anti-Therapeutic Effects of the Death Penalty." *Florida Coastal Law Review* 11(2): 289-320, p. 293.

3）　Robert M. Bohn. 2012. *Capital Punishment's Collateral Damage*. Durham, NC: Carolina Academic Press. p. 3.

4）　Amanda Gil, Matthew B. Johnson and Ingrid Johnson. 2006. "Secondary Trauma Associated with State Executions." *The Journal of Psychiatry and Law* 34(1): 25-36, p. 27.

5）　Robert Jay Lifton and Greg Mitchell. 2000. *Who Owns Death? Capital Punishment, the American Conscience, and the End of Executions*. New York: HarperCollins. p. 78.

6）　Lauren M. De Lilly. 2014. "'Antithetical to Human Dignity': Secondary Trauma, Evolving Standards of Decency, and the Constitutional Consequences of State-Sanctioned Executions." *South California Interdisciplinary Law Journal* 23(1): 107-46, p. 120.

7）　Adcock, 2010, p. 315.

8）　Austin Sarat. 2014. *Gruesome Spectacles: Botched Executions and America's Death Penalty*. Stanford, CA: Stanford University Press.

9）　Quoted in Bohm, 2012, p. 204.

10）　Ibid., p. 219.

11）　Terry McCaffrey and Amnesty International, "Interview with an Executioner," Midpen MediaCenter, 2003.

12）　Cabana was not an executioner in the sense of directly carrying out the execution but, as he put it, "my hand was on the lever as well." Donald Cabana. 1996. *Death at Midnight: The Confession ofan Executioner*. Hanover MA: Northeastern University Press. p. 17.

13）　*Interview with an Executioner*. 2003.

14）　Cabana, 1996, p. 18.

15）　Ron McAndrew's Testimony the New Hampshire Death Penalty Study Commission, NewHampshire Coalition to Abolish the Death Penalty, 2010.

16）　Jason Silverstein, "Ron McAndrew is Done Killing People," *Esquire*, 14 January 2014. Available from http://www. esquire. com/news-politics/news/a26833/ron-mcandrew-is-done-killing-people/.（2016年4月4日閲覧）。

17）　Ibid.

第 3 章　被害者の"隠れた"第三者　　247

18）　Testimony to the New Hampshire Death Penalty Study Commission, 2010.

19）　I bid.

20）　Allen Ault, "Ordering Death in Georgia Prisons," *Newsweek*, September 25, 2011. Available from http://europe.newsweek.com/ordering-death-georgia-prisons-67483?rm = eu.（2016年 4 月 5 日閲覧）。

21）　"Allen Ault-Former Commissioner of Corrections, Georgia, USA," HARDtalk, BBC News Channel, February 14, 2014. Available from http://www.bbc.co.uk/programmes/b03v13qd.（2016年 4 月 4 日閲覧）。

22）　Ibid.

23）　Ibid.

24）　Interview with Allen Ault, The *Ed Show*, MSNBC, September 21, 2011.

25）　Ault, 2011.

26）　*Jerry*,［Documentary］dir. Jeff Reynolds, USA, 2011.

27）　Selene Nelson, "'I Executed 62 People. I'm Sorry': An Executioner Turned Death-Penalty Opponent Tells All," Salon, October 8, 2015. Available from http://www.salon.com/2015/10/08/i_executed_62_people_im_sorry_an_executioner_turned_death_penalty_opponent_tells_all/.（2016年 4 月 5 日閲覧）。

28）　Ibid.

29）　Michael Daly, "I Committed Murder," *Newsweek*, September 25, 2011. Available from http://europe.newsweek.com/i-committed-murder-67463.（2016年 4 月 5 日閲覧）。

30）　Ibid.

31）　Lizzie Seal. 2014. *Capital Punishment in Twentieth-Century Britain: Audience, Justice, Memory*. London: Routledge, and 2016. "Albert Pierrepoint and the Cultural Persona of the Twentieth-Century Hangman," *Crime, Media, Culture* 12（1）: 83-100.

32）　"An Ex-Hangman's Story," *Gloucester Citizen,* February 18, 1907.

33）　"Ellis the Hangman Commits Suicide: Haunted by the Memory of Mrs. Thompson's Suicide," *Daily Express*, September 21, 1932.

34）　Ibid.

35）　Seal, 2016, p. 94. Hulbert originally worked at Auburn Prison as an electrician and took overoperating the electric chair in 1913.

36）　テキサス州では、1992年から1996年の間は年間平均40件の死刑判決が言い渡された。1977年以降アメリカでもっとも熱心な死刑の実行者であるテキサス州は、それに続く 6 州を合わせた以上の割合で処刑を執行している。2005年以降、死刑宣告は減少している。以下を参照。
David McCord. 2011. "What's Messing with Texas Death を参照。
Sentences?," *Texas Tech Law Review* 43: 601-13: pp. 601-2.

37）　*The Man Who Witnessed 219 Executions*,［documentary］BBC3, United Kingdom, 2016.

38）　Alexis J. Miller and Richard Tewksbury. 2015. "Sentenced to Die: Controversy and Change in the Ultimate Sanction for Juvenile Offenders." In Peter J. Benekos and Alida V. Merlo, eds, *Controversies in Juvenile and Justice and Delinquency*（2nd ed.）. London: Routledge. p. 284.

39）　Ibid.

248　死刑とその執行過程に関与する専門家への影響

40）　Ibid.

41）　Steve Mills, "Voice of Death Testifies for Life," *Chicago Tribune*, June 12, 2008. Available from http://articles.chicagotribune.com/2008-06-12/news/0806120010_1_death-penalty-execution-prison-system（2016年5月3日閲覧）。

42）　*The Man Who Witnessed 219 Executions*.

43）　Pamela Coloff, "The Witness," *Texas Monthly*, September 2014. Available from http://www.texasmonthly.com/articles/the-witness/.（2016年5月3日閲覧）。

44）　Ibid.

45）　Adcock, 2010, p. 297.

46）　Michael Mello. 1997. *Dead Wrong: A Death Row Lawyer Speaks Out Against Capital Punishment*, Madison, WI: University of Wisconsin Press. p. 12.

47）　Conversation with Lizzie Seal and Florence Seemungal, April 14, 2016.

48）　これはイギリスとカリブ共和国諸国（訳注・カリブ海のイギリス連邦諸国）の控訴裁判所に基礎をおいている。以下を参照。Dennis Morrison. 2006. "Judicial Committee of the Privy Council and the Death Penalty in the Commonwealth Caribbean: Studies in Judicial Activism." *Nova Law Review* 30(3): 403-24.を参照。

49）　Geoffrey Robertson. 2006. *Crimes Against Humanity*（3rd ed.）. London: Penguin. p. 187.

50）　Amnesty International. "Trinidad and Tobago: Man Executed While Appeals Still in Progress," *Death Penalty News International*, September 1994, p. 1. Available from https://www.amnesty.org/download/Documents/184000/act530031994en.pdf.（2016年4月19日閲覧）。

51）　Mark Fineman, "Triple Hanging Returns Death Penalty to Trinidad," *Los Angeles Times*, June 5, 1999. Available from http://articles.latimes.com/1999/jun/05/news/mn-44346.（2016年4月19日閲覧）。

52）　Conversation with Lizzie Seal, April 14, 2016.

53）　Equal Justice USA. *Executions Create More Victims*. Available from http://ejusa.org/learn/secondary-trauma/.（2016年6月14日閲覧）。

54）　National Coalition to Abolish the Death Penalty. *Harm to Prison Workers*. Available from http://www.ncadp.org/pages/harm-to-prison-workers.（2016年6月14日閲覧）。

仕事としての死刑執行
——死刑囚監房と死刑囚棟で働く公務員にとっての死刑執行の付随的帰結

ロバート・ジョンソン　Robert Johnson[1]

概観

　本節は、死刑囚監房に配置されたことで間接的に、または死刑執行チームに配属されたことで直接的に、執行人としての役割を与えられた刑務所職員の経験、および、筆者が「死の仕事」と呼ぶ仕事のプレッシャーに彼らがどうやって対処しているか、あるいは対処できずにいるのかについて検討する[2]。死刑という職員、在監者、そして広く社会にとって非人道的な遺物に関して考察する。

　死刑判決を受けた在監者は、一般的に刑務官が管理する死刑囚監房と呼ばれる場所に閉じ込められる[3]。死刑囚監房の細かなところは違っていても、すべての死刑囚監房はつまるところ、死刑囚を人というよりも物として収容する人間の倉庫である[4]。アメリカの大多数の死刑囚監房は、その他いくつかの国と同様に、独房に監禁する制度をとっている[5]。処刑が近づいた死刑囚は死刑囚棟（death house）や死刑囚特別室（death chamber）という、刑務所内で選ばれた死刑執行チームによって処刑されるための場所に移される。すべての死刑囚棟は処刑に通じる独房での監禁を実施している[6]。刑務所の死刑囚監房を監督する職員や処刑に関わる職員は、その結果、それ自体が刑罰であり、また究極的な刑罰——国が後押しする殺人——へ先立つものとしての独房監禁という状況の中で仕事をしているのである[7]。

死刑囚監房で生きること、働くこと

　死刑囚監房は囚人にとって非常にストレスがたまる環境であり、そのことが刑務所職員の管理を難しいものにしている。死刑囚監房の囚人は、死刑宣告を受けた状態での独房監禁による、通常うつ状態や感情や精神状態の悪化を訴える[8]。私がインタビューしたある囚人は、死刑囚監房の独房での生命

に対するプレッシャーとして、日々彼の感情や精神の健康を脅かされた経験を語った。

　　　俺はあの独房にいる。わかるだろ、叫びだしそうになったり発狂しそうになるんだ。それでね、プレッシャーが高まってきて、何もしないで座っていても、物事は進んでいくように思え、音は聞こえないし、心の中に入ってくるんだ。いままでのことを思い出し始めるんだが、悪いことだけさ。いまちょうど、あるヤツのことを思い出しているところさ。夜、起き出したりするんだよ。なにもせず座っていて、気が狂いそうになるよ。俺の周りは三方が壁で前は鉄格子さ、周りを見ていると、それが迫ってくるように見えるんだよ。夕べもそうさ。そこに座って、まったく何も音がしない、ちょうど耳鳴りがしているような感じだよ。俺は狂っちまうのかって思ったよ。すると耳鳴りが大きくなるんだ。何もしないでいると、叫びだしたくなってだれかに止めてくれと言いたくなるのさ。起きているほとんどの時間は、もし部屋で騒ぎ出しても、すぐやめちまうのさ。馬鹿げて聞こえるけれどそうなのさ。時々、自分が狂ってしまうのをとめられないんじゃないかと思ったりするよ。でも、わかるだろ、今夜、起き出して騒ぎ出そうとしても多分そんなことにはならないと思うけどね[9]。

　独房監禁のストレスに加え、一般的に死刑囚監房の囚人は、極度に制限された囚人の日常生活をコントロールする職員のため、無力感と傷つきやすさを訴えている。独房にいる時は、独りで、基本的に無防備な死刑囚は、都合のいい軽蔑の対象にされる厳しく悲惨な状況で日々過ごしているので、看守からの虐待に傷つきやすさを感じている。さらに、死刑囚監房は刑務所内では高度に隔離された場所に設置されているので、死刑囚監房での死刑囚の隔離と呼応して、死刑囚監房は虐待を招くと囚人には思えるのである。囚人の目からは、死刑囚監房はそれ自体が独自の規律を有した世界である。「職員は何でもやりたいことがやれる」とある囚人は指摘する。「だれがそれを止められる？[10]」

　多くの（ひょっとしたらほぼ大部分の）囚人は、挑発行為の有無にかかわらず、監視人は暴力的であると認識していることは問題である。極端な場合では、職員の暴力に対する恐怖は死刑執行の恐怖と一緒になっていくことが

ある。ある死刑囚監房の囚人は、明らかに怯えながら、このように明かした。

　　死刑囚監房の独房で横になっていて、ドアの大きな音がしたら、どこ
　　から聞こえてきたのかなと思うんだ。ドアの音を聞いて、鍵の音を聞い
　　て、この部屋にやってくる。これで俺も終わりだ。いつ処刑になるかわ
　　からなかったが、これで終わりだ。裁判所が処刑の日を決定したのは本
　　当だったんだ。でもその後、処刑までの間のことは知らないんだ。いつ
　　ここから移されて沈黙の部屋に行くかわからないんだ。廊下をまっすぐ
　　行った、待機部屋といわれているところだ。そこからいつ移されるかは
　　わからない。そのため、いつも緊張して、びくびく、はらはらしている
　　んだ[11]。

　そのような、時々襲う悲痛な恐怖は、看守への不信感と同様に、多くの囚
人が感じる弱さが現れたものである。
　私の経験上、囚人は死刑囚監房を人のプレッシャーを作り出すことと表現
する[12]。彼らが耐えることを強いられている世界は、あまりの緊張のため
何もできなくなるということが特徴である。ある囚人が、自分の感情の荒廃
について説明しながら、次のように話してくれた。「もっとも重要なことは
精神的な苦痛だ。いつもうつ状態だよ。でももう一つ大切なことは、体力が
落ちることだよ。何もしないでいると、体が弱まっていくのを感じるんだよ。
背中も痛むし、わかるでしょ。あちこち調子が悪くなり、風邪もひくし血圧
も下がるし、元気がなくなってくるんだ[13]」。死刑囚監房の悪化リスクは現
実的なもので、どの死刑囚もある程度影響を及ぼしている[14]。精神や肉体
の悪化の恐怖はかなりの不安の元となり、囚人を精神的に生きる力を疑わせ
ることになる。「私は前々から正気と狂気の境をさまよっている」とある囚
人は私に言った。「私はいつどちら側に倒れてもおかしくはない」と[15]。
　死刑囚監房で働くことが単に難しいということは簡単に想像できるが、そ
れだけではなく危険で面目を失わせることでもある[16]。アメリカの死刑執
行州の中でも、もっとも活発に死刑を行っているテキサスの死刑囚監房職員
は、近年「看守は収容によって精神に異常をきたして、かつ、すでに何も失
うものはない囚人に接しており、日常的に危険に直面している。死刑囚監房
の囚人のためによりよい環境を与えてほしい」と訴えた[17]。死刑囚監房の
孤独な幽閉について、彼らは「独房からのすべての出口で裸にして身体検査
を行うような日常的に行う安全な収監業務は、囚人と看守から人間性を奪

う」と強く主張している[18]。刑務所職員は「自分たちの威厳は一日中『裸の収監者を次々とみなければならないという義務』によって失われる、ということに抗議する」ということである[19]。

テキサスの死刑囚監房職員の考えが他の州と共有されるか、十分なセキュリティーを維持しつつ彼らの不満を静める改革ができるかは明らかではない（テキサスはかつてより緩やかな制度であったが、死刑囚監房から複数の囚人が脱走したことで厳格に囚人を監禁する制度となった[20]）。しかしながら、大部分の死刑囚監房職員は、彼らが監視している囚人と同様に、疑心暗鬼になり、恐怖を感じていることが報告されていることは明らかである。彼らの視点からは、危険が彼らの日常業務を侵食し、潜在的に彼らの安全と、実際に死刑囚監房のセキュリティーを損なう。このような職員たちは一般的に、長期間彼らを独房に閉じ込めることや、囚人が独房から移動する際に念入りに安全を確認するやり方（テキサス州で職員の悩みとなっている、裸にしての身体検査をするかしないかは別として）を含めて、管理上圧力を加えることを正当化するために、囚人からもたらされる危険について言及している。私の経験によると、死刑囚監房の職員は、ことの是非はおくとして、死刑囚は、逃亡しようとしても失うものがなにもない暴力的な人間だということはわかっている、ということをすぐに指摘する。死刑囚は死刑の執行に直面していて、しばしば監獄の規則で、もっとも拘束された中で生きているので、職員を襲ったり殺したりすることさえ躊躇しないと、職員たちからは一般的に思われている。「これ以上自分たちに何ができる？」と心配する職員は問いかける。看守たちはそのようにして、ちょうど囚人が看守の潜在的な暴力に怯えるように、囚人の潜在的な凶暴性に恐怖するようになる。しばしば、恐怖心の蔓延は相互の嫌悪を引き起こし、死刑囚監房の職員と囚人に苦難を及ぼす[21]。

私のインタビューで明らかになったが、死刑囚監房の職員の一部にとっては、日常の仕事の中に、知らぬ間に恐怖が潜み込んできている。ある職員は、「心の奥深いところでは、それが何かはわかっていても、表には出しません」と話した。他の職員は彼らの心中の最前線にある恐怖を意識していると語る。彼らが信じていることによると、囚人は逃亡を企む暴力的な人間である。職員たちは常にプレッシャーにさらされて働いている。ある人が言うには、「やつらは逃げるために襲ってくる。常に監視していなければならない。やつらはチャンスがあれば逃亡する。殺されるかもしれない。やつらは全員す

でに人を殺しているのだから」ということだ。他の職員は「常に私の心には“もしやつらが万一逃げ出すようなことがあったら、私は死んだようなものだ”という考えがある。やつらには失うものがない。方法があれば、やつらはすぐに逃げ出す」と口にした。セキュリティー手続は囚人を抑制し職員を守るのには適しているが、職員を安心させるものではない。恐怖という背景を考慮すると、規則には弱点があることがみえる。「逃げようと思ったら、逃げられるよ」とある職員はくだらないといった感じで語る。「だれかが規則をはみ出したらね[22]」。

　私のインタビューで明らかとなったが、精神的につらく、また蔓延している恐怖の兆候は、自分が潜在的に人質になっている、と職員に感じさせる。これはとくに死刑囚監房の集合独房で働く者によくみられる。各自の独房からやってくる囚人と少人数のグループでほぼ1日を過ごすが、死刑囚監房として刑務所内の他の場所とは厳格に隔離されている。「囚人たちは人質を取ろうという態度を絶えずしめしている」とある職員は語った[23]。人質に取られる結果になるというシナリオを予想して、職員達の大部分が恐怖に心を支配される。みんなが感じている恐怖は、いらいらして気が散った管理官が、間違った時間に間違ったドアを開けてしまい、1人以上の囚人が無防備な同僚に襲いかかってくるというものである。そのような不快な運命論を伴う恐ろしい不測の事態に対して、職員たちは、自分たちの生活をコントロールできることだけをやるべきで、他のことはほうっておこう、という考えである。「だれがいつ攻撃され、人質にとられるかわかならい。しかし、仕事はしなければならないし、何も起こらないのを祈って仕事をするだけだ。私は警戒して、注意深く、間違いが起こらないよう仕事をしているだけだ。必要ならば、そうするしかない」と職員は言う[24]。他の職員は、「あるがままにやればいい。仕事上の義務は果たさなければならない。仕事に集中しなければならない」と言う[25]。

　これらの恐怖のことを考えると、職員は距離を置くことや先制攻撃による支配、また代わりに協力を得ようとする態度で囚人を懐柔しようとすることをしたくなるかもしれない。職員たちによると、この仕事は厳格な監視と囚人たちの管理を必要とする仕事であり、部外者からすれば不快で非人道的な扱いであっても、職員たちにとってはごく普通のことである。対照的に、妥協するとさらに厄介なことになる。職員の1人は、融和策の前提を率直に語った。「だれでも死に直面すると、凶暴性が増す。もしそいつが何か欲しい

と叫んだら、それを手に入れようとする」。職員、また彼らが保護すべきより弱い立場の囚人にとって問題なのは、融和策が職員の権威をむしばみ、管理が弱体化し、究極的にはセキュリティーの全般的な水準を低下させ全員に危険が及ぶことである。ある職員が「われわれは私にであっても（同僚にであっても）、何か発生した際にはチームで対処することとされている」と不満を述べる。もし、明らかに同僚が怯えていたら、それ自体が責任である。それによって攻撃的な囚人を助長させ、長期間職員と囚人に問題を引き起こす[26]。

　職員の恐怖は広がっているので、それがわかっている囚人が少なくとも何人かはいて、彼らは職員の恐怖が虐待と無視を生み出すことを理解しているので、結果的にそれが職員と囚人たちとのトラブルになる。

　　セキュリティーは厳しすぎるように思える。単に死刑判決が下されているから他の囚人と同様に寛大な対処をすることが難しく、そのため看守が異常な恐怖を有しているようにみえるだろう。たとえば、看守は私たちの場所に近づくことをとても恐れており、私たちが真剣に何かを欲している時、話そうとしない。病気などの場合でもだ。看守が恐怖していることで、私たちは他の囚人が得られている助力を得られない。彼らと他の機構の職員の恐怖を区別することは簡単である。私たちは死刑判決を受けているから職員は近づきたがらず、その事実のために、われわれが必要としている、いってみれば思いやりというものも得られないし、援助も得られない。われわれが手にいれていないのは、どういったらいいのか適当な言葉が思いつかないけれど、どのような状況にも関係なく、人がだれでも受けることができる、そういったものである[27]。

　恐怖によって犠牲となるのは、主に同情心である。死刑囚監房にみられる制限された同情心は、独特の冷たい対人関係を引き起こし、孤独感、無力感、さびしさを囚人と職員にもたらす。

　同情心は死刑囚監房の日常生活における特異な点ではなく、相互の恐怖によって生じるものではあるが、少なくとも職員と囚人の間に生じた人間関係や、時には処刑が差し迫った時にみられるものである[28]。おそらく明確に職員たちの恐れの原因となっていたと思われる、死刑囚監房でかつては破壊的だった囚人たちでさえ、死刑棟に移される際には、弱々しく無力な仲間にみえてくる。ある職員が明かすには、

彼らはこれからのことがわかっているような顔つきをしている。まともに目を見ることがつらい。彼らと知り合いにはなったが、友とは呼びたくない。でも少しは彼らのことがわかる。人としての付き合いをしたので、彼らに最後の日の準備をさせた時、彼らの途方にくれた目を見ると、彼らのことを少し思いやることはしかたのないことである[29]。

　囚人に死刑が執行される時、彼らに親近感をもつようになっていた職員は喪失感を感じることがある。見知った囚人との別れはすぐに、同情を禁じ得ないという感情が起こり気がめいってくることがある。死刑囚監房に移る前に死刑囚と家族の最後の面談を監督していたある職員は、人道的な反応を明かした。

　　家族との最後の面会における実情は、私にとって本当に辛い思いでした。彼の娘は彼のことを知りもしなかった。そこにいるのはとても憂鬱でした。医者等と同じような、仕事の一環です。患者を失うというだけですが、簡単なことではない。このようなことは決して忘れられないが、心に隠すことはできる[30]。

　この職員にとって、死刑執行は囚人を「失う」ということだ。本当に失うことのように、これは簡単なことではない[31]。

　仮にそうであるとしても、死刑囚監房の職員と囚人の人間関係は通常あまり深いものではなく、通常の人間関係では決してない。どの職員も囚人を処刑によって失うことを悲しまない。職員と囚人との間に絆が生まれたたとしても、非常に薄っぺらで、ストレスに満ち、死刑囚監房の制度に求められる距離と非人道性と直接、相容れない。そこでは、闘う義務の精神構造を優先しなければならない[32]。死刑執行チームにおける職員の仕事は職員と囚人との間の接触を最小限にし、実質的にはどんな人間的な関係をも排除するというやり方で配置されている。死刑執行チームの仕事は、死刑囚との関係や個人的な知識がないことが、絶対に必要ではなくても、そのほうがいいということが当然なものとして考えられるものである。死刑囚監房の職員が死刑囚とかなりの接触をもつようになって以来、こういった職員は一般的には処刑チームから排除される[33]。

死刑執行人の仕事

　死刑の執行は刑務所が公式的に行うものであり、職員にとっては行う必要がある仕事であり、まさに正しく執行されている。この文脈では、「正しい執行」とは死刑執行が適切に、職業的に、そして威厳を持って行われることを意味する。ある職員の発言では、

　　執行はもちろん、なされるべきことであります。適切に、職業的に、そしてその過程において可能な限り最大限の威厳をもって行われなければならない。淡々となされるべき方法によって行われます[34]。

　ここにいう「適切に」とは円滑に行われること、そして「職業的に」とは決して個人的な感情を手続の際にさしはさまないという意味である。「淡々と」というフレーズは、ほぼ確実にマスコミのセンセーショナリズムを避けたいという願望を表現している。とくに、執行中に、万一厄介でみっともない遅延などが起きた場合、たとえば、囚人が取り乱したり暴れ出して無理やりに電気椅子に座らせたりストレッチャーに乗せたりするのを、立ち会いの人たち、何人かはマスコミの人もいるが、その人たちがゾッとして見守っている場合である。しかし、このフレーズは失言であるともとれる。死刑執行は実際には人間的感情なしに行われ、物議をかもすことなく行われるべきである。感情をまったく伴わない死刑執行は官僚的に近代処刑の理想を体現したようなものである[35]。

　私の経験上、死刑執行チームの職員たちは自分たちが義務として執行をしている、情熱や偏見なしに職業的に仕事をしていると考えている。ある執行人は自分自身を「ただの毎日通りを歩いているジョン・ドウ（John Doe、訳注：本当の名前を特定されたくない時に使われる名前の一つ。アメリカやカナダで広く行われている慣習）だよ。普通に社会生活を送っている」と表現した。彼自身が自分をジョン・ドウ（匿名の人間、もしくは死体）と表現しているのは、あたかも他の人間を殺す冷血漢として、名前のない非人間的な実体を潜在的に認識しているかのようで、なんと皮肉であろうか[36]。

　死刑執行の方法は、よくできている。特殊な執行方法であっても[37]、より簡単にストレスなく、分業された個々の仕事は簡単な作業によって、職員達が通常の業務としてとくに変わったものでなくなるまで繰り返し執行され

る。私が研究したある死刑執行チームのリーダーは、彼らの分業をこのように表現した。

死刑執行チームは9人の公務員からなり、それぞれが異なる役割を有している。私があなたを訓練するなら、あなたはベルトを留めているかもしれない。あなたがやるべきことはそれで全部かもしれない。あなたがやるはずのことは一つで、それがすべてだ。だれもが教えられたことをやり、訓練したことをやれば、最後には執行される人は椅子に収まり、それで完了ということになる。一度に片は付くのだ[38]。

そのような小さな手順に区分することの意味を聞いた時、職員は答えた。

そうすれば、みんな混乱しないでしょう。それがある種、緊張した時間であるということはわかっている。だれかの死刑を執行する時、つまり人を殺す時、人殺しといおうが死刑執行といおうが構わないが、いずれにしても執行される人は死ぬ。なぜかなんて考えない方がうまくいく。それだけだよ[39]。

正確で単純な分業によって、それぞれの死刑執行チームメンバーはある特定の仕事についてスペシャリストとなり、仕事に誇りをもつ専門的な技術者となる。次の言葉は、ある2人の職員が彼らの特殊な役割についてどのようにみているかである。

私の担当は脚部分です。右足。私は囚人のズボンのすそをまくり上げ、器具(電極)を装着し、足を皮ひもで縛る……私はすべての動きを完璧にやる。私たちは別の持ち場も訓練していて、どこでもできる。しかし、右足が私の主な担当です[40]。

私は左側を縛ります。私が腕を縛り他の人が足を縛り、また違う人が頭に装置をかぶせる。しかし、私の仕事は左腕を縛ることです……私はそれらの縛り方について訓練を受けました。この皮ひもの仕事がこれからも続きます[41]。

この分業はグループ内での責任を分け合うこととともいえる。チームのためにだれか1人が責任を負うというより、責任を共有して処刑を行うのである。

私たちは全員常にチームです。私たちはみんな死刑執行で役割を持っています。だから、スイッチを押す者は、髪を切った者、食事を与えた

者、監視していた者以上の責任を負わない。私たちは、みんなそれぞれの役割をもっていて、それを100%果たしている。それが（スイッチを押す者の）重荷を軽くしている[42]。

　個人として、あるいはチームとして、職員たちは囚人と精神的な距離を置いている。それは彼らがもうすぐ死刑執行しようとしている仲間に感じるかもしれない親近感という自然な感情を積極的に抑えなければならないということである。彼らは、刑務所職員としても、死刑執行チームのメンバーとしても、そうするべく訓練されている。処刑執行について責任を有する刑務所長によると「ゆりかごから墓場まで、刑務所職員は"個人的な関わりを持つな"といわれ、そうしなければならない[43]」。職員は囚人、とくに死刑囚の人間性を否定する専門家になる。これは、この所長の見解では、感情を心の奥底にしまいこんでそれに対応しなくてもいいという非人間化の一過程[44]を意味している。ある死刑執行チームの職員が囚人に対して人間性を否定するために使う効果的な方法は、死刑囚監房の囚人が犯した罪の恐ろしさと罰の正当性を思い起こさせることである。ある死刑執行チームの職員が私に説明したことだ。

　　私たちは彼らにまったく会わず、また話もしないが、しかしそれは、人間は人間以外の何者でもないということだ。しかし、彼らを気に入ることをうまく避ける方法は、新聞などを読んだり、事件を復習して、この男が何をやったかをまさに理解することです。彼が、女性の、それも年老いた女性の手に釘を打ち体を椅子に釘づけにして、家の中に閉じ込めたまま家に火をつけたことがわかれば、「なるほど、ここにいるこの男はちっともいいことなんかないんだ。さて、オーケー、オーケーだ。万事オーケー。処刑するためには万事オーケー」と思うのである[45]。

　「私たちは彼らにまったく会わず、また話もしない」という考えがすべての死刑執行チームの職員についていえるわけではない。他の研究で判明したことではあるが[46]、私の経験上、1人もしくは2人の職員が処刑の時間が来るまで囚人の独房を外側から監視している。彼らは囚人を監視監督しているため、より囚人の気持ちを理解し、起こり得る問題を見越している。彼らは同僚よりも死刑囚と関わり合いを持つようになる。いかにも、彼らは死刑囚と関わり合いを持とうと努力する。しかし、その関係は意図された表面的

なものであり、囚人が命令を聞くように行われているものである。実際に、こういった職員の仕事は、処刑の執行に割りあてられた限られた業務の他、死刑囚との関係を築いて、もっぱら彼らをうまく管理することにある。彼らは、私が「計算された仲間意識」と呼ぶものを求め、職員と囚人との「重大な共謀」をもたらし、それはついには、処刑室への囚人の最後の歩みで頂点に達して終わるのである。最終的に、そして、死刑執行が完了するまでは、職員は囚人との関係をうまく使って、時には死刑囚に対して「男らしくいけ」と諭して、威厳ある処刑のしきたりに従うようにさせるのである[47]。

　処刑は暴力的行為であり、生命を強制的に奪う殺人である。しかし、現代における処刑の力学は社会のコントロール次第である。最終的に死刑囚は、看守による、身体的にではなく社会的な管理のもとに置かれるべきである。彼は処刑という制度に従わなければならない。職員の最終目的（おそらく囚人にとってもそうであるが）は、円滑で、規律正しく、表面的には自発的に行われる処刑であり、人道的で威厳的であり、職員の明らかな暴力や囚人の弱さを露見させることで傷つけられないものである。

　処刑チーム——法の権威のもとで仕事をしている、死刑になる罪を犯した人間の犯罪の恐ろしさを十分に自覚している、死刑執行手続を厳格に順守している、さらに社会的規制を維持している——は、速やかに展開して正確な制度上の操作手順に適合する、円滑な処刑方法を求めている。実際問題として、処刑を「正しく」行うということは、おそらく何にもまして、早さを意味している。

　　　われわれは、何をするにもまずタイムスケジュールを組みます。上司が時間どおりに進むよう管理しております。何をするにも、時間に従う。IOP（Institutional Operating Procedures：制度上の執行手順）が定める明確な時間があり、それぞれの手順に時間が定められている。やるべきことはすべてわかっています。やるべきことがわかっていく、時間も決められていて、時間どおりにやらなければならない。スケジュールが何にも勝るのです。最後の1分まで、仕事をスケジュールどおりに終わらせるよう、取りかかります[48]。

　死刑執行チームの職員の視点からみた結果としては、人道的に威厳をもって殺すことは実際上十分に可能です。私はみた。わかった。匂いを嗅いだ。味わった。感じた。私は死刑が正しい方法なのか確信が持てない。そこに正

しい答えがあるのかわからない。だから、このように考えたのです。もし、それが行われるとしたら、少なくとも人道的に行われなければならない。そのような言葉があれば、です。なぜなら、それがひどい状況であると知っているから。死刑執行はここでは長期間行われています。そして、長期間、非専門的にそして昔ながらの理由によって行われてきました。どうやるべきかの唯一の方法は、私たちのやり方だと、私は思います。専門的に。ばか騒ぎとしてでなく。すべては書類に従って行われます。時間どおりに、規則に従って[49]。

　悲劇的なことではあるが、死刑執行が決められたとおりに進められずに、実際に手ひどい失敗も時に存在する。この点について直接的な調査はないが、死刑執行の失敗は頻繁にではないが定期的に生じている[50]。そして、死刑執行の失敗は囚人に尊厳と敬意を払うことを誇りに思っている職員たちに甚大な重荷を背負わせる[51]。実は、問題なく進められた処刑であっても、職員に精神的ダメージを与えることがあることがわかった。何人かの死刑執行チーム職員は、ひどいストレス障害や心的外傷後ストレス障害と一致する症状を経験している[52]。ある職員は、前触れもなく「彼がかつて死刑執行した囚人全員の目が彼の前でピカッと光り出した時、激しくとりみだして泣き震えだした[53]」。囚人を処刑室に移送していたもう1人の職員は、悪夢や冷汗、不眠が昂じて、結局彼の全人格が変わってしまった[54]。他の職員には、死刑執行に関わった結果として、強迫行動、悪夢、そして他の情動障害が生じた[55]。

　このような死刑執行チーム職員の精神的外傷の証拠は実在し説得力があり、また多くの国の執行人のために報告されている[56]。それにもかかわらず、この証拠は不確かなもので、また死刑を直接執行するか、その支援をする職員たちについての、より体系的な研究からは支持されていない。死刑執行チームのほとんどの職員は、家庭と仕事を分け、宗教的信念に頼り、死刑執行チームの職員としてのグループアイデンティティや矯正局から受ける管理上の支援を楯にしていることと同様に、つらい感情を抑制するために、人との関係を絶つことと、責任を分散することを信頼するという彼らの能力によって、処刑を執行するという仕事になんとか耐えているようにみえる[57]。

　はっきりしたトラウマの経験というよりは、私の研究でわかったことは、職員たちが経験するのは、自分や他人に対して同情することを遮断するという、捕らえにくい潜在的に進行する壁のようなものであり、死刑執行直前の

多くの囚人が経験する感情の壁とは間違いなく違うものである。死刑執行者の間にある感情の壁は、おそらく前述したきめ細かく分業された処刑の訓練で生じる人間関係の断絶を広げることになる。そしてそれは、職員が執行過程での各自の任務を、さらに広い意味でいえば、彼らの仕事と家庭生活を、分業にすることによって強められる。私が調査した死刑執行チームのある職員は、感情の壁が時間とともに彼の生活全般に影響を及ぼすようになってきたと説明した。

インタビューより

　　私はどんなことにも何かの感情をいだくことができません。それが悩みの種です。何かを感じるだろうと思いましたが、何も感じませんでした。人を殺すということに、実際に関わってみて——もちろんそんなことは以前には経験していません——何も感じませんでした。それが私を悩ませているのです。

——もっと感情が動かなければいけないとわかっていてもそうならない、それがあなたを苦しめていることですか。

　　そのとおりです。何かを感じなければいけないから。

——では、いつのまにか、こういったことを乗り切る能力に蓋をしてしまったのではないのでしょうか。

　　確かにそのとおりです。

——生活の他の場面でも同じでしょうか。本来予想していたよりあまり感じることがありませんか。それとも、この仕事に関してだけですか。

　　私の生活全般にです。

——では、ここから始まり他の場所にも広がっていったように思えると？

　　ここのチームに参加してから以後ずっとです。私はめったに取り乱したりしません。自分の声が大きくなったと感じるほど取り乱したりはしません。私は物事すべてに蓋をしているのです。

　この職員は感情の麻痺が、それ自体に不安を感じており、より大きな問題の予兆である可能性があることを恐れている。

インタビューより

　　夜寝て次の朝起きて心が滅入っているのを認めたくありません。その

あとストレスがくると思うからです。何も守ってくれるものはありません。もしストレスになったら、それはこれからの人生でそれに対処していかなければならないものだと思います。夜中に冷汗をかいて目が覚めたら、感情がなくなっているかもしれないなんて、なってみなければわかりません。

──このまま続けていたら、あなたの中でなにか悪いことが進行するという兆候がありますか。

　　私が何も感じなかったということが、その兆候です[58]。

　感情の壁は、死刑執行における実質的かつ痛みを伴う代償である。逆説的ではあるが、この困難な適用の必然的結果として、時間とともに死刑執行の方法はより簡単になっている。オフソフスキー（Michael J. Ofsofsky）と同僚たちは、「多重死刑」はストレスを強めることはなく、かわりに「型どおりの仕事をして慣らしていくことによる脱感作（訳注：アレルギーの元となる抗原をはじめは少量投与してその後だんだん増やしていき過敏性を弱めていく治療方法）」の結果として、「死刑執行を行う苦痛のレベルを下げた」と報告している。彼らが調査したある職員の言葉。

　　何であっても、時間とともに簡単になりました。仕事は簡単になりました。手続は決められたとおりになって、次の日も楽勝です。仕事は、処理しなければならないもので、それが私たちがやらなければならない仕事です[59]。

　この結果は私の調査においても同様にみられる。死刑執行が行われる結果として、効率性が高まり、ついには正確に行われるようになった。「最初の死刑は身の毛もよだつものでした」とは、あるチームメンバーが私に打ち明けた話。当時、そのチームは問題になっている執行方法として電気処刑を用いた。職員の説明してくれたところによると、不器用なために、果てしなく続くように思えた執行がかなりの数あったということである。同じく技術的な問題もあった。発電機の電圧が高く設定されていたので体がずたずたになってしまった。執行場は、太った豚の脂の臭いといわれている焼けた肉の臭いでひどい状態になったそうである（空気清浄器はその後、執行場全体に導入された）。でもそれは昔のこと。職員は私に請け合ってくれた。「ただ一つ、私たちは自分たちがやっていることを理解していることです。それは時計仕

掛けのように正確なものです[60]」

死んだ者の行進
──死刑廃止

死刑に携わる仕事は、執行人としての役割を担う職員にとって、道義的に、また精神的に、耐えなければならない重荷となるが、実際に怖いのは死刑執行人が仕事で負担を感じることではなく、時間がたつにつれて楽になっていることだ。われわれは、G・K・チェスタートンの先を見越した言葉を想起させられる。「他人の復讐のためにある人を選び出すというのは恐ろしいビジネスだ。しかし、それはやがて慣れていくことができるといった類のものである。役人たちの恐ろしいところは、最善の場合でも、彼らが不道徳というわけではなく、愚か者というわけでもなく、単純にそれに慣れてしまったということである[61]」

死刑執行人は、囚人たちが処刑の前に自分自身に無神経になるのと同じように、彼が処刑する囚人たちに対して無神経になることで、その仕事に対して傷ついている。死刑は一般社会にいるわれわれにとっても簡単になっている。われわれは、ほとんど死刑執行に対して注意を向けない。しかし、それが首切りなどといった本質的におぞましい方法を含む、すこぶる不適切に行われるようなニュース価値のある場合だけは別である。われわれも、死刑囚に対しては、彼らの生存中でも死後でも、彼らが無味乾燥な統計データになっているという意味で、関心をもっていない。それゆえ、当然のことながら、執行人をストレスから守るため、またそのストレスのため何もできない状態になったり、人間性を奪われたりするのを防ぐために、死刑を廃止するべきである。われわれは、死刑を廃止して、他人の気持ちを理解したり同情したりする心を殺してしまう、そして結局われわれすべてをも損なってしまうような制度に終止符を打つべきである。

――――――

1） ワシントンDC.のアメリカン大学司法・法律・犯罪学教授。

2） Robert Johnson. 2005. *Death Work: A Study of the Modern Execution Process*（2nd ed.）. Boston: Wadsworth.を参照。

3） この書面の一部は2005年のロバート・ジョンソン（Robert Johnson）の *Death Work: A Study of the Modern Execution Process*（2nd ed）. Boston: Wadsworth.に修正を加えたものである。以下も参照。Robert Johnson. 1981. *Condemned to Die: Life Under Sentence of*

Death. New York: Elsevier, and Robert Johnson & HarmonyDavies. 2014. "Life Under Sentence of Death: Historical and Contemporary Perspectives." In J. R. Acker, R. M. Bohm, & C. S. Lanier, eds. *America's Experiment with Capital Punishment: Reflections on the Past, Present, and Future of the Ultimate Penal Sanction*（3rd ed）. Durham, NC: Carolina Academic Press. pp. 661-686; Robert Johnson. 1989. *Condemned to Die: Life Under Sentence of Death*（revised ed.）. Long Grove, Ill: Waveland Press.

4 ）　アメリカにおいて、「死刑囚監房のほとんど——最近の統計では90％——は執行を待つ囚人を１日に23時間独房に収容している。他の死刑囚監房も結局は独房監禁になる。死刑囚は、時には１日のうち長時間部屋から出ることを許可されるが、より広い刑務所からは完全に隔離された談話室で少人数で過ごすのである（Robert Johnson. 2016. "Solitary confinement until death by state-sponsored homicide: An Eighth Amendment assessment of the modern execution process." *Washington & Lee Law Review* 73.（後述））。

5 ）　Johnson and Davies, 2014. も参照。

6 ）　Johnson, 2005. 参照。

7 ）　Robert Johnson. 2016. "Solitary confinement until death by state-sponsored homicide: An Eighth Amendment assessment of the modern execution process." *Washington & Lee Law Review* 73.（未完）を参照。

8 ）　「独房監禁は特段に死刑囚監房の囚人の精神衛生を低下させるということは、日本、ヨルダン、韓国、アメリカその他の国に共通している。日本において、処刑前の段階で囚人間および看守と囚人とのコミュニケーションは禁じられている」Walter C. Long and Oliver Robertson. 2015. *Prison Guards and the Death Penalty*. Briefing Paper, Penal Reform International. pp. 1 and 4.

9 ）　Johnson, 1981, p. 49.

10）　Johnson, 2005, p. 101.

11）　Johnson, 2005, p. 104.

12）　概して Johnson, 1989. を参照。

13）　Johnson, 2005, p. 104.

14）　スタンリー・ブロドスキー（Stanley Brodsky）教授と私は独自にアラバマ州の死刑囚のうち70％は悪化の兆候をみせることを発見した。インタビュー内容の分析に基づくと、10人のうち７人の囚人は肉体的、精神的、感情的に苦しんでいると感じており、これは死刑囚監房の人間的な環境による典型的な人間関係の虚無と表現できる。次を参照。Robert Johnson. 1988. "Life under Sentence of Death." In R. Johnson and H. Toch, eds. The *Pains of Imprisonment*. Prospect Heights, Ill: Waveland Press. pp. 132.

ブロドスキー教授は、客観的適正検査を用いて、同じ人たちから70％の悪化の割合をみいだしている。この結果は、*Jacobs v. Britton,* No. 78-309H et al.（S.D. Ala., 1979). に関連した供述録取書に報告されている。次を参照。Johnson, 2005, p. 116. テキサス州の死刑囚監房におけるインタビューのランダムサンプリングでは、悪化はかなり広まっていることを示している。次を参照。Dave Mann, "Solitary Men," *Texas Observer,* 10 November 2010. Available from http://www.texasobserver.org/solitary-men（accessed 24 August 2016）。独房監禁による精神衛生に対する脅威に関しての全般的な討議のためには次を参照。Craig W. Haney. 2003. "Mental health issues in long-term solitary and 'supermax' prison confinement." *Crime & Delinquency* 49(1): pp. 124-156.

15）　Johnson, 2005, p. 104.

16）前出 p. 109, のドナルド・カバナ引用。最高の死刑囚監房であっても、カバナの視点からは「監視する者も監視される者も」人間性を奪われている。

17）Long and Robertson, 2015, p. 1.

18）前出。

19）前出。

20）Johnson and Davies, 2014. を参照。

21）Johnson, 2005, p. 110.

22）All quotations in this paragraph are drawn from Johnson, 2005, p. 110.

23）p. 110. 前出。

24）p. 111. 前出。

25）前出。

26）この段落における引用はすべて 2005, Johnson, pp. 111 からのものである。

27）Johnson, 1989, p. 73.

28）たとえば、「家族の訪問を管理することは看守にとって感情的につらいものがある。とくに、面会時に囚人は訪問者と体の接触を禁じられていて、面会はガラスや金網の仕切りを通して行われる。従事する看守にとって、もっとも困難なことは、ガラスの向こうにいる人……家族、とくに子どもを見ることだ。触れることはできない。抱き合うこともできない。処刑前、家族による最後の訪問は、絶命の瞬間を見るのと同じくらい辛い」Long and Robertson, 2015, p. 2.

29）Alex Hannaford, "Inmates aren't the only victims of the prison-industrial complex," *The Nation*, September16 2014. Available from http: //www. thenation. com/article/inmates-arent-only-victims-prison-industrial-complex/.（2016年8月24日閲覧）。

30）Johnson, 2005, p. 115.

31）前出。

32）Johnson, 1989. を参照。

33）マクガンニガル−スミス（Sandra McGunigall-Smith）は自身のユタ州の処刑チームの研究のレポートで次のように示している。ある死刑囚監房の職員たちは何人かの死刑囚に対する親近感を表し、自分から処刑チームに入ることを申し出てきたそうである。それは、囚人が最後の時に友達もなくたった1人ではないということを保証するためであった（2016年6月24日の個人的なメール）。これは決して普通あることではないが、ユタ州の死刑囚監房の他とは違った特徴からすれば考えらないことではない。少なくともマクガンニガルが調査した時点においては。死刑囚の小さな独居監房は、カリスマ的で人間味のあるリーダーに指導された専門的な職員のしっかりした仲間によって運営されているからである。またそのリーダーというのは、退職した元の執行官で、かつては数年、あるいは10年以上も囚人と一緒に処刑を実行していた人である。次を参照。McGunigall-Smith, Sandra, *Men of a Thousand Days: Death-sentenced inmates at Utah state prison* (Unpublished doctoral thesis). Bangor: University of Wales.

34）Johnson, 2005, p. 128.

35）p. 128-129. 前出。

36）p. 126. 前出

37）「ミズーリ州の処刑チームの手法は、私が研究した電気椅子を使用するチームと実に類似している。正確に、すべての過程をきちんと決めて、細かな手順に分け、リハーサルを行う。焦点はチームワークと士気の維持である。メンバーすべてが処刑に責任をも

ち、メンバーすべてが、「囚人の苦しみを確実に最小限にするという願望」として特徴づけられている人道主義を重視している。共通した考え方は、たゆまぬ訓練、過程を細部に分けること、スタッフの任務を正確に理解すること、処刑の手順を要求にかなった、専門的でストレスのないものにすることである。Johnson, 2005, p. 139.

38）　前出 p. 132.

39）　前出。

40）　前出 p. 132-133.

41）　前出 p. 133.

42）　前出 p. 126-127.

43）　前出 p. 147.

44）　処刑についてより間接的な関わりである他の看守と比べて、「処刑人は個人の責任や非人間性を否認する度合いがもっとも高い」。Michael J. Osofsky, Albert Bandura, and Philip Zimbardo. 2005. "The role of moral disengagement in the execution process." *Law and Human Behavior* 29 (4): pp. 371.

45）　Johnson, 2005, p. 147.

46）　ミズーリ処刑チームに関する31）参照。

47）　Johnson, 2005, pp. 148-151.

48）　Johnson, 2005, p. 134.

49）　Johnson, 2005, pp. 130-131.

50）　Austin Sarat. 2014. *Gruesome Spectacles: Botched Executions and America's Death Penalty*. Stanford, CA: Stanford University Press.

51）　概して Johnson, 2005; Michael J. Osofsky and Howard J. Osofsky. 2002. "The psychological experience of security officers who work with executions." *Psychiatry* 65 (4): pp. 358-370; Osofsky, Bandura, and Zimbardo, 2005, pp. 371-393.参照。

52）　Long and Robertson, 2015, p. 3.

53）　前出。

54）　前出。

55）　前出。

56）　前出。

57）　Osofsky and Osofsky, 2002. 次も参照。Osofsky, Bandura, and Zimbardo, 2005.

58）　Johnson, 2005, pp. 181-182.

59）　Osofsky, Bandura, and Zimbardo, 2005, p. 388-389.

60）　Johnson, 2005, pp. 134.

61）　Johnson, 2005, p. 121.からの引用。

そのときも苦しく、今でも苦しい

ロン・マッカンドリュー　Ron McAndrew[1]

　どのような犯罪に対してであれ、懲罰としての死刑は、われわれすべてを恐ろしい殺人者にしてしまう。簡単に言えば、人の命を奪うのに「人道的な」方法などはない。

　次に引用するアメリカ合衆国最高裁判所裁判官ウィリアム・ブレナン（William Brennan）の描いた死（グラス対ルイジアナ州裁判における彼の反対意見、1985年）より「憎悪すべき、極悪かつ残虐な」死などあるだろうか。

　　　電気処刑は、極度に暴力的であり、「単なる生命の消滅」をはるかに超える苦痛と侮辱を与えるものであることが証拠から推測される。スイッチが入れられると、死刑囚は、「すくみ上り」「跳びはね」「驚くべき力強さで革帯に抵抗する」と立会人たちは日常的に報告している。「手は赤らみ、それから白くなり、そして首のコードはあたかも鋼鉄製の綱であるかのようになってしまう」。囚人の四肢、指先、つま先や顔面はひどくゆがむ。電流の力が非常に強いために、時には囚人の眼球は飛び出して「（本人の）頬にぶら下がる」。しばしば囚人は脱糞、失禁、吐血し、よだれを垂らす。

　ブレナンは、電気処刑は「人々を火あぶりにするに等しい現代の科学技術にほかならない」と結論づけている。

　　　だれかにその人自身が死ぬ日時を知らせることくらい「冷たく、計算高くかつあらかじめ周到に準備されること」があるだろうか。死刑執行の令状が声高く読み上げられた後、死刑囚は、自分の生の時間の短さや自分の立場の希望のなさ、残された時間の無益さなどに日々十分に思いをめぐらすことができるように20日から35日の間、隔離される。

　実際の死刑執行ほど「しっかりと計画される」（予謀）事柄はない。死刑を宣告された日に大げさな儀式を伴って死刑囚の頭部と右足は剃毛される。死刑囚は新品の黒いズボンと新品の白いシャツを身に着ける。小さな部屋に

連れて行かれ、革ひもで椅子に縛られる。死刑囚の最後の言葉はここで発せられる。死刑囚の顔には厚手の覆いが、叫び声を抑えるために鼻を折り、頭部から眼球が飛び出すのを防ぐ目的で被せられる。

　人間に対して1,900ボルト、13アンペアの電気を30秒間隔で流し、医師が死刑囚の死を確認できる程度に身体が冷えるまでいったん電流を停止する。そして死刑囚の心臓が鼓動を止めるまでこの過程を繰り返すほど「拷問」に似通った事柄はあるだろうか。

　しかし、以上は通常の死刑執行に対する嫌悪感でしかない。不首尾のうちに死を迎えた何百もの声なき人々のぞっとするほどの恐怖感についてはどうであろうか。

　今現在においても私は、ペドロ・メディナ（Pedro Madina）に対する死刑執行の電流スイッチが入れられた時の「ボン」という音を覚えている。ヘルメットの下から一筋の煙が立ち上った。電気椅子は正常に作動せず、彼に火が付いた。炎が彼の頭部を焼き尽くしていく記憶が私をいまだに苦しめる。灼熱地獄がもたらすこの死に起因する、刺すような煙と不快な臭気が部屋に充満した。ヘルメットの下からは炎が噴き出した。私は電気椅子からおおよそ３フィートのところにいた。炎は私の顔面に当たりかねないほどだった。彼の身体の捻じれ、固く握りしめられた拳、引き伸ばされた足先を私は忘れることができない。それらはあたかもスパナで別々に無理やりちぎり取られるかのようであった。私は、われわれがすでに引き返せない時点まで来ていることを認識してはいたが、それでもそのとき、死刑執行人に対して続けるように言った自分自身の言動をいまだに私の脳裏から消し去ることができない。

　11分後、メディナの死が最終的に宣告された時点で私は、ロートン・チャイルズ（Lawton Chiles）知事とつながっており、知事に対して死刑執行の詳細を逐一報告しているはずの電話をキャプテン（訳注：刑務所職員の肩書）から取り戻した。私は、むさくるしい詳細についてはそれらが起こったとおりにすでに知事に伝達されていると思いこんだまま、メディナの死の時刻のみを知事に伝えた。知事は、忌まわしい事故についてまったく何も知らないまま、私との会話が終了するやいなやクリントン大統領との「ガーデン・パーティー形式の午餐会」に出席するためにワシントン行きの飛行機に搭乗するべく執務室を後にして飛行場に向かった。知事が当該のぶざまな死刑執行の誇張された、燃え立つような詳細の数々について知ったのは彼のリ

ムジン後部のテレビ・モニターを通じてであることに私が気づいたのは、後日、知事に対して私が死刑執行装置の故障を隠していたと激しく責め立てられた折であった。

このような悲劇的な出来事について「蚊帳の外に置かれた」という知事の臆説はまったく間違ってはいたが、状況を鑑みると無理のないことであった。知事の怒りは凄まじかった。

その日、私は解雇され、そして再雇用されるという、二つの経験をした。フロリダ州立刑務所にもう1年間残されることは、寛大な処置だったのかそれとも懲罰であったのだろうか。その間に私は、フロリダ州における儀式ばった死刑執行に関しての新たな方法の訓練や資料を集めるために、テキサス州ハンツビル刑務所での薬物注射による死刑執行について数多くの追跡調査を行った。

死刑制度を確固として支持しながら私は、フロリダ州立刑務所所長の地位に就いた。そして、さらにはこの信念を公言していたにもかかわらず、私の精神と心は両方ともに相いれずに争った。なぜ私たちは囚人たちを殺すのか、また、私が日常的に目の当たりにする、これら身の毛がよだつほど恐ろしい光景を、政治家たちが自信満々に支持し受け合うのはなぜなのかという疑問が毎日のように私の前に立ちはだかった。

このころ、1人の受刑者が私に対して、死刑囚監房にいたカーク・ブラッズワース（Kirk Bloodsworth）が釈放されたと伝えてくれた。彼の釈放に関する詳細について調べる過程で、私はほんの少しだが気持ちが落ち着くようになり、私は*何*をしているのかということだけではなく、なぜなのかということをも検討し始めた。結局のところ、1人の男が無実であることが判明したのであれば、独房にいる他の人々のうち何人が不条理な死を待っていることになるのだろう。

ありがたいことに、再度の試練にさらされる前に私は異動となった。フロリダ州立刑務所を去ることは辛くもあったが、また同時に意気が上がることでもあった。しかしながら、死刑囚監房および同胞に対する儀式ばった殺戮は、簡単には私を安寧の中に置いてはくれなかった。停戦はなかった！　私の精神は悩ましい悪夢の影響を受けるようになった。私が死刑を執行した人々が真夜中に情け容赦なく私のベッドの傍らを訪れるようになった。ベッドの端に座るそれら死んだ者たちの姿は消え去ることはなかった――どれほど大量のアルコールを摂取しても。

死刑を執行することの重圧はもう問題ではなかった。しかし自分の心を省みることにより私は無情にも新しい現実に導かれていった。(1)死刑執行は間違いである、そして(2)私はそれに関する何らかの行動を起こしたい。私は死刑廃止論者になっていった。

数年後、私は、ペンシルベニア州ハリスバーグで開催された全米死刑廃止連盟（the National Coalition of Abolish the Death Penalty）の年次大会に弁士の1人として招かれた。ホテルの玄関からロビーへと元気よく歩いて入って行ったところで、1人の男が目の片隅に映り、私たちはしばらくの間互いに目を合わせた。彼には以前に会ったことがある。互いに近づくにつれて私たちは何度も視線を交じり合わせた。手が届くほど近くに近づくやいなや彼は私をひっつかみ、固く抱きしめた。私にはこのすばらしい人物はジュアン・メレンデス（Juan Melendez）にほかならないことがわかった。彼はフロリダ州立刑務所の死刑囚監房から釈放された人物なのだ！　私たちは涙を流し、語り合った。

その日の午後、自分のスピーチが終わった後に私は、この好人物をあの汚い、小さな部屋に連れて行き、燃やして死なせてしまう可能性が私にはあったのだということに気づいて、冷や汗が流れるのを感じた。死刑執行の数分前に囚人とともに座り、黒枠の死刑執行令状を声高に読み上げることは刑務所所長の任務である。このような場合にはいつでも私は死刑囚に対して、何か私にしてほしいことはないか、後日私に訪ねてもらいたい相手はいないか、またはこの切迫した死の後に私からだれかに伝えるごく個人的なあるいは内密な何かはないかを尋ねた。私はこれら静寂の時間のうちに聞いた言葉や要望のどれをも他に漏らしたことはない。囁かれた内容は真摯なものであったし、約束は守られた。しかし、どのような言葉も、どのような要望も、どのような約束も、無実の人の命を取り戻すことはできないのだ。死刑廃止論者になることにより私は、まったく新しい動機づけを伴う目的を持つようになった。

今や私は単なる死刑廃止論者ではなく——活動家でもある。

前イリノイ州知事、ジョージ・ライアン（George Ryan）は、「イリノイ州の死刑執行システムは独善的で気まぐれであり——それゆえに道徳に反しているため——私はこれ以上この死の組織を下手にいじくり回すことはしない」と述べて、167名の死刑囚の命を救った。ライアンは、死刑執行の問題を「私たちの時代における市民権をめぐる大問題の一つ」と呼んだ。私が生

第3章 被害者の"隠れた"第三者 271

きている間に死刑執行に対する米国での是認が、奴隷制度に続いて確実に歴史の記録でしかなくなる日が訪れますように。

————————

1） アメリカ合衆国、元フロリダ州立刑務所所長。

依頼者の命のために闘う
——有罪判決への不服申立てに携わる弁護人に対して死刑が及ぼす影響

スザンナ・シェファー　Susannah Sheffer[1]

序論

　弁護人は、自分は死刑という一連の物語の中心にいるわけではなく、また
それに伴う最大級の苦悩について自らの負荷を主張できるわけではないと明
言するのに決して躊躇しないだろう。訴訟に負けた場合には自身の命を失う
ことになる個人のために弁護人として働く場合には、当然に弁護人は、依頼
者を中心に置くのであって、自分自身に対してではない。死刑に関するニュ
ース記事に登場する弁護人について概観した場合、そこで言及されるのは、
この種の責務への従事に伴う固有のストレスや依頼者の処刑が彼、彼女の弁
護士に与える特有の無力感と深い悲しみについてではない。

　それにもかかわらず、弁護人の経験は、死刑が及ぼす影響についての物語
の一部を構成している。弁護人の明確な役割は、感情面での確かな結果を含
んでおり、とくに有罪判決に対する不服申立ての段階で働く弁護士に関して
はこれが顕著であると思われる。すでに死刑を宣告されている依頼者を代理
して有罪判決後の死刑防御に携わる弁護士は、死刑執行の中止のために努力
する——言い換えると、個人の命を救う——重い務めの過程に入っていくこ
とになる。

　頻繁には成功を収め得ない可能性が大きい場合にこの種の仕事を引き受け
ることにより、有罪判決後の弁護人たる弁護士は、保留にされている死刑執
行のそれぞれと一種特有の関係に置かれる。依頼者の命は自分の手の中にあ
ると感じるようになる。現実には、弁護士は、死刑判決の結果にはさまざま
な要素が影響を与えていることを理解しているだろう。しかし、彼ら弁護士
たちが、自分たちが行うことについてどのように感じるかを本当に話し始め
ると、彼らが担う責任の重さや個人的な喪失感が明らかになる。弁護人に対
する影響を考慮することなくして死刑をめぐる考察は完全なものにはならな
い。

過剰な需要

　迫りくる死刑執行の脅威ゆえに、代理人を立てることは死刑を待つ被告人にとって極度に差し迫った事柄である。しかし、この分野に関して十分な知識を持つ弁護士の数は相対的に少ない。したがって、必要とされる専門的技術を有する弁護士に対する需要は大きなものとなる。「私は、何とか調整しながらもすでに多すぎるほどの案件に携わっています。それでも、まだまだ需要があります」と米国の弁護士は述べる。「まだ多くの人々が*助けて、助けて、助けて*……と言っています。私の脳裏を去らないのはこのことです。私が助けられない人々……」。

　米国にはどんな形であるにせよ代理人を有さない死刑囚が何百人もいると、アメリカ法曹協会（US.A.B.A）は見積もっている。一時期、連邦政府が資金を提供するキャピタル・リソース・センター（Capital Resource Center）が、死刑囚に対して、死刑防御を専門としており死刑囚の代理を務めてくれる弁護士を仲介したり、死刑防御の専門以外ではあるが、死刑に関連した訴訟を担当することに同意する弁護士に対して広範にわたる手引きを供給したりしていた。しかしながら、アメリカ合衆国議会は1995年にこれらリソース・センターへの資金提供を廃止した。そのため今日においては、死刑判決後の訴訟に関する事務所は、大方において非営利団体として苦闘しており、それら団体には対処能力を超える量の要請が殺到しているというのが現状である。

　死刑を人権の侵害とみなし、死刑執行に直面している人々を防御したいと願う弁護士たちが少ないゆえかもしれないが、死刑存続を認めている他の国々においても状況は似たようなものである。たとえば、死刑防御に関して20年の経験を重ねたイランのある弁護士は、イラン国内にいる５万人の弁護士のうち、この意味で彼が同僚と呼べるのは50人にも達せず、おまけに彼は、死刑囚の弁護人として働いたがゆえに危険に直面することになり、結局は国を出ざるを得なかった。

　同様に、有罪判決後の段階で活動する弁護士たちは、しばしば大変な時間の制約のもとにある。裁判所は、弁護人が「５年にわたる業務を３カ月」で処理しなければならないような期限を設定することが可能だ、と米国のある弁護士は説明する。所要の時間内で達成できそうにみえる仕事より、もっと

重要な仕事に携わることのほうが、大きなストレスを引き起こす。ある弁護士は、それを「麻痺させられる、あたかも自分が皮膚から外に出てしまいそうな、自分を見失ってしまうような、または叫びだしてしまうような感じ」と表現している。緊急性と時間の制約が相まって、ほとんど耐えられないほどなのである。

　ときには囚人は、自身には救済を求める権利があることを最終段階においてさえも知らない場合があり、死刑執行が差し迫るまで弁護士に接触することをしない。インド出身の弁護士は以下のように述べた。

　　死刑囚のほとんどは無学で極端に貧しい。彼らは、自分自身の権利や救済策やその他に関する情報へのアクセスを持っていませんし、弁護士への実際的なアクセスも持っていません。彼らの家族は、ただでさえ貧しく、挫折しており、久しい前に希望を捨てていて、囚人を運命のままに任せてしまっています……。通常、彼らが何とか私にたどり着くのは、死刑執行の数日前ないしは何時間か前でしかありません。この限られた時間の極端に小さな窓を通して私は、権利の侵害または規定の訴訟手続の不備に依拠しての死刑執行の暫時の猶予を得るために何らかの方策を考えださなければならないのです。

　こういった局面に立った弁護士は、しばしの猶予を求める。それは、死刑判決を覆し、死刑執行を完全に停止するために、より広範囲にわたる調査と法的業務の時間を稼ぐ希望を抱いてのことである。場合によっては、弁護士たちは、依頼者は当該犯罪に関して無実であり、誤って有罪を宣告されたことを明らかにしようと努めることだろう。しかし、死刑執行から依頼者を救うべく、計り知れない圧力を受けながら、有罪判決後の段階で依頼者の代理を務めることを選ぶ代理弁護士は、依頼者の無実を信じているがゆえばかりではないことに注目することが重要である。死刑に関して、それを普遍的な人権の侵害とみなす、ないしはその死刑判決が、その国の憲法ないしは他の法律に準じて公正に宣告されたものではないという理由のいずれの場合においても、弁護人たちは、その被告人が有罪であろうと無罪であろうと、有罪判決後の段階において異議申立てを行う価値はあると信じるに足るものがある。

　「訴訟手続における権利侵害」が言語道断なものであった場合でも、死刑判決を覆すことは、原審で死刑判決を避けることよりも困難であると一般的

に思われている。有罪判決後の死刑防御は、列車が駅を出発するのを妨げるというよりも、依頼者に向かってすでに疾走している列車を止めるようなものである。

　ナイジェリア出身の弁護士は、同国で死刑防御弁護士として直面したいくつかの困難について以下のように解説している。

　　ここナイジェリアにおいては死刑に関係する弁護士であることにはいくつかの困難が伴います。あなたとあなたの依頼者に対して司法制度が不正な手段を用います。神よ、救いたまえ、依頼者たちが貧しい／困窮している場合にはとくに。それに、すべての犯罪に関する有罪判決の90％以上が実質上、ほとんどは拷問によって得られた自白に基づいているという事実によっても。おまけに、他の法的ないしは憲法上の諸権利は、無視されているか救済策がないまま蹂躙されています。

　この状況下にある弁護士は、自分たちに勝ち目のないことを知っている。米国のある弁護士は、「負けることが普通のことなのだ」と言う。そしてこのことはもっとも経験豊かで、技術的にもすぐれた弁護人における場合においても当てはまる。依頼者とその家族の希望と失望を管理する——それと同時に自分自身の希望と失望も管理する——ことが死刑回避という課題の中心をなす。弁護士たちは虚偽の約束はしたがらない。それと同時に依頼者たちをまったくの絶望のもとに置いたままにしておくことも望んでいない。弁護士たちは、毎日起きて働くために彼ら自身が十分に希望を持たなければならない。そして依頼人たちに希望を与えることができるように望むのである。そうでなければ、依頼人たちは再審請求という緩衝物さえない状態で自分たちの運命を待つだけである。しかし、また同時に、法律面での努力が（きわめてありそうなことではあるが）実を結ばない可能性に対して依頼者たちが備えられるよう手助けする必要性を感じている。米国出身のある弁護士は、依頼者に対して以下のように伝えることによってこの微妙なバランスを保とうと努めていると述べた。「私はあなたに代わって申請を提出します。このことがうまくいくチャンスは大変に小さいものですので、会うことが必要とあなたが思う人々全員と会うことや、あなたが言わねばならないと思うことのすべてを表明することを含めて、死を迎える準備をする必要があります」。

　これらの弁護人たちは、広範な社会の状況の中において希望と失望を管理しているが、社会は弁護士たちが理解している必要性に対しては一般的に冷

淡であるか、場合によっては敵対的であったりする。文化的に認められることもなく、ときには政府からの公然の脅迫の下で活動することは、死刑防御を専門とする弁護士たちに対してよりいっそうの圧力となる。

責任の重さ

　適任である弁護士の不足、時間の制約、勝算の低さなどのすべてが死刑防御というこの試みを困難なものとする。しかしながら、有罪判決後の死刑防御に携わる弁護士が負う主要な重荷は、この責務に固有のものである。それは、依頼者個々の命を救おうと努力すること。当該業務がどこで行われようとも、この重荷は常に存在するものであり、弁護士たちはこれについて似たような説明をしている。

　　　死刑訴訟を引き受けることはむろん、大きな責任を伴います。命が助かるか否かの状態にあるのを認識することは、時にはあなたを鼓舞してくれますが、また一方ではあなたを怯えさせます。
　　　　　　　　　　　　　　　　　　　　　　──ナイジェリアの弁護士
　　　依頼者に死刑執行日が知らされたとき、あたかも大きな暗い雲が何週間も何か月も垂れこめているみたいに思われます。湧きおこる恐怖──それは常に存在する──とともに生きていくことは本当に辛いことです。
　　　　　　　　　　　　　　　　　　　　　　　──アメリカの弁護士
　　　私は、最終段階にある死刑訴訟を専門としています。しかし、私はこの種の訴訟を恐れていますし、新しい訴訟が持ち込まれるたびに身震いしてしまいます。この種の訴訟を引き受けると、背中に棺を背負わされて生きているように感じます。この種の訴訟は、私の生活のすべてに影響を与え、昼間は考えごとの中心に居座り、すべての喜びを低下させ、夜には夢の中に侵入してきます。　　　　──インドの弁護士

　上記のごとく責任感が生活に浸透していくがゆえに、切迫した死刑執行に直面する依頼者を抱える弁護士は、仕事と自分の個人的な生活との間にどんな形においても穏当なバランスを保つことが難しくなる。死刑防御というのは、1日の終わりには心の中から簡単に追い出してしまえるような事柄ではない。「仕事と自分の個人的な生活とを分けることは本当に難しいです」とイランの弁護士は叙述する。「私は常に訴訟に巻き込まれています」。弁護士

たちは、家族の行事に参加できなかったり、業務について直接話すわけではない場合でも、気分が散ったり、心を奪われたままになったり、訴訟に関係した懸念や憤りや悲しみを家族の生活の中に持ち込む恐れを感じると話している。死刑執行を防御する責任のすべてがその肩にかかっているわけではないことを弁護士たちは知ってはいるが、それでもその責任の重みは個々人に重くのしかかる。そして失敗もまた、同様である。「理性的に考えると、死刑の執行はあなたの間違いゆえではありませんよね。しかし、あなたの仕事は当の人物の命を救うことだったのです！」と米国の弁護士は述べる。「あなたが自分自身に対して、できることのすべてはしたと何度繰り返そうとも、あなたの責務は彼の命を救うことだったのに、それができなかったのです」。米国の他の弁護士もこの考えに呼応して次のようにコメントした。「だれかの死刑が執行されるたびに、失敗したのだと感じます。たとえ、執行に至るまでに多くの困難が行く手を阻んでいることを知っているとしても」。

　米国のもう１人の弁護士は、「それはとても深く個人的なことです」と説明する。「それは、あなたが依頼者と死刑執行との間にあなた自身を置いた観念なのです。ですから防御に失敗するということは、『あなたは一蹴され、あなたの依頼者は（死刑執行の）部屋に連れ去られたということ』を意味します」。

依頼者の死刑執行による影響

　考えられ得る最大限の形で勝負を失い、依頼者の命を救うことができなかった場合に弁護士たちが叙述する事柄は、再び、国境を越えて共通する。

　　死刑執行の度、その後しばらくは、自分が無能であると感じます。私は動くことができませんでした。自分の体がひどく重く感じられました。
　　　　　　　　　　　　　　　　　　　　　　　　──アメリカの弁護士
　　処刑が滞りなく行われた時、私が感じたのは困惑させられるほどの放心状態でした。それはエネルギーの完全な枯渇でした。
　　　　　　　　　　　　　　　　　　　　　　　　──アメリカの弁護士
　　依頼者が処刑された後、私はいつも、私には他に何ができただろうか、あるいは何か他の方法をとるべきではなかったのかと考えます。何カ月もの間、私は良く眠ることができず、ときには依頼者のことを夢に見ます。食べることもできなくなり、体重が落ちます。長い期間にわたり、

意気消沈させられます。　　　　　　　　　　　　　　　　──日本の弁護士
　それは何カ月もの間、私につきまといます。真に望ましくないあらゆる形のトラウマの場合と同様、勝手によみがえってきます。それについて考えてもいないのに、それは勝手にあなたの考えに割り込んできます。そしてそれを振り切ることができないのです。　　──アメリカの弁護士
　私が失敗して依頼者の死刑が執行されたとき、悲しみは深く、またかき乱されます。とくに依頼者個人について、そして彼／彼女がどうやってこの状況に巻き込まれたか詳しく知っているときは。私は決して死刑が執行された人の顔を忘れたことはありません。　　──イランの弁護士

　筆者がインタビューした弁護士の全員が、依頼者の死刑執行を痛烈な事柄であると述べているが、その経験の性格は、その弁護士が活動している国において死刑執行日の事前告知が行われるかどうかによって影響される。死刑の執行がいつ行われる予定かを正確に知ることは、ある種の重荷を負わせることになる。突然に連れ去られることを知ることは、それ自体が困難な事柄である。「死刑とその過程に関する情報や透明性の欠如は大きな問題です」と日本の弁護士は述べる。「私の依頼者が処刑されたことを私が知り得たのは、それが執行された後でした。法務省がその朝に記者会見で発表したときでした。とても辛かったです」。
　ニュースを通して、あるいは依頼者と会うために刑務所を訪れて、依頼者はすでに処刑されてしまったことを告げられることは大変に厳しい経験である。処刑期日がいつになるかを弁護士たちに知らされるアメリカにおいてさえも、弁護士たち（そして依頼者たち）は、実際に処刑が行われる前の最後の数時間までは、そのことを認識していないかもしれない。というのも、弁護士はしばしば、少なくとも当日の執行を避けるために可能な限り最後の瞬間まで、訴訟を起こすからである。
　依頼者との最後の面会または電話での会話の機会を与えられた弁護人は、その会話は、きわめて苦痛を伴うものであると述べている。一生懸命、仕事に従事し、幾分かの希望を持ち続けるために努力を重ねた後に、彼らは、できることはもう何もないのだということを説明せざるを得ないのである。ある弁護士は、知的障害を負ったある依頼者のことを覚えている。「彼は、あまりに障害の程度が重く、錯乱し、頭に血がのぼって混乱していたので」自分に対して弁護士が告げている内容のすべてを理解することができなかった。

「私はできることはすべてしました」とその弁護士は述べた。「可能な限りの
あらゆる領域で提訴しました……。依頼者はあるところまでは私を信頼して
くれるようになりました。しかし、彼の死刑執行を阻止できなかったことで、
おそらく彼は私が裏切ったと感じたのだと思います」。

　仮に依頼者が、自分の運命を素直に受け入れたとしても、それはそれで感
情面での大きな苦しみを引き起こす。米国のある弁護士に起こったのはまさ
にそのことであった。その依頼者は死刑執行の直前、「いいんだよ君。君は
最善を尽くしてくれたじゃないか」と弁護士を慰めた。また、依頼者に対し
て提訴の選択肢が残されていないことを説明しなければならないことに加え
て、弁護士たちは依頼者を慰める努力をする、あるいは、少なくとも死刑を
目前にした人物の傍らにともにいるという課題にも直面する。ある弁護士は、
苦々しげに、「ロースクールでは、処刑を前にした依頼人に対する接し方の
講座はない」と述べた。これもまた米国の弁護士だが、処刑を目前にした依
頼者への最後の訪問は、すべての経験の中でも、最も辛い役割であると言う。

　　それは私にとって最も感情的な要素、最も荷が重いもの、私をぎりぎり
　の瀬戸際まで追い詰めるもの、話題にするのが最も困難なものです
　……。死にゆくだれかに対して何らかの慰めを提供しようと努めるので
　す。信じられないことです。どんな人でもそのような状況下でそんなこ
　とができるはずがありません。どうすればできるというのでしょうか。

　依頼者の家族に対して弁護人が、死刑執行の期日が確定した、あるいは、
可能な限りの法的救済策が尽きたということを説明しなければならないこと
は頻繁に起きることである。苦悶する家族の救いようのない表情は、この経
験が引き起こす精神的・肉体的苦悩のもう一つの局面である。アメリカの弁
護士が次のように述べている。

　　それは依頼者の母親と刑務所の外にいたときのことです。母親は肩を
　落として背中を丸めていました。彼女はまさに――壊れるところでした。
　すすり泣き、精神が錯乱して――わかりますよね――彼女はちょうど息
　子に対して最後の別れの挨拶をしたところでした。それは、もっとも辛
　い瞬間の一つです。まさに、それは死刑に関して人々が、目を向けない
　事柄なのです。残酷そのものでした。その光景を鮮やかに覚えています。
　何ができるというのでしょうか。立ち去ることもできず、何一つ変える
　こともできず。何一つ彼女のためにしてあげられることはないのです。

　いくつかの国々では、弁護人が依頼者の処刑に立ち会うことを禁じている。

たとえば米国のように、立会いが許可されている国々においても、立ち会わないことを選ぶ弁護士たちがいる。立ち会うことによって自分がそのプロセスの共犯者であるかのように感じさせられるためでもあり、死刑防御弁護士として働き続けることに困難を覚えるようになりはしないかと恐れるゆえでもある。処刑に立ち会う弁護士たちは、依頼者への個人的な責任感からそうするのであり、また彼／彼女を最期まで見守り続けたいとの願いからでもある。

長期にわたる影響

　死刑の執行によって依頼者を失った死刑弁護人は、無力感や悲しみ、怒りの感情を次のように述べている。映画や講義などで処刑の場面が描写され、パニックに陥ったこと、何日もの間、何週間もの間、あるいは、もっと長く続く疎外感、絶望感があったこと。このような症状は、二次的トラウマ・ストレスとして認識されている、トラウマを引き起こす事柄について間接的に聞いた結果なのだろうか、それとも弁護士自身が直接的に心に傷を負った結果なのだろうか。

　「精神障害の診断と統計マニュアル」（Diagnostic Statistical Manual of Mental disorders）の最新版、DMS-5では、「精神的外傷を与える事柄（トラウマ）が、近親者や親しい友人に起こったことを知る」ような状況下で、「現実のまたは危険が迫っている死にさらされること」を、心的外傷後ストレス障害の範疇に入れている。DMS-5では、とりわけ、以下の基準を二次的な心的外傷後ストレスとしてではなく、心的外傷後ストレス障害そのものとしてその範疇に含めている。すなわち「心的外傷を生じさせる事柄に繰り返しまたは極度にさらされる（たとえば、遺体を最初に扱う人たち、子どもへの虐待について繰り返しその詳細を知ることになる警察職員たち）」[2]。この基準は、「直接的な危機には直面してはいないが、明けても暮れてもトラウマ的出来事の結果を職業上の責務として知ることになる職業人たち」[3]の経験を考慮に入れる目的で、マニュアルの最新版に　はっきりと付け加えられた。

　以上のような心的外傷後ストレス（PTSD）基準の拡大は、心的外傷の症状を発症するほどに傷つきやすい状態に個人を追い込む、ある種の経験や遭遇に関しての理解が深まっていることが反映されたゆえであるかもしれない。

人々を支援する職業の最前線にいる者たちの傷つきやすさにとくに焦点があてられるようになった。むろん、私たちは死刑弁護人たちを、リスクが内在する業務に従事する専門職の一つに挙げることができる。加えて弁護人たちは、精神的外傷を与える出来事である死刑の執行に遭遇しなければならないばかりではなく、死刑を回避するのが彼ら弁護士の特別な責務であったことを自覚しなければならない立場にある。

　しかしながら、このグループに死刑弁護人たちが含まれていることは、すべての人々にとって明白なことではないかもしれない。社会における死刑への支持および「モンスターたち」を守る努力をした結果として苦しみを背負う人々への同情心の欠如が原因となって、同じように命を助けるために働いている人々に関する認識に比べた場合、死刑弁護人たちが被る、トラウマティックな経験に関する認識は、容易かつ手近に得られるものではない。それでも、社会慣行としての死刑が及ぼす影響をめぐる詳細なリストには、弁護人たちの経験もまた含まれなければならない。彼らは、この一か八かの仕事につきものの挑戦と敗北に深く影響されているということは明らかである。

---

1)　スザンナ・シェファーは米国を本拠とする著述家であり、臨床精神保健カウンセラーである。人権をめぐる殺人被害者家族（Murder Victims' Families for Human Rights）によるノー・サイレンス、ノー・シェイム・プロジェクト（No Silence, No Shame project）を率いた。*Fighting for Their Lives: Inside the Experience of Capital Defense Attorneys.* Vanderbilt University Press, 2013.の著者である。本編におけるアメリカの弁護士たちの述懐はすべて *Fighting for Their Lives: Inside the Experience of Capital Defense Attorneys.* Vanderbilt University Press, 2013.から引用した。これらのインタビューは2010年に行われた。アメリカ以外の弁護士たちの述懐は、ピーナル・リフォーム・インターナショナル（Penal Reform International）発行の報告書のために2014年に行われた以下の人々とのインタビューに基づく。イランの弁護士：Hossein Raeesi、インドの弁護士：Yug Mohit Chaudhry、日本の弁護士：田鎖麻衣子、ナイジェリアの弁護士：Ja'afaru Adamu。

2)　American Psychiatric Association, 2013. *The Diagnostic and Statistical Manual of Mental Disorders:* DSM-5.Washington, D.C.: American Psychiatric Association Publishing.

3)　Friedman, M. J. "Finalizing PTSD in the DSM-5: Getting from here to there and where to go next." *Journal of Traumatic* Stress, 26(5); 548-556.

3.3 被害者としての社会

死刑
──われわれの未来を奪うこと

ジェームズ・R・アッカー　James R. Acker[1]

　死刑はわれわれすべてを被害者にする。それは死刑を支持する社会、それを維持する法制度、そして存置を認める市民である。死刑はウィルスのように微妙に作用して、人々が生きている社会の体力を弱め健全性を傷つける。死刑制度に費やされる時間、エネルギー、費用が相当なものになる一方で、すぐにはわからない損失──希望に満ち有益な目的のために大事なものを使用するという可能性を失うこと──はさらに高価なものとなる。主権を認め罪に応答することが常に頭の中にあることで、死刑は、それが役立つと主張しているものに負担をかけ、殺すことで、われわれがそのかわりにあり得た未来を奪うのである。死刑はわれわれすべてを被害者にするのである。

社会的コスト

　アメリカで実施されているように、死刑は相当な財政上のコストを必要とする。死刑が求められる裁判では、類似の非死刑公判よりも、通常もっと多くの捜査官、鑑定人、公判前の申立て、および弁護士が必要になる。陪審員の選任は、法律の定めるところにより、その人物が「死刑反対論者」または「終身刑反対論者」か、つまり死刑または終身刑の判決を科すことは好ましいとは思わない人物かどうか審査して明らかにするために義務づけられている質問をすることで、時間がかかってしまっている。もし当該被告人が死刑該当犯罪で有罪を宣告されるならば、別個の量刑審理が必要とされ、そこでさらに非専門家と専門家の証人が証言することになる。結果として生じる相当な前払い的出費は、裁判が死刑宣告をもたらすか否かにかかわらず、すべての死刑裁判で発生する。死刑を宣告された犯罪者は、厳重な警備体制の状況下で拘禁され、それは維持するのに費用がかかる[2]。何年にもわたる上訴が続き、多くの受刑者は、自らの有罪判決あるいは死刑判決を覆すであろう[3]。1973年以降全米で死刑を宣告された8,466人の受刑者について、たっ

第3章　被害者の“隠れた”第三者　　283

た16％（1,359人）が2013年末までに死刑を執行されたのであるが、およそ3,000名は死刑宣告が有効な状態のままである[4]。

　裁判権の多角的な研究の結論によれば、裁判は、死刑判決が求められない場合の死刑該当犯罪に関する裁判よりも、死刑が追求される場合の方が、はるかに費用がかかる（事例ごとに10万ドルから170万ドル以上まで及ぶものと推計された）ということであった[5]。死刑制度を維持する累積的コストは、個別の裁判に必要とされる資金をはるかに超え、もし死刑が選択肢ではなかったならば、終身犯罪者を拘禁するために必要とされるものより相当に上回る。*現在およそ750人の死刑囚を収容しており*[6]、現在の死刑制度の時代（1972年の*ファーマン対ジョージア州事件*（*Furman v. Georgia*）以降）に13人の死刑を執行したカリフォルニア州で、2009年に死刑を維持するために1億8,400万ドルが必要とされ、1978年から2010年までの死刑関連費用の総額が40億ドルを上回ったものと推定された[7]。

　もちろん、州が行う死刑制度を可能にするために費やされる金銭は、ほかのところで効果的に使用することができなくなる。死刑執行人に資金を供給するために投資された数百万ドルは、以下のような他の多様な安全な目的を支援するのに役立つことができない。それは、法執行の強化、犯罪被害者とその遺族の支援、効果的な犯罪防止プログラムの開発、教育制度の支持、病人や高齢者へのサービスの提供、住居や健康管理の補助および、その他多くのものである。財政資金は、連邦、州、あるいは、地方のレベルで死刑関連の目的で配分されるかどうかにかかわらず有限である。「一つは死刑のため、そしてもう一つは他のサービスのために、というように二つの栓から予算が流れ出てくることはない。どちらか選択されなければならない」[8]。換言すると、機会的コストは、公的資金を死刑に使用する結果がほとんど目に見えないものであったとしても、避けられず取り戻せないものである[9]。

　死刑と代替的目的への投資における得失評価を現実のものとすることは、純粋に仮説や、あるいは、単純な願望実現ではない。たとえば、ニュージャージー州死刑研究委員会は、2007年における当該州の死刑法廃止へと次第に導いて、「死刑の廃止に起因するいかなるコスト削減でも、殺人被害の遺族への便益とサービスのために用いられるべきである」ことを勧告した[10]。イリノイ州が2011年に死刑を廃止したとき、廃止法は、死刑訴訟を支持するために従来割り当てられた資金は、死刑廃止基金へと移され、「殺人や謀殺の被害者遺族へのサービスと、法執行職員の訓練のために」費やされること

を規定した[11]。わずかの差で敗れたカリフォルニア州での2012年の住民投票は、有権者に対して、死刑の代わりに仮釈放のない終身刑を用いることを問うた。「そうすれば5年間で10億ドルを節約できるので、それを警察機関や子どもたちの学校、高齢者や障害者へのサービスに使うことができる」、というものであった[12]。類似の選択は、他の法域における死刑政策の議論にはっきりと現われた[13]。

　要するに、死刑執行のために使われたドルはすべて、1ドルも他のところでは使われていないということだ。何億ドルまた何十億ドルさえ、長い間死刑支持に投資されているので、将来ずっと大部分は目に見えない死刑事業の被害者が必然的に作られる。彼らが作られるのは、警察の不十分な設備と人員不足のために起こる犯罪的暴力、直接の犯罪被害者への精神衛生やその他の必要なサービスの許否、および、標準以下の学校、医療、住居、その他の緊急の社会福祉プログラムを支えるために是非とも必要とされる少ない社会的資源の転用を通してである。社会全般が、錯覚にすぎない死刑の便益とその多額の経費の間の明らかなアンバランスによって、本当の意味で被害者化されているのである[14]。

法制度が被るもの

　法制度は、多様な点で死刑により重荷を負わせられている。もっとも基本的な事柄として、法律の合法性は、死刑の執行を管理する憲法上の規制の充足で組み立てられる規範と、それらの同じ規範が実際に運営されるやり方との間における重大な溝によって傷つけられている。さらなる損失は、司法機能とそれに調和する公平無私の姿勢が、司法行政を政治化させている。

　アメリカにおける死刑法は、1960年代に入っても、連邦政府の監視もあまりない状態で、ほとんどの州で施行されていた。残酷かつ異常な刑罰に対する禁止という合衆国憲法修正第8条と他の権利章典の保護条項が、州を拘束するということが承認されて初めて、死刑法は、連邦裁判所によって真剣な精査を受け始めた。合衆国最高裁判所がファーマン対ジョージア州事件（*Furman v. Georgia*, 1972年）で全国的に死刑法を無効にしたとき、死刑の新しい時代が始まった。その後、裁判官たちは、グレッグ対ジョージア州事件（*Gregg v. Georgia*, 1976年）とそれと類似の事件における法律を差し替えることの合憲性を支持した[15]。新たに承認された法律は、死刑の執行にお

ける恣意性の危険を最小にするよう意図された手続上の予防措置を取り入れた。それらは以下のような共通の特徴を有していた。それは、死刑に相当する犯罪の種類を限定すること、有罪が決まった後の個別の科刑段階で量刑決定（刑罰の軽減において当該被告人によって提出された証拠を含む）にとって重要な情報がもたらされるので、死刑裁判を二つに分けること、量刑裁量の行使を方向づけるための立法基準を組み入れること、および、死刑の有罪とその判決の上訴での再審理を提供することである[16]。

　基本的な教義上の緊張が、新たな憲法上の権限に埋め込まれた。一方では、そうした改良は裁量を組み込み、死刑の量刑手続から恣意性を一掃しようとする試みで実施された。しかしながら、同時に、量刑当局は、死刑あるいは終身刑のどちらかを決定する前に、当該犯罪の状況と、当該犯罪者に特有な特徴を考慮に入れるよう求められた。したがって、「非恣意性」と「個別化」という双子の憲法における量刑上の要請は、お互いに基本的に対立するようになった。合衆国最高裁判所のさまざまな人たちは、自らが作り上げ、遵守を要求した同じ規範を調整するのは不可能であるという結論に至った。裁判官の中には、従来支持された量刑手続への忠誠を断念した者もいれば、死刑が憲法上の規制を無視し、それ故もう容赦されるべきではないと結論して、完全に放棄した者もいた[17]。

　合衆国最高裁判所が苦心して作り上げた憲法学は、合衆国憲法修正第8条の要件に基礎を置き、死刑執行における不当な恣意性を排除するために不可欠であると思われていて、実際はうわべだけのものにすぎない。裁判官は、合法的であると認められた死刑法に内在する危機を無意識に作り上げ、それゆえそれは長続きしたのである。評論家が皮肉っぽく述べたところによれば、合衆国最高裁判所は、「州が、死刑裁判の法律を、まさに刑罰裁判に法的体裁を与えること、つまり、いかなることでもするというほとんど中身のない美的な奨励に変えた」[18]。非難的批判が、死刑の合憲性を支持し続ける裁判官によってさえ表明された。レンキスト判事は、「新しい憲法の原理は、死刑の科刑において恣意性あるいは異常性を排除しないであろうが、しかしそれを成文化して制度化するであろう」と非難した[19]。スカリア判事は以下のように不平を述べた。すなわち、

　　　合理的で首尾一貫した死刑の量刑を達成するという目的と、個別的な軽減状況についての拘束されない考慮を求めるという目的との間に「本来的な緊張関係がおそらくある」ということを認めることは、むしろ第

二次世界大戦における同盟国と枢軸国との間におけるおそらく本来的な緊張関係があったと言うようなものである。そして、「二重の目的」を追求するものとして二つの系列の事例に言及することは、善悪の二重の目的に言及するようなものである。それらを一致させることはできない[20]。

本質的にそれらの意見の一致により、1960年代の模範刑法典に準拠しファーマン判決後に方向づけられた裁量のある死刑法のための基本的な枠組みを提供した高名なアメリカ法律協会（American Law Institute）は、2009年に模範刑法典の死刑の項目を撤回した。そのようになった理由は、模範刑法典の枠組みが観念的簡潔さであったゆえに、経験による「死刑執行のための最低限適正なシステムを確実にするのは、手に負えない制度上および構造上の障害」が明らかになったからである[21]。成文としての死刑法とそれを実際に行うこと——制度上の恣意性、人種差別、罪のない人を危険にさらすことなどを包含し、公平性を欠いたままの法律のもとで死刑を行うこと——の間の巨大な溝は法律の正統性に暗い影を投げかけざるを得ない。

死刑は、さらに司法制度の政治問題化を通して当該法律を汚している。知事、州議員、および、検察官たちが、市民とともに犯罪を厳しく取り締まる実績を強めようとするので、自分たちの死刑に対する熱意を自慢するのもおそらく無理からぬことである。しかしながら、裁判官——公正であるべき彼の義務は市民の権利を細心の注意をもって保護することである——が類似のレトリックをとった場合には、極めて都合が悪いものがある。そしてそのような行動をとる者もなかにはいる。アメリカ内のほとんどの州の事実審裁判官は、当該裁判所の管轄している郡あるいは地区から有権者によって選出される。死刑が多いところでは、選挙によっては、裁判官職の候補者がその熱心な死刑支持が他の選ばれる政治家と同じくらい歓迎されることが目立っていることもあった[22]。有権者と彼らの死刑に対する態度は、単に事実審裁判官の選挙に影響を及ぼすだけではなく、死刑事案で評判の悪い裁定をした州上訴裁判所判事の存続にも影響を与え得るのである[23]。その結果は、司法の独立性が危うくされるという危険である。

アラバマ州の死刑制度は、特別な精査を受けた部類に入るものである。というのも、選出された事実審裁判官が、陪審員団の量刑手続の勧告を考慮した後で、拘束されずに死刑事案での判決手続を行える権限を有しているから

である。ほとんどの州および連邦法においては、陪審は、死刑事案で最終の量刑決定をする。アラバマ州は、裁判官が陪審の量刑勧告に優先する権限を有しているたった3州のうちの一つである。ただアラバマ州においてのみ、事実審裁判官は、陪審により勧告された終身刑の判決を無視して、あらかじめ決められた標準あるいは基準による拘束を受けずに死刑宣告を科すことができる。2000年から2013年までに、アラバマ州の裁判官は、26件の事案でこのように終身刑を覆して死刑判決を下した[24]。ソニア・ソトマイヨール（Sonia Sotomayor）合衆国最高裁判所判事は、「陪審が死刑を却下した事例で死刑を科すというアラバマ州の判事の独特の性癖を説明できるものは何だろうか」と問うた[25]。彼女が与えた答えは元気づけるようなものではなかった。「党派的な手続で選出されるアラバマ州裁判官は、選挙の圧力に屈したように思われる」[26]。このような降伏は「刑事司法制度の上に非合法という雲を投げかける」と、ソトマイヨール判事は結論した[27]。その判断に異議を唱えることはできないであろう。

あつれきと動揺

　もっとも巧妙で腹立たしいのは、死刑が強烈に分極化している問題であるということである。それは、単に効果的な犯罪統制と改善的な社会プログラムおよび社会政策に関する議論を妨げるだけではなく、事実上すべての市民が、死刑に関する自らの意見がどのようなものであるかどうかに関係なく、重きを置いている重要な共通性をも不明瞭にしているのである。死刑の賛成者と反対者を分裂させる手に負えなさそうな原因もなく、それぞれの立場の支持者は、社会的大義を強制している実態に対して彼らが責任を共有することを発見し、確認することを負わされていない。そして、これらの新たな理解ができると、死刑を維持するよりはるかに重要な社会的価値の目的を達成する見通しが、相当開けてくる。

　このような雰囲気を浄化する原動力は、最近ニューヨーク州で示された。ニューヨーク州の死刑法は、1970年代半ばに違憲であると宣言された。もとの状態に戻そうという容赦のない激しい意見の相違が、その後20年にわたって続いた[28]。最終的に新たな死刑法が1995年に制定され、結局2004年州最高裁判所によって合憲の根拠について無効にされた[29]。その後新しい時代の夜が明けた。それは、州議会が死刑を討論し、無効になった制定法を復活

するつもりがないことが明確になった時であった。これまでほとんど死刑廃止のみに焦点をあてていた組織である、死刑の代替策を求めるニューヨーク市民は、新しい課題に乗り出した。その専務局長は以下のように述べた。すなわち、

　われわれは、真の廃止は単に死刑がないということにはとどまらないという結論に到達した。廃止は、暴力への対応が、建設的であって正当であり、そして、社会の全構成員の改善に向かって努力することを意味する。

　そこで、われわれは五つの重要なグループとともに活動することになる。その使命は、被害者、法執行官、精神障害者の弁護士、修復的司法の実務家および、被拘禁者の家族の、彼らの実際かつ直接のニーズを扱い、暴力的犯罪の可能性を減らす政策の周辺に結びつけることである[30]。

　従来自らを敵対者と定義していた関係者との間で元気づけられた共同作業に特徴的なように、こういったグループの代表者との死刑後の議論は、特徴があり生産的であった。

　死刑の終わりは、刑事司法制度内の、従来は強固な敵であった人たちとの間における本物の共同作業のための余地を生み出した。ある検察官の言葉によれば、死刑は部屋からすべての空気を吸い出した。死刑が廃止されたことで、この失敗した政策をより良いものに置き換える機会ができた。

　犯罪を防止し、犯罪被害者が癒され再起するのを手助けする、そして、暴力によって苦しめられた地域社会を平和と健全な状態に修復させることを目指したすべての影響を受けた当事者間に、一連の共通の価値観が出現した[31]。

　そのように出現した共通の価値が、建設的な人生の肯定的な行動のために準備された計画には例外なく表現されていることは明らかである。この肯定的で希望に満ちた方向づけは、犯罪に対する刑罰において、死刑を執行するという計画上破壊的に生命を終わらせるということとは著しく違った立ち位置にある。死刑という犯罪に関しての影響の実証可能性を欠いている、費用がかかり、不公平で、そして間違える傾向にある「失敗した政策」について時間を使い混乱させる論争の代わりに、暴力犯罪を煽るような社会的条件と闘うことでその犯罪を防ぎ、いっそう致死的暴力に訴えることによって傷を深め苦しむ代わりに、できる限りそのような結果として生じる害を修復するという共有された責任が新たに生じてきた。

　死刑は強力なシンボルである。歴史を通じて、死刑執行が、統治者のもつ

力と政府当局の神聖さを証明するのに役立ってきた[32]。死刑は終わるまでいまだに依然としてそうした目的に用いられているが、国家主権の本質的な側面として死刑執行の権限を認めることはますます難しい。一方ではファーマン判決後のアメリカで、死刑を持続することは、不必要な連邦の監視を無視する州の権限の優越さを意味する。他方では、それは人種差別や社会的な階層への偏見を効果的に覆い隠している[33]。しかし、死刑に対する現在の支援は、法と秩序に対する忠誠と、犯罪に対する積極的闘争を行うことにもっとも密接に関係している。この象徴的意味は皮肉的であるとともに道理に反してもいる。死刑への反対は、決して法律を軽視することを意味するものではない。そして実際は、死刑を支持することに向けられたレトリックや資金は、暴力的犯罪を防止するあるいは対処することにおいて、悲惨なほど逆効果である。

結論

死刑制度は高くつく。それは、人命を抹消するよりはるかに説得的で価値のある目的のために使用できる社会的資源を浪費する。刑事裁判で下された終身刑と死刑判決は、法律によって嘘をつくことはできない。死刑は、法規範とその基礎をなしている合憲の諸原理をあざ笑い、それ故それを権威づけるまさしくその制度に対しての無視を引き起こすものである。そして、死刑は、世論を引き裂いて、犯罪と司法に関係する態度を硬化させる。そうすることで、それは同じような議論の余地ない価値のある目的——それは、犯罪による暴力の減少、それを引き起こす条件の根絶、および強い地域共同体とその未来への投資というような目的——への重い責任を共有する市民を、それらの重要な共通性を識別する判断力を失わせ、それを達成するために協力して努力することを阻んでいるのである。これらの多くの点で、死刑は、われわれの未来の可能性を殺し、われわれ全員を被害者にするのである。

---

1) ジェイムズ・アッカーは、合衆国ニューヨーク州立大学オルバニー校刑事司法スクールの著名な教授である。

2) Bohm, Robert M. 2003. "The Economic Costs of Capital Punishment: Past, Present, and Future." In James R. Acker, Robert M. Bohm & Charles S. Lanier, eds., *America's*

290 死刑──われわれの未来を奪うこと

Experiment With Capital Punishment: Reflections on the Past, Present, and Future of the Ultimate Penal Sanction (2nd ed.). Durham, NC: Carolina Academic Press. p.573. Garey, Margot. 1985. "The Cost of Taking a Life: Dollars and Sense of the Death Penalty." *U.C. Davis Law Review* 18: 1221.を参照。

3) Liebman, James S., Fagan, Jeffrey & West, Valerie. 2000. *A Broken System: Error Rates in Capital Cases*, 1973-1995. Available from http://www2. law. columbia. edu/instructionalservices/liebman/（2006年 3 月22日閲覧）。

4) U.S. Department of Justice, Bureau of Justice Statistics. 2014. *Capital Punishment, 2013 -Statistical Tables*. Available from http://www. bjs. gov/content/pub/pdf/cp13st. pdf. （2016年 3 月19日閲覧）。

5) Roman, John K., Chalfin, Aaron J. & Knight, Carly L. 2009. "Reassessing the Costs of the Death Penalty Using Quasi-Experimental Methods: Evidence from Maryland." *American Law and Economics Review* 11: 530. See also, Dieter, Richard C. 2009. *Smart on Crime: Reconsidering the Death Penalty in a Time of Economic Crisis*. Available from http://www.deathpenaltyinfo.org/documents/CostsRptFinal.pdf.（2016年 3 月19日閲覧）。

6) *Furman v. Georgia* (1972). 408 U.S. 238. 死刑情報センター. 2016. "Executions by State." Available from http://www. deathpenaltyinfo. org/number-executions-state-and-region-1976.（2016年 3 月19日閲覧）を参照。

7) Alarcon, Arthur L. & Mitchell, Paula M. 2011. "Executing the Will of the Voters? A Roadmap to Mend or End the California Legislature's Multi-Billion Dollar Death Penalty Debacle." *Loyola of Los Angeles Law Review* 44: S41.

8) Gradess, Jonathan E. & Davies, Andrew L. B. 2009. "The Cost of the Death Penalty in America: Directions for Future Research." In Charles S. Lanier, William J. Bowers & James R. Acker, eds, *The Future of America's Death Penalty: An Agenda for the Next Generation of Capital Punishment Research. Durham, NC: Carolina Academic Press.* p. 397.

9) Dieter, Richard C. 2014. "The Issue of Costs in the Death Penalty Debate." In James R. Acker, Robert M. Bohm & Charles S. Lanier, eds, *America's Experiment With Capital Punishment: Reflections on the Past, Present, and Future of the Ultimate Penal Sanction* (3rd ed.). Durham, NC: Carolina Academic Press. p.598.

10) *New Jersey Death Penalty Study Commission Report. 2007.* Available from http://www. njleg. state. nj. us/committees/dpsc_final. pdf（2016 年 3 月 23 日 閲覧）. Martin, Robert J. 2010. "Killing Capital Punishment in New Jersey: The First State in Modern History to Repeal Its Death Penalty Statute." *University of Toledo Law Review* 41: 485.を参照。

11) Illinois Compiled Statutes Annotated. 2011. Chap. 725, Article 119-1(b). Warden, Rob. 2012. "How and Why Illinois Abolished the Death Penalty." *Law & Inequality* 30: 245.を参照。

12) California Proposition 34, § 2(5), 2012. Acker, James R. 2013. "Your Money and Your Life: How Cost Nearly Killed California's Death Penalty." *Correctional Law Reporter* 24: 69.を参照。

13) Dieter, Richard C. 2014. "The Issue of Costs in the Death Penalty Debate." In James R. Acker, Robert M. Bohm & Charles S. Lanier, eds, *America's Experiment With Capital*

第 3 章　被害者の“隠れた”第三者　　291

Punishment: Reflections on the Past, Present, and Future of the Ultimate Penal Sanction (3rd ed.). Durham, NC: Carolina Academic Press. p.595. Johnson, Kirk, "Death Penalty Repeal Fails in Colorado," *New York Times, May 4, 2009. Available from* http://www.nytimes.com/2009/05/05/us/05colorado.html?_r =0.（2016年 3 月24日閲覧）; McLaughlin, Julie. 2014. "The Price of Justice: Interest-Convergence, Cost, and the Anti-Death Penalty Movement." *Northwestern University Law Review* 108: 675, and Urbina, Ian, "Citing Cost, States Consider End to Death Penalty," *New York Times*, February 24, 2009. *Available from* http://www.nytimes.com/2009/02/25/us/25death.html?_r =0.（2016年 3 月24日閲覧）を参照。

14)　Gradess, Jonathan E. & Davies, Andrew L. B. 2009. "The Cost of the Death Penalty in America: Directions for Future Research." In Charles S. Lanier, William J. Bowers & James R. Acker, eds, *The Future of America's Death Penalty: An Agenda for the Next Generation of Capital Punishment Research*. Durham, NC: Carolina Academic Press. p.397. Tabak, Ronald J. & Lane, J. Mark. 1989. "The Execution of Injustice: A Cost and Lack-of-Benefit Analysis of the Death Penalty." *Loyola of Los Angeles Law Review* 23: 59.を参照。

15)　Banner, Stuart. 2002. *The Death Penalty: An American History*. Cambridge, MA: Harvard University Press. Steiker, Carol S. & Steiker, Jordan M. 2014. "Judicial Developments in Capital Punishment Law." In James R. Acker, Robert M. Bohm & Charles S. Lanier, eds, *America's Experiment With Capital Punishment: Reflections on the Past, Present, and Future of the Ultimate Penal Sanction* (3rd ed.). Durham, NC: Carolina Academic Press. p.77.を参照。

16)　Acker, James R. & Lanier, Charles S. 2014. "Beyond Human Ability? The Rise and Fall of Death Penalty Legislation." In James R. Acker, Robert M. Bohm & Charles S. Lanier, eds, *America's Experiment With Capital Punishment: Reflections on the Past, Present, and Future of the Ultimate Penal Sanction (3rd ed.). Durham, NC: Carolina Academic Press. p. 101.*

17)　Acker, James R. 2003. "The Death Penalty: An American History." *Contemporary Justice Review* 6: 169. See also, *Baze v. Rees, 553 U.S. 35.(2008)*（スティーブン判事の裁判での同意意見）; *Callins v. Collins,* 510 U.S. 1141.（1994）*(Blackmun, J., dissenting from denial of certiorari), and Glossip v. Gross*, 135 S.Ct. 2726.（2015）（ブレイヤー判事の裁判での反対意見）.

18)　Weisberg, Robert. 1983. "Deregulating Death." *Supreme Court Review* 1983: 305.

19)　*Lockett v. Ohio.* 438 U.S. 586. 632,（1978）（反対意見）.

20)　*Walton v. Arizona* 497 U.S. 639（1990）（同意意見）.

21)　Steiker, Carol S. & Steiker, Jordan M. 2010. "No More Tinkering: The American Law Institute and the Death Penalty Provisions of the Model Penal Code." *Texas Law Review* 89: 353.

22)　Brace, Paul & Boyea, Brent D. 2008. "State Public Opinion, the Death Penalty, and the Practice of Electing Judges." *American Journal of Political Science* 52: 360. Bright, Stephen B. & Keenan, Patrick J. 1995. "Judges and the Politics of Death: Deciding Between the Bill of Rights and the Next Election in Capital Cases." *Boston University Law Review* 75: 759, and Weiss, Joanna Cohn. 2006. "Tough on Crime: How Campaigns for State Judiciary Violate Criminal Defendants' Due Process Rights." *New York University Law*

292 死刑——われわれの未来を奪うこと

Review 81: 1101.を参照。

23）Bills, Bronson D. 2008. "A Penny for the Court's Thoughts? The High Price of Judicial Elections." *Northwestern Journal of Law and Social Policy* 3: 29. Blume & Eisenberg, 1999; Bright, Stephen B. 1997. "Political Attacks on the Judiciary: Can Justice Be Done Amid Efforts to Intimidate and Remove Judges from Office for Unpopular Decisions?" *New York University Law Review* 72: 308, and Uelmen, Gerald F. 1997. "Crocodiles in the Bathtub: Maintaining the Independence of State Supreme Courts in an Era of Judicial Politicization." *Notre Dame Law Review* 72: 1133.を参照。

24）*Woodward v. Alabama*. 134 S.Ct. 405.（2013）.

25）前出。

26）*Woodward v. Alabama*. 134 S.Ct. 405.（2013）. Burnside, Fred B. 1999. "Dying to Get Elected: A Challenge to the Jury Override." *Wisconsin Law Review* 1999: 1017, and *Harris v. Alabama*, 513 U.S. 504（1995）.（スティーヴンス判事の反対意見）を参照。

27）*Woodward v. Alabama*, 134 S.Ct. 405（2013）.（サーシオレライ否定の反対意見）。

28）Acker, James R. 1990. "New York's Proposed Death Penalty Legislation: Constitutional and Policy Perspectives." *Albany Law Review* 54: 515. Acker, James R. 1996. "When the Cheering Stopped: An Overview and Analysis of New York's Death Penalty Legislation." *Pace Law Review* 17: 41. を参照。

29）*People v. LaValle*, 817 N.E.2d 341（2004）（N.Y.）. 人民対テイラー（*People v. Taylor, 878 N.E.2d 969(2007)(N.Y.)*）を参照。

30）Kaczynski, David. 2008. "Life After Death." *NYAPD News 2008 (Fall): 1.*

31）Gradess, Jonathan E. & Silberstein, Shari. 2014. "Pumping Oxygen into the Room." *New York State Bar Association Government, Law and Policy Journal* 16(2): 10.

32）Foucault, Michel. 1979. *Discipline and Punish: The Birth of the Prison. New York: Vintage Books.* Gatrell, V.A.C. 1994. *The Hanging Tree: The Execution and the English People 1770-1868.* New York: Oxford University Press, and Masur, Louis P. 1989. *Rites of Execution: Capital Punishment and the Transformation of American Culture, 1776-1865. New York: Oxford University Press.* を参照。

33）Garland, David. 2010. *Peculiar Institution: America's Death Penalty in an Age of Abolition. Cambridge, MA: The Belknap Press of Harvard University Press.* Kirchmeier, Jeffrey L. 2015. *Imprisoned by the Past: Warren McCleskey and the American Death Penalty. New York: Oxford University Press,* and Zimring, Franklin E. & Hawkins, Gordon. 1986. *Capital Punishment and the American Agenda.* New York: Cambridge.

公衆衛生問題としての死刑

ウォルター・C・ロング　Walter C. Long[1]

序説

　死刑は意図的な殺人である。しかし、世界保健機構による2002年暴力および健康に関する世界報告書と、その勧告についての国家の実行に関する2014年の追跡報告書は、死刑に言及していない[2]。これは大きな見落としである。なぜならば、国連の暴力防止政策の有効性は、国家自体による暴力の使用[3]についてのその市民全体への影響に関するデータを含むことなくして正確に評価され得ないからである。死刑の廃止は、死刑のもつ個人やシステムへの反治療的影響力が、そのトラウマを発症する力のあることを無視することによって改善されないので、暴力を止めるすべての公衆衛生の努力としっかり結びつけられるべきである[4]。

　質的研究や談話による報告は、死刑事案に関係している全階層の人々への死刑の有する心身の健康維持に対しての有害な影響についての説得的な証拠を示している[5]。「人間の心は殺戮に合わず、［しかも］殺害は心を病気にする傾向がある」というのは控えめな表現である[6]。

　死刑は、犯罪を行った者と同じく、直接的・間接的に刑罰の対象になる個人に非常に否定的影響を与える。もちろん、当該刑罰の直接的対象は、死を宣告された人々である。刑罰は、国家にとって容認できない行為の遂行を思いとどまらせる——それは、殺人の脅威を通して——ために考えられた。死刑を宣告された者がその影響で感情が調節不能になっているということは、面会にやってくる彼らの家族や、弁護士、囚人仲間、看守などが欠かさず経験することである。しかしながら、研究者は、判決自体の受刑者への影響についてほとんど書いてこなかったように思われる。おそらくその一つの理由が、上訴によって課される制約である。判決の有する影響についての数少ない研究は、無罪となった受刑者、あるいは、釈放された受刑者から引き出されている[7]。受刑者に関する調査研究の不足もまた、死刑判決を下された受刑者を被害者とみることへの抵抗を反映しているかもしれない。もっとも圧

倒的大多数は被害者である。たとえば、アメリカ死刑囚監房の受刑者のサンプルに関する2000年の研究は、研究された16事案すべてにおいて事前に家庭内暴力で被害を受けており、その16事案のうち14事案でPTSDに罹患していることを見出したのである[8]。

　死刑はまた、本人以外にも感情的な調整不全をもたらす。それは、死刑囚の家族、友人、弁護士、その他の被告人あるいは支持者と、殺人被害者の多くの遺族たちである。それは同様に、警察、裁判所、検察官、陪審員、刑務所長、看守、教誨師、および死刑執行職員を含む、判決を科しそれを執行する人たちに否定的な影響を与える。最後に、とくに社会的に無視されている人たち、つまり、しばしば死刑を高い割合で科される人たち、単に社会的・人種的なマイノリティだけでなく犯歴を重ねる貧困に陥った家族たちの間では、死刑によってトラウマが世代を越えて伝わっていくという深刻な懸念が生じてくるだろう[9]。アメリカのような国では、人種的マイノリティに高い割合で死刑を適用してきたが、それは、彼らを社会の主流から除外するために、法を無視した処刑が広く行われていたという歴史的背景があり、現在も残っている、その疎外化の手段としての死刑は検証されなければならない[10]。

死刑はトラウマを作りだす制度である

　死刑の目的は、国家による殺人の脅威と遂行を通して恐怖を引き起こすことである[11]。そして、その領域での即時的影響力において人々に長期の恐怖を教え込むことに効果がある。多くの法域で、逮捕がなされ、国家が死刑の判決を下すと、国家による将来の暴力行為は最優先の問題になる。そして、影響力の領域内にいるすべての人々は、当該刑罰に執着するようになる。死刑の現在の運営において、生命は、当該被告人の将来の執行を取り巻く劇によって奪われる。それは、何十年もの間、他の点では公正な司法手続に関係しているそれらの国家に稀なことではない。したがって、死刑は、「生命と自己に対する危険と脅威が、毎日毎年継続していつ終わるかもわからず、長年にわたって拡大する持続的大惨事」として描写されてきた[12]。

　社会科学は、死刑が、他の量刑よりも殺人に対する一般的抑止力があるかどうかの問題に専心してきた[13]。未知で可能性のある個々の犯罪者に対する致命的脅威の影響に関するこの統計調査は、刑罰制度の直接的影響内にい

る人々の前述した集団に関する国家による殺人に起因している侵害の実際の物語の影を薄くする傾向がある。基本的に、個人の行動に関する原因と結果に優先順位をつけて分離するこの分析は、人間の相関性の幅と深遠さを理解することはできない。それは、系統的な相互作用をみて、「われわれの集団行動がどのように人間の暴力の要因になる」か尋ねることなく、暴力的犯罪あるいは自殺の発生率を分離する研究と、少なくとも同じぐらい近視眼的である[14]。個人に対して実行された刑罰が、独立した将来の犯罪者への影響だけではなく、共同社会と世代間の影響も常に与えるであろう。刑罰がいっそう暴力的であればあるほど、それだけ対人関係の所定の制度に対する影響がますます広範で、深くて、そして有害である。

人は、神経生物学上共同社会の生きものであり、分離された個人の集まりではない。トラウマの研究は、人間的であるものの新しい理解を切り開き、応報的刑罰についてのわれわれの理論の基礎となるデカルトの個人主義が、当該人間を道徳的であるかあるいは道徳的でない点で、他人との関係を始めることに決める自立した実在として理論化し、ある程度作り上げる「社会的に構築された幻影」[15]であることをわれわれが忘れないようにするのに役立っている[16]。神経科学は、「さまざまな関係から、まさに自立した人間の可能性は出現する」という反対の事柄を示唆する[17]。われわれの個人の神経システムは、他人のものと一緒により合わされる[18]。実際、われわれは、自らのアイデンティティの構築と生存について、他人の内面的な生活に依存している。たとえば、もし、人間の赤ん坊が食べ物を与えられ衣服を着せられるが、しかし、情緒の接触を奪われるなら、その赤ん坊は、衰弱し始め、そして死ぬことがあり得るであろう[19]。われわれは、他の哺乳動物と、ただわれわれに対して、脅威であるとみえる経験を処理するだけでなく、「大脳辺縁系（訳注：人間の脳で、情動、意欲、自立神経などに関与している部分）の共鳴」を通して愛情をもって他人を思いやることをわれわれに提供するより良い手段を与えるように変化したわれわれの脳の大脳辺縁系の領域を共有する。「哺乳動物の神経系は、その神経生理学の安定性について、対話型の調整システムに依存している。その中において、安定性は隣接する包絡の数との同期化によってもたらされる」[20]。

大脳辺縁系の状態は、制限なしに人間の心を飛び交い、それで、われわれは、常に「感情的な接触感染」、すなわち、「無意識に表情、発声、態度、および動作を相手の人のものとまねたり合わせたりしており、そして結果とし

て感情的におさまりをつける傾向」にある[21]。われわれは、他人の感情の状態について心を動かされない観察者ではない。われわれの高度な大脳皮質が関与する以前に、つまりわれわれの経験を評価する前に、われわれはすでにそれらの状態に参加している。個人間において、言葉の議論は、たとえば、われわれが、言語でなく認知的な下位レベル上で、他者の動揺している（あるいは、感情的に調整不全の）内的状態を真似て吸収し、それから反応するとき、加速するかもしれない。地域社会全体は、暴力と感情的な接触感染の急速な普及の経験によって、ほとんど瞬間的に感情的に調整不全になり得る。大規模な例では、2001年9月11日のアメリカへの組織的攻撃は、感情的な接触感染を通して国を調整不全にした[22]。集団による暴力は、地域共同体を調整不全にする[23]。個々の殺人は、家族と地域共同体を調整不全にする。殺人の影響下にある人々に対する調整不全の影響に関して、死刑を殺人と区別する根拠はほとんどない[24]。

　われわれが自らの高度な脳を利用することで、暴力行為を調整不全にした後で、自らの経験の意味を作り出す方法は、われわれ個人と地域共同体の感情的規制に寄与する[25]。個人と地域共同体のレベルで、認知されるか、あるいは、達成された脅威に対処している建設的な物語は、われわれの個人と地域共同体のシステムを冷静にさせるのが一般的である。建設的な物語を通して社会を冷静にさせるための南アフリカ真実および和解委員会（South African Truth and Reconciliation Commision）の手続より優れた例はないであろう[26]。破壊的な物語（対照的ではあるが）は、個人間に、また、社会制度の中で、ある意味の脅威、すなわち、拡大する感情的な接触感染や、時として「心の傷の再現」（引き起こされた出来事の反復）を引き起こすことを永続させるか、あるいは、強化する[27]。神経精神病医学者は、破壊的な物語のとりこになっている個人あるいは地域共同体を「心の傷に基づくシステム」として述べている[28]。

　トラウマに基づいたシステムには二つの要素がある。まず第1は、虐待者－被害者の関係である。この制度での不可欠な行為者として、「心の傷を与える」虐待者と、「心の傷を受ける」被害者が挙げられる。この状況で、「保護者の欠如がある。つまり、保護者になる可能性は無力にされる」[29]。

　第2に、この制度は、自覚的ではなく、記憶喪失状態であって、そして有毒で、トラウマとなる出来事を再現するのである。この制度内では、個人と地域共同体が、「彼らが自らの生活を送る、関係を作る、行動を始める、そ

して行動に対処することによって『物語』を作りだし、それらを維持して展開するのである」[30]。イギリスの精神科医であるアーノン・ベントビィム（Arnon Bentovim）によれば、虐待的なトラウマ的出来事は、「虐待的な」出来事が再現され再度実施される「トラウマを作り出す制度」を次々と作成する、いつまでも続けさせる「物語」を作る際に、非常に強力な効果を有している[31]。

　死刑は、そのような一つのトラウマを作り出す制度であるように思われる。トラウマの再現というそれ自体の行為を通して、国家は、圧倒的に強力で、ほとんど抵抗できない虐待者になる。国家の司法制度は、ある犯罪の起きたときに、その人物の精神状態に基づいて、個人に対するその暴力を正当化するつきない物語を長々と話す。そして、それは、遺言と状況証拠から国家によって自ら作られたものである[32]。その過程において、国家は、当該犯罪者について以下の事柄を無視することで「孤独な独自性」[33]を生み出している。それは、(1)個人は、多数の関係で構成される多数のアイデンティティで構成されていて、絶対的方法で処罰される実態にまで確実に減らすことができないこと[34]、および、(2)あらゆる個人が、個人的責任を、絶対ではなく、相対的にする相互関係や力のつながりの産物であること、である。これをすることにおいて、国家は、犯罪を行った人との価値共創に関して独自の失敗を無視しているのがおそらくもっとも重要なことである[35]。

死刑は極端な暴力である

　死刑は、虐待的な社会の構造物であり、他の刑事罰と異なった少なくとも三つの点で、公衆衛生に対して重大な脅威を提示する。それは、(1)死刑は国家によって管理された極端な暴力である、(2)ほとんどの国家で、死刑は未来志向である、すなわち、将来の国家による暴力の頑なな追求である、および、(3)死刑は恥辱的な点を強調すること、である。

1　死刑は他に類のない国家によって管理される極端な暴力である
　死刑が他の刑罰とは異なり、健康に有害な最初の点は、暴力に柵を建てるよりむしろ、それが暴力を規制するということである。たいていの（おそらくすべての）それ以外の文脈で、法律の機能が平和的手段を見出すことにあるのは、起こり得る可能性がある、あるいは、実際に起こった身体上の争い

を言葉に変換し、当事者が、死には至らない政府の強制に助けられて安らぎを見つけ出すのに役立つためである。それは、本来、健康状態を和らげるべきであって、ある方向に向けないように設計されている、戦時国際法さえ含んでいる。刑法では、死刑以外の刑罰は、確かに強制的な国家の権限を通して維持されている。しかし、それらは、責任、隔離、安全性、および社会復帰についての関心によって興味を起こさせられる。他のすべての法律の領域とは対照的に、死刑法は、もしそれが「法律」であるとみなされるなら[36]、弁解なしで公正な殺害を実施するよう意図されている。それは、他に類のない法律上の「他者の殺害を規定する適用」であって、裁判官に「通常の出来事内で、かつ、他のだれかが有罪を宜告された被告人を殺すという状態で終わるであろうという、他者の行為を始動させる」ように要求する[37]。それが国家による殺人の脅威について構成され、当該規則（「痛みと苦しみは、ただ合法的な制裁から生じる」）を欠いているので、死刑は、国連の拷問の定義に適合し[38]、「おそらく拷問のもっとも極端な形式である」[39]。

　死刑という極端な暴力（換言すれば、殺人の脅威と、政府によって実行される殺人自体）は、「精神障害の診断と統計マニュアル」（Diagnostic and Statistical Manual)[40]と「国際疾病分類」（International Classification)[41]によって述べられるカテゴリーにおいて、心理上のトラウマや PTSD を引き起こすとして、まともに位置づけられている。

2　死刑は他に類を見ない将来に向けた極端な刑罰である

　第2に、ほとんどの所で、死刑は将来に方向づけられている。すなわち、政府は、しばしばかなり後日に被告人の死刑執行を求める条件つき権利を、裁判上確保するだけである。死刑宣告の実質的な上訴を認めている国家（アメリカや日本のような民主主義国家で何年もの間続いている）において、犯罪発生の事実が繰り返し暴露された。「長期にわたり」、被告人と刑務官、両方の代弁者、被害者の遺族、および被告人の家族を含む、死刑制度内での関係者は、過去の恐ろしい殺人と政府による未来の殺害との間の、表面上際限なく存在する閉所恐怖症の時間に閉じ込められている。これは、政府に対して、それが被告人を排除するまで、何年もの間彼に対して感情的に上昇した戦闘モードのままでいるように要求する。検察官にとって、死の脅威を繰り返すことは、一方側の弁護士にとって、終局の死刑執行を予想して、それに反対するのと同じように、感情的に調整不全にすることであるかもしれな

い[42]。

　将来への方向づけは、殺人被害者の家族やその他の遺族を置きざりにする。しばしば彼らは喪失の鋭い深い悲しみとトラウマを思い出してしまい、上訴を通じてこみ上げてくる深い悲しみについての階段を適切に通り抜けることができない。遺族は、数年間、ときには数十年にわたって、上訴が続いている事案において、何かが起きるときはいつも、「振り出し」に戻ってこられることを説明する[43]。彼らが深い悲しみを処理することが不可能であることを見出し、繰り返して遮られ、そして振り出しに戻って投げられるので、彼らの怒りが、被告人、その弁護士、検察官、および、当該制度に対して再度生じる傾向がある[44]。

　将来への方向づけは、被告人の家族や友だち、そしてときには被告人の弁護士[45]にも独自にダメージを負わせる。彼らは、だれもがこれからくる悲しみ、心に傷を負わせる出来事（上訴に負けたこと、処刑が長引いていること）と密接に結びついた喪失への絶えざる脅威と関連した「慢性の不安」を経験している[46]。被告人のことを気にかける人は、だれでも、刑務官を含めて、これに影響を受けているかもしれない。これを認識したテキサス州は、死刑執行日の教誨師を処刑の過程で死刑囚と協力するように活用した。教誨師は、刑務所制度の死刑囚監房以外の場所で雇用されている人である。このことが、実際に死刑囚監房に従事する教誨師を、知り合いになり気にかけるようになった人たちを殺すことに参加するという有害な感情的心理的な結果から保護するのである[47]。

3　死刑は他に類を見ない恥辱的なものである

　最後に、他ならぬ死刑は意図的な殺人であるという理由で、死刑は、他のどのような刑罰（あるいは殺人には至らない行為）にもない、非常に恥辱的なものである。合衆国最高裁判所判事であるウィリアム・ブレナン（William Brennan）は、死刑を、「人間以外の物として、つまり、いい加減なもので捨てられる対象」として人類を扱う、「人間としての尊厳」に対する直接的侵害を、死刑の「致命的な憲法の疾患」だと述べた[48]。1993年に、3人のカナダの最高裁判所判事が、よりあざやかに尊厳に対する侵害を評価した。すなわち、「死刑は個人に対する最高の侮辱、究極の身体刑、最終かつ完全なロボトミー、および絶対かつ取消しできないものである。それは人間としての尊厳についての究極の冒とくである」[49]。死刑は並外れて極端な恥

辱の実践である。もし、若干の抽象的な意味合いで、それが「犯罪者の能力を奪う」ことについていうならば、実際にやること、それは犯罪者の首を切ることについていうことになる。それはやり過ぎである。それは「ナルシスト的な心の傷」を負った個人によってとられた行動を反映する[50]。この場合、政府あるいは社会が、それ自体の結合が脅威の下にあると考えて（トラウマを作り出す方法）反応する。

　殺人の被害者の遺族は、しばしば汚名をきせられる[51]。若干の遺族、とりわけすでに社会から無視された集団の人たちは、「奪われた深い悲しみ（訳注：「3.1　死刑囚監房にいるかまたは執行された親をもつ子どもに対する死刑制度の影響」の189頁訳注を参照）」を経験する[52]。それは、「喪失が公然と認められないか、人前で嘆き悲しんでいられないか、あるいは、社会的に支持されることができないとき起こる」[53]。暴力的犯罪の被害者を助けたいという傾向にある文化でさえ、それにもかかわらず、遺族は、他人が彼らとの接触を避けるという経験をするので、孤立しているように感じる[54]。死刑は、遺族が直面する問題を悪化させるかもしれない。多分すでに誤解され孤立していると感じている遺族が、国家に対してと同じように通常、彼らの家族内で、死刑に対する立場をはっきりさせる義務があると思うのである。死刑に対する不協和音は、遺族の家族内に断絶をもたらし、刑罰を賛成するあるいは反対することで恥辱を感じる家族をさらに孤立化させ、家族内でのトラウマから回復することに対して、最善の利用可能な資源を使い果すのである[55]。

　被告人の家族はまた、奪われた深い悲しみを経験し、ときとして、彼ら自身が被告人の行動について責任があるかのように、スティグマを負うのである[56]。アメリカで、責任を減軽する証拠を展開する公判と人身を保護する弁護士の役割は、彼らの自責の念が正当であると確認する傾向があるので、その恥辱をさらに強くする。合衆国検察官もまた、法廷で彼らについての軽蔑的なコメントをする。ときどき死刑の「他の被害者である」と述べられる彼らは、自らが、その地域共同体とその拡大家族の中でさえ哀れみと排斥の対象であることに気がつく。一方で、彼らは、末期の疾患に罹患している人の家族の構成員の経験に類似するBAADサイクル（交渉、活動、幻滅、および絶望）として述べられたものを経験する。そのサイクルの中で、彼らは、神、つまり刑事司法制度と交渉し（訳注：「3.1　隠された被害者」の175頁〔原書p185〕では、四つのサイクルの説明で同じbargain with Godを「神に

誓う」と訳している）、肯定的な結果を望んで、彼らの家族の構成員のために、死にもの狂いの活動に従事して、当該制度の幻滅を経験して、そして、死刑執行日が定められたとき、自暴自棄になるのである[57]。一部の長い上訴手続では、この連続は繰り返されるかもしれない。それは、テキサス州の受刑者の兄（弟）が感じた恥の中に映し出されたように、消耗となる。その受刑者はあと数日で処刑されることになっていたが、その時、兄（弟）の頭の中をよぎったのは、何のために弟（兄）を助けるのか、これ以上の虐待のため？　という思いだった。そこで彼は自分の動揺に結論を与えたのである。「さあ、さあ、どうぞ彼を殺せばいいでしょ」[58]。

　受刑者の家族は、「無名性」[59]という破壊的なテーマが、自らに関するものと同じように、被告人に投影されているのに気づく。これは、被告人の家族がすでに社会的に無視されている場合（それは実際にほとんどの事案でそうである）、公衆衛生の問題として、とりわけ危険である。「圧倒的な恥と屈辱の経験」が「暴力的行動の必然的であるが、十分でない原因であるように思われる病原体」であるという事実上の公衆衛生の合意がある[60]。感情的な接触感染を通して、無名性のメッセージは、単に被告人の家族、友人、および弁護士に恥をかかせるトラウマを作り出すシステムを通じて、水平的にその損害を広めるだけでなく、その損害は垂直的には、次の世代に危険な影響を与えトラウマが繰り返される舞台を設定する――つまり、次の世代に世代を越えてトラウマを引き継いでいくことで、被害と加害を（あるいは双方とも）を繰り返させるのである[61]。

　最後に、死刑執行人（そして関連する刑務所長、教誨師、および看守）は、殺害行為への単なる参加に起因する、あるいは、受刑者との思いやり深い収容後の関係を持っていることに起因するトラウマの症状をしばしば患う。そして彼らは、おそらく制度上の結果からくる他人からの似た距離を感じたり（彼らは、自分の経験を他人に話すことを禁じられている）、あるいは個人的な選択（彼らは、殺人に関与しているという恥の感覚や、他人が自分を評価しているとか、自分たちの経験を理解できないということを信じているということは表にださない）を経験する[62]。PTSD の症状は、単に殺害という彼らの行為に起因するだけではなく、「その事情の下でいっそう厳しくなるかもしれない」[63]。

　国家に対する暴力を実行した行為者が経験するトラウマは、「犯罪を実行することによって引き起こされたトラウマとなるストレス」と名づけられ

た[64]。矯正当局は、死刑執行がトラウマとなることを認識して、職員への心の傷を減らす予防処置をとっている。すなわち、矯正当局は、死刑執行のチームが、「彼らの活動についての意味ではなく、上手に副次的機能を実行することについて」焦点を合わせている一方で、その仕事で「専門家意識」を促進する[65]。矯正当局は、死刑囚を知っている看守を含まない死刑執行チームを設立する。矯正当局は、かなり多数の看守に死刑執行の仕事を配分することによって、道義的責任の意識を分散させる。そして、矯正当局は、みんなの中で、だれが死刑執行人かわからないようにする（たとえば、空砲を携帯している銃殺隊の中で、何人かは実弾を装填した銃を所持した者がいるようなものである）。ときとして予防は失敗する。公にされた死刑執行人によってトラウマに関するますます多くの個人的記述の中で、あるアメリカの死刑執行チームの看守は、彼の目の前で彼が処刑した囚人のすべての目がピカッと光ったのを見て震えが抑えられなくなり、その時に一線を越えたということを述べている[66]。

結論と勧告

　トラウマを作り出す制度として、死刑は、司法において協調的努力を促進するよりむしろ多数の孤独と敵意を強化する。死刑が殺人罪に科される場合、それは、新しい「被害者」あるいは被害者の集団を作ることによって、「被害者」がだれであるかを覆い隠す。これは制度を通じて認知的不協和と葛藤を生み出す。国家の被告人への致命的な目標は、被告人側弁護人を力強い弁護へと向けるものだが、多くの殺人被害者の遺族によって新たな犯罪として経験される。遺族たちは、被告が不相応な評判と注目を得ていて、国家の暴力行為の観点から同情を得ているときに、被告との耐えられない比較によって亡くなった彼らの罪のない家族が不当に名前を汚されている、ということを理解している。被害者家族と加害者家族との間には、死刑宣告で痛みを伴う恐るべき断絶が生まれる。そして、暴力後（殺人）および暴力前（処刑）の感情の回復力を得るための、潜在的・肯定的・家族内的・対人的な代償的資源を分裂、遮断させる。被告の家族は、その他の関係者および判決の軽減を建設的に議論しているときに、被告の振舞いを我慢していることをしばしば責めることで、被告人弁護士からさえ、ときとして疎外感を覚える。検察官と被告側弁護人は、死刑に対する自らの立場からお互いに恥をかく。そし

て、上訴の被告側弁護人は、死刑宣告に至ったとされている間違いのために一審の被告側弁護団に恥をかかせる。この制度は、暴力の余波でなされる計画的な修復的手続と意義を失望させる不変の攻撃、責任の置き換え、および回避である。

　公衆衛生の視点から、死刑は、制度レベルで本質的に心身の健康維持に害をなすものである。したがって、社会が非暴力の手段で暴力的な人々の能力をうまく奪うことができる場合、廃止されるべきである。しかしながら、死刑の継続的廃止は、それだけを分離して取り組んだ場合には達成は不可能である。医学の分野では、悪性のあざの切除は、診断と根本的な治療を分離すると、再発あるいは悪化の非常に高い危険性がある。同じように、死刑は、社会の調整不全の原因としての徴候であって、それがただ象徴あるいは相関体にすぎない制度的手続に働きかけ、交渉することなしに、廃止を継続することは不可能である。より大きい制度内での死刑の配置を踏まえて、以下の提言を行う。

1　国連は死刑を暴力として認識すべきである

　公衆衛生は、社会的暴力の（単なる政府の反応にすぎないのではなく）構成要素として、死刑が見直されることを要求する[67]。トラウマを再現するものとしての暴力は伝染しやすい。それゆえ、政府が意図的殺人を行うとき、それがどのように生命の軽視を引き起こさず、また混乱を招かないかを理解することは困難である[68]。他方、死刑を暴力として認識する文脈の中で、暴力の抑制あるいは除去の目標についての公の議論は、死刑の議論がない現在の方向とは直接対照的に合意形成をすべきである。それゆえ、死刑が暴力の定義の中に分類されるという国連世界保健機構による簡略な認識は、死刑存置の国の深刻な暴力の減少を求めるその合意を促進し支持することへの大きいステップを構成するであろう。

2　国連は暴力に対する解毒剤として、
　人間への尊厳の文化的法律的追求を促進すべきである

　公衆衛生の視座は、人間としての尊厳に優先順位をつけることが、（個人を政府の圧制的な権力行使から守っている）消極的権利（訳注：ネガティブライツ：市民的・政治的権利として、言論の自由、生命、私有財産、暴力的犯罪からの自由（がないこと）、信仰の自由、人身の自由、適正手続の保障、

奴隷的拘束及び苦役からの自由（にならない）など）と、（政府に「個人を暴力と虐待から守る」その義務を行うように要求する[69]積極的権利（訳注：ポシティブライツ——市民的・政治的権利として、人身および私有財産の警察の保護、弁護士を依頼する権利、経済・社会・文化的権利として、食糧、住まい、公共教育、雇用、安全保障、ヘルスケア、社会保障、その他、最低生活基準など）の進歩を意味することを理解している。尊厳は、本質的に文化を越えて明確にすることが難しい。しかし、少なくとも、それは、だれも殺人（本来、どの文化の枠組みにおいても恥ずべき出来事）の対象にはならないという権利を含むことを想定しているので、国家に対して、（自己あるいは第三者の必要な防衛として）許されない殺人を慎むことと、議論の余地なく殺人を減らすことを証明された積極的権利の提供を通して主要な防止に携わることを要求する。「社会と政治の民主化を普遍化することによって、教育や雇用、また、他人の享受するものと同程度の収入、健康、および、権限のレベルのような自尊心を達成できる手段へのアクセスを保障することができる」[70]。「最低限の殺人率を有している国は、……最高度の社会的経済的公平さを有している」[71]。

　人権は、文化的に特有な社会的構造物であるということ、そしてそれは自然なものでもなく、神から与えられたものでもなく、形而上学に起源を持つものでもないということを熟考することが、それを減らすよりむしろ強化することになる。公衆衛生の視点からは、人間の尊厳についての観念的啓発は、それが文化的あるいは思想的に意見の一致がみられない場合でも、会話を通して前向きな結果に焦点をあてて、われわれの自然のままの主体性とお互いの調整を表明しているので、非常に良い進歩である[72]。このような議論は、とくに暴力への対抗手段である属性の探究、それへの尊敬の念、共同で発見し共同で創りだす、ということを重視している。追加の原因、状況、および状態があろうとも、傷つけられた尊厳は人間の暴力の核心にある。したがって、尊厳の育成は、暴力の治療法であって、極めて重要である。「身体の完全性と共感できる自我」を理解することにおける進歩は、18世紀の人権法の創造にとって不可欠であって、司法手続で拷問の拒否に至った[73]。同様に、トラウマや攻撃性に対する神経生物学的な洞察は、いまこそ地域社会において尊厳を明確にし、擁護する権利の確立と結合し、“無限の広さを持つ輪”へと、そして最終的には“文句なく受容される全世界的な法的効力”へと拡張していくであろう[74]。質的研究と物語体の記述が、暴力を減らし、人間

第3章 被害者の"隠れた"第三者 305

の安寧を高める組織的変化を要求して、権利の提供あるいはその欠如という文脈で明瞭に表現された人間のニーズを見るための最善の窓を提供する[75]。

3 国連は、恥辱を誘発する刑罰の文化的法律的減少を促進するべきである

公衆衛生の視点からは、応報的刑罰は、「恥の感情を高め、罪悪感を減らす」のであり[76]、そのため、罰せられた人たちによる暴力行為で「トラウマの再現」の可能性を増やす。「犯罪者に対する懲罰の増加は、暴力的犯罪に対する、もっとも強力的な刺激である。暴力的犯罪の発生率の増加が社会の懲罰を強化することができるのと同じように」[77]。処罰する暴力者を、他人を積極的に身体的に傷つけることを防ぐために必要なことを越えて、彼らを拘束することで罰することは、彼らの中にもっと多くの暴力を引き起こす可能性が高い。さらに、非暴力的犯罪——たとえば、薬物関連の犯罪あるいは窃盗——で刑務所を使用することは、非暴力者を暴力者に変える、もっとも効果的な方法である[78]。

科学的には、われわれは神経生物学的に相互に依存している。そのことは、われわれが、尊敬され自由人として遇されるべき個別の行為者というだけでなく、われわれは、基本的に他者とは分離して、抽象的な普遍的宗教、自然、道徳的規範の恩恵を受けているという意味で「自立して」いない、ということを意味しているわけではない。個人として、われわれは、「覚醒、気質、および、反応性への自らの遺伝的感受性」の点で異なる[79]。攻撃と喚起は連続の中にあり、われわれは、われわれが対人関係の境界の規範の中で調整している「動機づけられた機能」のためには、ある種の攻撃を必要としている[80]。われわれは、社会的にそれらの規範を作り、そして、それらの規範が違反されるとき、暴力が起こる。この意味で、暴力は、「他人を傷つけない義務の違反であり、また被害者と犯罪者との関係の侵害」でもある[81]。

人間の「孤独さ」という枠組みが、尊厳な相互に追求することに重点的に取り組んでいる共同体主義者の社会的枠組みで置き換えられるとき、われわれの実証可能な生物学の「相互依存性」は、関心をもつ地域共同体の中の他人に対して個人的義務を引き起こす留め具として「象徴的重要性を与えられることができる」[82]。この状況で、恥辱はより安全な影響に変えることができる。「純粋的な抑止的刑罰」の状況から脱却して、あまり厳しくない恥辱は、「犯罪者の悪事の理由を明らかにするために」、犯罪者と道徳的な話をして、地域共同体あるいは法廷を助けるかもしれない[83]。再統合的恥辱は、

境界線上の違反を道徳的に間違いとしてラベルづけをする。もっとも、それにもかかわらず、それは、犯罪者に永久に社会から逸脱しているという烙印を押すことを拒否し、その後、犯罪者を、一定の時間経過後に、規範を遵守している人々の地域共同体への十分な復活させる努力はする。人間の相互依存性という神経生物学的なネットワークを理解する状況での回復手続の追求は、死刑によって維持されるようなトラウマを作り出す制度内にさもなくばもたらされるであろう敵——侵略者や遺族——被害者のサイクルを止める見込みを有している[84]。

4　国連は被害者の文化的法律的支援を促進すべきである

　被害者を中心とした文化は、まず第一次的に暴力の防止を強調する。「すなわち、彼らを階層や社会的地位、相対的貧困、および独裁によって特徴づけられる階層的な社会的経済的制度に従わせることで、人々に恥をかかせ不面目にさせている」要因を克服すること[85]。もちろん、すべての暴力犯罪の除去は、暴力の他の原因に加えて富と力の不均衡のかなりの減少を達成した社会でさえ、不可能である。それで、被害者も生じることになるだろう。

　刑法の「極めて重要な課題」の一つが、「市民の安全管理と容疑者の権利、換言すれば、被害者と犯罪者の間」のバランスを見出すことである[86]。刑事訴追における被害者にとっての強い立場は、被害者と加害者両方の社会復帰のために、治療上より良いものである。「もし裁判が、再生と新しいスタートのための場であるならば、被害者が、自らが、単に証拠の一つではなく、主役であると感じることが不可欠であろう」[87]。それは、殺人の事案では殺人の被害者の遺族にあてはまる。しかしながら、アメリカで、死刑判決の可能性があるために、被害者遺族が裁判に参加する権利は、公平さへの関心から、非常に緊張するものであると考えられていた[88]。

　死刑が存在しない国では、遺族が、被告人の権利を縮小することなく裁判において大いに権利を与えられる機会が提供される。たとえば、スウェーデンでは、凶悪な犯罪のすべての被害者が、弁護士を得、検察官と並ぶ法廷のメンバーである地位を得て、そして、「起訴、主張、証拠、および、議論」をすることができる。有罪を宣告されたすべての被告人は、被害者学の調査研究にかなりの分担金を払わなければならない。そして、もし被告人が支払うことができず、被害者が支払うであろう保険を持っていないならば、すべての被害者は、国家から損害賠償金を得ることができる[89]。被告人の権利

は排除されていない。なぜなら、国家はいまだに挙証責任を負っているからである。けれども、しかし、犯罪の真の当事者は実際には平等に扱われる。被害者あるいは遺族には修復した自尊心と前進するための力が与えられ、同時に被告人には、彼らが、自身が単に国家の犠牲になると思うのではなく、直接被害者または遺族に会って、有罪の場合は、偽りなく彼らの責任と行為の影響を熟考する機会を与える。これらすべては、被告の遺憾の念、深い後悔の念、そして社会復帰のためである[90]。

　被害者の権利に関する国連の宣言[91]における規定のすべてを取り入れているスウェーデンのような法律制度は、死刑を含むトラウマを作り出す法制度に伴う恥——圧倒的な恥——を、人間の対人関係に備わっているより良い恥に取って代わっている。それは、被害者が力を奪われることを防ぐ一方で、司法の公正かつ衡平な執行のために必要とする権限を国家に与えている。このような制度は、被告人の深い後悔と、犯罪が起きたこととその理由について被告人が責任をとるといった、被害者が必要とする解決を支援するのである。それと対照的に、トラウマを作り出す制度での被害者–加害者の接触は、めったになくて、悲惨なもので、そして歪められている。ときとして被告人が何十年間も自らの生活のために闘う有罪決定後の控訴手続は——若干の例外的な事案を除いて[92]——、被害者と加害者とのコミュニケーションの可能性を阻止する。ほとんどの死刑の上訴が当該刑罰のみについてである。死刑宣告のない多くの事案は、対話の可能性が十分にあるであろう。そして、おそらくもっと多くの遺族が、被告人に話しをしようとすることによって、彼らが制度上合法と認められた殺人を支持する文化の潮流に反対しようと感じなかったとき、そうしようと思うであろう[93]。

　概括的にいって、被害者の権利に関する国連宣言もまた、死刑囚監房にいる受刑者の家族を、国家による虐待の潜在的被害者として理論上合法化する。第18条は、「職権濫用の被害者」を、国内の刑法の違反を構成しないが、人権に関係する国際的に認容されている規範を構成する「作為あるいは不作為」の結果として侵害を被った人として定義している。第19条は、国家が、このような被害者に対して、「賠償および／あるいは補償、および、必要な物質的、医学的、心理的、そして社会的援助と支援」を提供すべきであることを規定している。この宣言が、たとえば、アメリカを拘束する強制的条約であったなら、2002年にアメリカで処刑されたナポレオン・ビーズリ（Napoleon Beazley）の家族は補償を受けるであろう。というのも、彼の処

刑は、犯行時に年少者であったので、年少者は死刑にできないという米州人権委員会の決定に違反しているからである。ビーズリの死刑執行以降、毎年、委員会は、アメリカに遺族のために家族賠償を提供するように求めた[94]。アメリカの国内法で、州に対して、家族の統一と交流という死刑囚監房の家族のもつ権利に従うべきと判決をするために、いくつかの提案がなされた[95]。けれども、被害者のような人々の立場のトラウマを作り出す制度による評価は、法律上の州のもつ殺人の権利によって断固として阻止された。

5 国連は死刑について人間の安全保障あるいは人間の不安定との関係で問いただすべきである

　国連は、人間の安全保障に導く条件を促進することを決意した[96]。暴力の防止と排除を目的とするそのモデルは他の発展的モデルより従いやすいであろう。理由は以下のとおりである。持続可能性（平和、肉体の健康、心の健康、生態学の観点から）を強調している、困難を前にして諸権利に優先順位をつける、人々を個人としてではなく集団の構成員としてみる点で「人間開発アプローチ」とは著しく異なっている、人々を争いの元になり争いを前にして癒しの元となる、発展の余地をもった多様なアイデンティティをもったものとして考えている、「相互に結びつける」という哲学を前面に出し、安全を脅かす元とそれによって脅かされる諸価値を発見することへの底上げされたアプローチをとっている、以上である[97]。安全への貢献に関する枠組みによって、あるいは反対に、そしておそらくより根本的に、人間の持続可能性への関係に関する枠組みによって問い質されるべきである。トラウマを作り出す制度（死刑、戦争、奴隷制度、不変的特徴に基づく体系的差別、および富と資源における大きな不均衡に基づく経済など）と、それらの制度を支持する虐待的な文化的物語が、それらが生み出す暴力的な個人と社会の葛藤のために、おそらく人類それ自体の消費期限を短くするのである。

---

　1 ）　ウォルター・ロング（Walter Long）刑事事件弁護士、the Texas After Violence Project の創設者 www.texasafterviolence.org.

　2 ）　World Health Organization. 2002. *World Report on Violence and Health*. Geneva; World Health Organization. 2014. *Global Status Report on Violence Prevention 2014*. Geneva.

　3 ）　世界保健機構は「暴力」を「肉体的力あるいは能力を意図的に行使して、自分自身または他人あるいは団体や地域社会に危険を及ぼす可能性または実際に危険を及ぼして、

第 3 章　被害者の "隠れた" 第三者　　309

負傷、死亡、精神的損傷、発育不全、生活必需品などの欠乏状態を結果させる、あるいはその可能性が高度に高いこと」と定義している。WHO Global Consultation on Violence and Health. 1996. *Violence: a public health priority*. Geneva: World Health Organization. (document WHO/EHA/SPI.POA.2).

4)　Sandra L. Bloom and Michael Reichert. 1998. *Bearing Witness: Violence and Collective Responsibility*. New York: Haworth Press. pp.18（"Traumatogenic forces are those social practices and trends that cause, encourage, or contribute to the generation of traumatic acts."）; Alfred L. McAlister. 2006. "Acceptance of killing and homicide rates in nineteen nations." *European Journal of Public Health* 16: pp. 259, 264（finding that differences in national homicide rates correlate with differences in the "social acceptability of killing" reflected in the presence or absence of the death penalty）.

5)　Cynthia F. Adcock. 2010. "The collateral anti-therapeutic effects of the death penalty." *Florida Coastal Law Review* 11: 289-320; Marilyn Armour and Mark Umbreit. 2007. "The ultimate penal sanction and 'closure' for survivors of homicide victims." *Marquette Law Review* 91: 381; Elizabeth Beck, Sarah Britto, & Arlene Andrews. 2007. *In the Shadow of Death: Restorative Justice and Death Row Families*. Oxford: Oxford University Press; Robert Bohm. 2012. *Capital Punishment's Collateral Damage*. Durham: Carolina Academic Press; Robert Bohm. 2010. *Ultimate Sanction: Understanding the Death Penalty Through Its Many Voices and Many Sides*. New York: Kaplan Publishing; Lauren M. De Lilly. 2014. "'Antithetical to human dignity': Secondary trauma, evolving standards of decency, and the unconstitutional consequences of state-sanctioned executions." *Southern California Interdisciplinary Law Journal* 23: 107-145; Sandra Joy. 2014. *Grief, Loss, and Treatment for Death Row Families* Plymouth, UK: Lexington Books; Rachel King. 2005. *Don't Kill in Our Name: Family Members of Murder Victims Speak Out Against the Death Penalty*. Piscataway, NJ: Rutgers University Press; Penal Reform International, Briefing Paper. 2015. "Prison Guards and the Death Penalty," available from: http://www.penalreform. org/wp-content/uploads/ 2015/04/PRI-Prison-guards-briefing-paper. pdf.（accessed 24 August 2016）; Michael L. Radelet. 2016. "The incremental retributive impact of a death sentence over life without parole." *University of Michigan Journal of Law Reform* 49: 4: 795-815; Susan Sharp. 2005. *Hidden Victims: The Effects of the Death Penalty on Families of the Accused*. Piscataway, NJ: Rutgers University Press; Susannah Sheffer. 2013. *Fighting For Their Lives: Inside the Experience of Capital Defense Attorneys*. Nashville, TN: Vanderbilt University Press; Saundra D. Westervelt and Kimberly J. Cook. 2012. *Life after Death Row: Exonerees' Search for Community and identity*. Piscataway, NJ: Rutgers University Press.

6)　Rachel M. McNair. 2007. "Killing as trauma." In Elizabeth K. Carll, ed. *Trauma Psychology: Issues in Violence, Disaster, Health, and Illness*. London: Praeger. vol. 1, 147, 147.

7)　以下を参照。Westervelt and Cook, 上記注4 and Lloyd Vogelman, Sharon Lewis, and Lauren Segal. 1994. "Life after death row: post-traumatic stress and the story of Philip Takedi." *South African Journal of Psychology* 24: 91-99.

8)　David Freedman and David Hemenway. 2000. "Precursors of lethal violence: a death row sample." *Social Science and Medicine* 50: 1757-1770; 次も参照。David Lisak and Sara

310 　公衆衛生問題としての死刑

Beszterczey. 2007. "The cycle of violence: the life histories of 43 death row inmates."
Psychology of Men and Masculinity 8 (2): pp. 118, 125 (finding a "vast majority" had
suffered "multiple forms of abuse and neglect" and "strong majorities experienced
extreme levels of terror" in their lives prior to the crime that sent them to death row).

9) 　William E. Cross, Jr. 1998. "Black psychological functioning and the legacy of slavery."
In Yael Danieli, ed., *International Handbook of Multigenerational Legacies of Trauma*. New
York: Plenum Press; Joy DeGruy. 2005. Post Traumatic Slave Syndrome. Uptone Press.
(coining "*Post Traumatic Slave Syndrome*" as "multigenerational trauma [resulting
from centuries of slavery] together with continued oppression and absence of opportunity
to access the benefits available in the society").

10) 　Equal Justice Initiative. *Report, Lynching in America: Confronting the legacy of racial
terror*. Available from http://www.eji.org/lynchinginamerica. (accessed 24 August 2016);
Jennifer Schweizer. 2013. "Racial disparity in capital punishment and its impact on family
members of capital defendants." *Journal of Evidence-Based Social Work* 10: 91-99.

11) 　*Gregg v. Georgia*, 428 U.S. 153, 183 (1976) ("The death penalty is said to serve two
principal social purposes: retribution and deterrence of capital crimes by prospective
offenders.").

12) 　*Westervelt and Cook, supra note* 4, at 131.

13) 　National Research Council of the National Academies, Committee on Deterrence and
the Death Penalty. 2012. *Deterrence and the Death Penalty*. Washington, D.C.: The National
Academies Press, 2 (concluding that "research to date on the effect of capital punishment
on homicide is not informative about whether capital punishment decreases, increases, or
has no effect on homicide rates"); 以下も参照。Keith Humphreys and Peter Piot. 2012.
"Scientific evidence alone is not sufficient basis for health policy." *British Medical Journal*
(online) at BMJ2012;344: e1316 doi: 10.1136/bmj. e1316 (proof that the death penalty has
a deterrent effect "can never tell us whether the taking of a helpless individual's life by the
state is morally acceptable").

14) 　Bandy X. Lee, Phillip L. Marotta, Morkeh Blay-Tofey, Winnie Wang, and Shalila de
Bourmont. 2014. "Economic correlates of violent death rates in forty countries, 1962-2008:
a cross-typological analysis." *Aggression and Violent Behavior* 19: pp. 729, 736.

15) 　Sandra L. Bloom. 1995. "When good people do bad things: meditations on the
'backlash.' " *Journal of Psychohistory* 22(2): 273-304.

16) 　Thomas Szasz. May 2000. "Mind, brain, and the problem of responsibility." *Society* 37:
pp. 34, 35 ("When we use the word 'mind' in law or psychiatry, it stands for a reified-
hypothesized 'organ' that we treat as if it were the seat of responsibility.").

17) 　Kenneth Gergen. 2009. *Relational Being*. Oxford: Oxford University Press. pp. 38.

18) 　Thomas Lewis, Fari Amini, Richard Lannon. 2000. *A General Theory of Love*. New
York: Vintage. pp. 85.

19) 　Ibid.

20) 　Ibid. at 84.

21) 　Elaine Hatfield, John T. Cacioppo, and Richard L. Rapson. 1993. *Emotional Contagion*.
Cambridge: Cambridge University Press. pp. 5.

22) 　Sandra L. Bloom. 2006. "Neither liberty nor safety: the impact of fear on individuals,

institutions, and societies, part IV." *Psychotherapy and Politics International* 4(1): 4-23.

23) John A. Rich. 2009. *Wrong Place, Wrong Time: Trauma and Violence in the Lives of Young Black Men*. Baltimore: Johns Hopkins University Press.

24) Kate King. 2004. "It hurts so bad: comparing grieving patterns of the families of murder victims with those of families of death row inmates." *Criminal Justice Policy Review* 15(2): pp.193, 209 (finding the distorted grieving patterns so similar between murder victim and defendant family members as to describe them as "mirror images on either side of the homicide, both being thrown into a situation of horror and hopelessness").

25) Marilyn Armour. 2003. "Meaning making in the aftermath of homicide." *Death Studies* 27(6): 519-40; Lawrence Miller. 2009. "Family survivors of homicide: II. Practical therapeutic strategies." *The American Journal of Family Therapy* 37: 85-98.

26) Antjie Krog. 1998. *Country of My Skull: Guilt, Sorrow, and the Limits of Forgiveness in the New South Africa*. New York: Times Books.

27) Sandra L. Bloom. 2008. "By the crowd they have been broken, by the crowd they shall be healed: the social transformation of trauma." In Richard G. Tedeschi, Chrystal L. Park, and Lawrence G. Calhoun, eds., *Posttraumatic Growth: Positive Changes in the Aftermath of Crisis*. New York: Psychology Press. pp.179, 208（心に傷を負った個人は、厳しい環境に順応して、そのことを最大限に利用するため同じような環境を再現する方向に向かう。もし、グループや地域社会、あるいは国家さえもが同じようなことを行うとしたら、われわれは危険で不安定な状態に対処することになる）。

28) Bloom and Reichert, supra note 3, at 14; Sandra L. Bloom. 2001. "Conclusion: a public health approach to violence." In Sandra L. Bloom, ed., *Violence: A Public Health Menace and a Public Health Approach*. London: Karnac Books. p.84.

29) Arnon Bentovim. 1992. *Trauma Organized Systems*. London: Karnac Books, at xx-xxi, quoted in Bloom, "Conclusion: a public health approach to violence." *In Violence: A Public Health Menace and Public Health Approach*, supra note 27, at 83-84.

30) Ibid.

31) Ibid.

32) Robert Cover. 1985-1986. "Violence and the word." *Yale Law Journal* 95: pp. 1601, 1608 ("Beginning with broad interpretative categories such as 'blame' or 'punishment,' meaning is created for the event which justifies the judge to herself and to others with respect to her role in the acts of violence.").

33) Amartya Sen. 2000. "Violence, identity and poverty." *Journal of Peace Research* 45(1): pp. 5, 14 (referring to the "violence of solitarist identity").

34) Ibid. at 10 ("In the recognition of plural human identities, the increased concentration on class and other sources of economic disparity has made it very hard to excite communal passions and violence in Kolkata along the lines of a religious divide-a previously cultivated device that has increasingly looked strangely primitive and raw.").

35) The vast majority of death row inmates in the United States have addiction and mental health issues that also reflect prior institutional failures. In 15 of 16 cases in the study of California death row inmates, institutions including schools, juvenile detention facilities, prisons, foster homes, medical and psychiatric facilities had failed to recognize and remediate needs prior to commission of their violent offence. Freedman and Hemenway,

312　公衆衛生問題としての死刑

supra note 7, at 1763.

36)　Finn Kjaerulf and Rodrigo Barahona. 2010. "Preventing violence and reinforcing human security: a rights-based framework for top-down and bottom-up action." *Revista Panamericana de Salud Publica* 27(5): 382, 382 (observing that violence discourages the rule of law and is a threat to essential liberties and human rights, "in particular, the right to life without fear").

37)　Robert Cover. "Violence and the word," supra note 31, at 1622.312

38)　United Nations Convention Against Torture and Other Cruel, Inhuman or Degrading Treatment or Punishment, art. 1, Dec. 10, 1984, S. Treaty Doc. No. 100-20 (1988), 1465 U. N.T.S. 113 (拷問は「肉体的あるいは『精神的』(……) にかかわらず、激しい痛みや苦しみのもととなるあらゆる行為が、ある人物の犯した行為に対する処罰としての目的のために、故意に科される……そういった痛みや苦しみが……公務員によってあるいはそそのかしで科される」として定義づけられる(『』強調訳者)。

39)　Christina M. Cerna. 1997. "Universality of human rights: The case of the death penalty." *ILSA Journal of International and Comparative Law* 3: 465, 468, 475 (「死刑を科すことは、それ自身想像し得る最も極端な虐待の形態であるが、それは法的擬制によって虐待の定義からは除外されている」。次も参照。*Soering v. United Kingdom*, 161 Eur. Ct. H.R. (ser. A) (1989) (「非常に長期間死刑囚監房で過ごし……処刑をまって絶えず高まる苦悶を抱えて」は、非人道的で品位を貶める取り扱いを禁止している「欧州人権条約」(the European Convention on Human Rights) の第3条に違反している可能性が高い。Glossip v. Gross, 135 S. Ct. 2726 (2015) (Stephen Breyer & Ruth Ginsberg, dissenting) (comprehensive list of jurisdictions recognizing "death row phenomenon", that lengthy delay in execution is cruel).

40)　DSM-5, Section 309.81 (Post-traumatic Stress Disorder) (「以下の一つ以上(またはそれ以上)の場面で実際の死、あるいは死の危険にさらされた場合：1. 直接、心的外傷を負う出来事を体験する。2. 他人にそのようことが起きたことを目撃すること。3. 肉親や親しい友が心的外傷を負ったことを知ること。4. 心的外傷を生じさせる出来事をたびたびあるいは極端に経験すること」) DSM は4の例として最初に対応した人と警察官の経験に注意を向ける。

41)　ICD, Section F43.1 (Post-traumatic Stress Disorder) (「ほぼすべての人の苦悩の原因となりがちな(短期間あるいは長期間続く)、非常に脅威的で悲惨な性質のストレスの多い出来事や状況に対しての反応が遅れて生じるか長期化すること」)。

42)　Sheffer, supra note 4. を参照。

43)　Armour and Umbreit, supra note 4, at 408-409.

44)　Jennifer Connolly and Ronit Gordon. 2015. "Co-victims of homicide: a systematic review of the literature." *Trauma, Violence, and Abuse* 16(4): 494-505.

45)　Sheffer, supra note 4.

46)　Joy, supra note 4, at 9.

47)　Walter C. Long. 2015. "The constitutionality and ethics of execution-day prison chaplaincy." *Texas Journal on Civil Liberties and Civil Rights* 21(1): 1, 3.

48)　*Gregg v. Georgia*, 428 U.S. 153, 230 (1976) (Brennan, J., dissenting).

49)　*Kindler v. Canada*, 6 CRR (2d) 193, 241 (SC) (Cory, J.).

50)　James Gilligan. 2000. "Violence in public health and preventative medicine." The

Lancet 355: 1802 (referring to "narcissistic wound" as one of "40 synonyms" for "shame").

51) King, supra note 23, at 195-196.

52) Lawrence Miller. 2009. "Family survivors of homicide: I. Symptoms, syndromes, and reaction patterns." *The American Journal of Family Therapy* 37: pp. 67, 68.

53) Joy, *supra note* 4, at 11.

54) King, *supra note* 23, at 196.

55) Gabriela Lopez-Zeron and Adrian J. Blow. 2015. "The role of relationships and families in healing from trauma." *Journal of Family Therapy*, DOI: 10.1111/1467-6427.12089. (early version online before inclusion in print publication) (reviewing relational evidence-based trauma treatment protocols).

56) King, *supra note* 23, 197.

57) Sharp, *supra note* 4, at 64-79.

58) Walter C. Long. 2011. "Trauma therapy for death row families." *Journal of Trauma and Dissociation* 12: pp. 482, 489.

59) Martin Luther King, Jr. 1986. "Letter from Birmingham Jail." In James M. Washington, ed., *The Essential Writings and Speeches of Martin Luther King, Jr.* New York: Harper Collins. p. 293 (奴隷制度から生じた人種差別によってアフリカ系アメリカ人を指す「nobodiness」を悪い意味で使うこと)。

60) Gilligan, *supra note* 49, at 1802.

61) Kaethe Weingarten. 2004. "Witnessing the effects of political violence in families: mechanisms of intergenerational transmission and clinical interventions." *Journal of Marital and Family Therapy* 30(1): 45-59.

62) Penal Reform International, Briefing Paper. 2015. "Prison Guards and the Death Penalty." Available from: http://www.penalreform.org/wp-content/uploads/2015/04/PRI -Prison-guards-briefing-paper.pdf. (accessed 24 August 2016).

63) Rachel M. McNair. 2007. "Killing as trauma." In Elizabeth K. Carll, ed., *Trauma Psychology: Issues in Violence, Disaster, Health, and Illness.* London: Praeger, vol. 1, 147, 160.

64) Rachel M. McNair. 2002. *Perpetration-Induced Traumatic Stress: The Psychological Consequences of Killing.* London: Praeger/Greenwood.

65) Michael J. Osofsky, Albert Bandera, and Philip G. Zimbardo. 2005. "The role of moral disengagement in the execution process." *Law and Human Behavior* 29(4): pp. 386.

66) Werner Herzog, *Into the Abyss* [documentary film], 2011.

67) James Welsh. 2000. "The death penalty as a public health issue." *European Journal of Public Health* 10(1): 2, 2 (現代の刑罰学の考え方は、両者がお互いの意志を主張するために暴力という道具を利用する国家と犯罪者との戦場であるとして社会をみることは受け入れない)。

68) James Gilligan. 2000. "Punishment and violence: is the criminal law based on one huge mistake?" *Social Research* 67(3): pp.745, 754.

69) Michael Ignatieff. 2001. *Human Rights as Politics and Idolatry.* Princeton: Princeton University Press. p. 83.

70) Gilligan, supra note 49, at 1802.

314 公衆衛生問題としての死刑

71) Ibid.; 以下も参照。Bandy X. Lee, Bruce E. Wexler, and James Gilligan. 2014. "Political correlates of violent death rates in the U.S., 1900-2010." *Aggression and Violent Behavior* 19: 721-728（finding violent deaths to rise during Republican administrations and with rising unemployment and a falling GDP）.

72) 以下を参照。Benjamin Gregg,. 2012. *Human Rights as Social Construction*. Cambridge: Cambridge University Press.（推薦：神経生物学の情報に基づいた社会の解釈者による権利へのアプローチ）。

73) Lynn Hunt. 2008. *Inventing Human Rights: A History*. New York: Norton. p. 30.

74) Gregg, *supra* note 71, at 235.

75) たとえば、the Texas After Violence Project は、テキサス州での死刑事例に直接影響を受けた人たちの話をビデオに撮り、オンライン上に保存している。次のサイトでどこからも視聴できる。the University of Texas' Human Rights Documentation Initiative. https://www.lib.utexas.edu/ hrdi; www.texasafterviolence.org. これらの話は、人間のニーズ、諸権利を定義づけるための底上げされた情報を提供し、人間の安全を支援する暴力のないシステムを共同構築する。

76) James Gilligan, *supra* note 49, at 1803.

77) James Gilligan. 2001. "The last mental hospital." *Psychiatric Quarterly* 72(1): pp. 45, 57.

78) James Gilligan. 2001. *Preventing Violence*. New York: Thames and Hudson. p. 117.

79) Gwen Adshead. 2001. "A kind of necessity? Violence as a public health problem." In Sandra L. Bloom, ed., *Violence: A Public Health Menace and a Public Health Approach*. London: Karnac Books. pp. 1, 4.

80) Ibid. at 5.

81) Ibid. at 25.

82) John Braithwaite. 1989. *Crime, Shame, and Reintegration*. Cambridge: Cambridge University Press. pp. 100-101.

83) Ibid.

84) Carolyn Yoder. 2005. *The Little Book of Trauma Healing*. Pennsylvania: Good Books.

85) James Gilligan, *supra* note 49, at 1802.

86) Christian Diesen. 2012. "Therapeutic jurisprudence and the victim of crime." In T.I. Oei and Marc Groenhuijsen eds., *Progression in Forensic Psychiatry*. Dordrecht: Kluwer Academic Press. pp. 580, 594.

87) Ibid. at 595.

88) *Booth v. Maryland*, 482 U.S. 496（1987）（トラウマが作り出す不公平の容認できない危険に関しての証拠の保留）。*Payne v. Tennessee*, 501 U.S. 808（1991）（ブース（Booth）の訴えを却下し、被告による明らかな被害のすべての証拠を事前に弁護団が手にする必要があるので、遺族の被害者影響証拠の保留が受入れられる）。

89) Diesen, *supra* note 85, at 579.

90) Ibid. at 595.

91) United Nations Declaration of Basic Principles of Justice for Victims of Crime and Abuse of Power, adopted by the U.N. General Assembly Nov. 29, 1985, A/RES/40/34.

92) Leo G. Barrile. 2015. "I forgive you, but you must die: murder victim family members, the death penalty, and restorative justice." *Victims and Offenders* 10: 239-269.

第 3 章　被害者の "隠れた" 第三者　　315

93）　Ibid. at 265.

94）　Inter-American Commission on Human Rights, Case 12.412, *Napoleon Beazley*, Report No. 101/03 (December 29, 2003), para. 60(1) (recommending that the U.S. "provide the next-of-kin of Napoleon Beazley with an effective remedy, which includes compensation"). The author was one of Beazley's attorneys.

95）　Rachel King. 2007. "No due process: how the death penalty violates the constitutional rights of the family members of death row prisoners." *Public Interest Law Journal* 16: 195-253.

96）　U.N. Commission on Human Security. 2003. *Human Security Now*, 4（人間の自由と人間の実現を高めることで人間の生命の極めて重要な核心部を守るものとしての「人間の安全保障」の定義づけ）。

97）　Des Gasper. 2011. "The human and the social: a comparison of the discourses of human development, human security and social quality." *International Journal of Social Quality* 1 (1): pp. 91, 103-104.

あとがき

　1931年、ジョージ・オーウェル（George Orwell）は絞首刑に関する有名な著作を残した。死刑宣告された男は、手錠をされて絞首台へと向かう際、水たまりを避けるためにかすかに足をよけた。それはごく普通の柔和で人間らしい仕草であった。オーウェルは述べている。「健康で正常な人間を殺すことがどういうことなのか、その時まで考えたこともなかった……言葉にできない過ちだ」。オーウェルが痛感したのは、まさに死に赴く人間の道をふさぐように敷かれている水たまりの存在を受けて、いかに人間の理性が、より複雑な人間の反応を要求したかということであった。彼が目にしたのは、まったくもって復讐の一形態であった。しかし、司法手続によって脚色されたその復讐は、あくまで粗暴な国家の復讐行為である。そして8000年に及ぶ実践を背景に、社会が生命を生成したわけではなくとも生命は社会によって回収され得る、という信念から引き出されて、復讐の衝動は、人間性をきわめて不可欠な廉恥そのものとは切り離してきたのである。しかし、この復讐の形態をとった正義の観念は、変化しつつある。

　国際連合の設立から70年、死刑には顕著な変化がみられる。当時、死刑を廃止していたのは、わずか14カ国であった。現在、加盟国の３分の２以上が廃止しているか、あるいは法律上ないし事実上の執行停止を導入している。最新の国連総会における死刑執行停止決議の採択（69／186）以降、その間に、７カ国があらゆる犯罪について死刑を廃止した。しかし、深刻な問題がいまだに残っている。昨年（2015年）の世界における死刑執行の全体数が増加しているというのは、重大な懸案事項である。さらに、長期間にわたる死刑執行停止期間を維持してきたにもかかわらず、執行を再開した国もある。犯罪被害者およびその家族の権利は、往々にしてこれらの政策の正当化要素として援用される。本書は、死刑の活用と被害者の権利について、多面的に採り上げている。本書で論じられているように、諸国は死刑制度に関連して、被害者たることのあらゆる側面を吟味しなければならない。そして被害者の権利のみならず、直接的間接的を問わず、死刑制度そのものによって被害者

化させられた人々のことも。

　被害者家族の信条としては、加害者を処刑することのみが正義に資するという、広く受け入れられている推定がある。しかし実際は、凶悪犯罪の被害者家族や被害者自身のすべてが、暴力をもって暴力に応じることが被害者に敬意を表することになると考えているわけではない。被害者やその家族の多くは、長期にわたる裁判遅延や上訴の繰り返しに巻き込まれるといった理由で、死刑は喪失の回復という希望にとっては酷く有害なものであると考えているのである。あるルワンダの大量虐殺の遺族は、有名な言葉を残している。「終身刑で私たちは満足です。彼らは生きている限りそこにいて、すべての時間、自らが行ったことについて考えることになるのですから。私たちにとっては、これが本当の刑罰なのです」アルジェリア、アルゼンチン、ボスニア・ヘルツェゴヴィナ、カンボジア、中央アフリカ共和国、チリ、クロアチア──まだ頭文字がＣの国までしか数えていないが──では、大量虐殺などの凶悪犯罪や人道にもとる犯罪、戦争犯罪やテロの多くの犠牲者が、法律に基づく殺人の実行を終わらせるよう、キャンペーンの声をあげてきた。実際、国際刑事裁判所（International Criminal Court）の規則は、極めて凶悪な犯罪について裁判を行う際にも、死刑を認めていない。そして124カ国が、当裁判所の管轄を受け入れているのである。

　被害者やその家族が敬意を払われるべき権利を有することに疑いはない。それらの権利には、裁判を受ける権利や彼らが耐え忍んできた犯罪からの効果的な治癒についての権利も含まれる。しかし刑罰のみが正義ではない。被害者やその家族は、迅速かつ好意的かつ公平でアクセスしやすい司法・行政機構を通じて、受けた被害の補償を要求する権利も有する。犯罪者に対して実施され、あるいは犯罪集団に対して実行されるべき正義に関していえば、被害者の立場にある人が要求するのは、単なる報復ではなく、犯した罪についての犯罪者自らの真の自覚である。真の悔悟と報いを要求するのである。被害者とその家族の尊厳は、常に思いやりと尊敬を維持しつつ、あらゆる法的強制力をもって司法職員が認識しなければならない。そして被害者、その家族、目撃者の脅迫や報復からの安全は、最高の関心事たるべきなのである。国連の「犯罪及び権利乱用の被害者のための司法の基本原則に関する宣言」（Declaration of Basic Principles of Justice for Victims of Crime and Abuse of Power）は、それ以外の権利もあわせ、犯罪被害者の権利を明確に規定し、彼らを救済するためにとられるべき方策を概説している。政策においてこれ

らの原理を認識し、犯罪被害者やその家族が真に敬意を払われるようにするために、多くの国でさらなることができるであろう。

われわれは、他者に危害を加えた者の人権の享受に反して死刑を強制し適用することが、さまざまな場面でもたらす結果についても、認識しなければならない。たとえば、親が死刑の科刑と執行に直面している子どもたちの人権に対する負の影響である。2013年に採択された国連総会（United Nations General Assembly）の総括的決議68／147において、子どもの権利については次のとおり承認がなされた。「親の自由のはく奪、死刑または無期刑は、子どもたちの成長に深刻な影響を与えるものであり、国家による子どもの保護活動の枠組みにおいては、このような子どもたちに必要な保護と支援の提供が、各国に求めらる」

弁護士、裁判所職員、刑務官の福祉と精神衛生は、死刑に関わる事案に参加することで、負の影響を受ける。とりわけ依頼人が処刑される時である。多くの法律実務家が、ほんのわずかな間にこの職務を行っている。これは、彼らの生活に深刻な影響を及ぼす非常に野蛮な職務である。さらに、「弁護士業務に関する基本原理」（Basic Principles on the Role of Lawyers）に応じて、弁護士へのアクセスや、弁護士と依頼人との間の秘密保持は、被告人の根本的権利となっている。これらの権利は、死刑関連事案の実務においては、制限される場合もある。

そして現実に、無実の人間を処刑するリスクは周知のことである。何百人という無実の人たちが、世界中で処刑されてきた。世界のいかなる司法制度も、無辜の生命が奪われることがないことを確固として補償できるものではないし、十分に機能した法制度でさえも無実の人間に死刑を宣告してきたということを示す、憂慮すべき多くの証拠がある。これは容認しがたいことである。無実の人間が誤って処刑されるとき、正義の希望もまた死ぬのである。司法制度全体が人々の信用と信頼を失い、それ自体が不正義の犠牲者になってしまうのである。

さらに実際問題、有罪を宣告された人に関して、死刑の適用が差別的になされることが多い。これら処刑された人のうち、貧しく、精神的に病み、無力で、マイノリティ出自の人々が不釣り合いに多く存在する。多くの社会が、異なる人種や宗教、民族的背景をもつ人々や、経済的・社会的に軽視されてきた人々について、危険で有罪であるという予断をもって対応しているのである。

このような偏見は、誤った逮捕、誤った訴追、誤った処刑につながる。多くの社会に、人種、民族その他の区別というレンズを通して人間を見てきた長い歴史があることに、疑いはない。ある国における奴隷制度から黒人被疑者処遇への変遷であれ、またある国における極度の欠乏から貧困層処遇への変遷であれ、これらの恥ずべき醜悪な社会病理は、多くの無辜、すなわち腐敗した司法制度の犠牲者の処刑に帰結してきたということを、われわれは認識しなければならない。

　死刑の適用を維持する国家は、これらの懸案事項を吟味しなければならない。十分かつ完全な廃止を決めかねている間は、犯罪被害者および受刑者双方の家族たちのような、死刑によって影響を受けるあらゆる人々が被る損害を最小化するための方策を発展させることを考慮すべきである。この努力においては、国家はまず死刑適用の一時停止期間を確立しなければならない。一時停止期間は有用な「移行手段（transition tools）」である。一時停止期間をとる国家は、死刑に反対する政策を維持・強化し、死刑適用のあらゆる側面を吟味し、十分な廃止を確保するための国家的議論を促進していくべきである。廃止に二の足を踏んでいる間は、検察官は死刑求刑を差し控えるよう考慮しなければならない。裁判官は死刑判決を下さないよう考慮しなければならない。

　死刑を廃止した国家は、死刑を再開するべきではない。今この、死刑の廃止を目指す「市民的及び政治的権利に関する国際規約の第2選択議定書」（Second Optional Protocol to the International Covenant on Civil and Political Rights）の発効25周年記念の年に、いまだ死刑廃止を実現していない国は本議定書を批准し、現政策の適用を終了するべきである。本議定書を批准した場合、国家はその司法制度において何人も処刑され得ないということを承認する。重要なことは、国際法は、本国際規約およびその第2選択議定書を批准、加盟、または継承した国家が、それを破棄または撤回することを許容していないということである。一般的意見（General Comment）26において、自由権規約人権委員会（Human Rights Committee）は、本国際規約の起草者が意図的に破棄の可能性を排除した旨述べている。同様の結論は第2選択議定書についてもあてはまり、立案においてやはり破棄条項が意図的に脱落している。これによって、本議定書を批准した国家では、死刑の永久的な不再開が保証されているのである。

　こんにち、われわれは、死刑の適用を終了させる国際的約束の履行を確実

にするという問題に直面している。国際連合のような国際的組織にとっては、本質的な焦点は、犯罪被害者、その他司法プロセスに関与するような、国家の関係者と連携しなければならないということである。この書籍が、国家その他の関係者にとって、死刑適用の永久的な終了のための議論を前進させる助けになることを望む。

　私の事務所は、人権理事会（Human Rights Council）の特別手続（Special Procedures）や人権条約機関とともに、詳細な助言と技術的な支援を継続していく。本書はそういった努力の中で生まれた著作である。

ゼイド・ラアド・アル・フセイン　Zeid Ra'ad Al Hussein
国連人権高等弁務官

謝辞

　この死刑に関する新たな書物の刊行にあたり、さまざまな立場で貢献してくださった多くの人々に感謝を申し上げます。

　私は、潘基文国連事務総長に心より感謝を申し上げます。彼は本書のまえがきを寄稿してくださり、また、2015年のイベント「死刑からの脱却——被害者家族の声（*Moving Away from the Death Penalty-The Voice of Victim's Families*）」にも寄稿してくださいました。このイベントは、多くの国連加盟国はもとより、市民社会や学術界のメンバーからの関心を集めました。私は、パネルイベントを共催してくださったアルゼンチン、ベニン、フィジー、フランス、イタリア、ルワンダ各国政府にも感謝を申し上げます。また、多くのパネリストとコンタクトをとることに尽力し、本書に貢献してくださった、アムネスティ・インターナショナルに感謝します。本書の刊行は、スイス政府およびチリ政府の財政的貢献なくしては実現しませんでした。心よりお礼申し上げます。

　ゼイド・ラアド・アル・フセイン国連人権高等弁務官率いるジュネーブの国連人権高等弁務官事務所（Office of the United Nations High Commissioner for Human Rights）で業務をともにする仲間たちは、最後に被害者家族に焦点をあてるなど、本書の刊行とあわせ、われわれの開催した死刑に関するパネルイベントを実によく支援してくれました。国連広報センター（Department of Public Information）の仲間たちもそうでした。彼らは、死刑に関する前著——『死刑からの脱却：議論、動向、視点（*Moving Away from the Death Penalty:arguments, trend and perspective*）』——の刊行と、世界中のさまざまな国連関連の書店における販売、宣伝を支援してくれました。本書の刊行にあたっては、当時と同様の素晴らしい連携がなされたものと思っています。

　日々の問題やぎりぎりになっての変更や予定外の事態が発生するなか、ニューヨーク人権事務所（New York Human Right Office）チーム全体の多大

な支援と協力なくして、予定どおりに本書を刊行することはできませんでした。

　みなさんありがとう。

イワン・シモノビッチ　Ivan Šimonović
編者

監訳者あとがき

　本書は、国連人権高等弁務官事務所 OHCHR から出版された直後に関係者から贈与を受けた。その際に一読した強烈な印象は、「殺人被害者の家族たち」（第1章）に留まるだけでなく、「有罪判決を受けた被害者」（第2章）、さらには「被害者の"隠れた"第三者」（第3章）という、死刑制度にかかわる被害者問題を、あまねく網羅し論じ尽くしていることにあった。わたくしの死刑問題への課題のなかで、加害者とその被害者問題は個別的に論じてはきたが、本書は、単なる両者関係に留まるだけでなく、加害者も被害者であり、死刑執行に至る法的手続に関与する検察官、裁判官も、さらに弁護人も遅かれ、早かれ心理的に苦しむ観点から被害者である。そして究極的には、われわれ死刑存置国のすべての市民は、この国家による殺人「処刑」の犠牲者でもある、としている点にある。

　かくして国家が支持する死刑という殺人は、野蛮な行為に対する野蛮な反応であり、暴力の連鎖を継続させている。加害者への死刑執行が被害家族の怒りや悲劇をすべて解消することはない。今やこの連鎖を断ち切るべきである。国家による死刑は、「人間の尊厳に対する究極の冒とく」であり、人間に対する恥辱の実践であると主張する。

　本書は、死刑廃止・存置のいずれの立場にせよ「人間の尊厳」とは何であるかを考えるうえで核心となる示唆を提供している。本者は、殺人という極刑に値する犯罪の犠牲者だけではなく、いわゆる犯罪一般の被害に遭遇された、すべての被害者に、とくに本書を勧めたい。のみならず本書は、犯罪と刑罰という古くして新たな課題に、どのようにわれわれが対処し共存するか、この地球上で現在を生存する全人類の生きざまに多彩な示唆を与えてくれている。

　周知のように日本弁護士連合会（日弁連）は、2016年10月の第59回人権擁護大会（福井市）において2020年までの死刑廃止宣言を決議した。同大会においても被害者問題が大きな課題とされたが、2020年までの死刑廃止実現のためには、この被害者問題を避けて通ることはできない。本年10月6日には、

日弁連第60回人権擁護大会（大津市）において、『犯罪被害者の権利』が論議される。本書が、わが国における死刑廃止運動過程に何らかの一石を投げる書であれば幸いである。

本書を日本で翻訳・刊行するには予想外の課題があった。

まず国連の出版物は、原則として営利優先の出版社では刊行できない、との基本方針があり、これが障壁となった。そこで監訳者の長年の友人・後輩であり国連本部職員（現在は会議局翻訳部嘱託：国連公式専門辞書 UN TERM の開発・公開担当者）の石神康亘氏を通じ OHCHR 出版局のバッシク氏（Mr. Nenad Vasic）に直接国連本部で面会していただき、その後に監訳者も加わり重なる意見交換を経て、最終的に特段の了解を得ることができた。彼らの協力なくして日本での出版は不可能であった。

日本での翻訳・刊行が可能となり、主として日弁連死刑廃止実現本部委員（監訳者もその一人）らに翻訳分担を個別的に依頼し、加えて大学院で犯罪学を指導した時期の若手研究者の参加も得た。本書の論文を寄稿し、翻訳分担者でもある弁護士・田鎖麻衣子さんには、この間、側面から特段の協力を得、これら多くの諸兄の協力を得て本書の出版が実現できたことを、この機会に感謝申し上げます。

この種の出版事情の厳しいなか、即決で本書出版実現に協力を約束し、長期にわたり細かな留意点を与えていただいた、日本評論社編集部・武田彩さんに心よりお礼申し上げます。

2017年9月

菊田　幸一

翻訳者一覧

鮎田　実　中央大学兼任講師
第3章3.3(1)、(2)

芦塚　増美　弁護士・福岡県弁護士会
第2章2.3(1)、(2)

今村　義幸　弁護士・長野県弁護士会
第1章1.3(1)、(2)

大野　鉄平　弁護士・秋田弁護士会
第3章3.1(4)

落合　剛之　行政書士（渉外事件専門）
第1章1.2(1)、(2)

菊田　幸一　弁護士・第二東京弁護士会、明治大学名誉教授
第2章2.3(3)、あとがき、謝辞

菊池　裕子　弁護士・第二東京弁護士会
第3章3.1(3)

黒原　智宏　弁護士・福岡県弁護士会
第3章3.1(1)、(2)

高遠あゆ子　弁護士・東京弁護士会
第3章3.2(3)、(4)

田鎖麻衣子　弁護士・第二東京弁護士会、一橋大学非常勤講師
序、序論、第1章1.1(1)、(2)、第3章3.1(5)

堀　和幸　弁護士・京都弁護士会
第2章2.1(1)、(2)

辻本　衣佐　明治大学兼任講師
第2章2.2(1)

南部さおり　日本体育大学准教授
第2章2.2(2)

吉田　瑞彦　弁護士・岩手弁護士会
第3章3.2(1)、(2)

【監訳者紹介】

菊田　幸一（きくた・こういち）
1934年生まれ。現在、弁護士・明治大学名誉教授（法学博士）。
中央大学法学部卒業（1957年）後に、明治大学大学院で犯罪学を専攻、博士課程
在学中に法務省法務総合研究所研究官補（1962年）となり、カリフォルニア大学
犯罪学部に留学（1963～64年）、明治大学教授（1967～75年）を経て、2005年同
大学退職。2004年より、弁護士として主に刑事弁護にあたっている。2001年6
月の第1回死刑廃止国際会議団長、法務省行刑改革会議委員などを歴任し、現在
NPO法人「全国犯罪非行協議会」理事長。日本における死刑廃止運動リーダー
の一人。

〈主な著書〉
『犯罪学』（成文堂、2016年8訂版）、『新版　死刑　その虚構と不条理』（明石書
店、1999年）、『死刑廃止に向けて』（同、2005年）、『Q＆A日本と世界の死刑問
題』（同、2016年）。共編著として『刑務所改革』、『社会のなかの刑事司法と犯罪
者』（ともに日本評論社、2007年）。監訳として、ピーター・ホジキンソン、ウィ
リアム・A・シャバス編『死刑制度』（明石書店、2009年）がある。

「被害者問題」からみた死刑

2017年9月25日　第1版第1刷発行

監訳者──菊田幸一

発行者──串崎　浩

発行所──株式会社日本評論社
　　　　　〒170-8474　東京都豊島区南大塚3-12-4
　　　　　電話　03-3987-8621（販売）　　-8592（編集）
　　　　　FAX　03-3987-8590（販売）　　-8596（編集）
　　　　　振替　00100-3-16　　https://www.nippyo.co.jp/
印刷所──精文堂印刷
製本所──難波製本
装　帧──百踏駝工房
検印省略　　©　菊田幸一
ISBN 978-4-535-52288-6　　Printed in Japan

JCOPY 〈（社）出版者著作権管理機構　委託出版物〉
本書の無断複写は著作権法上での例外を除き禁じられています。複写される場合は、そのつど事前に、
（社）出版者著作権管理機構（電話03-3513-6969、FAX03-3513-6979、e-mail: info@jcopy.or.jp）の
許諾を得てください。また、本書を代行業者等の第三者に依頼してスキャニング等の行為によりデ
ジタル化することは、個人の家庭内の利用であっても、一切認められておりません。